교육사상가의 삶과 사상

—— 서양 편 1 ——

교육사상가의 삶과 사상

초판 1쇄 인쇄 2023년 2월 20일
초판 1쇄 발행 2023년 2월 28일

지은이 심성보, 정창호, 김세희, 이윤미, 정해진, 양은주,
　　　　송순재, 정훈, 조나영, 성열관, 유성상
펴낸이 김승희
펴낸곳 도서출판 살림터

기획 정광일
편집 조현주
북디자인 꼬리별

인쇄·제본 (주)신화프린팅
종이 (주)명동지류

주소 서울시 양천구 목동동로 293, 2215-1호
전화 02-3141-6553
팩스 02-3141-6555
출판등록 2008년 3월 18일 제313-1990-12호
이메일 gwang80@hanmail.net
블로그 http://blog.naver.com/dkffk1020

ISBN 979-11-5930-249-7 93370

교육사상 강좌 1
한국교육연구네트워크 총서 13

교육사상가의 삶과 사상

─── 서양 편 1 ───

심성보 정창호 김세희 이윤미 정해진 양은주 송순재 정훈 조나영 성열관 유성상

살림터

　인류와 지구는 날로 심화되는 기후위기와 사회경제적 불평등을 포함한 총체적 위기에 처해 있으며, 우리는 지금 인간의 존엄과 생존의 지속가능성을 위한 선택의 기로에 있다. 따라서 과거의 정의롭지 못한 것을 시정하는 동시에 수면으로 떠오르는 환경·기술·사회적 변화에 대비해야 한다. 이런 준비를 하는 교육의 역할은 복잡한 관계망 속에서 수많은 개인과 집단들이 관여하고 참여하는 활동이다. 교육의 목표는 집단적 행위를 중심으로 우리를 결속시키고, 사회·경제·환경적 정의에 뿌리내린 모두를 위한 지속가능한 미래를 만들어 갈 때 공동의 도전 과제 해결에 필요한 지식과 과학을 제공하는 것이어야 한다. 시대적 위기와 인식에 따라 교육의 목표와 과제, 방향 등 기본적 흐름이 규정된다. 시대정신은 교육과 사회의 변혁으로 나아갈 수 있는 가장 중요한 토대이자 근거이다. 교육의 총체적 전환이 사회의 시대정신이 된다는 것은 그만큼 이상적(정의롭고 품위 있는) 삶이 일상화되는 것을 의미한다. 교육의 총체적 전환으로 나아가려면 행동만이 아니라 사상의 무장이 필요하다. 이제 새로운 국가, 새로운 사회, 그리고 새로운 마을의 도래를 위해 새로운 인간, 새로운 시민, 그리고 새로운 주민이 출현해야 한다.

　그런데 전환기 사회를 맞이하여 도래할 미래에 대해 전망이 잘 보이지 않는다며 많은 이들이 힘들어한다. 학교의 교사, 마을교사 등 모두가 열심히 활동하고 있는데, 자신이 하는 일이 옳은지 방향성은 맞는지 정확한 판단이 잘 서지 않는다고 한다. 그래서 자신이 하는 일이 무엇을 위한 것인지를 두고 방황한다.

이제 삶의 대전환이 요구되는 시대에 시민들 스스로 변혁적 교육사상을 찾아 배워야 한다. 혼돈의 시대를 잘 극복하려면 변혁적 교육사상을 체득하여 세상의 변화를 위해 사상적 무장을 해야 한다. 상식을 양식으로 전환시키는 변혁적 교육사상이 필요하다. 이럴 때는 시대의 역경에 맞서 싸운 위대한 사상가들을 통해 힘을 얻어야 한다. 이들은 어떤 생각을 했고, 어려운 시대와 상황에 어떻게 대처했는지가 궁금하지 않을 수 없다.

이런 문제의식으로 마을교육공동체포럼, 한국교육연구네트워크, 한국교육개혁전략포럼, 함께배움, 흥사단교육운동본부가 공동으로 강좌를 진행했다. '교육사상 시민강좌'라는 이름으로, 다음과 같은 야심 찬 포부를 가지고 교육사상가의 삶과 사상에 대해 인터뷰와 줌 강의를 동시에 진행했다.

> 교육사상, 교육개혁은 사회사상, 사회개혁을 포함하지 않으면 안 됩니다. 교육 문제는 곧 사회 문제이고, 따라서 사회적 맥락을 고려하지 않는 모든 교육정책은 실패할 수밖에 없습니다. 코로나19로 인한 문명적 위기는 교육을 실천하고 탐구하는 우리에게도 무겁고 진중한 화두를 던졌습니다. 이제 우리는 교육 이론과 실제, 그리고 이상 사회와 현실 사회를 종합하면서 '이론적 실천가' 또는 '실천적 이론가'가 되어야 합니다.

'교육사상 시민강좌'는 교육사상가의 삶과 교육사상을 통해 현대 교육의 위기를 새롭게 이해하고 미래교육의 새로운 좌표를 찾고자 했다. 문명적 전환을 위한 새로운 교육사상의 출현을 요구하는 코로나 사태로 인해 위대한 교육자의 삶과 교육사상을 탐색하고자 하는 발걸음을 더욱 재촉하게 되었다. 우리는 단순히 이론에 머물지 않고 실천을 통해 지행합일을 이룬 사람을 찾아 교육 이론과 실천을 매개하는 역할을 하고자 했으며, 교육현장에서 교육 이론과 교육사상에 목말라하는 활동가들에게 나침반 같은 기능을 하고자 했다. 그 결과 많은 활동가와 연구자가 함께 강좌에 참가하여 그동안 절실했던 요구를 채워 갈 수 있었다. 교육사상의 이론과 실천의 담론을 매개하고자 하는 시도는 성공 여부와 관계없이 큰 의미가 있었다.

더 나은 사회와 공동체적 삶을 위한 교육 실천과 이론화에 기여한 사상가의 삶과 철학을 함께 공부하고 토론하기 위해 먼저 서구 교육사상가에 대한 탐색을 시작했다. 1차 연도(2021년), 2차 연도(2022년)에 각각 사상가 11명을 엄선했다. 3차 연도(2023년)에는 한국 교육사상가를 선정하여 강좌가 이어질 것이다.

그런데 이미 세상을 떠난 과거의 교육사상가를 선정한 이후에 위대한 교육사상가에 대해 현재 강의할 수 있는 연구자나 교수를 찾는 일이 쉽지 않았다. '교육사상가'란 교육의 이론과 실천을 겸비한 사람인데, 이런 자질을 겸비한 강사를 찾는 게 쉽지 않다. 그렇지만 최선을 다해 사상가에 버금갈 만한 적합한 인물을 찾고자 했다.

처음 이 사업을 시작할 때는 어느 정도의 인원이 참여할지가 매우 걱정스러웠는데, 시대가 불투명해서인지 자신의 삶에 허기가 져서인지 예상한 인원 이상으로 많은 사람이 몰렸다. 교사, 교장, 교수, 강사, 활동가 등 다양한 신청자가 몰렸다. 강좌 준비팀은 모두 고무되었다.

매월 마지막 토요일에 개최되는지라 시간이 지날수록 참석자가 줄어들어 주최 측으로서는 매우 걱정되었으나 수강자의 학습 동기와 의지는 남달랐다. 수강자들의 마음을 고려하여 강사들이 더욱 철저하게 준비하자는 다짐도 해야 했다. 코로나 사태로 새로이 등장한 수업 방식인 '줌'이라는 매체는 전국적으로 참여할 수 있는 개방성이 있었다. 물론 강사와 수강자의 소통이 원활하지 못한 한계로 강사와 수강자의 교감, 또는 수강자들 사이의 연대를 생각만큼 끌어내지는 못했다. 이는 온·오프라인 강좌를 동시에 개최해야 할 필요성을 말해 준다. 줌으로 인한 기술적 해방을 넘어 강사와 수강자의 동시적 해방을 이루려면 또 다른 대안적 시도를 모색해야 한다는 중요한 인식도 갖게 되었다.

정창호의 「울리히 벡: 위험사회와 미래교육」은 울리히 벡의 『위험사회: 새로운 근대(성)를 향하여』를 중심으로 위험risk의 관점에서 포스트모던 시대 인류의 미래적인 전망을 논의한다. 이 책은 아직도 우리 사회 곳곳에 도사린 물리적·사회적인 참사와 위험에 대처하기 위해 반드시 참고할 필요가 있다. 벡의 위험사회론을 전체적으로 스케치하고, 위험사회 극복을 위한 핵심 요건인 풀뿌리 민주주의와 정치적 주체의 형성이라는 문제를 간략히 언급하고, 위험사회의 파국을 회피할 수 있는 미래교육의 향방을 고찰한다.

김세희의 「미셸 푸코의 자기 배려와 파레시아: 어떻게 하면 이런 식으로 통치받지 않을 것인가」는 오늘날 우리도 모르는 사이에 스스로를 착취하고 황폐화시키는 어떤 흐름에 가담하고 있다면 어떻게 해야 할지를 묻는다. 푸코에 따르면 이 흐름은 근대 통치의 특징으로, 욕망의 경쟁으로 직조된 '호모 에코노미쿠스'를 만들어 낸다. 초기 연구에서 '인간의 죽음'을 선언했던 푸코는 생애 말기에 자기 삶을 창조해 가는 고대인의 실천에 주목했다. '자기 배려와 파레시아'는 그의 계보학 중 가장 먼 과거를 대상으로 하지만 가장 현재적인 문제와 직결된 연구다. 즉 '어떻게 하면 이런 식으로 통치받지 않을 것인가'에 대한 푸코의 답변이라고 할 수 있다.

이윤미의 「로버트 오웬: 유토피아와 도덕적 신세계 그리고 교육」은 공동체라는 이상적 질서를 통해 세계를 변화시키고자 했던 오웬에 대한 관심을 재조명한다. 영국의 뉴 래너크에서의 활동과 후기 저작인 『도덕적 신세계』에 나타난 그의 주요 사상과 실천 활동을 교육적 차원에서 검토한다. 오웬의 논의는 작은 공동체들에서의 실천이 확장되어 인류 사회를 이끄는 일종의 빛이 될 수도 있음을 시사한다. 이상주의는 즉각적 해법을 주기보다 존재하지 않는 새로운 세계를 상상하게 하고 현실을 비틀고 전복함으로써 대안적 가능성을 제기한다. 협동조합운동과 마을교육공동체 등 지역교육공동체 운동이 활발해지는 오늘날, 오웬의 이론과 실천은 재조명할 가치가 있을 것이다.

정해진의 「그룬트비: 민주주의의 온전한 실현을 위한 교육에 대하여」는 덴마크 교육사상가 그룬트비의 삶과 교육철학, 그리고 그의 철학이 구체적으로 실현된 평민대학을 소개한다. 민주주의를 통해 주어질 권력을 감당해 낼 평민, 즉 공감과 연대 그리고 삶에 대한 새로운 전망을 바탕으로 공공의 이익을 위해 자신의 권력을 행사할 수 있는 사람을 길러 내는 교육이 필요하다. 그 교육의 바탕은 평민의 삶을 위한 교육에서 시작된다. 이러한 그룬트비 사상과 현장의 실천이 우리에게 주는 의미는 무엇일지 질문해 본다.

양은주의 「존 듀이: 삶의 양식과 민주주의, 그리고 실험학교」는 미국의 프래그머티즘 철학자이자 교육운동의 이념적, 실천적 기틀을 제공한 듀이의 교육사상을 다룬다. 그의 사회철학적 관심과 자연주의적 경험철학의 형성 배경, 삶의 양식으로서의 민주주의와 교육의 근본적 관련성, 생명의 본질적 활동 원리에 토대한 생태적인 교육 개념, 시카고대학교 실험학교에서의 학교교육 혁신 사례에 초점을 두면서, 사회적 삶과 교육의 근본적 전환이 요청되는 오늘의 우리 현실에서 되새겨 볼 현재적 의미를 밝힌다.

송순재의 「게오르크 케르셴슈타이너: 노작학교론과 실천적 교육개혁」은 독일 개혁교육운동에서 결정적 역할을 한 케르셴슈타이너의 '노작학교'를 주제로 하여 이 개념이 일반교육, 직업교육, 국가시민교육 영역에서 각각 어떻게 독창적 의미를 지니며 전개되었는지, 그리하여 당시 독일에서는 물론 세계 여러 나라 학교의 교육현장에 불러일으켰던 생산적 논쟁 및 광범위한 영향력과 그 귀결로 우리 상황을 위한 미래적 가치에 관해 고찰한다.

정훈의 「셀레스탱 프레네의 실천교육학: 아동을 위한 학교는 어떻게 가능한가?」는 프레네 실천교육학의 전반적인 면모를 실천교육학의 탄생 배경, 교육의 출발점인 아동에 대한 이해, 아동 이해에 기초한 학교 시설(환경)의 조직과 구축, 학교 시설(환경)에서 생동감 있고 완성된 교육을 가능하게 하는 기술과 도구 개발의 순으로 소개한다. 이를 통해 아동을 위한 학교의 실제적 구현, 생명적 존재인 아동의 힘과 잠재력의 향상, 교육에서 개인적 필요와 사회적 필요 간의 균형, 일과 놀이 사이의 균형, 교육과 민주주의의 상호의존성, 준비된 환경으로서 학교 시설과 교육적 도구 같은 물적 조건이 여전히 중요하다는 점을 확인할 수 있다.

심성보의 「넬 나딩스: 학교의 위기와 민주주의 완성을 위한 교육」은 학교의 위기를 목적(개인적 삶+직업적 삶+시민적 삶)의 상실에서 찾는다. 교육은 기본적으로 민주주의라는 시각 속에서 조망하고 실천해야 한다. 학교는 숙의민주주의의 교육적 분위기 속에서 개인과 집단이 자신의 합리적·도덕적 이상을 따라야 한다. 듀이의 정신을 따르는 나딩스는 자유인문교육과 직업교육의 융합을 추구한다. 그리고 21세기 정신으로 협력/협동, 의사소통(진정한 소통), 비판적 사고와 열린 마음을 요청한다.

조나영의 「악셀 호네트: '인정 관계'의 확대를 위한 연대와 교육」은 다원화된 현대 사회에서 '인정'은 사회적 관계 형성과 유지에 필수적이라고 주장한다. 호네트는 '인정' 형식을 단계적(사랑 → 권리 → 연대)으로 설명하면서, 이러한 인정이 유보(신체적 학대, 사회적 배제, 인격 훼손)되었을 때 현대 사회의 병폐가 드러날 수 있다고 경계한다. 인정 유보가 만연한 사회에서는 개별 인간의 자유와 평등은 물론 도덕적이고 민주적인 사회로의 이행도 담보할 수 없다. 이에 호네트의 인정 이론은 우리가 사회의 불화와 불의적 상황을 확인하고 상호 인정의 문화와 공동체적 가치를 위한 교육의 역할과 책임에 대해 근본적으로 성찰할 수 있도록 한다는 점에서 의미를 지닌다.

성열관의 「마이클 애플의 교육사상과 실천적 쟁점: 탈중심의 연대와 민주주의 교육」은 비판적 교육 이론가인 애플의 교육사상에 대해 살펴본다. 애플은 한국의 교육 민주화에 많은 영향을 미쳤고 교육과정과 교육사회학 교과서에 항상 등장하는 학자이지만, 기존 교과서에 나타난 사상은 그의 초기 사상일 뿐 최근까지의 왕성한 학술 활동을 아우르고 있지 못하다. 그래서 본 장은 뉴 밀레니엄 이후 미국의 신자유주의와 신보수주의가 어떻게 '기묘한 결합'을 이루고 있는지에 대한 애플의 분석을 다루면서, 그 대안으로 '탈중심의 연대'와 '민주주의 교육'을 제시한다.

유성상의 「파울로 프레이리와 교육:『페다고지』와 '의식화'」는 프레이리와 그의 사상에 대한 이해를 돕는 것을 목표로 하며, 우리 사회에서 프레이리 읽기의 의미를 제시한다. 이를 위해 프레이리라는 인물에 대한 소개, 그의 대표작인 『페다고지: 민중교육론』의 구조와 내용, 주요 개념 설명, 프레이리 사상을 둘러싼 비판과 쟁점 검토, 한국 사회에서 『페다고지』가 읽힌 방식, 그리고 오늘날 한국 사회의 프레이리 읽기 및 실천하기를 위한 방향을 제시한다.

이 책은 다양한 교육사상을 통해 오늘의 실천에 방향과 의미를 부여하고자 했다. 교육은 본질적으로 실천적 활동이다. 교육의 행위에서는 실천이 중심이다. 그런데 이 실천은 단순히 어떤 행위를 하는 것이 아니라 '이론적 실천praxis'이다. 이론적 실천은 이미 이루어진 혹은 이루어지고 있는 실천을 더 명확히 바라보기 위해 한 발짝 물러설 때 일어난다. 이론은 실천을 숙고하게 한다. 실천을 숙고함으로써 더 잘 생각하고 더 잘 실천하는 방법을 배운다. 실천 없는 앎은 공허하고 망상으로 빠질 수 있다. 또 이론 없는 행동은 맹목적이고 무모한 망동으로 빠질 수 있다. 이론과 실천은 통합되어야 한다. 이러한 통합 속에서 양자가 구성되고 조직되며, 실천과 이론 간의 끊임없는 환류 과정에서 재조직되고, 또 하나의 새로운 실천으로 나아간다. 따라서 이론의 지도를 받는 '이론적 실천가' 또는 실천을 이끌 수 있는 '실천적 이론가'가 되어야 한다.

우리는 이상적 현실주의자ideal realist, 또는 현실적 이상주의자real idealist로서 새로운 교육 세상을 꿈꾸며 오늘도 실천의 끈을 놓아서는 안 된다. 올곧은 실천은 철학과 사상의 기초가 튼튼해야 한다. 철학과 사상이 결여되면 시대에 영합하는 한때의 유행을 좇거나 비바람과 눈보라에도 쉽사리 무너질 수 있다. 시민운동, 지역운동, 교육운동을 제대로 하려면 대중의 대지에 뿌리를 내려야 한다. 다양한 영역에서 작은 모임이나 문화적 진지를 구축해야 한다.

앞으로 '교육사상시민학교'가 대전환 시대의 사상진지가 되도록 더욱 증진할 것을 다짐한다. 교육과 사회의 지형이 황폐해지더라도 새로운 교육사상 이론에 대한 요구는 더욱 높아질 것이다. 교육사상이 교육의 대전환과 미래 사회의 변화, 지방분권, 마을, 환경, 인권, 고용·노동, 시민참여 등과 연결·실현될 수 있도록 그 방향 설정에는 더욱 치밀함이 요구된다. 교육과정에서 자신과 타자, 그리고 세상을 대하는 태도 등 삶을 대하는 태도로 확장될 수 있도록 내용을 재구성해야 한다. 또한 교육사상 이론이 교육전문가뿐만 아니라 모든 시민의 교양이 될 수 있도록 내용을 재구성해야 한다. 참가자 모두가 소비자가 아니라 능동적 생산자가 되도록 노력해야 한다. 교육사상을 단지 이론으로 대하지 않고 자신과 사회의 변화를 위한 실천 담론이 되도록 충실한 강의와 토론을 만들어 가야 한다.

'교육사상 시민강좌'를 진행하면서 강좌가 너무 이론적이어서 어렵다는 지적을 많이 받았다. 아무래도 연구자 중심이고 갈등과 모순이 가득 찬 현장과는 좀 거리를 둔 위치라서 그럴 것이다. 강의 내용과 진행 방식에서 고급 교육사상 이론과 현장의 요구(현실 담론/실천 담론) 사이의 유기적인 소통과 결합이 충분하지 못했다. 이는 주로 대학에서 연구하고 강의하는 이론가들의 근본적 한계일 수밖에 없지만, 실천에 주는 방향/지향 설정과 메시지의 효과는 매우 클 것이다. 실천의 이론적 취약성을 보완하는 기제로도 크게 작용할 것이며, 그 속에서 이론과 실천의 변증법적 종합이 이루어질 것이다.

강좌 회수가 거듭될수록 참가자가 감소한 것은 수강자의 여러 가지 사정 때문이겠지만, 자신과 사회의 문제를 해결하는 데 중요한 의미 부여가 되지 않아서일 수도 있을 것이다. 수강자들의 다양성을 고려하여 내용의 난이도를 조정하고, 강의마다 쟁점과 의견을 정리하여 강사와 참가자들에게 피드백하는 시스템도 구축할 필요가 있을 것이다. 이 밖에도 개선할 점이 많이 있을 것이다.

그동안 1기 교육사상 시민강좌를 위해 먼 인천에서 도봉구의 평화진지까지 촬영을 위해 달려온 마을교육공동체포럼의 김태정 선생님, 김보규 선생님, 유호상 선생님, 그리고 인내하며 원고를 모아 준 함께배움의 곽형모 선생님에게 감사드린다. 돌이켜 보면 코로나 사태로 면대면 대화가 불가능한 것이 큰 아쉬움으로 남는다. 1기 강좌가 끝난 지 1년이 지나서야 이 책이 빛을 보게 되었다. 이 책 출간을 계기로 위기의 시대 교육 실천이 사상적으로 더욱 튼튼해지는 자극제가 되었으면 한다. 겨울이 지나면 봄이 올 것이다.

지은이를 대표하여
심성보 씀

차례

1장

울리히 벡:
위험사회와 미래교육

정창호

1. 울리히 벡은 누구인가?

울리히 벡Ulrich Beck, 1945~2015은 1944년 5월 15일 독일 북부의 슈톨 프Stolp(현재는 폴란드의 해변 도시인 스웁스크Slupsk)에서 출생했다. 그의 아버지 빌헬름 벡은 독일 해군 장교로 2차 세계대전에 참전한 군인이었고, 어머니 마가레테는 간호사였다. 그는 성장기를 주로 하노버에서 보냈다. 고등학교 졸업 후 1966년 프라이부르크대학교에서 법학 공부를 시작했지만, 이내 전공을 바꾸어 뮌헨대학교에서 사회학, 철학, 심리학, 정치학을 공부했다. 28세였던 1972년에 뮌헨대학교에서 독일의 계층이론 전공 사회학자인 칼 마틴 볼테 교수의 논문 지도 아래 박사학위를 취득했다. 1975년 그는 대학 시절부터 연애했던 2살 연하의 동료 사회학자인 벡-게른스하임Beck-Gernsheim과 결혼했다. 게른스하임은 함부르크대학교를 거쳐 뉘른베르크대학교에서 교수로 재직했는데, 평생 주말부부였던 두 사람은 2011년 『장거리 사랑: 세계화 시대의 생활방식』이라는 공저를 내기도 했다. 게른스하임은 배우자로서 벡의 인생뿐 아니라 동료 학자로서 그의 학문에도 큰 영향을 미쳤다.

벡은 1979년 마침내 사회학 전공 교수자격(하빌리타치온)을 취득했다. 독일에서 교수가 되기 위해서는 다른 나라와 달리 박사학위 이외에 하빌리타치온을 수료해야 한다. 그는 교수자격을 취득하자마자 취직에 성공했다. 뮌스터대학교에서 1981년까지, 이후 1992년까지는 밤베르크대학교에서 교수로 일했다. 그를 현대 사회학의 총아로 만들어 준 대표작 『위험사회』는 뮌스터대학교 시절인 1986년에 출간되었다. 1992년 지도교수였던 볼테의 후임으로 뮌헨대학교 사회학과로 부임했다. 이후 런던의 경제학 및 정치학 학교 등에 초빙되어 사회학을 가르쳤다. 1999년부터 2009년까지 약 10년간 벡은 독일연구재단DFG이 지원하는 특수연구 영역 536번 프로젝트 "성찰적 근대화"를 실질적으로 주도했다. 이 프로젝트는 뮌헨 지역 4개 대학의 협력 프로그램으로 수행되었으며, 여기서 벡의 성찰적 근대화 이론은 광범위한 주제 영역에 걸친 경험적 연구를 통해서 보완되었고 이론적으로 발전되었다. 이 연구 프로젝트의 초점은 현대 사회의 물리적 재난과 위험보다는 사회적인 불확실성의 문제와 거기서 파생되는 애매함, 모순, 무지를 어떻게 처리할지를 향해 있었다.Zinn, 2008: 19f 참조 그 후 2012년부터 유럽연구위원회의 지원을 받아 "기후변화의 사례로 본 방법론적 세계정책론" 프로젝트에 참여했다. 이 프로젝트가 진행 중이던 2015년 1월 1일 벡은 심장마비로 세상을 떠났다.

벡의 일생에 걸친 연구의 청사진은 1986년에 발표된 『위험사회』에서 이미 제시되었다. 이 책에서 벡은 근대화의 과정, 페미니즘, 생태주의 운동, 시민집단의 성장, 고용의 유연화, 대량 실업 같은 광범위한 사회 현상을 연구했고 이것이 현대 사회를 어떻게 변화시키는가를 파악하는 데 주력했다. 물론 그 연구의 중심에는 위험과 성찰적 근대화가 놓여 있었다. 그는 임박한 미래 사회는 기존의 사회학적 범주들로 파악될 수 없다고 생각했고, 위험사회에 맞는 새로운 범주와 논리를 발전시킬 필요가 있다고 보았다. 이후에 그는 기술공학의 위험, 정치적 지형의 변화, 세계화 및 세계화 시대의 권력과 대항 권력, 노동시장, 남녀 관계, 개인화 등의 다양한 주제를 다루는 속에서 현대를 파악하고, 또 올바른 방향으로 이끌어 갈 수 있는 개념과 이론을 더욱 정교하게 발전시켰다. 일생에 걸친 그의 연구 작업의 조준점은 결국 현대 위험사회의 '정치적 무책임과 공백'을 메울 수 있는 '아래로부터의' 민주주의와 현대의 위기를 슬기롭게 헤쳐 나갈 수 있는 '정치적 주체'의 형성을 향하고 있다.

울리히 벡은 한국과 꽤 깊은 인연을 맺었는데, 이는 그의 위험사회론이 한국에서 큰 호응을 받은 것과 연관이 있다. 그는 2008년 서울대학교 사회학과의 초청으로 한국을 방문했고, 이후 2014년에도 한국을 방문했다. 2014년 방문 당시 '해방적 파국: 그것은 기후변화 및 위험사회에 어떠한 의미가 있는가'라는 대중 강연을 했는데, 거기서 세월호 사태를 '조직적 무책임'이 초래한 위험사회의 전형적인 참사라고 평가했다. 울리히 벡은 또 서울시청에서 '위험 도시와 서울의 선택'이라는 강연을 했고, 고 박원순 당시 서울시장과 대담을 하기도 했다. 그는 한국을 방문한 다음 해인 2015년 정월 초하루 심근경색으로 갑자기 세상을 떠났다. 향년 70세였다.

2. 울리히 벡과의 가상 대화: 위험의 정체[1]

■ 선생님께서 주장하시는 '위험'은 어떤 것입니까?

오늘날 위험은 과거와는 전혀 다른 특성을 띠고 있고, 이 새로운 특성 때문에 현대 사회는 위험사회가 되었습니다. 현대 사회의 위험은 크게 네 가지 특징을 보입니다.

첫째, 오늘날 위험은 계산도 통제도 불가능한 것입니다. 위험을 수량적으로 또는 확률적으로 계산하고 통제하려 했던 전통적 방식은 이제 통할

---

1. 아래는 벡의 『위험사회』 제1부 제1장의 내용을 기초로 필자가 작성한 가상의 인터뷰이다. 되도록 벡의 본뜻을 제시하려 했지만 축약과 번안의 과정에서 필자의 해석과 상상이 섞여 들어갔을 수 있다.

수 없습니다. 예를 들어 원전 사고 같은 위험은 일단 현실화할 경우 돌이키기 힘든 파국이 되기 때문입니다.

둘째, 과거와 달리 오늘날의 위험은 볼 수도 느낄 수도 없습니다. 그래서 위험은 이제 우리의 의식과 지식을 통해서 사회적으로 정의되고 구성되게 됩니다. 다르게 표현하면, 산업사회에서는 '존재가 의식을 규정'했지만, 위험사회에서는 '의식이 존재를 규정'합니다. 물론 그렇다고 위험이 단순한 허구나 가상은 아닙니다. 일단 사회적으로 정의되고 구성된 위험은 우리의 삶에 실제적 영향을 미치기 때문입니다.

셋째, 오늘날의 위험은 보편적이고 민주적입니다. 그것은 과거처럼 특정 개인이나 계층에게만 영향을 미치는 것이 아니라, 남녀노소 또는 빈자와 부자, 더 나아가 생산자와 소비자를 가리지 않고 들이닥칩니다.

넷째는, 역설적으로 들릴지 모르겠지만, 나는 오늘날의 위험이 근대적 사회체계의 실패 때문이 아니라 오히려 성공했기 때문에 발생한다고 봅니다. 그러므로 현대의 위험은 현대 사회체계의 부분적인 수정이 아니라, 그것의 근본적 재구성을 통해서만 해결될 수 있습니다.

최근 수년간 전 세계를 공포와 고통의 도가니로 몰아넣고 있는 팬데믹의 위험에서 우리는 이상 네 가지 특징을 분명하게 확인할 수 있습니다.

■ 현대 사회에서 위험이 과연 존재하는지, 그리고 그것이 어떤 위험인지를 결정하는 것이 우리의 의식과 지식이라는 주장을 좀 더 설명해 주세요.

현대의 위험은 홍수나 태풍과 달리 눈에 보이지 않으며, 직접 지각할 수 없습니다. 따라서 그것은 추상적인 이론과 실험, 정교한 측정 도구와 같은 과학적인 장치를 통해서만 파악할 수 있습니다. 그러니 위험의 존재는 사실에서 출발하는 것이 아니라, 추상적인 이론이나 특수한 실험 의도, 즉 지식에 의존해서 구성되는 것입니다. 현재 코비드-19의 위험이 어느 정도인지에 대해서 전문가들의 논쟁이 분분한 것이 한 증거입니다. 이처럼 현대 사회에서 위험의 실재를 객관적으로 파악하는 것은 불가능에 가깝습니다. 더구나 위험의 파악은 단지 어떤 드러난 사실에 대한 진술(예를 들어 "송전탑 인근 주민 다수가 암에 걸렸다")만으로는 완수되지 않습니다. 거기서 위험은 송전탑의 전자파와 암 발병 간의 인과관계를 분명히 규명해야 전모가 드러납니다. 그러나 현대 사회의 복잡한 요인과 관계 속에서 특정한 인과관계를 순전히 객관적으로 입증하는 일은 쉽지 않습니다. 이런 의미에서 위험은 구성되는 것입니다.

■아무리 그렇다 하더라도, 우리는 위험에 대한 논의에서 전문가나 과학자의 말에 의지할 수밖에 없지 않을까요?

꼭 그렇지만은 않습니다. 분명한 것은 위험의 존재를 사회적으로 정의할 때, 지식과 더불어 규범적인 지평이 개입해야 한다는 것입니다. 과학자들은 대체로 위험을 인과적 법칙과 양적인 계산으로 파악하고 제시하는 경향이 있습니다. 반면 일반 시민들은 위험에 대한 논의에서 사실관계를 넘어서, "어떤 삶을 살 것인가?"라는 가치 물음으로 나아갑니다. 이 물음은 수학이나 실험으로는 결코 해소되거나 해결될 수 없습니다. 그러므로 위험은 자연과학과 인문과학, 일상적 합리성과 전문적 합리성이 경쟁하고 협력하는 속에서 결정되어야 합니다. 즉, 전문가만이 또는 과학적 합리성만이 위험의 규정에서 권위를 갖는 것은 부당합니다. 핵발전소를 예로 들어 봅시다. 전문가들은 핵발전소의 안전을 연구할 때 수량화할 수 있는 위험만을 다룹니다. 그러나 대중은 위험의 양적 측면보다 질적 측면에 더 주목합니다. 과학적 합리성과 사회적 합리성은 서로 경쟁하면서도 동시에 상호보완적인 관계를 맺어야 한다는 사실을 잊어서는 안 됩니다. 현대 사회의 위험을 단지 전문가의 손에만 맡겨 둔다면 불행한 결과를 초래할 수 있습니다.

■ 위험이 객관적인 것이 아니라 과학적 지식과 사회 구성원들의 규범적 선택을 통해서 정의되는 것이라면, 그것은 결국 허구가 아닌가요?

그것은 허구이면서 동시에 허구가 아닙니다. 현대 사회를 제대로 파악하려면 이원론이 아니라 변증법이 필요합니다. 물론 내가 말하는 위험은 사회적으로 구성된 것입니다. 그래서 위험risk은 이미 발생한 또는 닥친 위험danger 또는 재난catastrophe과 다릅니다. 내가 말하는 위험은 '아직 일어나지 않았지만 다가오고 있다고 예측되는 위험', 즉 '리스크'입니다. 이 위험은 아직 도래하지 않았다는 점에서 허구이지만, 동시에 언젠가 도래할 사태로서 우리에게 지금 당장 어떤 액션을 하도록 강제한다는 점에서 허구가 아닙니다. 특히 기후변화와 같이 총체적 파괴력을 가진 위험 앞에서 과거는 현재에 대한 규정력을 상실하며, 오히려 오지 않은 미래가 현재를 실질적으로 규정합니다. 그러므로 위험은 이미 발생한 재난과 마찬가지로 실재합니다.

■ 위에서 말씀하신 위험의 특징 중 하나인 위험은 빈곤과 달리 모두에게 평등하다는 주장으로 화제를 돌려 보겠습니다. 위험의 분배가 계급이나 계층에 영향을 받지 않는다는 교수님의 주장에 대해 비판하는 학자들이 많은데요.

그것은 오해입니다. 저는 위험이 종종 계급적인 원리에 따라서 불평등하게 분배된다는 점을 부정하지 않습니다. 부자들은 자신의 안전을 지키기 위해 큰 비용을 지출할 수 있지만, 가난한 사람들은 그럴 수 없지요. 이런 점에서 부의 분배처럼 위험 분배도 계급적 성격을 갖습니다. 단순한 예로, 마당 있는 저택에서 하는 자가격리와 창문 없는 원룸에서 하는 자가격리는 천양지차입니다. 하지만 위험의 분배는 전통적인 계급론의 틀로는 충분히 해명될 수 없다는 것이 바로 나의 주장의 요체입니다. 여기서도 상황은 모순적입니다. 위험의 강화, 확산과 더불어 위험을 사적으로 회피回避하거나 보완할 가능성은 한편으로 축소되지만 다른 한편으로 확대됩니다. 위험의 회피가 어려워질수록 거기서 탈출하려는 개인적 노력과 그것을 노린 상업화도 격화되기 때문입니다. 그런데 전체적으로 보면, 위험이 격화됨에 따라 개인적인 탈출의 가능성은 점점 사라집니다. 그런 의미에서 위험은 근본적으로 보편적입니다.

■ 그렇다면 앞으로 위험사회가 보편화되면서 계급 갈등의 사회적 영향력도 점차 약화되거나 사라질 수밖에 없겠군요.

나는 그렇다고 생각합니다. 위험사회에서의 갈등은 계급사회에서의 갈등과 성격이 근본적으로 다릅니다. 기후변화의 위험은 단지 그 원인을 제공한 지역이나 국가에 국한되지 않습니다. 그것은 이미 국경을 넘어서 전 세계에 사상 유례없는 재난을 발생시키려 하고 있습니다. 도래할 위험을 도저히 피할 수 없는 불특정 다수의 대중은 발작적 공포와 무관심의 양극단 사이를 왔다 갔다 합니다. 그래서 위험 분배의 불평등이 존재하고 있더라도, 그것은 경제적 불평등에서 보았던 바와 같은 조직된 정치적 힘으로 승화되기 어렵지요.

■ 그런데 여전히 힘 있고 권력 있는 집단은 위험을 다른 집단에 전가하거나 제한함으로써 자신의 안전을 추구하려는 경향이 있습니다. 이런 시도가 성공할 수 있을까요?

과거에는 위험의 생산자가 위험을 타자에게 전가할 수 있었지만, 현대의 위험은 그럴 수 없습니다. 과거 공해의 위험을 후진국에 수출했던 선진국들은 이제 지구온난화와 산성비를 통해 자신이 행한 위험 생산의 결과를 고스란히 돌려받고 있습니다. 나는 이것을 이미 오래전에 '부메랑 효과'라고 명명한 적이 있습니다. 위험의 부메랑 효과는 핵전쟁의 묵시록적 시나리오에서 가장 극명하게 드러납니다. 거기에는 승자가 없고 오직 패자만이 있습니다. 궁극적으로 근대화의 눈부신 성공은 지구 전체를 점점 더 어떤 생명체도 살 수 없는 장소로 변화시키고 있습니다. 기존의 틀을 유지하는 한, 위험을 피할 수 있는 사람은 없습니다. 이제 인류는 힘을 합쳐 기존의 삶의 방식에 대한 철저한 성찰을 시작해야 합니다. 그것만이 살길이지요.

■ 하지만 어느 나라든, 경제성장과 안전 사이의 딜레마에서 벗어나는 일은 쉽지 않은 것 같습니다.

먹고사는 문제가 미래의 예견된 위험과 정면으로 대결할 때, 승리하는 쪽은 대체로 전자입니다. 급속한 경제성장이라는 빈곤국의 당면 과제는 언제나 위험의 인식을 억제하기 마련이지요. 먹고살기 풍족한 부국들은 그런 상황을 악용하여 위험을 빈곤국으로 전가함으로써 딜레마에서 벗어나려 합니다. 빈곤국들의 안전불감증을 이용하여 위험을 회피하려는 꼼수이지요. 반면 빈곤국들은 예견된 위험이라는 미래의 악마를 무시하고, 굶주림이라는 현재의 악마와 싸우는 데만 열중합니다. 그러나 어느 경우든 위험은 무시됨으로써 오히려 증폭되고, 확산하고, 실현됩니다. 위험을 잠시 못 본 척할 수는 있지만, 그것은 결국 피로스Pyrros 왕의 '상처뿐인 승리'에 불과합니다. 우리가 위험을 외면하거나 통제 가능하다고 볼수록 위험의 폭발성은 커지고 민감해집니다. 역설이지요. 이 역설은 위험을 진보의 불가피한 부산물로 해석하는 근대적 통념과 삶의 방식을 전면적으로 재구성해야만 해결 가능합니다.

■ 아직도 질문드릴 것이 많은데, 약속한 인터뷰 시간이 얼마 남지 않았습니다. 그래서 약간 비약해서 질문을 드려 보겠습니다. 위험사회는 근대화에 기초한 기존의 제도를 전면적으로 재구성해야만 극복될 수 있다고 하셨습니다. 그러나 계급 갈등이라는 강력한 동력이 힘을

잃어버린 상황에서 이러한 전면적 재구성은 누가, 어떻게 할 수 있을까요? 다시 말해, 위험사회를 변혁시킬 주체는 어디에 있는 것인가요?

나의 희망은 위험에 대한 부정과 외면이 만연하고 있음에도 불구하고, 동시에 지구적 위험공동체가 등장하고 있다는 사실에 있습니다. 위에서 말했듯이, 위험이 보편적으로 경험된다고 하더라도 위험을 처리하는 과정에서는-계급적 긴장과는 다르지만- 다양한 사회적 긴장과 갈등이 발생합니다. 위험사회의 사회적 긴장과 갈등은 크게 두 가지 차원에서 일어납니다.

첫째는 위험에 직접 노출되어 피해를 보는 사람과 위험 감수를 통해 이익을 얻는 사람 간의 갈등적 관계이고, 둘째는 위험을 정의definition하는 사람(전문가/관료)과 그 정의를 소비하는 사람(일반 시민) 간의 긴장 관계입니다. 이 두 가지 갈등, 긴장 관계는 다양한 형태로 위험사회의 모든 영역에서 나타납니다. 위험의 범위, 정도, 긴급성 등을 정의하려는 사회적 논쟁과 투쟁은 이 두 가지의 차원에서 진행됩니다. 그런데 과연 이런 모호한 전선에서 변화의 동력이 등장할 수 있는가? 이런 의문이 생기는 것은 당연합니다. 나는 바로 거기서 희망을 찾고자 합니다.

물론 위험이 아직 멀고 미발전된 상태에 있는 동안에는 위험에 노출된 사람들 사이에 다양한 이해관계가 뒤얽힙니다. 그렇지만 위험이 점점 그 마각을 드러냄에 따라서 위험의 공동성도 점점 분명해집니다. 인류 공멸의 위험 아래서 다양한 차이와 이해관계는 사라지고 위험에 대항하기 위한 하나의 공동성이 형성될 것입니다. 따라서 위험사회에는 경계를 뛰어넘는 '풀뿌리 대중의 발전 동학'이 내재하고 있다고 나는 확신합니다. 이 풀뿌리 대중의 발전 동학은 국민국가의 경계를 넘어서는 '세계 위험공동체'를 형성하고, 칸트가 꿈꾸었던 유토피아, 즉 세계사회를 건설할 것입니다. 물론 이것은 자연적 과정이 아니며, 우리 모두 성찰적 세계시민으로서 그 과제를 달성하려고 노력할 때만 실현 가능합니다.

■ 외람되지만, 세계 위험공동체에 대한 교수님의 전망은 너무 낙관적이 아닐까요? 기후변화나 이미 닥친 코로나의 위협 앞에서 세계는 서로 협력보다는 경쟁하는 모습을 보이는 듯합니다.

　물론 위험공동체의 형성은 가능성으로 있을 뿐입니다. 위험사회는 위험과 기회를 동시에 간직한다는 것이 처음부터 나의 일관된 지론입니다. 현실을 보십시오. 지구적 위험의 현격한 증대에도 불구하고 이를 제대로 관리할 수 있는 정치적 제도나 대안적 체계의 형성은 아직 요원해 보입니다. 위험이 이미 목전에 닥쳐왔음에도 불구하고, 다양한 집단의 이익이 각축하는 속에서 시민적 연대의 형성도 미약합니다. 위험사회 인류의 미래에 대한 설득력 있는 비전조차도 찾기 어렵지요. 대중들은 위험의 공포 앞에서 갈팡질팡하고 있습니다. 그래서 우리는 지금 일종의 '정치적 진공상태'에 있습니다. 이 진공을 메워 나가려면 위에서 말했던 '풀뿌리 대중'에서 출발하는 민주주의가 절실히 필요합니다. 그래서 우리는 위험사회의 '정치적 주체' 문제에 주목하게 됩니다. 이때 산업사회의 정치적 주체였던 프롤레타리아트는 위험사회의 정치적 주체일 수 없습니다. 위험사회의 정치적 주체는 엄청난 재난 앞에서 공동의 고통을 겪을 운명에 놓인 사람들 모두일 수밖에 없습니다. 그리고 바로 이들이 머지않아 세계 위험공동체를 형성하리라고 나는 기대하고 있습니다.

　■ 과연 눈에 보이는 필요가 아닌, 눈에 보이지 않는 보편적인 고통이나 재해가 정치적 주체를 만들어 내는 동력이 될 수 있을까요?

　나는 그 문제를 『위험사회』의 제3부 제8장에서 '하위정치'라는 개념으로 먼저 설명했습니다. 그리고 2002년에 출간한 『세계화 시대의 권력과 대항 권력』에서 그 문제의식을 더 발전시켰습니다. 자세한 내용은 이 책을 참조하시기 바랍니다. 간단히 말하면, 계급적인 사회에서 위험사회로 이행하는 과정에서 공동체의 기본 가치와 목표, 작동 방식이 근본적으로 변화합니다. 전자에서는 '평등'이, 후자에서는 '안전'이 기본적 가치입니다. 전자는 풍요함이라는 적극적인 목표를, 후자는 최악의 사태 예방과 절제라는 소극적인 목표를 추구합니다. 전자는 사회 변화의 동력이 '배고프다'에서, 후자는 '두렵다'에서 옵니다. 위험사회에서는 불안의 공동성이 필요의 공동성을 대체합니다. 그러나 불안에서 비롯된 유대가 어떻게 작동하는지, 그것이 어떻게 '정치적 힘'으로 조직될 수 있는지를 규명하기 위해서는 위험사회의 정치적 동학dynamics을 정립할 필요가 있는데, 이는 앞으로 우리 모두의 과제입니다.

■ 코로나로 인한 팬데믹을 황망하게 겪으면서, 벡 선생님의 부재를 안타까워한 사람들이 많이 있습니다. 오늘의 대담을 통해서 저는 코로나 팬데믹이 종식되어 간다고 희망에 들떠 있을 때가 아님을 깨닫게 되었습니다. 지금의 코로나 위험이 사라진다 해도, 끊임없이 위험을 만들어 내는 위험사회는 그대로이기 때문입니다. 이제야말로 산업사회의 삶의 방식을 전면적으로 재구성하기 위해서 시민들이 위험사회의 정치적 주체로 나서야 할 때가 아닌가 합니다.

3. 울리히 벡의 위험사회론

위험사회론과 우리의 현실

몇 년 전 겨울 강추위 속에서도 끈질기게 이어졌던 촛불 시위는 감동적이었다. 수많은 인파가 광장에 운집했다는 사실보다 더 놀라웠던 것은 대규모 시위에서 흔히 보이는 과격함이 전혀 없었다는 사실이다. 거기에 분노는 있었지만, 증오는 없었다. 시위를 끝낸 시민들은 스스로 광장을 청소했다. 거기 모인 다양한 사람들을 하나로 묶은 것은 "이게 나라냐?"

하는 내면의 공감이었지, 어떤 조직적인 구호나 지시가 아니었다. 그해 겨울 남녀노소가 소중한 주말의 사생활을 기꺼이 포기하고 광장으로 '출근'했다. 시민사회의 활동가들과 더불어 연단에는 송전탑 아래에 사는 할머니, 청소하는 아주머니, 편의점 아르바이트생, 앳된 여고생이 잇달아 올라 한국 사회의 갖가지 현안에 대해 거침없는 목소리를 냈다.

그 현장에 정치인들은 거의 없었다. 다양한 공식 비공식 단체들의 깃발이 눈에 띄었지만, 대다수는 평범한 일상을 살아가는 시민들이었다. 그런데 정치인이나 제도권 정치의 흔적이 별로 보이지 않았던 그곳에서 거대한 정치가 이루어지고 있었다. 세계 어느 나라보다도 강한 대통령 중심제를 가진 우리나라에서, 대통령이 독직瀆職의 죄, 즉 국민이 부여한 신성한 권력을 사익으로 더럽힌 죄로 인해 파면되었고, 교도소로 갔다. 그런데 대통령이 국민 손에 끌려 내려와 감옥에 가자마자, 세계 민주주의 역사의 인상적 장면을 연출했던 위대한 촛불 시민들은 모래에 물 스미듯 다시 일상 속으로 뿔뿔이 흩어졌다.

도대체 어떻게 다양한 계층의 시민이 시위 지도부의 주도면밀한 계획이나 지시도 없이 갑자기 광장에 몰려나와 한마음으로 어깨를 걸었을까?[2] "대한민국은 민주공화국"이라는 노랫말은 과연 그들에게 똑같은 것을 의미했는가? 촛불 시민들을 하나로 결집한 정치적 동학dynamics은 무엇이었나? 교육학자들이 교육의 난맥상을 끊임없이 비판했는데, 한국의 시민의식은 어떻게 이렇듯 높고 성숙한 수준에 도달했나? 그동안 우리 학교교육은 생각보다 성공적이었던 것일까? 아니면 교육 이외의 다른 요인이 있었던가? 광화문 광장에 결집했던 그 많던 촛불의 연대는 어째서 갑자기 눈에 보이지 않게 되었는가? 그때 모였던 촛불 시민들의 정체는 모호하

---

2. 시민단체 관계자들은 가끔 찾아들던 시위 규모가 정치적 국면 전개의 중요한 순간마다 어김없이 다시 불어나는 것을 목격했다. 즉, 시위대는 위로부터 조직된 것이 아니라, 아래로부터 자생적으로 모인 사람들이었다.

다. 어쩌면 이것이 위험사회의 변혁적 주체의 특성은 아닐까? 위험사회에서 시민운동은 어떤 방식을 취해야 할까?

울리히 벡의 위험사회론 발표를 준비하면서 갑자기 이런 의문이 뇌리에 떠오른 것은 단순한 우연일까? 그의 위험사회론은 최근 한국 정치사의 한 매듭을 지은 사건에 대해서도 영감을 줄 수 있지 않을까? 물론 그의 위험사회론은 1970~1980년대 서구 사회의 상황을 기초로 하고 있고 그런 점에서 그것을 기계적으로 우리 사회에 적용하기는 무리일 것이다. 하지만 그의 위험사회론은 현대 한국의 사회 현상을 설명하는 데 활용될 수 있을 것이다.[3]

이와 더불어 벡의 위험사회론은 세계를 강타한 팬데믹 상황을 헤쳐 나가기 위해서 다시 호출된다.[4] 지난 수년 동안 세계는 21세기 민주주의 사회에서는 감히 상상할 수 없었던 도시 봉쇄, 코호트 격리, 가택 격리 조치 그리고 영업 정지나 점포 폐쇄를 일상적으로 경험했다. 우리의 일상은 얼마 전 본부에서 청으로 승격한 '질병관리청'의 관료와 감염병 전문가 그리고 정치가와 행정가의 종합적 판단과 결정에 따라서 급격히 변화한다. 우리가 앞에서 살펴본, 위험에 대한 벡의 설명(예를 들어 위험의 지식-구성적 측면, 위험의 보편성과 평등화, 부메랑 효과 등)은 여기서도 시사하는 바가 적지 않다. 물론 그의 이론이 현재의 사태를 안성맞춤으로 설명

---

3. 울리히 벡의 위험사회론을 한국 사회에 적용하는 연구들은 많이 찾을 수 있다. 예를 들면 이광근, 「개인화, 계급, 하위정치」(『동향과 전망』, 94호, 2015)나 홍찬숙, 「한국형 위험사회와 물질적 전회: 세월호 및 메르스 재난의 정치 행위성」(『담론 201』, 제22권 2호, 2019), 이태훈·박성훈, 「국내 로컬푸드 담론에서 연대 형성의 문제: 울리히 벡의 위험사회론과 불안의 연대 개념을 중심으로」(『농업사 연구』, 제14권 2호, 2015) 등이 있다.
4. 코로나19 바이러스가 과연 어디서 어떻게 발생했는지, 그것이 과연 성찰적 근대화가 낳은 위험인지는 아직 명확하게 확인된 바 없다. 그러나 팬데믹 상황을 사실적으로 그리고 있는 영화 〈컨테이전(Contagion)〉에서 보면, 새로운 바이러스의 발생과 광범위한 전파, 즉 팬데믹의 원인은 "인구 및 가축 수의 증가, 인간 생활의 사회적·경제적 활동 및 변화에 따른 교통의 발달, 산업에 기인한 생태계 변화, 기상이변 등"(김언상·원도연, 2020: 166)으로 성찰적 근대화의 결과들과 무관하지 않다.

해 주고 있는 것은 아니다. 사실 자료와 학문적 소통을 통해서 자신의 이론을 꾸준히 변화 발전시켜 온 벡 자신도 그런 기대를 하지 않을 것이다. 그러나 그의 위험사회 분석은 코비드-19의 위험을 이해하고, 대처하는 데 유효한 시사점을 줄 수 있다.Pietrocola 외, 2021: 209-233 참조

여기서는 대표적으로 한 가지만 살펴보는 것으로 충분할 것이다. 코비드-19의 위험은 벡이 말한 대로 단지 사실적인 문제가 아니라, 과학적 지식에 의존하여 구성되고 있다. 대중은 코로나에 대한 전문적 지식을 갖지 못하기 때문에 전문가들의 판단에 의존해야 하는 처지에 있다. 그렇지만 영업 제한 조치 완화 또는 철회를 요구하는 소상공인들의 지속적인 항의에서 보았듯이, 위험에 대한 파악, 더 정확히는 위험에 대한 정의는 단지 과학자와 행정가의 손에 맡겨 둘 문제가 아니다. 코로나의 위험에 대한 과학적 판단과 더불어, 삶의 방식에 대한 규범적 논의와 사회적 합의도 필요할 수 있다. 이런 점이 우리나라 코로나 상황에서 충분히 고려되었는가는 의문이다.

어떤 경우든 장기적으로 볼 때, 위험의 정의를 전문가와 관료가 독점해서는 안 된다는 벡의 요청은 경청할 필요가 있다. "위험은 자연과학과 인문과학의, 일상적 합리성과 전문가 합리성의 […] 공생관계(=협업)에 의해서 결정"벡, 1997: 66되어야 한다. 그렇지 못할 때, 우리나라의 팬데믹 영화인 〈감기〉에 나오는 독재 권력이 등장할 위험은 상존한다. 코로나 시대의 시민은 단지 전문가와 관료가 내린 '위험 정의'의 소비자에 그쳐서는 안 된다. 시민은 위험에 대한 과학적인 정보를 존중하면서도 '우리는 어떤 삶을 원하는가?'라는 인문학적 관점에서 그 위험을 정의하는 과정에 능동적으로 참여할 필요가 있다.

이상에서 보듯이, 벡의 위험사회론은 "현대 사회를 설명하는 훌륭한 논리 틀"이면서, 동시에 "재난을 경험하고 대처하는 사회의 구조적 문제에 대한 통찰력을 제공"김언상·원도연, 2020: 160한다. 즉 위험사회론은 세계사회

가 직면한 기후변화, 원전 사고, 팬데믹, 신종 독성물질 등등 환경적 재난의 위험성을 분석하는 동시에, 제1차적 근대화와 구분되는 현대 사회의 구조적 변화를 포괄적으로 설명한다. 이 두 가지의 이론적 구성 요소는 그의 위험사회론에서 불가분한 하나를 이루고 있다. 이러한 이중구조는 그의 주저인 『위험사회: 새로운 근대(성)를 향하여』의 구성에서 분명하게 드러난다. 이 책은 3부로 이어져 있는데, 1부는 '문명의 화산 위에서 살아가기'라는 제목으로 현대 사회의 물리적 '위험'과 그것의 사회적 분배 문제에 대해서 다루고, 2부는 '사회적 불평등의 개인화'라는 제목으로 현대 사회의 변화된 작동 방식과 생활양식을 분석한다. 3부는 이렇게 두 가지 측면에서 분석된 '성찰적 근대화'를 다시 종합한다.Beck, 1992: 153f 참조[5]

산업적 근대와 성찰적 근대

울리히 벡의 위험사회론의 출발 테제는 1970~1980년대에 서구 사회가 19세기적 산업적 근대(또는 1차 근대)와는 다른 단계, 즉 성찰적 근대(또는 2차 근대)의 단계로 이행했다는 것이다. 이 성찰적 근대는 19세기부터 급속히 발전한 산업사회가 성공적인 발전 과정에서 오히려 자신의 기반이었던 질서와 제도를 파괴했다는 사실이 분명히 드러남으로써, 또는 그런 사실을 지각함으로써 시작된다. 근대화의 성찰성reflexivity은 한편으로는 과학기술의 발전이 초래한 가공할 '물리적 위험'에 의해서 다른 한편으로는 산업 발전 속에서 이루어진 '개인화'에 의해서 촉발된다.

예를 들어, 기후변화가 초래할 수 있는 묵시록적 재난의 가능성은 과학기술의 정당성과 자신감에 타격을 주고, 과학자와 과학기술 신봉자들이 자신의 태도를 성찰하지 않을 수 없게 만든다. 또 과거 사회적 유대와 지원을 제공하던 국가, 민족, 노동조합, 가족 등의 제도가 붕괴하여 개인은

---

5. 이 글의 2절에서 다룬 것은 주로 물리적, 환경적 위험에 관한 내용이었다. 이하에서는 위험사회에서의 민주주의와 주체 문제를 중심으로 벡의 사회 이론을 개관할 것이다.

모래알처럼 흩어지게 되었다. 이러한 '개인화'를 통해서 개인은 진정한 자유의 가능성을 얻지만 동시에 고독한 삶이 유발할 수 있는 갖가지 위험에 노출된다. '개인화'로 인해 근대 사회는 자기를 성찰하지 않을 수 없게 되었다.

그런데 1차 근대가 자신을 뒷받침했던 사회제도와 유대를 스스로 파괴하는 상황은 근대의 종말을 의미하는 것이 아니다. 벡의 시각은 변증법적이다. 그는 성찰적 근대는 근대화가 실패하고 파산했기 때문이 아니라, 오히려 눈부시게 성공했기 때문에 등장한다고 주장한다. 성찰적 근대는 1차 근대와는 다른 사회적 체계와 제도로 이행하지만, 근대의 근본 원리인 자유, 평등, 박애brotherhood는 그대로 유지된다. 성찰적 근대로 대표되는 현대 사회의 질서는 여전히 근대의 한 부분에 속하며, 심지어 진정한 근대의 실현 가능성을 지닌다. 그래서 울리히 벡은 현대가 하버마스의 '미완의 기획'론처럼 근대의 연속선에 있는 것도 아니고, 그렇다고 포스트모던 사회론이 주장하듯 근대와 전혀 다른 별개의 사회도 아니라고 주장한다. 그렇다면 그의 성찰적 근대, 성찰적 근대화란 무엇인가?

성찰적 근대는 1차 근대와의 비교를 통해서 그 의미가 드러난다. 울리히 벡에 따르면, 중세 이후 서구에서 진행된 1차 근대화는 중세와 근대의 타협 또는 야합에 불과했다. 근대는 자유와 평등 그리고 연대의 원리를 주장했지만, 그 전개 과정에서 자신의 원리를 관철하지 못한 채 봉건적인 전통, 위계 및 차별과 결탁했다. 즉, 근대적 소가족제도, 계급 정체성, 국민국가, 국민종교 등 산업사회의 핵심 제도들은 자유로운 개인들의 자유로운 연대를 통해서가 아니라 새로 등장한 봉건적-전근대적 제도 및 질서와 적당히 타협하면서 정착되어 갔다.홍찬숙, 2016: 29 참조 근대의 새로운 사회제도와 질서는 결코 중세의 낡은 사회제도와 질서에서 전적으로 자유롭지 못했다. 간단히 말하면, 근대가 초래한 핵심적 변화인 소가족제도는 여전히 봉건적 남녀차별에 근거하고 있었고, 근대의 노동 및 직업 제도 역시 공적 영역에서의 가사 노동과 여성 노동의 배제에 기초하고 있었다. 1차 근대는 자신이 스스로 내세운 원리를 관철하지 못하고, 과거의 사회원리와 타협하면서 등장했다.

2차 근대는 이런 유사-봉건적인 제도를 해체하고, 모든 개인이 적나라한 개인으로서 삶을 독립적으로 그리고 타인과 연대하면서 만들어 갈 역사상 초유의 기회를 제공한다. 물론 이것은 근대를 완성할 기회이면서 동시에 다시 야만으로 후퇴할 수 있는 위기이기도 하다. 성찰적 근대는 근대의 진정한 완성이냐 아니면 야만으로의 퇴행이냐라는 갈림길에 서 있다.

기로에 선 위험사회

생산력의 증대와 물질적 풍요 그리고 정치적 자유를 향한 산업적 근대의 발걸음은 지극히 성공적이었다. 초창기에 근대를 뒤흔들었던 계급적인 불평등과 갈등은 노동자의 권리가 확대되고 노동조합이 활성화되면서 적어도 외형적으로는 완화되었고, 그것의 정치적 뇌관이 제거되었다. 산업사회의 물질적 생산력은 급속히 높아졌고 생산과정도 점점 더 자동화되었다. 그 후 등장한 복지국가의 이념은 중하층 계급의 물질적 수준과 복지를 대폭 상승시켰다. 한마디로 근대 산업사회는 성공의 가도를 숨차게 달렸다.

그런데 아이러니하게도 산업사회가 성공을 구가하면 할수록 산업사회를 떠받치던 사회제도와 물질적 토대는 그만큼 위협받고 잠식당했다. 폭주 기관차처럼 달려온 산업과 그것을 떠받친 과학기술은 인류 아니 지구생명 전체를 절멸할 수 있는 위험을 생산하게 되었다. 그 대표적인 사례가 기후변화, 오존층 파괴, 원전 사고, 팬데믹, 미세먼지 등이다. 체르노빌과 후쿠시마의 핵발전소 사고가 보여 주듯이 근대 문명이 만들어 낸 물리적 위험은 과거의 위험과 그 범위와 지속성이 질적으로 다르다. 그것은 근대적 제도의 부분적인 정비나 개선을 통해서는 해결될 수 없다는 사실이 점점 더 분명해지고 있다. 위험을 단순한 '부수 효과side effects'로 간주하고, 그것을 계산하고 평가하여 산업활동의 정상적 요소로 통합하는 과거의 방식은 이제 통할 수 없다.

더욱이 위험사회의 위험은 물질적 영역에만 있지 않다. '개인화'와 동전의 양면을 이루는 실업, 비정규직화, 고립된 삶, '모자이크 생애'는 2차 근대의 개인들에 닥친 사회적 위험을 표현한다. 그러므로 산업적 근대는 자신이 생산해 내는 계산할 수도, 통제할 수도 없는 복합적이고 파국적인 '위험' 앞에서 자신의 원리와 제도 전체를 근본적으로 재구성하고 개혁하지 않을 수 없게 되었다. 이 개혁은 과연 누가 달성할 수 있을 것인가? 세계화된 자본의 지배 아래 정치가와 과학자들은 현대 사회의 위험을 과소평가하기에 급급하다. 이제 시대에 뒤떨어진 제도를 진보적으로 재구성하고 위험의 도래를 예방할 수 있는 주체는 위험사회를 살아가는 시민들 속에서 나올 수밖에 없다.

그러므로 벡의 '성찰성'은 두 가지 의미를 지닌다. 하나는 객관적인 사회적 과정으로서의 성찰성이다. 즉 현대 사회는 발전의 과정에서 필연적으로 스스로 산출한 부정적 결과, 즉 계산과 통제가 불가능한 위험과 대면하게 되었고 자기를 변화시켜 나갈 수밖에 없게 되었다는 것이다. 다른 하나는 주체적 활동으로서의 성찰성이다. 즉 성찰적 사회가 근대의 이념을 실현한 인간적인 사회로 진화하기 위해서는 자신과 사회에 관해 반성하고 성찰하는 시민의 주체적인 노력과 연대가 필요하다는 것이다. 위험사회는 진정한 근대의 완성으로 갈 것인가, 아니면 반대로 새로운 포스트모던 봉건과 야만으로 떨어질 것인가의 갈림길에 서 있다. 여기서 진정한 근대로 가기 위해서는 이미 형해形骸가 된 1차 근대의 모순적 상황을 철저히 성찰하고 새로운 가치와 삶의 방식을 만들어 내는 성찰적 주체의 활동이 필수적이다.

오직 성찰적인 정치 주체의 형성을 통해서만 인류가 '파국'으로 갈 가능성을 피할 수 있다. 그러므로 『위험사회』에서 울리히 벡은 위험사회의 위기와 기회를 정확히 드러내려 한다. 그는 현대 사회의 모순과 위험의 본성을 정확하게 파악할 수 있는 사회학적 개념과 이론을 제공함으로써 성찰적 주체의 형성을 촉진하려 한다. 그는 파국적 위험이 정확히 드러난다면, 그것을 예방하고 해결하려는 시민적 주체가 형성될 것으로 믿는다.

성찰적 근대화의 두 얼굴

울리히 벡에게 당대 최고의 사회학자라는 월계관을 씌워 준 『위험사회』는 물리적 위험(환경 파괴, 기후변화, 원전 사고 등)과 제도적 위험(개인화, 실업, 직업 세계의 유동성, 가족제도의 붕괴 등)이라는 두 가지 방향에서 성찰적 근대의 내적 구조와 그것의 사회, 문화, 경제, 정치적 귀결을 역동적으로 분석하고 있다. 그는 성찰적 근대화의 역동성을 어떤 고정된 관점이나 일관된 원리로 재단하려 하지 않는다. 그는 이미 질적으로 새로운 단계에 들어선 사회적 작동 체계와 아직도 과거의 단계에 머물러 있는 의식과 제도 그리고 규제 원리 간의 모순을 있는 그대로 재현하는 데 관심이 있다. 거기서 여러 층위의 이질적이고 모순적인 요소들이 한데 어우러져 빚어내는 사회 변동과 그 발전 또는 몰락의 가능성이 샅샅이 검토된다. 그의 글은 사람들에게 감동을 주고, 반응하고, 움직이게 하는 설득력이 있다.

그의 글은 냉철하고 건조한 학술적 글이라기보다는 종종 문학적 수사가 번득이는 에세이에 가깝다.[6] 특히 서론, 본론, 결론의 논리적 구조에

---

6. 이것은 대중적 호응의 한 원인이 되었지만, 동시에 전문가들로부터는 비학술적이라는 비난을 초래했다. 그러나 울리히 벡이 객관적 사실의 입증보다는 이론이 갖는 현실적 힘을 중시하는 프래그머티즘을 택하고 있다는 울리히 벡 연구자 홍찬숙의 주장은 여기서 언급해 둘 만하다.

익숙한 독자에게 이 책은 쉽게 접근하기 어렵다. 홍찬숙이 언급한 동시대 사회학자들의 벡에 대한 상반된 평가홍찬숙, 2016: vi 참조도 이런 측면과 무관하지 않다. 경험적 연구를 주로 하는 학자들에게 그의 글은 "비일관적-모순적"으로 느껴진다. 반대로 그의 연구가 던지는 메시지에 주목하는 학자들은 그의 "역설적-변증법적" 문체가 현실 사회의 '복잡성'에서 비롯된 것이라 주장한다. 여기서 이 논쟁에 개입할 수는 없지만, 분명한 것은 그의 위험사회론은 현재 인류가 직면하고 있는 다양한 재난과 사회적 문제를 이해하고 해결할 수 있는 이론적 장치와 개념적 수단을 제시하는 데 관심이 있다는 것이다.

이렇게 해서 그의 위험사회론은 위험사회의 비관적인 측면과 낙관적인 측면을 모두 드러내 보여 준다. 위험사회 또는 성찰적 근대화에 대한 그의 시각은 비관적이다. 성찰적 근대화는 자동으로 성찰적 태도를 촉발하고 성찰적 인간과 사회의 탄생으로 귀결되지 않는다. 성찰적 근대화는-마치 과거의 산업적 근대화가 근대와 봉건의 어중간한 결합 속에서 진행되었던 것과 마찬가지로- 새로운 근대와 새로운 봉건(=반反근대)의 불완전한 결합 속에서 진행될 가능성도 내포하고 있다. 실제 우리는 코로나 상황에서 협력적 대처보다는 타인에 대한 증오와 폭력이 증가하는 현상을 목격했다. "벡은 현대 위험사회에서는 반反근대성이 근본주의의 형태를 띤다고 보고, 그에 대해 경고한다."홍찬숙, 2016: 43 위험사회의 미래를 가로막는 반근대성, 새로운 야만은 예를 들면 국제적인 테러리즘이나 신자유주의, 과학과 기술에 대한 맹신 등이 될 것이다. 다시 한번 강조하지만, 이러한 현대의 반근대성으로 인해 성찰적 근대화가 지구의 종말로 치달을 가능성은 열려 있다. 이런 파국의 위험은 특히 우리가 도래할 위험을 외면하고, 위험사회의 '정치적 공백'과 개인화를 방임할 때 증폭된다.

물론 벡의 관심은 1차 근대화가 지닌 불완전함을 극복하여 진정한 근대화의 완성, 즉 '해방'으로 갈 가능성을 찾는 데 있다. 파국적 위험risk은 아직 도래하지 않은 경우에도 단순한 허구가 아니다. 위험의 도래가 곧 '파국catastrophe'을 의미한다는 사실로 인해 위험은 '실재성'을 획득한다. 절체절명의 실재성 앞에서 사람들이 서로 굳게 연대하는 성찰적인 정치 주체를 형성할 가능성은 열려 있다.

개인화와 정치 주체의 형성 문제

그렇다면 문제는 '파국을 딛고 해방으로 가기 위해서 우리는 어떻게 해야 하는가?'일 것이다.[7] 그리고 이는 곧 정치 주체의 형성에 관한 물음이다. 그러나 개인화에 기초한 그의 위험사회 분석은 정치 주체의 문제를 해명하는 데 쉽지 않은 문제를 제기한다.

앞에서도 언급했듯이 '개인화 individuation'[8] 홍찬숙, 2016: 1-8 참조는 위험 사회의 근본적 특징이다. 벡은 『위험사회』의 2부 전체를 노동시장의 유연화와 복지정책의 발달에 기인하는 개인화의 과정과 특징을 상세하게 분석하는 데 할애하고 있다. 그의 '개인화' 개념은 위험사회의 시민들이 빈부의 격차보다 위험의 불평등한 분배에 더 예민하게 반응한다는 사실을 드러낸다. 그러므로 개인화 테제는 계급 갈등이나 빈부 갈등의 틀로 사회를 설명하는 것은 시대착오적anachronic이라는 주장을 담고 있다. 벡은 "위험사회는 계급사회가 아니다"라고 말한다.이광근, 2015: 103 참조 이것은 정

---

7. 여기서 보듯이, 벡의 문제의식은 "현실에 대한 개입과 방어라는 근대 사회학 전통"(홍찬숙, 2016: 15)에 기초하고 있다. 벡이 루만의 체계이론이나 포스트모던 사회학을 거부하는 이유도 바로 여기에 있다. 즉 이 이론들은 "미래의 우연성을 강조함으로써 적극적인 예측의 가능성을 제한"(Zinn, 2008: 19)한다는 점에서 거부된다. "벡은 이렇게 새롭게 펼쳐지는 정치적 상황에서 개입과 저항의 지렛대로 삼을 수 있는 '힘'을 발견하는 것이 자신의 사회학적 임무라고 보았다. 마치 유도 경기에서처럼, 그 힘을 역이용해 시대에 개입할 수 있다고 보았다. 이것을 그는 '유도정치(judo politics)'라고 불렀다"(홍찬숙, 2016: 15).

8. 개인화는 첫째로 "산업 사회적 생활방식(계급, 계층, 남녀 성 역할, 가족)에서 이탈하는 것을 의미한다. 둘째, 새로운 생활방식, 즉 개개인이 각자의 일대기를 생산하고 연출하며 함께 수정해야 하는 생활방식으로 다시 자리매김하는 것을 의미한다"(울리히 벡, 정일준 옮김, 2000: 81).

치 주체 형성 문제와 직결된다. 눈에 보이며 균질적인 빈부 격차는 지금까지 정치 주체 형성의 지속적 토대가 될 수 있었다. 반면 위험의 격차는 유동적이고 불확실하며 우연적이어서 그렇게 되기 어렵다.

물론 벡이 위험사회에서의 경제적 불평등을 부정하거나 외면하는 것은 아니다. 오히려 그는 위험사회에서 경제적 불평등이 격화될 수 있다는 점을 분명하게 인정한다. 그러나 벡은 위험사회에서 심화하는 실업과 빈곤, 경제적 불평등에도 불구하고, 빈부 격차의 계급적인 틀로 정치 주체 문제에 접근하는 것은 적절하지 않음을 지적하려 한다. 개인화 속에서 개인은 자신의 삶을 어떤 귀속 집단의 지침이나 원조 없이 오로지 스스로 창조해야 한다. 그리고 각자의 생애는 각자의 책임이라는 사고가 팽배하다. "사람들은 운명을 함께할 계급 공동체 없이 자신의 인생을 개인 혼자 책임지고, 불행의 원인을 개인 자신 탓으로 돌리며 자책하게 되었다."이광근, 2015: 100[9] 그리고 세상이 파편화되어 있는 만큼 거기서 개인은 자신의 생애를 스스로 만들어 가야 하며, 그의 삶은 자신만의 패치워크와 같은 것으로 된다.

위험사회에서 개인은 증대하는 불평등과 격차에도 불구하고 타인과 연대해서 행동할 수 있는 물질적, 제도적인 토대를 상실했다. "아군과 적군"이라는 명료한 대립의 정치는 피아彼我가 뒤섞이는 정치로 변모했고, 정치와 비정치의 경계도 흐려졌다. 다양한 이해관계 중첩 속에서 어제의 적은 오늘의 친구가 된다. 과거 개인의 사생활에 속하거나 기업의 내부 결정 영역에 속했던 사안이 갑자기 정치적 중요성을 획득한다. 그래서 "'정치적인 것'은 제도정치의 경로와 무관하게 개인화되고 유동화하며, 〔제도정치보다〕한층 더 포괄적인 효과를 불러일으킨다".홍찬숙, 2016: 34 위험사회의 시

---

9. 우리 사회에 최근 갑작스레 널리 사용되는 '루저(loser)'라는 단어는−아마도 무의식적으로− 개인의 실패가 오로지 그 개인 자신의 책임이라는 생각을 반영하고 있다. 거기에는 사회질서가 공정한 게임이며 패배는 오직 개인의 책임이라는 생각이 들어 있다.

민은 어떤 실체적인 기반을 가진 집단 개념(민족, 국가, 계급, 지역, 생물학적 성별 등)에 기초해서 결집하지 않는다. 그들은 철저히 개인화되었다. 이렇게 개인화된 개인들이 결집하여 하나의 정치적 주체로서 등장하는 일은 가능한가? 가능하다면 그것은 어떻게 가능한가? 성찰적 근대화를 파국의 방향이 아닌 해방의 방향으로 이끌기 위해서는 궁극적으로 이 물음이 해결되어야 한다.

하위정치와 민주주의

위험사회의 개인들은 소속된 인종, 계층, 계급이 제공하는 안정적인 유대와 보호에서 쫓겨났다. 이 과정은 근대의 사회 발전이 모두에게 강요한 것이다. 개인화는 사회경제적 불평등을 심화하고 그 위험을 증대시킨다. 그러나 불평등으로 고통받는 계층이 이에 대항해서 자신을 정치 세력화하기는 더 어려워지고 있다. 과거에는 집단으로 공동 대처하던 것을 이제는 고립된 개인의 실패로 수용해야 한다. 사회적 위기가 점점 더 개인의 일로 생각되고, 그것을 정치적으로 해결하려는 노력은 약화한다. 동시에 사회적 갈등은 엉뚱하게도 "인종, 피부색, 남녀라는 성, 민족적 정체성, 연령, 동성애, 신체장애"(벡, 2000: 85) 등의 불합리한 노선을 따라서 표출된다.

그러나 이런 위기를 기회로 전환할 방법이 있다. 그것은 '하위정치sub-politics'(홍찬숙, 2016: 60-68)를 통한 길이다. 벡은 하위정치에서 위험사회와 성찰적 근대화의 바람직한 발전 동학을 찾으려 한다. 그에 따르면, 국가의 쇠퇴와 더불어 힘을 상실한 기존의 관료화된 제도정치권은 우리를 해방으로 인도할 능력이 없다. 더구나 관료화된 제도정치는 자신의 정책을 결정하는 데서 과학기술과 경제적 합리성에 의존하는 경향이 있기에 위험사회의 문제를 해결하기는커녕 악화시킨다. 벡은 '개인화'된 개인들이 펼치는 "사회문화적 하위정치화"에서 주체 문제 해결의 가능성을 찾는다.

"사회문화적 하위정치화는 정치의 개인화 또는 사私생활화의 현상이다."
홍찬숙, 2016: 63

벡은 개인화에도 불구하고 1980년대부터 세계 전반에서 기성 정치 제도권 외부에서 정치적 주체성이 활성화되는 현상에 주목한다. 다양한 사회운동과 시민단체 그리고 NGO가 기성 정당의 저항에 맞서 정치적 주도권을 발휘하고, 세계의 다양한 위험과 사회 문제들을 공론화시키고 있다. 미래를 향한 진보적 기획은 기업, 과학, 국가 같은 지배의 중심에서 나오지 않을 것이다. 그것은 "하위정치, 즉 상향식 사회 형성"벡, 2000: 87에서 올 것이다. "이제 공동선을 규정하고 공공의 평화와 역사적 기억을 보증해 줄 수 있는 장소와 주체는 정치체제 내부보다는 외부에서 찾기가 더 쉬워질 것이다."벡, 2000: 87 [10]

계급이론가들은 벡의 개인화 테제는 곧 대중의 탈정치화로 연결된다고 비판한다. 벡이 보기에 이 비판은 타당하지 않다. 개인화는 기존의 정치 세력을 해체하는 대신, "새로운 정치운동을 매개하는"홍찬숙, 2016: 65 잠재력을 갖는다. 이 새로운 정치운동은 과거 확립된 이념, 고정된 주체, 위계적 조직을 통해 진행되던 구사회운동과 달리 "조망 불가능하고 무질서하나마 삶 속에 녹아 있는 당사자 중심의 신사회운동"홍찬숙, 2016: 65의 형태를 띨 것이다. 그러므로 철저한 개인화를 인정하는 것과 위험사회의 탈정치화의 불가피성을 받아들이는 것은 별개의 문제이다. "개인화는 일차로 '지지 정당 없음', 투표율 감소, 정치적 냉소주의 같은 비정치적 성향의 증가로 표현되지만, 동시에 사생활의 정치화와 새로운 시민운동, 전문가 운동과 같은 '위험공동체risk community'의 형성으로도 나타난다."홍찬숙, 2016: 67 [11]

---

10. 벡에 따르면, 제도권 밖에서 발흥하는 '하위정치'도 양날의 칼이다. 하위정치는 서로 정반대의 목표를 추구하는 세력에 의해서 모두 이용될 수 있다(벡, 2000: 87). 우리나라의 예를 든다면, 촛불 시민과 태극기 부대의 공존이 그 사례라고 할 수 있다. 독일의 경우에는 통독 이후 횡행했던 '외국인 적대'가 하위정치의 부정적 사례라고 할 수 있다.

위험공동체는 산업사회의 민주주의 정치제도 밖에 성립하며, 대의제의 합법적 절차에 의존하지도 않는다. 그러나 위험사회에서 민주주의를 대표하는 것은 이미 확립된 제도정치가 아니라 새로 형성될 '위험공동체'가 될 것이다. 이것은 민주주의 질적 변화를 뜻한다. "민주주의는 산업사회의 정치체계에서와는 다른 차원의 문제로 등장한다. 민주주의는 이제 제도적 절차의 문제가 아니라 개인화된 개인들의 정치적 요구의 형태로 등장한다."홍찬숙, 2016: 68[12] 이와 더불어 위험사회에서의 사회운동은 "재화 생산의 조직 및 분배와 관련된 산업사회의 불안과 관련된 것이 아니라 '어떻게 살 것인가?'라는 실존적이고 철학적인 문제와 관련"홍찬숙, 2016: 65된다. 그래서 위험사회의 정치 주체는 "사안 중심적이고 상황 의존적이며, 정치의제agenda와 주체의 다양성 및 비결정성"홍찬숙, 2016: 65을 특징으로 하여 등장할 것이다.

4. 위험사회와 미래교육

이상에 제시된 위험사회론에 기초해서 볼 때, 결론적으로 미래의 위험을 예방하고 회피할 수 있는 근본적인 대책은 "하위정치가 영향력을 행사할 수 있는 가능성을 확장하고, 법적으로 보장"벡, 1997: 357하는 데 있다.

---

11. 이 위험공동체의 형성은 하향식이 아니라 상향식으로 이루어진다. "공동체 정신은 이제 더 이상 하향식으로 명령될 수 있는 것이 아니다. 대신 물음을 제기함으로써 해방되고, 일대기와 관련된 개인적 문제들을 해결하려고 분투하는 가운데 생성되어야 한다"(벡, 2000: 84).
12. 여기서 울리히 벡은 듀이가 말했던 '생활양식으로서의 민주주의'에 가까이 접근한다. 또한-좀 더 연구할 필요가 있기는 하지만- 위험사회에 대한 울리히 벡의 사회학적 분석과 정치적 대안 제시는 듀이의 사회철학 및 정치철학과 근친성을 갖는다. 그러므로 "벡이 구성주의와 실재론의 이항대립을 넘어서 '프래그머티즘'으로 나아간 것"(홍찬숙, 2016, xx 참조)은 우연이 아닐 수 있다.

하위정치는 전문가 지배와 제도정치의 독점적 결정이 간과하기 쉬운 위험을 간파하고 제거할 수 있는 동력이다. 이때, 하위정치를 활성화할 수 있는 법적 제도와 자유로운 학문 그리고 그 결과를 전파할 수 있는 대중 매체가 확립되어야 함은 물론이다. 그러나 그 모든 것도 하위정치를 담당하고 수행할 시민들이 존재하지 않으면 허사로 돌아간다. 미래교육의 근본 과제는 바로 여기서 도출된다. 그것은 하위정치를 통해 진정한 근대화를 완성할 수 있는 '성찰적 주체'를 기르는 것이다.

벡은 위험사회에서 교육은 변화될 수밖에 없다고 지적한다. 그는 위험사회의 특징을 논하면서 이제 위험사회에서 사회심리, 가족, 결혼, 남녀 성 역할 등 다양한 영역에서 "고통과 불안에 대처하는 전통적 형태들은 실패하고 있기에"^{벡, 1997: 245} 교육, 상담, 치료, 정치를 담당하는 사회제도들이 새로운 역할을 해야 한다고 주장한다. 특히 교육은 기존의 "전통적인 성향, 사고방식, 생활방식"^{벡, 1997: 162}을 개조함으로써 성찰적 주체를 형성해야 한다고 말한다. "교육받은 사람은 근대성의 조건과 전망에 관한 성찰적인 지식을 구체화하며, 이런 식으로 성찰적 근대화의 수행자가 된다."^{벡, 1997: 162} 위험사회의 개인은 불확실하고 유동적인 사회 조건 속에서 스스로 삶의 방향을 잡아 나가고 타인과 연대하여 언제 닥쳐올지도 모르는 물리적, 사회적 위험에 공동으로 대처할 수 있는 사람이어야 한다.

이를 위해서 한편으로 개인은 위험을 정의definition하는 공론장에 참여할 수 있는 과학적 지성과 인문적 교양을 기본으로 지니고 있어야 한다. 다른 한편으로 위험의 정의를 둘러싼 사회적 합의 과정에 참여하여 적극적으로 소통하고 논쟁할 수 있는 민주시민의 능력을 지녀야 한다. 전자의 측면에서 볼 때, 교육은 단지 체계적인 지식과 이론을 전달하는 데 그치는 것이 아니라, 지속적인 '배움과 성장의 관점'에서 세상을 바라보고, 그리하여 분과과학의 경계를 넘어서 지식에 대한 유연하고 성찰적인 태도를 지닌 사람을 길러야 한다. 또 후자의 측면에서 볼 때, 교육은 위험사회의 각 영역에서 일하고 있는 사람들이 비판적인 민주시민으로서 공공성을 위해 발언하고 비판하고 소통하며 살아갈 능력을 갖추게 해야 한다. 하위정치를 지원하는 사회적 제도의 확립과 더불어 이런 두 측면에서 준비된 활동적 시민을 길러 내는 것은 파국적인 위험을 미리 감지하고 제거하는 유일한 길이다.벡, 1997: 358 참조

그러므로 위험사회에서 교육은 성찰적 주체의 형성을 통해서, 제도정치와 과학주의의 독선에 대항하여 민주적인 방식으로 연대하는 '위험공동체' 형성에서 일익을 담당해야 한다. 여기서 성찰적 주체를 기르는 교육학을 제시하는 것은 필자의 능력을 벗어나는 일이다. 다만 개인화의 위험에 대처하는 교육과 물리적인 위험에 대처하기 위한 교육으로 나누어 간략히 살펴보자.

개인화의 위험에 대처하는 교육의 모델은 무수히 다양할 수 있다. 2011년 미국에서 개봉된 영화 〈That's what I am〉(감독: Michael Pavone)은 스스로 삶을 만들어 갈 수 있는 주체적인 인간을 교육하는 하나의 과정과 방법을 잘 보여 준다. 이 영화는 한 사춘기 소년이 학교폭력이라는 상황에서 교사의 관심과 도움을 받아 가면서 스스로 문제를 해결하고, 관용과 공생의 가치를 배우는 과정과 거기서 자신의 정체성을 확립하는 과정을 세밀하게 묘사하고 있다. 교사는 한 학생에게 잠재해 있는ㅡ학생 자신은 자각하지 못한ㅡ 작가의 가능성을 감지한다. 교사는 이 소년이 자신의 잠재성을 실현하는 데 도움을 주고자 한다. 그래서 교사는 소년에게 상황에 맞게 고안된 과제를 수행하게 한다. 소년은 처음에 이 과제를 거부하지만, 교사는 소년을 설득하여 용기를 주며 이 과제와 맞서게 한다. 그리고 소년은 이 과제를 수행하는 과정에서 작가에게 필요한 비판적인 관점과 차별과 증오에 맞서는 용기, 그리고 무엇보다 자신의 미래적 가능성이 무엇인지를 스스로 배운다. 교사는 이 과정에 꾸준히 동반하면서 필요한 지원과 자극을 제공하고 용기를 주며 주체적인 삶의 모범을 제시

한다. 교사는 소년의 잠재된 가능성을 예견하고, 이것을 실현할 활동 기회를 제공했고, 학생은 교사의 도움 아래 스스로 과제를 해결하면서 자기의 정체성과 주체성을 형성한다. 이제 소년은 자율적이고 독립적인 주체로서 살아갈 것이다. 개인화 시대를 헤쳐 나갈 주체적 힘은 바로 이런 방식으로만 기를 수 있다.

물리적 위험과 관련해서는 일차적으로 과학교육의 강화가 필요하다. 기존의 과학교육 프로그램에서 위험사회의 문제의식에 가장 가까운 것은 '사회적-과학적 문제Socioscientific Issues, 이하 SSI)' 접근법이었다.Pietrocola et al., 2021: 220 참조 그러나 SSI 접근법은 벡이 밝혀낸 위험사회의 성찰성과 위험의 새로운 특성을 충분히 고려하지 못했고, 위험을 단지 과학과 기술공학 발전의 '부산물side effects'로 간주하는 데 그쳤다. 이제 과학교육은 벡이 제시한 현대의 위험들을 적극적으로 다루고 동시에 그 내용을 사회교육 및 인문교육과 성찰적으로 연결해야 한다. "위험사회에서 책임 있는 시민을 기르려면, 학생들이 과학과 기술공학과 사회 그리고 환경을 복합적이고 성찰적인 연관 속에서 이해하도록 가르칠 필요가 있다고 생각한다."Pietrocola et al., 2021: 220 참조 이런 점에서 먼저 학생들은 벡이 위험사회론에서 제시한 포괄적인 관점에서 위험을 지각하도록 교육될 필요가 있고, 또 위험의 객관적 차원을 파악할 수 있게 하는 지적 원천과 더불어 위험의 주관적 측면을 스스로 그리고 협동적으로 규정해 나갈 수 있는 인문학적 소양을 겸비해야 한다.

그러나 개인화의 위험과 물리적 재난의 위험은 위험사회라는 하나의 뿌리를 지닌다. 학생의 주체적 능력을 기르는 민주시민교육과 인문, 사회, 과학의 장벽을 넘어선 통합교육은 위험사회의 파도를 넘는 두 개의 동력이다. 그러므로 위험사회에서도 인류의 과제는 예측 불허의 파국적 위험을 산출하고 있는 근대적 성찰성의 자동 체계를 어떻게 다시 인간 지성의 통제 아래로 가져올 것인가 하는 일이다. 다만 이 과업이 결코 완전히 성

공하기 어렵다는 점을 명심하고 발걸음마다 돌다리를 두드리며 걷는 심
정으로 조심스럽게 나아가야 하는 점이 과거와 다르다.

참고문헌

Beck, Ulrich.(1992). *Risk Society: Towards a New Modernity*. Sage.

Pietrocola, M.; Rodrigues, E.; Bercot, F.; Bercot, F.; Schnorr, S.(2021). Risk Society and Science Education: Lessons from the Covid-19 Pandemic, in *Science and Education*, 30, 209-233.

Pietrocola, M. et al.(2021). Risk Society and Science Education: Lessons from the Covid-19 Pandemic, *Science and Education*, 30, 209-233.

Zinn, J. O.(2008)(ed.). *Social Theories of Risk and Uncertainty*. Blackwell.

김언상·원도연(2020. 10). 「〈컨테이젼〉과 코로나19의 위험사회론 연구」. 『영상문화콘텐츠 연구』, 21, 157-189.

울리히 벡(1997). 『위험사회: 새로운 근대(성)를 향하여』. 홍성태 옮김. 새물결.

울리히 벡(2000). 『적이 사라진 민주주의』. 정일준 옮김. 새물결.

울리히 벡(2011). 『세계화 시대의 권력과 대항권력: 새로운 세계정치경제』. 홍찬숙 옮김. 길.

이광근(2015). 「개인화, 계급, 하위정치 - 울리히 벡의 논의를 중심으로」. 『동향과 전망』, 94호, 93-127.

이태훈·박성훈(2015). 「국내 로컬 푸드 담론에서 연대 형성의 문제: 울리히 벡의 위험사회론과 불안의 연대 개념을 중심으로」. 『농업사 연구』, 제14권 2호.

정창호(2014). 「위험사회에서의 교육의 책임과 역할에 대한 성찰」. 『교육의 이론과 실천』, 제19권 2호, 1-22.

홍찬숙(2019). 「한국형 위험사회와 물질적 전회: 세월호 및 메르스 재난의 정치 행위성」. 『담론 201』, 제22권 2호, 7-30.

홍찬숙(2016). 『울리히 벡』. 커뮤니케이션북스.

2장

미셸 푸코의 자기 배려와 파레시아: 어떻게 하면 이런 식으로 통치받지 않을 것인가

김세희

1. 푸코의 마지막 질문

그가 크라네이온에서 햇볕을 쬐고 있을 때, 알렉산드로스 대왕이 다가와 그의 앞에 서서 "무엇이든지 바라는 걸 나에게 말해 보라"고 하자 그는 "나를 비치는 햇빛을 가리지 말아주시오"라고 답했다.[1]

널리 알려진 디오게네스의 일화다. 그는 알렉산드로스 대왕에게 자신을 "개ᄎ 디오게네스"[2]라고 소개했고 플라톤은 그를 가리켜 "미친 소크라테스"라고 했다. 생존에 필요한 최소한의 것만 바랑에 담은 채 술 항아리와 주랑을 거처 삼아 떠돌면서도 당당하게 구걸하는 모습을 개에 빗댄 것이다. 유명한 그의 기행들이 개를 떠올리게 한다면, 그가 소크라테스인 이유는 무엇일까. 얼핏 보면 맨발로 상징되는 극도로 가난한 삶, 수사학자들에 대한 경멸, 언어유희와 독설 등이 닮은 것 같다. 하지만 근본적인 이유는 두 사람의 철학이 일치한다는 점에 있다. '철학적 담론'이 아니라 철

---

1. 디오게네스 라에르티오스(2021), 『유명한 철학자들의 생애와 사상 1』, 김주일 외 옮김, 나남, 507쪽.
2. 개로 불리는 이유에 대해 디오게네스는 "베푸는 사람들에겐 꼬리를 흔들고 그렇게 하지 않는 사람들에게는 짖어대고 나쁜 놈들은 물어 버리기 때문"이라고 답한다. 위의 책, 523쪽.

학 그 자체가 그렇다.

소크라테스와 디오게네스에게 철학은 말한 것을 실행하는 것이었다. 검소함은 불필요한 것을 갖지 않고 '사는 것'이고, 평판을 좇지 않는다는 건 권위나 계급, 관습, 이해관계에 자신을 맞추지 않고 자기 내면의 기준에 따라 '사는 것'이다. 그러므로 그들 스스로 행복한 삶으로 설정한 평정(아타락시아/아파테이아)에 도달하기 위해서는 거절당하고 면박당하면서도 감정에 휩싸이지 않는 연습, 추위, 더위, 굶주림, 불편함 때문에 포기하지 않는 훈련, 평정심을 깨뜨릴 수 있는 삶의 온갖 사건에 대한 신체적·정신적 예행 연습이 필요하다. 이런 점에서 철학은 마치 운동선수의 훈련과 같다. 수영에 대한 이론을 안다고 수영을 할 수 있는 것이 아니듯 학문적 정설을 따지고 이론을 안다고 철학을 하는 것이 아니다.

소크라테스와 디오게네스의 실천은 죽음 앞에서 절정에 달한다. 죽음은 인생을 동요시키는 가장 거대한 사건이다. 소크라테스의 유일한 앎으로 알려진 것―"내가 아는 단 한 가지는 내가 아무것도 모른다는 것"―은 자신의 죽음에 대해서도 일관되게 관철되었다. 죽음이 최고의 행복인지 최고의 불행인지는 죽어 본 사람만이 알 수 있기 때문에, 살아 있는 사람이 죽음을 두려워하는 것은 모르는 것을 아는 체하는 것에 불과하다.[3] 이런 이유로 소크라테스는 죽음을 향해 걸어가면서 자신의 철학을 완성한다. 죽음이 나쁜 것이냐는 질문을 받은 디오게네스는 이렇게 답한다. "어째서 나쁠 수가 있지? 그것이 와도 아예 알아차리지 못하는 판에."[4] 그리고 아흔 무렵의 나이에 스스로 숨을 멈추어 죽었다고 전해진다.[5]

---

3. 플라톤(2014), 『소크라테스의 변명』, 강철웅 역주, 이제이북스, 29b.
4. 디오게네스 라에르티오스, 앞의 책, 528쪽.
5. 위의 책, 534쪽. 디오게네스의 죽음에 관해서는 다른 설도 전해진다. 하지만 소크라테스의 제자이면서 견유학파의 설립자로 알려진 안티스테네스는 그가 스스로 숨을 멈추었다고 적고 있다. 안티스테네스를 견유학파의 설립자로 볼 것인지에 대해서는 의견이 분분하지만, 디오게네스가 안티스테네스의 제자였다는 점에는 이견이 없다[피에르 아도(2021), 『고대 철학이란 무엇인가』, 이세진 옮김, 열린책들, 187쪽 참고].

두 사람의 고대인으로 글을 여는 이유는 바로 이들이 죽음 직전의 푸코가 치열하게 응시했던 인물들이기 때문이다. 갑작스러운 죽음 앞에서 '연구자' 푸코의 가장 큰 고민은 무엇이었을까. 아마도 지금까지 펼쳐 놓은 그간의 연구를 어떻게 닫을 것인가, 무엇을 닫을 것인가의 문제였을 것 같다. 푸코 작업의 특징은, 합리성으로 간주되는 것에 의문을 제기하면서 문제의식을 설정하고, 앞선 연구와 후속 연구들이 연결되어 있지만 그것이 순차적이거나 변증법적이지는 않으며, 기원을 거슬러 올라가면서 연구 범위를 넓히고, 때로는 방점을 두는 주제와 개념이 바뀌기도 한다는 점이다. 같은 주제를 다루는 어떤 강의/말/글에서도 같은 내용을 되풀이하지 않으면서도, 어떤 주제도 완결되지 않은 채 줄곧 다른 연구로 뻗어 가는 그의 작업은 "전체적인 동시에 개별적"이다. 이렇게 열린 연구 중에서 푸코는 마지막으로 무엇을 더 말하고 싶었을까?

이 글은 그것이 '어떻게 하면 이런 식으로 통치당하지 않을 것인가에 대한 답변'이 아니었을까를 생각하며 썼다. '자기 배려와 파레시아parrêsia'는 푸코가 마지막까지 몰두했던 주제로서 내용이나 범위에서 이전의 연구들과 많이 달라졌다는 평가를 받기도 한다. 하지만 푸코의 계보학은 주체를 중심으로 모든 연구가 연결되어 있으며, 사실상 그는 자기 배려와 파레시아에서 가장 현재적인 문제를 제기한다. 이런 맥락에서 이 글은 1절에서 먼저 그의 문제의식을 만나 보고, 2절에서 그에 대한 답변을 탐색해 보고자 한다.

2. '어떻게 하면 이런 식으로 통치받지 않을 것인가'에 대한 답변

1970년대 후반에 콜레주 드 프랑스 강의에서 등장한 통치[성] 개념[6]은,

푸코의 작업을 전기와 후기로 구분하면서 또한 그의 연구를 하나로 이어 주는 독특한 역할을 한다. 우선 통치성은, 주로 고전주의와 근대 초기에 집중했던 이전 연구들과 달리 유일하게 동시대의 문제를 제기한 강의라는 점에서 그의 작업에서 일정한 분기점을 이룬다. 푸코는 현재 자신이 사는 시대의 문제에서 시작해서, 언제나 그랬듯이 계보학적 탐구를 통해 그 기원을 찾아 중세 기독교와 고대까지 파헤친다. 이 과정에서 잠자고 있던 고대인들의 '자기 배려'와 '파레시아'를 깨우고 그들의 윤리에 주목하면서 이전과 확실히 다른 색채를 드러내는데, 이 때문에 연구를 감당하지 못해 자신의 가설을 접고 고대의 윤리 뒤로 숨었다는 비판을 받기도 했다.

그러나 다른 각도에서 바라보면 통치성은 선행연구인 '권력'과 불가분의 관계를 맺고 있다. 통치는 권력의 또 다른 형태, 다양한 유형으로 작동하는 권력 중 하나다. 파놉티콘 원리를 통해 금지·억압의 형태로 인식되던 하향식 거시권력에서 '미시권력'을 끌어냈듯이, 통치성을 통해 푸코는 권력 행사를 가능하게 하는 각종 '물밑작업'을 끄집어낸다. 푸코에게 통치란 "사람들을 적절한 목적으로 이끌기 위해 사물을 올바르게 배치하는 일"[7]이다. 여기서 사물chose은 인간을 포함해서 인간의 삶과 결부된 모든 것, 인간이 관계 맺고 있는 '사물과 인간의 복합체'를 뜻한다.

---

6. '통치성(gouvernementalité)'은 억압의 의미가 내포된 '권력'이라는 용어를 대신하기 위해 푸코가 만들어 낸 신조어다. 정부, 통치를 의미하는 명사 gouvernement에서 파생된 형용사 gouvernemental을 명사화한 것이다[심세광(2015), 『어떻게 이런 식으로 통치당하지 않을 것인가』, 길밖의길, 19쪽 참고]. 영어와 달리 프랑스어에서는 governance(지배, 통치)와 government(정부)를 구분하지 않고 gouvernement으로 함께 쓴다.

7. 푸코는 통치를 넓은 의미와 좁은 의미로 모두 이해하면서도 라 페리에르의 위 정의를 빌려 '품행을 인도하는 활동'에 방점을 두고 논지를 펼친다[미셸 푸코(2011), 『안전, 영토, 인구』, 오르트망 옮김, 난장, 146쪽]. 이 정의는 통치에 대한 저항과 불복종을 이해하고 그의 후기 연구를 관통하는 문제의식을 파악하는 결정적인 단서다.

통치가 담당해야 하는 사물은 인간이지만 그것은 부, 자원, 식량 같은 사물과의 관계 속에 있는 인간입니다. 물론 기후, 가뭄, 풍요 등과 국경을 갖춘 영토도 사물에 포함됩니다. 풍속, 습관, 행하고 사유하는 방식 같은 것과도 관계 맺고 있는 인간, 마지막으로 기근, 전염병, 죽음 등의 사고나 불행과도 관계를 맺고 있는 인간이 바로 사물입니다.푸코, 『안전·영토·인구』, 147

통치는 사물을 올바르게 배치함으로써 통치의 목적으로 사람들을 유도하고 인도하고 이끄는 것이다. 반려견 산책, 부동산 매매, 백신 접종, 쓰레기 배출, 교육과정, 안락사와 존엄사 등 통치의 대상은 사물이지만, 이 사물의 배치 때문에 행위나 처신이 달라지는 것은 인간이다. 따라서 통치의 핵심은 폭력, 억압, 금지가 아니라 '인도'이며, 이는 마치 배를 조종하는 것과 같다. '배를 조종한다'는 것은 단순히 배라는 사물을 운전해서 이 항구에서 저 항구로 옮겨 놓는 것을 뜻하지 않는다. 그것은 선원과 승객을 책임지는 것이고 동시에 표류하거나 난파하지 않기 위해 바람이나 암초, 폭풍우를 고려하면서 배를 총체적으로 관리하는 것이다. 따라서 배의 통치는 선원과 승객들, 배, 항구로 날라야 할 화물, 자연현상 같은 사건들과 맺는 관계에 달려 있다.[8] 가정을 꾸릴 때나 아이를 지도할 때, 기업을 이끌 때나 국가를 통치할 때도 마찬가지인데, 프랑스에서 이 모든 행위(꾸리다, 지도하다, 이끌다 등)는 동사 gouverner(통치하다)로 표현된다.

---

8. 통치가 인간 및 인간과 관련된 사물을 대상으로 한다는 '배의 은유'는 푸코에 따르면 고전에서 흔히 차용되는 상투적인 은유다. 푸코는 배의 은유(배의 통치)에서 출발해 가정 통치, 국가 통치로 논의를 확장하고, 국가의 통치가 가정통치술(그리스어 οικονομία로 영어 economy의 어원이 됨. 한국 번역어는 '가정관리술')을 모델로 했음을 논증한다. 각각은 지식-권력(knowledge-power)의 관점에서도 논의되는데, 통치는 경제학과, 국가의 통치는 정치학과, 마지막으로 자기 자신의 통치는 윤리학과 결부된다. 배의 은유에 대해서는 『안전, 영토, 인구』 147~148쪽을, 관련된 고전적 용례는 147쪽 각주 25를 참조하라.

그런데 배에 올라탄 사람들의 수가 감당할 수 없을 정도로 많아지면 어떻게 해야 할까? 그들 하나하나를 적절하게 배치하는 데에는 너무 많은 시간과 비용이 들 뿐 아니라 현실적으로 가능하지도 않다. 푸코는 이 문제로부터 '인구population' 개념이 발견되었다는 역사적 사실을 들춰낸다. 인구는 사망률, 출생률, 실업률, 투표율, 증가·감소율과 같이 독자적인 규칙성과 운동을 가진 대상이다. 사물이나 현상과 무관한 사람들의 무리나 집단이 인민peuple/people이라면, 인구는 통계학으로 규합된 사람들, 통치의 대상이자 표적이 되는 사람들이다. 인구로서 우리 각자는 개별적인 특수성을 지닌 존재가 아니라 인구의 안전, 인구의 부 증대 등 통치의 목적을 향해 이끌리는 존재가 된다. 통치의 목적이 우리 존재에 영향을 미치는 것이다.

운동장에서 아침 조회 후 국민체조를 하던 때를 떠올려 보자. 음악과 구령에 맞춰 조회대의 교사와 운동장에 모인 학생들이 모두 같은 동작을 한다. 특별한 사정이 없는 한 이 시간에는 교실이 아닌 운동장에 있어야 하고(법-주권권력), 모두가 정해진 일정한 규칙에 따라 몸을 움직여야 하는데 남들과 다르게 했다가는 금방 눈에 띄기 때문이다(규율권력). 이는 학생의 체력 향상을 위해 교육부에서 제정한 것(법-주권권력)으로, 이 모든 것은 궁극적으로 국민(인구)의 건강을 위한 것(통치의 목적)이다. 국민체조를 하는 운동장에서 주권, 규율, 통치가 크고 작은 교집합을 이루며 병존하듯이, 근대 사회의 통치는 다른 권력과 병행하며 동시적으로 기능한다. 물론 근대 사회는 운동장보다 훨씬 더 크고 복잡하며, 국민체조는 밤새 뭉쳤던 근육을 풀어 주고 하루를 활기차게 살아가도록 도와주는 유익한 장치다. 하지만 오늘날 우리가 우리도 모르는 사이에 스스로를 황폐화시키도록 인도되고 있다면 어떻게 해야 할까? 현대 사회에서 우리 모두에게 같은 동작을 하도록 이끄는 그 음악은 대체 무엇일까?

통치성 개념은 법이나 권력자, 어떤 규범이나 규율을 넘어서 작동하는 더욱 근본적인 목적을 주시하도록 한다. 통치는 권력과 밀접하게 결부되면서도 우리가 관계 맺고 있는 모든 사물에 개입하여 우리의 행위를 일정한 방향으로 유인하고 그 사물과 맺고 있는 우리의 관계에 변화를 가하면서 우리의 주체성을 만들어 간다. 우리는 법/규범/규율에 의해 '길들여진 주체'가 되고 통치에 의해 '예속화된 주체'가 된다. 통치의 진짜 문제는 주체성의 양식을 만들어 낸다는 데 있다. 그러므로 개별적이든 집단적이든 그에 대한 저항은 통치가 만들어 내는 주체성이 무엇인지를 파악하는 것으로부터 시작할 수 있다.

다시 도입부의 질문으로 돌아와 보자. '어떻게 하면 이런 식으로 통치당하지 않을 것인가'라는 물음은 '어떻게 하면 예속적 주체화를 거부하고 능동적 주체가 될 수 있을까'라는 물음으로 바꿔 쓸 수 있다. 통치성을 중심으로 보면, 푸코의 연구는 두 갈래로 나뉘는 양상을 보인다.

하나는 근대 통치성의 기원을 찾아 동시대로 거슬러 올라오는 계보학적 탐구다. 그는 중세 초기의 사목제, 즉 그리스도교 사제가 신도 개인의 생활 전반 ─출생, 세례, 혼배(결혼), (식사 전후, 아침, 점심, 저녁) 기도, 미사, 고해, 금식과 금욕, 죽음 직전의 병자성사까지─에 관여하면서 이와 동시에 신도 전체를 구원의 길로 인도하는conduire "개별적인 동시에 전체적인" 방식을 근대 통치성의 뿌리로 본다. 군주의 권력은 그가 소유한 땅과 그 땅에 거주하는 사람들에게 행사되었지만, 사목제의 통치는 영토가 아닌 인간의 품행conduite/conduct[10]에 행사되면서 인간의 '영육靈肉'을 인도하고 '그리스도교 신도'라는 주체의 양식을 만들었다. 이에 대한 저항이 종교개혁이며 이는 절대군주제로 귀결되고 이제 통치 대상은 '신민'이라는 집단적 주체성을 형성하게 되지만, 명예혁명, 프랑스대혁명 등 이에 대한 거부가 재차 나타나서 국민국가가 탄생하고…. 통상적이라면 이런 식으로 이어진다고 알려져 있지만, 이건 정치체제의 역사일 뿐 통치성의 관점에서는 그렇게 진행되지 않았다.

푸코의 분석에서 18세기 후반 서구 사회 통치의 특징은, 통치가 모든 분야에서 개입을 제한하는 방식으로 축소되고[9] '시장市場'에 자리를 내준 점이다. 이 통치에는 국가나 정부와 같이 "전체를 포섭할 수 있는 누군가는 존재하지 않지만, 경제 합리성과 경쟁이라는 원칙으로 인간 삶의 모든 측면을 전면적으로 흡수한다".심세광, 2015: 28-29 푸코는 이를 '[신]자유주의의 통치술'[10]이라고 이름 붙인다. [신]자유주의의 특징은 경제적 가치를 절대 기준으로 삼아 모든 것을 수치로 환산하고 성과와 효용성으로 판단하며 모든 사람을 경쟁으로 내몬다는 점이다. 지배하지 않으면서 모든 것을 지배하는 이 독특한 통치술은 '호모 에코노미쿠스'라는 획일적인 주체성을 생산한다. 말하자면 지금 우리는 신자유주의라는 음악에 맞춰 우리 스스로를 경제적 주체, 기업가적 주체, 자기 자신을 기업화하는 주체로 만들도록 인도되고 있다. 이것이 바로 현대 사회라는 운동장에 모여 우리

---

9. 『안전, 영토, 인구』에서 푸코는 사목제를 설명하면서 인도, 유도를 뜻하는 'conduite'를 상세히 다룬다. 이는 자신의 통치[권력] 개념이 왕이나 국가로 상징되는 통상적 권력 개념과 차이가 있음을 분명히 밝히는 대목이기도 하다. 프랑스어 conduite는 양의적으로 사용된다. 하나는 인도를 목적으로 하는 행위를 지칭하는 유도(conduction)이고, 다른 하나는 사람들이 처신하는 방식, 즉 누군가가 인도할 때 인도하도록 놔두는 방식, 그래서 인도하는 대로 스스로 처신하게 되는 상태를 뜻한다(267~268쪽). 푸코가 사목제를 매우 특이한 유형의 권력으로 주목한 이유는 인간의 '품행'을 대상으로 삼기 때문이다. 한마디로 사목제는 "인간을 인도할 수 있게 하는 방법을 도구로 삼고 인간이 스스로를 이끄는 방식과 행동하는 방식을 표적으로 삼는 권력"(269쪽)이다.

10. 자유주의와 신자유주의를 한 단어로 표기한 것은 이 두 가지가 모두 동일한 문제의식을 기반으로 하기 때문이다. [신]자유주의 통치술에 대한 푸코 분석의 특징은 국가권력/공권력에 대한 대항품행의 하나로 접근했다는 점이다. 그는 가치판단을 철저히 배제하고 이론적으로 분석하지만, 그의 접근 방식을 정치 성향으로 이해하여 논란을 가져오기도 했다. 푸코는 콜레주 드 프랑스 강의 『생명관리정치의 탄생』(1978~1979년)에서 20세기 신자유주의 통치술을 소개한 후 1980년대 외부 강연과 인터뷰 등에서 이를 심화시키지만, 콜레주 드 프랑스에서 다시 다루지는 않는다. 한편 그가 죽은 후 신자유주의의 폐해와 해악의 측면이 전 세계적으로 불거지면서 푸코의 통치술 탐구에 대한 후속 연구가 활발하게 진행되고 있다. 대표적인 저서로는 1991년에 발간된 『푸코 효과』(콜린 고든 외)와 2009년에 출판된 『새로운 세계합리성』(피에르 다르도 외)이 있으며, 이 저서들은 각기 2014년(심성보 외 옮김, 난장)과 2022년(오트르망 옮김, 그린비)에서 한국어 번역본이 출간되었다.

가 취하는 '같은 동작'이다. 이 운동장에서 이웃은 경쟁자이고 패배의 책임은 개인에게 있으며 인간관계는 소모적이고 학문과 지식, 연애, 결혼, 양육도 기업의 논리를 따른다. 신자유주의 통치술은 너무나 견고하고 촘촘하게 사물을 배치하기 때문에 여기에서 벗어나는 것은 아무것도 없을 정도로 강력하게 작동한다. 잘 사는 삶의 기준이 경제적인 것 단 하나로 고정된 채 개인의 욕망을 자극하기 때문에 호모 에코노미쿠스는 이 경쟁에서 이기기 위해 자기 자신을 끝까지 착취하고 황폐화시킨다. 내가 무엇에 분노하고 언제 행복한가를 돌아보면 내가 이 경쟁에서 어디쯤 위치하는지 가늠할 수 있다. 다만 이겼다고 마냥 좋아할 수 없는 이유는 그 주체가 바로 신자유주의에 전적으로 예속된 주체이기 때문이다.

푸코 연구의 또 다른 갈래는 통치에 저항하는 모델을 찾으면서 형성된 길이다. 예속적 주체화의 대척점에는 능동적 주체화가 놓여 있다. 앞서 이 글에서 근대 통치의 기원은 초기 그리스도교의 사목제이고 그 핵심은 인간을 전체적인 동시에 개별적으로 "인도하는 데conduire/conduct" 있다고 언급했다. 따라서 통치성에 대한 저항은 이러한 인도나 유도conduite를 거부하는 것, 이러한 품행으로 처신하는 데 복종하지 않는 것, 즉 대항품행 contre-conduite을 실천하는 것이다. 푸코는 중세 말 고해성사에 대한 저항, 신비주의 운동, 17~18세기에 흔히 나타난 탈영, 비밀결사, 의학적 이단 등을 통치에 저항한 "품행상의 반란들"로 주목한다. 이 실천들은 주체의 관점에서는 타율적 주체화를 거부하고 자기의 존재 방식을 스스로 결정하는 자유의 실천이고, 통치의 관점에서는 사물(지식, 사유, 현상, 제도, 타인 그리고 자기 자신)과 맺는 관계를 달리하면서 자신을 새로운 방향으로 인도하는 것이다.

1980년대 콜레주 드 프랑스 강의는 자유주의 통치술(『생명관리의 통치에 관하여』1980 분석에 이어 『주체성과 진실』1981, 『주체의 해석학』1982, 『자기 통치와 타인의 통치 1, 2』1983~1984를 다루고 마감한다. 이 후기 강의들은 전체적으로는 주체와 통치(관계)를 중심으로 연결되지만, 의미 있는 지점에 머물러 깊이 파고드는 그의 연구 방식 탓에 개별적이기도 하다.[11] 어쨌든 콜레주 드 프랑스를 비롯해 이 시기 푸코의 "말들"을 살펴보면 그의 모든 연구를 관통하는 것이 언제나 주체였음을 알 수 있다.

> 무엇보다도 먼저 지난 이십 년간 제 연구의 목적이 무엇이었는가를 말하고 싶습니다. 그것은 권력 현상을 분석하거나 그러한 분석의 토대를 세우는 것이 아니었습니다. 저는 우리[서구] 문화에서 인간 존재를 주체화하는 다양한 양식의 역사를 제시하고자 했습니다. 이런 관점에서 저는 인간 존재를 주체[들]로 변형시키는 세 가지 대상화 방식을 다뤘습니다. … 즉 제 연구의 주된 테마는 권력이 아니라 주체입니다.[12]

우리는 누구나 자유로운 존재가 되고 싶어 한다. 자기 존재의 자유를 향유하기 위해서는 자기 자신을 알고 자기를 둘러싼 예속된 관계를 바로 잡으면서 자기 자신을 끊임없이 자유로운 존재로 만들어 가야 한다. 능동적 주체화의 핵심은 자기 자신에 대한 '실천'에 있다. 바로 이것이 '어떻게 하면 이런 식으로 통치받지 않을 것인가'에 대한 푸코의 답변이 아닐까 싶다. 이 실천 없이 우리는 결코 호모 에코노미쿠스에서 벗어날 수 없기 때문이다. 그래서 말년의 푸코가 자기 배려와 파레시아에 멈춰 깊이 응시했던 것 아닐까. 바로 여기에 그가 찾고 있던 자기 실천과 대항품행의 기

---

11. 주체와 진실[담론]의 관계에 대한 연구는 중세 기독교의 자기 고백에 대한 탐구로 이어지고, 이것은 다시 '진실 말하기'의 목적과 실천적 기원을 파헤치는 연구로 발전한다. 그 과정에서 파레시아, 에토스로서의 비판, 자기 수양, 자기 해석학 등 개별 주제들이 등장하는데, 푸코가 미국이나 캐나다의 강연에서 이 연구들을 다뤘기 때문에 콜레주 드 프랑스의 강의록과 별도로 출판되기도 한다.
12. M. Foucault(2017), Le sujet et le pouvoir, *Dits et écrits II*, Paris: Editions Gallimard, pp. 1041-1042.

원이 있었기 때문이 아닐까.

3. 자기 배려와 파레시아-나 자신을 알아야 하는 이유[13]

자기 배려의 의미

'나는 누구인가'라는 물음은 '너 자신을 알라'라는 델포이 신전의 문구를 떠올리게 한다. 현재의 내가 누구인가를 아는 것, 즉 자기의 존재론적 역사에 대한 물음은 자기에 대해 '말해진' 관념들을 분석하거나 그 관념사를 추적함으로써 답변할 수 있는 문제가 아니다. 자기는 나를 둘러싼 사물과 맺고 있는 관계의 총체다. 자기에 대한 인식은 이 관계에 대한 인식이며, 이 중에 자기가 자기 자신과 맺고 있는 관계는 현재의 나를 설명하는 중심을 차지한다.

널리 알려져 있다시피, '너 자신을 알라'라는 의미를 담은 'gnôthi seauton'(자기 인식)은 델포이 신전에 새겨진 세 개의 문구 중 하나였다. 그중에 '너 자신을 알라'는 소크라테스로 인해 모두가 기억하는 말이 되었고, 일반적으로 '자신의 무지를 깨닫고 참된 진리를 추구해라'로 해석되면서 배우는 자의 올바른 태도를 알려 주는 상징성을 갖게 되었다. 하지만 고대 사회에서 이 말이 처음부터 철학적 의미를 내포하거나 도덕적 토대로서 규정된 것은 아니었다. 그 글귀가 적힌 장소가 '신전'이라는 점에서 유추할 수 있듯이 이는 그곳을 찾는 사람들에게 전달하는 메시지를 담고 있었다. 신의 견해를 들으러 온 자는 꼭 필요한 질문을 골라서 하되 결코 도를 넘어서지 말고mêden agan, 지키지 못할 약속이나 맹세를 하지 말아야eggua, para d'atê하기 때문에 신탁을 통해 알고 싶은 것이 무엇인지

---

13. 이하의 논의는 「자기 배려로서의 자기 인식과 파레시아: 미셸 푸코의 해석을 중심으로」[김세희(2018), 『교육철학연구』, 40(1)]를 수정, 보완한 것이다.

를 먼저 스스로 알고 있어야 한다gnôthi seauton는 권고였다.[14] 한마디로 신전에서는 신중하게 처신해야 한다는 사실을 환기하는 원칙이었다.

반면 우리가 주목하는 자기 배려 'epimeleia heautou'(자기 배려/자기 돌봄)는 넓은 외연을 가진 윤리적 실천이었다. '돌봄'이나 '배려'로 번역되는 epimeleia는 일차적으로 '~에 관심을 쏟음'이란 뜻을 갖지만, 여기서 파생하여 배려, 노력, 사명, 탐구 등의 의미를 내포한다.[15] 따라서 단순히 무엇에 관심이나 애착을 갖는 것을 넘어, 그것을 돌보고 배려하는 활동이나 작업, 테크닉을 지시하는 데 사용됐다. 예를 들어 영주가 농지를 관리하는 일, 군주나 수장이 자신의 시민들에 대해 책임을 지는 일, 의사가 환자를 치료하는 일 등이 모두 epimeleia에 속한다. 관심 자체가 아니라 관심을 가진 대상을 위해 쏟는 '행위'에 방점을 찍는다. 이러한 의미에 주목할 때 자기에 대한 돌봄을 뜻하는 'epimeleia heautou'는 "자기 자신에 대한 단순한 관심이나 주의보다도 자기 테크닉 혹은 자기가 자기에게 가하는 작업"[16]에 훨씬 더 가까우며, 자기 자신을 배려하고 돌보는 행위, 그러기 위해 자기 자신에 몰두하는 행위라는 실천적 의미를 내포한다. 이는

---

14. 고대 문화에서 gnôthi seauton의 의미를 설명하기 위해 푸코가 인용한 문헌은 1901년 문헌학에 수록된 로셔의 논문과 1954년 델포이 선전(宣傳) 테마들에서 제시된 드프라다스의 해석이다. 전자는 델포이의 세 격언들(Mêden agan, egguê, gnôthi seauton)을 해석하면서 gnôthi seauton은 "신탁에 의뢰할 때 제기해야 할 질문들을 스스로 검토하고 […] 과다하게 질문하지 말아야 하기 때문에 자신이 알고 싶은 바에 대해 스스로 주의를 기울여야 한다"라는 의미로 해석한다. 또한 후자는 세 격언들은 모두 신중의 보편적 원칙으로서 "결국 우리는 유한하고 신이 아님을 상기해야 할 필요가 있으며 자신의 힘을 과신하거나 신과 대적하려고 해서는 안 된다는 것을 환기하는 원칙"이라고 해석한다. 푸코는 두 해석 모두 본래부터 철학적 의미에서의 '너 자신을 알라'가 아니었다는 사실에 주목한다[미셸 푸코(2007), 『주체의 해석학』, 심세광 옮김, 동문선, 42~43쪽].

15. 이 글에서 epimeleia는 맥락에 따라 '돌봄' 혹은 '배려'라는 번역어로 사용하되 필요한 경우 두 번역어를 모두 기재한다. 한편 epimeleia의 어원과 의미에 대해서는 『알키비아데스』의 역자 주 107번(강철웅, 2014: 135)을 참고하여 정리했다.

16. 미셸 푸코(2007), 『주체의 해석학』, 심세광 옮김, 동문선, 41쪽. 이하 푸코의 작품은 다음 약어와 각 번역서의 쪽수를 표기한다. 『주체의 해석학』 HS, 『비판이란 무엇인가: 자기수양』 CS, 『담론과 진실: 파레시아』 DV, 『성의 역사 2: 쾌락의 활용』 SS(2).

그리스, 헬레니즘, 로마 문화 전반에 걸쳐 널리 퍼져 있던 아주 명시적인 현상을 설명하는 용어였으며, 그들의 철학적 태도를 특징짓는 원리이기도 했다.HS 49

  푸코에 따르면, 자기 배려는 그리스 문화의 오래된 금언이었고 자기 인식은 언제나 자기를 배려하는 실천에 종속되어 있었다. 철학자나 지식인의 태도라기보다 자유민들의 행위와 삶의 기술로 수용된 원리였다는 뜻이다. 당시 도시국가의 시민들에게는 현실적 권력관계나 사회적 책무에 대해 상당한 자유가 허용되었던 만큼 이 자유를 행사하기 위해 먼저 그것에 합당하도록 자기 자신을 사려 깊게 변화시킬 의무가 있었는데, 이것이 바로 자기 배려의 윤리적 실천이었다.김석완, 2009: 30 플루타르코스가 전하는 스파르타인의 말은 고대 문화에서 이 개념이 어떻게 통용되었는지 가늠할 수 있게 해 준다. 방대한 토지를 소유하고 있으면서도 직접 경작하지 않고 노예에게 맡기는 이유가 무엇이냐는 물음에 스파르타인 알렉산드리데스는 다음과 같이 답변한다. "우리 스스로를 돌보기 위해섭니다."HS 70-71 그가 스스로를 돌보는 이유는 왕/귀족으로서 자신에게 부여된 책무를 잘 수행하기 위해서이고, 맡은 일을 탁월하게 수행하기 위해서는 먼저 자기 자신이 그에 상응하는 정도의 탁월함을 갖추고 있어야 했다. 이때 탁월함을 갖춘다는 것은 추상적이고 이론적인 지식을 습득하는 것이 아니라 매일의 노력과 실천을 통해 스스로를 탁월한 상태로 끌어올리는 것을 말한다. 따라서 자기 돌봄 때문에 토지 경작이라는 노동을 타인에게 위임한다는 그의 답변은, 이 시대의 자기 돌봄이 어떤 임무보다 중요하게 간주되었으며, 학자들과 관련된 철학의 문제가 아니라 자유민들의 일상과 관련된 생활방식의 문제였음을 보여 준다.

  유사한 사례는 아테네를 배경으로 하는 대화편에서도 찾을 수 있다. 자기 배려와 관련해 푸코는 알키비아데스에 특히 주목하는데, 그는 그리스에서 가장 큰 나라의 가장 잘나가는 가문 출신에 훌륭한 친구와 친척,

재력과 지위 등의 특권을 가지고 있을 뿐 아니라 수려한 용모까지 겸비해 몸을 비롯해 혼에 이르기까지 아무것도 필요하지 않을 만큼 모든 것을 지닌 청년이었다. 외모가 출중하여 어릴 때 수많은 여인의 흠모를 받았지만 오만한 태도로 모두에게 퇴짜를 놓는 사이 나이를 먹게 된다. 그렇게 모두가 떠나 버리고 혼자 남게 되었을 때 소크라테스가 그에게 말을 건다. 그가 말을 건 이유는, 만약 어떤 신이 "현재 지니고 있는 것들을 유지한 채 살 것인가, 아니면 그 이상을 얻고 싶지만 그럴 가망이 없으면 그 즉시 죽고 싶은가?"라고 알키비아데스에게 묻는다면 그가 "죽음을 택할 것 같아서"였다.『알키비아데스』, 103a-105b, 이하 '알키비아데스'[17] 모든 것을 가지고 있는 현재에 만족하지 않고 삶을 변화시키고자 했음을 간파했기 때문에 소크라테스는 '진실을 말하는 자'로서 그의 삶에 개입한다. 실제 알키비아데스는 도시국가를 통치하고자 하는 정치적 야심을 품고 있었다. 하지만 교육이나 재력 면에서 통치자로서 상대하게 될 적들(스파르타나 페르시아인들)보다 나을 것이 없었고 아무것도 준비되지 않은 채 허세만 부리고 있던 것이다. 바로 이 순간 소크라테스의 입을 통해 자기 배려가 출현한다. 즉 '먼저 자신을 돌보지 않은 채' 무언가를 한다면 절대로 그들을 능가할 수 없을 것이라고.

이처럼 고대 문화에서 자기 배려는 자기가 자기와 맺고 있는 관계를 통해 자기를 자기 삶의 능동적 주체로 간주하는 개념이었다. 따라서 자기 배려의 가장 큰 특징은 '자율적'인 자기 수양이었다는 점이다. 먼저, 알렉산드리데스나 알키비아데스 모두에게 자기 배려는 외부에서 강제된 의무가 아니었다. 다만 광범위하고 보편적인 계율이기 때문에 어떻게 살 것인

---

17. 도입부에서는 '만약 신이 묻는다면'이라는 형식으로 소크라테스가 자신의 생각을 일방적으로 알려 주는 형식으로 등장하지만, 논박이 이어지면서 다음과 같이 알키비아데스에게 직접적으로 묻는 장면이 나온다. "자네는 자신에 관해 어떤 생각을 품고 있는가? 지금 상태로 남아 있을 생각인가, 아니면 뭔가 돌볼 생각인가?"(알키비아데스, 119a).

가에 대한 선택의 문제였다. 예를 들어 두 사람은 더 많은 땅을 갖기 위해 애쓰거나, 지금 가진 것을 활용해서도 충분히 정치를 시작할 수 있는 상황이었다. 그럼에도 이들은 노동이 아닌 자기 돌봄을 선택하거나(알렉산드리데스), 타자를 매개로 선택의 기로에 놓이게 된다(알키비아데스). 이 실존적 선택은 전적으로 자유에 맡겨졌다. 그리고 일단 선택하게 되면, 즉 자신의 존재를 변화시키기로 마음을 먹으면, 시선을 외부 세계로부터 자기 자신으로 이동시켜야 한다. 시선의 전환은 외부에 대한 관심을 자기 자신에 대한 검토로 대체하는 것이다. 그리고 자신의 사유와 그 속에서 발생하는 사건들에 주의를 기울이면서 자기 자신에게 몰두하는 것, 자기에 이르는 도정에 정신을 집중하는 것이다.[HS 53-54; 254-255; 260] 자기 배려가 자율적인 자기 수양으로 간주되는 또 다른 이유는 자신에게 가하는 다수의 행위를 지칭하기 때문이다. 자기 배려는 자기 자신과 삶을 관조하는 것을 넘어 자기를 돌보는 구체적인 행위를 통해 스스로를 변화시키고 정화하며 변모시키는 윤리적 실천이다. 고대 문화에 특징적인 이 자기 배려의 행위와 기술, 작업들이 이후 서구에서 오랫동안 지속된 자기 수련의 훈련들을 탄생시킨다.[HS 53-54]

요컨대 자기를 돌보는 적절한 행위를 위해서는 자기 자신에게로 시선의 전환이 필요하고, 시선을 전환하기 위해서는 실존적 결단이 요청되며, 이 결단은 자기 자신에 대한 각성으로부터 비롯된다. 지금의 나는 누구이고 내가 맺고 있는 관계는 무엇이며 내 삶은 어디를 향해하고 있는지를 검토하는 자기 각성이 자기 자신을 알아 가는 과정의 일부라고 볼 때, 이시대 자기 인식은 언제나 자기 배려와 결부되어 있었음을 알 수 있다.

소크라테스의 자기 배려와 '너 자신을 알라'

소크라테스는 델포이 격언에 철학적 의미를 부여하여 자기 인식을 철학적 사유로 전환시킨 인물로도 중요하지만, 고대 문화에 널리 퍼져 있던 자기 배려와 자기 인식의 본래적 관계를 전수해 준다는 점에서도 중요하다. 소크라테스에 대해 푸코는 "본질적이고 근본적으로 또 시원적으로 타인들에게 자기 자신을 돌보고 배려하며 등한시하지 말라고 선동한 최초의 인물"HS 44이라고 평가한다. 소크라테스의 피소 원인이자 '선동'은 그의 행적과 관련되는데, 그 행적의 목적이 바로 사람들로 하여금 스스로를 돌보게 하는 것이었기 때문이다. 『변명』, 『라케스』, 『알키비아데스』 등에는 문답을 통해 자기 각성을 유도하거나 자기 배려의 중요성을 설파하고 자기 돌봄의 삶을 촉구하는 소크라테스의 실천이 담겨 있다. 그가 전하는 자기 배려의 정식은 '우리는 자기 자신을 돌봐야 하는데, 이를 위해서는 돌보는 것이 무엇인지 알아야 하고 돌봐야 할 자기가 무엇인지 알아야 한다'는 것이다. 다시 말해서 자기 배려가 더 큰 외연을 가진 삶의 목적이라면, 자기 인식은 그 목적을 실현하기 위한 방식이다.

이처럼 '자기 인식의 거장'으로 알려진 소크라테스는 사실 자기 배려의 선동가였다. 그에게 자기 배려가 중요한 이유는 '신이 명령하는 일'이었기 때문이다. 일평생 그는 젊은이에게나 노인에게나 자기(영혼)를 돌보라고 설득했다.『변명』, 30b, 이하 '변명' 심지어 최종 판결을 앞둔 재판정에서도 '이 일을 그만두는 조건으로' 방면될지라도 자신은 "숨 쉬고 있고 할 수 있는 한"변명, 29d 이 일을 멈추지 않을 것이라고 말한다. 조용히 지내는 일은 신에게 불복하는 일변명, 38a이기 때문에 불가능하고, 자기 자신이 최대한 훌륭해지도록 돌보지 않는 것이야말로 진정 수치스러운 일변명, 29e이기 때문에 멈출 수가 없다. 심지어 그는 죽은 후에도 "여기 사람들에게 그러듯 그곳 사람들을 검토하고 탐문하면서 지내는 일"이 "최대로 좋은 일"변명, 41b일 거라고 말한다.

자기 돌봄이 신의 명령이라면 검토는 자기를 돌보고 있는지 아닌지 되돌아보게 하는 방식이다. 그래서 그는 자기를 돌본다고 공언하는 누군가가 있다면 그를 놓아주거나 떠나 버리지 않고 "오히려 묻고 검토하고 논박"변명, 30a할 것이고, 만약 덕(탁월함)을 갖추지 않고도 그렇다고 하는 것이라면 "가장 많은 가치를 지닌 일은 가장 하찮게 여기며 보잘것없는 일은 더 중시하고 있다고 그를 비난할 것"변명, 30a이라고 역설한다. 실제 니키아스는 다음과 같이 고백하기도 한다. 소크라테스와 대화를 시작하면 처음에는 뭔가 다른 주제로 이야기를 시작했더라도 결국 "지금 자신이 어떤 방식으로 살아가고 있으며 어떻게 지난 삶을 살았는지 자기 자신을 해명하는 상황"에 처하지 않을 수 없게 되며, 일단 이 상황에 처하게 되면 "모든 걸 충분히 그리고 훌륭히 검토해 보기 전에는 소크라테스가 보내주지 않는다."『라케스』, 187e-188a, 이하 '라케스'

여기서 우리는 소크라테스가 비오스(bios, 삶)와 로고스(logos, 말)가 일치하는 인물—검토하지 않는 삶은 살만한 가치가 있는 삶이 아니라는 자신의 말을 실천한 사람—이며, 그 검토가 자기 돌봄이란 목적을 지향하고 있었음을 알 수 있다. 그의 대화 상대자들은 문답을 통해 절대적 진리와 가치를 배우는 것이 아니라, 자신의 삶을 반성하고 돌아보면서 결국 자신의 삶의 전환에 대한 실존적 선택을 강구해야 하는 상황으로 내몰렸다.김석완, 2009: 35 그리고 돌봄의 대상에는 우선순위가 있다는 사실에도 주목해야 한다. '가장 많은 가치를 지닌 일'은 '자기'를 돌보는 일이며 '더 보잘것없는 일'은 '자기에게 속한 것들'을 돌보는 일로, 배려의 대상으로서 '자기'와 그 밖의 것들이 구분된다. 이 둘을 구분하는 논박은 "자신에게 속하는 것들을 돌볼 때면, 그때 자신도 돌보는 것인가?"알키비아데스, 128a라는 물음으로 시작된다. 반지는 손에 속하고 신발은 발에 속하지만, 반지와 신발을 돌보는 것이 곧 손과 발을 돌보는 것은 아니다. 가죽을 다루는 기술(갖바치)은 신발을 더 낫게 만들 수는 있지만 발까지 그렇게 해 줄 수 있는 것은 아니다. 따라서 신발에 가죽 다루는 기술이 필요하듯 발을 위해서는 발에 맞는 기술이 필요하다. 즉 돌봄에는 돌보는 대상을 더 나아지게 만드는 기술이 필요하고, 적절한 기술을 적용하기 위해서라도 돌보는 대상을 분명히 아는 것이 중요하다. 이 문답알키비아데스, 128a-d은 자기를 배려하는 일은 차치하고 소유물을 돌보는 데 여념 없던 당대 아테네인들을 질책하는 『변명』의 대화와 맞닿아 있다. 부의 축재나 공명심에 몰두하면서 현명함과 진실, 영혼의 탁월함은 신경 쓰지도 않는 게 수치스럽지 않으냐변명, 29e는 물음이나, 자신은 가장 중요한 것을 돌보도록 하는 일을 수행했으므로 자신에게 어울리는 판결은 사형이 아닌 중앙청사의 식사 접대라고 반론하는 대목변명, 36d에서 소크라테스는 돌봄의 최우선적 대상이 자기의 소유물이 아닌 자기 그 자체임을 명시한다.

> 내가 받아 마땅한 것이 뭔가요? 살아오는 동안 나는 조용히
> 지내지 않았고, 오히려 많은 사람들이 돌보는 것(돈벌이, 집안 살
> 림, 군대 지휘, 대중 연설, 그리고 국가에서 생겨나는 다른 관직이
> 나 결사나 파당)을 돌보지 않고, […] 또 여러분에게나 나 자신에
> 게나 아무 이득이 못 될 그런 쪽으로는 가지 않고, 대신 가능한
> 최상의 혜택을 베풀어 주는 쪽으로 갔기 때문에 하는 말입니다.
> 자신을 돌보는 일(즉 가장 훌륭하고 가장 현명한 사람이 되기 위
> 해서 자신을 돌보는 일)보다 자신에게 속한 어떤 것을 돌보는 일
> 을 앞세우지 않고, 또 국가 자체를 돌보는 일보다 국가에 속한
> 것들을 돌보는 일을 앞세우지 않도록, 그리고 다른 것들도 그런
> 똑같은 방식으로 돌보도록, 여러분 각각을 설득하려 시도하면서
> 말입니다. 그렇다면 이런 내가 마땅히 겪어야 할 게 뭔가요?변명,
> 36-d

이처럼 돌봄의 중요성을 깨달은 후 돌봄의 대상을 검토하는 과정은 자연스럽게 인식(앎)을 끌어들인다. 돌봄의 주체는 우선 돌보고 있는 것이 무엇인지 '알아야' 하고, 이어 돌보는 것들 중 중요한 것과 부차적인 것을

구분할 줄 '알아야' 하며, 마지막으로 각각에 적절한 기술을 사용할 줄 '알아야' 하기 때문이다. 이 관점에서 돌봄/배려와 인식/앎은 자연스럽게 연결되며 상보적 관계에 놓인다. 또한 돌봄에는 그 대상을 더 나아지게 만드는 기술이 필요하다는 점에서 행위나 실천과 직결되고, 이 지점에서 인식/앎은 돌봄을 위해 필요한 여러 기술 중 하나로 포섭된다. 즉 자기 자신을 돌보는 것은 지적 행위나 사변이 아니라 구체적인 실천이며, 자기 인식은 자기 배려를 위해 필요한 방법 중 하나였다.

소크라테스로 상징되는 고대 그리스의 자기 돌봄은 헬레니즘과 로마 시대를 거치면서 일정한 변화를 거친다. 알키비아데스와 대화에서 엿볼 수 있듯이 그리스 사회의 자기 배려는 시민과 도시국가를 돌보기 위해서 필요한 것이었다. 먼저 수신修身하고 치국治國해야 한다는 점에서 자기 돌봄(윤리)은 타자의 돌봄(정치)과 분리되어 있지 않았다. 그러나 헬레니즘 시대에 자기 돌봄은 그 자체로 목적이 되어 자기 실천과 아스케시스(금욕, 수련)가 한층 강조되고, 로마 시대에 들어서면서 스승과 제자 사이의 가르침처럼 형식화되는 측면이 있다. 하지만 이 모든 실천의 공통점은 자기 자신과 맺는 관계와 자기 삶의 양식에 대한 선택(능동성과 자유)이 가장 중요한 위치를 차지하고 있다는 것이다.[18]

이처럼 실천이 오랜 시간 거듭 회자되고 강조되었지만, 오늘날 우리에게 '너 자신을 알라'만 남은 이유는 무엇일까. 푸코는 이러한 전복이 일어난 결정적 순간들로 중세 그리스도교와 데카르트의 출현에 주목한다. 자기 돌봄의 반대는 자기 포기다. 그리스도교 사목제의 통치는 영원한 삶이 있는 곳으로 신도들을 인도하는 것을 목적으로 했고, 이 통치에서 자

---

18. 이런 관점으로 세네카가 루킬리우스에게 보낸 편지들을 읽어 보면 자기 자신을 돌보라는 말이 수없이 등장하는 것을 알 수 있다. 그의 글에는 소크라테스의 사상을 계승하면서도 영혼으로 표상되는 자기의 중요성, 자기 돌봄의 우선성이 정치적 차원과 분리되어 그 자체로 강조되는 특유의 사상이 담겨 있다.

기는 포기하고 파괴하고 지워 버려야 하는 것으로 간주되었다. 타자(신, 사제 등)의 뜻에 따라 나를 버리는 것, 영혼의 구제를 위해 나의 모든 생각과 행위를 고백하고 자기 자신을 타자에게 맡겨 버리는 예속적 주체화가 자기 배려의 지위를 강등시킨 것이다. 그리고 17세기 데카르트를 기점으로 출현한 합리주의 담론이 실천이나 행위와 무관한 인식 주체를 확립함으로써 "너 자신을 알라"(앎)가 진실에 접근하는 근본적인 통로가 되고 자기 배려의 독자성은 상실되었다.HS 57-58 1983년 한 강의에서 자기 배려와 자기 인식이 구분되는지 아니면 같은 것인지를 묻는 질문에 푸코는 '동일하지 않다'고 하면서 다음과 같이 답한다. "양자는 심층적으로 연관되어 있지만 아주 다른 것으로 자기 자신을 인식해야 한다는 소크라테스의 정식이 사용됐을 때 그것은 언제나 그리고 애초부터, 심지어 플라톤과 크세노폰에게서도, 너 자신을 배려하라는 자기 돌봄의 원리와 항상 결부되어 있었습니다."CS 197-198

자기 돌봄의 실천과 파레시아

'파레시아parrêsia'는 '모든 것을 말하기'를 뜻하는 그리스어다.[19] 기원전 5세기 말부터 고대 그리스 문헌에서 발견되고 기원후 5세기경까지 교부들의 텍스트에서도 찾아볼 수 있다. 일반적으로 영어로는 free speech, 프랑스어로는 franc-parler로 번역되며 라틴어로는 libertas라고 옮겨진다. 라틴어 번역어가 libertas인 이유는 이 단어가 "말해야 할 바를 말하게 하며 말해야 한다고 생각하는 바를 말하게 하는 자유"를 뜻하며, 이

---

19. 파레시아는 『주체의 해석학』에서는 parrhêsia로, 『담론과 진실: 파레시아』에서는 parrêsia로 적고 있으며, 우리말로는 파르헤지아, 파레지아, 파레시아 등으로 옮겨졌다. 본 연구에서는 가장 최근의 자료인 후자를 참고하여 각각 원어 parrêsia와 외래어 표기 '파레시아'를 사용한다. 파레시아 및 파레시아스트의 어원과 의미에 대해서는 『주체의 해석학』(394쪽, 398~399쪽, 413~420쪽), 『담론과 진실: 파레시아』(90~91쪽)에서 여러 차례 논의되고 있다.

자유는 말하는 자의 선택과 결정, 태도와 지극히 긴밀하게 연결되어 있기 때문이다.[HS 394, 398] 고대 그리스에서 로마에 이르기까지 파레시아에 개념적 변화가 있긴 했지만, 주로 개인의 덕이나 기술보다는 진실을 용기 있게 표현하는 '발언의 실천'으로 간주되었고 위험을 감수하면서도 진실을 발언하는 행위를 가리켰기 때문에 '비판적 태도'의 원형으로 여겨진다. 예를 들어 갈릴레이가 우주 법칙을 증명한 것은 파레시아와 무관하지만 종교재판에 회부되어 '그래도 지구는 돈다'고 발언한 것은 파레시아를 행한 것이며, 사형선고를 앞둔 소크라테스의 발언이나 알렉산드로스 대왕에게 한 디오게네스의 발언, 초기 종교개혁가들의 발언은 모두 파레시아를 행한 것이다.[20] 이처럼 파레시아에는 반드시 위험이 수반된다. 파레시아는 하고 싶은 말을 그대로 내뱉는 것, 듣기 좋게 포장해서 들려주는 것, 진실이라고 알고 있는 내용을 전수하는 것이 아니라 자신이 진실이라고 믿는 것을 말하는 것이다. 더구나 원래 파레시아를 실천하는 사람은 대화 상대자와의 위계에서 아래에 위치하는 사람이었다. 신,[21] 권력자, 주인, 대중 등을 상대로 자신이 열등한 지위에 있지만 어떤 상황에서든 진실을 말하는 것이 파레시아의 전제 조건이었기 때문에 이 실천에는 필연적으로 위험이 뒤따르며, 이런 맥락에서 현대적 의미의 '비판'을 가리킨다. 한마디로 파레시아는 진솔한 자기표현, 두려움 없는 말하기와 관련된 '진실 말하기'이며, 파레시아스트parrêsiastês는 이 '진실을 말하는 자'를 일컫는다.

자기 배려의 관점에서 파레시아에 주목해야 하는 이유는 두 가지다. 먼

---

20. 『담론과 진실: 파레시아』에서 파레시아의 사례는 청중의 질문에 답변하는 형태로 다양하게 등장한다. 그중 갈릴레이와 관련해, 푸코는 갈릴레이가 『대화』를 집필함으로써 비록 그 담론의 논증이나 합리적 구조가 파레시아를 정의하는 것은 아닐지라도 "논증적 텍스트 내에서" 파레시아를 보여 준다고 말한다(108쪽 및 각주 18 참고).

21. 푸코는 『담론과 진실』의 두 번째 강의(1983년 10월 31일)를 전적으로 『이온』에 할애해서 정치적 파레시아와 개인적 파레시아를 설명한다. 특히 포이보스에 대항한 크레우사의 자기비판은 여성이자 피해자, 약자로서 가장 강력한 존재인 신에게 진실을 말하는 개인적 파레시아의 전형으로 언급된다.

저, 파레시아는 우리가 우리 자신과 맺는 윤리적 관계를 설명해 준다. "우리는 우리가 진실과 맺는 고유한 관계에 다름 아니며, 진실과 맺는 이 관계는 삶에서 구체화되어야만 한다는 것이 '그리스적 사유'였다."DV 301 이는 우리가 우리 자신을 왜 돌봐야 하며 어떻게 돌봐야 하는가라는 위의 물음과도 상통한다. 고대인들에게 자기는 자기 자신의 창조물이며 자신의 삶은 스스로 만들어 가는 하나의 예술작품과 같은 것이었기 때문이다. 만약 이 창조물이 '우리가 진실과 맺고 있는 관계'로써 빚어지고 이 관계는 삶 속에서 구체적으로 구현되어야 하는 것이라면, 진실에 대한 '인식'이 아니라 진실을 표현하는 '행위'와 그 진실을 통해 자기 자신과 자기 삶을 변화시키는 것이 관건이 된다. 진실을 표현하는 행위, 즉 진실 말하기가 고대인들의 파레시아다. 파레시아스트는 진실이라고 알고 있는 것을 말하는 자가 아니라, 자신이 말하는 것이 진실이라고 믿기 때문에 진실된 것을 말하는 자이다.DV 94-95 파레시아에서는 신념과 진실이 정확히 일치하며 "말하는 사람과 그가 말하는 것 사이의 일정한 관계를 지시"DV 92한다. 그래서 파레시아는 타자와의 상호관계 속에서 이루어지는 행위이지만, 타자가 아닌 자기 자신과 맺는 관계. 생명의 위험을 무릅쓰고 진실을 말하는 것은 삶과 진실 사이에서 후자를 '선택'하는 것, 즉 자신의 실존에 대한 개인의 선택이고 이 선택은 자기와 맺는 관계로부터 나오기 때문이다. 달리 말해 그리스적 사유에서 진실은 알고 있는 것으로 그치는 인식의 대상이 아니다. 진실을 발언하고 발화자가 자신의 발언에 부합하는 삶을 영위할 때 우리는 진실과 관계를 맺으며, 자기를 돌보고 자기 삶의 창조주가 될 수 있다. 따라서 진실과 맺는 관계로서 자기 배려는 정신적 경험이 아닌 말과 삶의 일치, 즉 로고스와 비오스의 조화로운 관계를 유지하는 윤리적 실천이었음을 알 수 있다.

자기 배려의 관점에서 파레시아에 주목해야 하는 또 다른 이유는 어떻게 돌봐야 하느냐는 자기 배려의 방법과 관련된다. 자기 배려는 단순히 자기에게 관심을 갖고 자기 내면에 주의를 기울이는 자기 관조적 명상이 아니다. 자기에 대한 그릇된 애착은 자칫 자기 돌봄을 이기주의나 자기만족적 나르시시즘에 빠뜨리고 자신 안으로 은폐하는 결과를 만들어낼 수 있지만, 자기와의 관계를 구축하는 방식으로서 자기 배려는 확고하고 변함없는 자기 통치를 위해 자기 자신에게 근본적인 관심을 기울이는 것이다.[22] 그 때문에 자기 돌봄에는 자기에 대해 묻고 직언하며 이끌어 줄 타자가 필요하며, 나에 대한 이 타자의 발언은 필연적으로 진실이어야 한다. "사실 우리는 스승, 인도자, 지도자와 같은 누군가의 도움을 받는다는 조건에서만, 즉 파레시아의 의무를 지는 누군가의 도움을 받는다는 조건에서만, 자기를 배려할 수 있고 돌볼 수 있으며 epimeleia heautou할 수 있다."[DV 30-31] 자기 돌봄을 위해 나에 대한 진실을 발언하는 타자가 바로 파레시아스트다. 자기 돌봄은 어느 한순간 불현듯 완수되는 작업이 아니기 때문에 일평생 지속적인 실천을 요구하는 수련에 가깝다.[23] 그리고 이 수련은 수련자를 관리하고 조절해 줄 다른 누군가를 필요로 한다.[24] 여기서 파레시아스트는 스승과 같다. 푸코는 갈레노스의 텍스트를 인용하면서 "자기에 대해 말해 주는 이 타자에게 자기를 맡긴 사람은 거의 실수를 하지 않는 반면, 그렇게 하지 않고 스스로 뛰어나다고 믿는 사람들은 종종 실수를 한다"라고 지적하면서 자기 배려의 타자로서 파레시아스트의 중요성을 언급한다.[DV 52]

---

22. F. Gros.(2016), *Discours et vérité: Précédé De La Parrêsia*, 오트르망 옮김(2017),
『담론과 진실: 파레시아』, 동녘, 17쪽.
22. F. Gros.(2016), *Discours et vérité: Précédé De La Parrêsia*, 오트르망 옮김(2017), 『담론과 진실: 파레시아』, 동녘, 17쪽.
23. 『담론과 진실: 파레시아』, 30~31쪽.
24. 푸코는 파레시아 개념을 수사학적인 맥락, 정치적 맥락 그리고 '의식 지도'라는 철학적 실천의 맥락이라는 세 가지 측면에서 다루지만(『비판이란 무엇인가: 자기수양』, 43~54 쪽), 본 연구에서 주목하는 대목은 교육과 접점을 갖는 마지막 관점이다. 본문에서 논하는 자기 배려의 타자로서 파레시아스트에 대한 논의는 푸코가 언급한 세 번째 맥락과 관련된 것으로 이후 '자기 수련의 훈련들'로 불렸던 실천들(명상, 독서, 기억술, 금욕적 훈련 등)과 겹치거나 그 시금석이 된다.

그렇다면 어떻게 진정한 파레시아스트를 분별할 수 있을까. 갈레노스에 따르면, 파레시아스트는 좋은 평판을 얻고 있지만 칭찬만 늘어놓는 아첨꾼이서는 안 되고, 선택이나 반감, 호감 등에서 일관된 기준을 가지고 있는 자여야 하며, 자기 실존의 '통일성'을 가지고 있는 자여야 한다. 즉 말하는 자의 삶의 방식이 그의 말속에서 구체적으로 드러나고 자신이 말한 진실에 결부된 삶을 살고 있는 자인지 살펴봐야 한다. 진정한 파레시아스트를 찾는 것과 더불어 중요한 것은, 듣는 자가 그의 말을 들을 수 있는 자질과 태도를 갖추는 것이다. "우리 또한 파레시아스트가 우리에게 말하게 될 진실을 받아들일 능력을 가지고 있고, 또 그것을 받아들일 채비가 되어 있다는 신호를 그에게 보내야 한다."DV 64

자기 배려를 촉구하고 진실과 올바른 관계를 맺도록 인도하는 자는 넓은 의미에서 우리의 스승이지만, 엄밀한 의미에서 '진실을 말하는 자'가 모두 스승이나 교육자의 역할을 수행하는 것은 아니다. 푸코는 우리 사회가 진실과 맺고 있는 관계에 문제를 제기하면서 현대 사회에서 진실을 말하는 자의 역할을 네 가지로 구분한다.DV 128-134 첫째는 예언자의 역할로서 진실을 말하지만 누군가의 대리인으로서 다른 현실을 참조하여 발언한다. 둘째는 현자의 역할인데, 예언자와 유사하지만 자신의 이름으로 말하고 때론 침묵을 통해 진실을 전달한다. 셋째는 교육자의 역할이다. 현자는 자기 자신만 아는 것을 말하지만 교육자는 사회 내에 승인되고 수용된 것들을 말하는 자다. 마지막으로 파레시아스트의 역할이 있다. 파레시아스트는 다른 사람이 아닌 자신의 이름으로 말한다는 점에서 예언자와 다르고, 자신이 아는 바를 말해야 하는 책임과 의무를 지니고 타인을 설득해야 한다는 점에서 현자와도 다르며, 가르칠 때 위험을 감수해야 한다는 점에서 교육자와도 다르다. 또한 교육자는 사회 내에 존재하면서 교육의 대상을 사회 안으로 통합하는 역할을 수행하는 반면, 파레시아스트는 권력이나 대중, 여론 등과 대립하면서 사회의 경계나 밖에 위치한다는 점에서도 차이가 있다. 역사적으로 이 네 역할은 서로 결부되거나 연관되면서 혼재되었는데, 소크라테스는 현자이자 교육자 그리고 파레시아스트의 교차점에 위치한다.

앞장에서 살펴본 대화편의 사례들은 사실 '파레시아스트 역할을 수행하는 소크라테스'[25]라는 주제로도 고스란히 논의할 수 있다. 우정을 잃거나 비난받을 것을 감수하면서도 알키비아데스에게 진실을 말하고, 최종 판결을 앞둔 재판정에서 권력자와 여론에 맞서는 대목은 자기 배려를 목적으로 하는 내용이지만, 그 목적을 위해 자신의 신념으로 타인을 설득한다는 점에서 파레시아의 실천이기도 하다. 그리고 여기서 파레시아는 교육과 접점을 이룬다. 『라케스』에서 아들의 교육을 고민하면서 스승을 찾던 리시마코스와 멜레시아스가 니키아스, 라케스와 상의할 때 소크라테스가 등장한다. 전자들은 평범한 사람이고 후자들은 활동을 통해 능력을 증명한 사람들을 대변하지만, 그들 중 누구도 훌륭한 스승을 분별할 수 없었기 때문에 소크라테스와 문답을 시작한다. 푸코가 '소크라테스의 파레시아 게임'이라고 부르는 이 대화는 '용기'를 주제로 하지만, 라케스의 말은 훌륭한 교육자로서 중요한 것은 용기에 대해 거창한 말을 하거나 그것에 대한 지식을 갖추는 것이 아니라 용기 있는 삶을 살아온 것임을 보여 준다. "말하고 있는 자와 그자가 하는 말이 서로 잘 맞고 조화를 이루고 있는 사람"이야말로 "실제 자기 자신의 삶을 말과 행동이 일치하는 상태로 조율해 낸 사람"이며, 자신은 "이와 같은 사람에게 아주 즐거이 검토받을 것이고 배우는 것에도 짜증 내지 않을 것"라케스, 188c-189c이라고 한다. 여기서 우리는 모든 교육자가 파레시아스트는 아니지만 파레시아스트는 훌륭한 교육자이며, 그가 훌륭한 교육자라는 것은 그의 로고스가 입

25. 1982년 3월 강연에서 푸코는 "소크라테스는 파레시아스트가 아니다"라고 단언하지만, 이듬해 강연에서는 비오스와 로고스의 일치라는 관점에서 소크라테스를 파레시아스트로 다룬다(위의 책, 80쪽 및 각주 74, 230~249쪽 '소크라테스의 파레시아 게임' 참고).

증하는 것이 아니라 로고스와 비오스의 일치, 곧 말과 행동의 조화임을 알 수 있다.

이런 과정을 통해 윤리적 실천으로서 고대 문화의 자기 배려는 진실과 대면하고 진실을 말하는 자로서 교육자의 의무를 검토하게 한다. 그러나 파레시아는 개인의 선택이고 개인의 실존적 결단으로서 결국 모든 실천의 지향점이 자기 삶의 변화를 겨냥하고 있다는 점에서 가장 중요한 것은 자기가 자기와 맺는 관계, 즉 자기 배려이다.

푸코가 주목하기 전까지 자기 배려는 '말해지지 않은 것'이었다. 그리고 우리는 자기 배려가 상실된 역사의 연장선 속에서 규칙과 금기로 구성된 도덕과 인식에 의해 규격화되고 통제된 삶을 살고 있다. 이 도덕과 인식이 우리 행위의 근간이 되어 우리를 '인간 일반'으로 포섭하고, 우리 자신은 그 공통성에 의해 통분된다. 개별적 존재로서 개개인이 가지고 있는 질적 차이는 이 속에서 소거되고 '우리'로 규정된 외적 집단으로 해소된다. 그리고 이 관계들 속에서 우리 각자는 타율적 주체로 구축된다.

'이런 식으로 통치받지 않기 위해서 우리는 무엇을 해야 하는가'라는 푸코의 문제의식CS 44-46은 오늘날 주체로서의 우리 자신이 어떻게 구축되는지 조명하게 함으로써 우리가 세계 안팎과 맺고 있는 관계들을 검토하게 한다. 이 가운데 우리가 우리 자신과 맺고 있는 윤리적 관계의 새로운 모델 중 하나가 고대인들의 '자기 배려'다. 이들의 자기 배려는 자신의 삶에 가치를 부여하고 더 나은 삶을 만들기 위해 선택한 삶의 원리이자 기술이며 실천이었다. 이들은 스스로 자기 삶의 근거를 결정하고 그것을 행위로 옮김으로써 자기 자신을 자율적 주체로 세웠다. 그래서 이들의 자기 배려, 즉 자기 수양은 철학적 개념이 아닌 지극히 개인적이고 사회적인 실천을 가리킨다.

그렇다면 고대인들이 이처럼 자기를 배려하고 자신의 삶에 양식과 스타일을 부여하면서 스스로 자신의 삶을 결정한 이유는 무엇일까? 권위와 규율에 속박되지 않고 시선을 자기 자신으로 전향하여 자기에게 몰두할 수 있게 한 원천은 무엇일까? 어떻게 이것이 법규나 구속력 없이 보편적인 삶의 원리로 광범위하게 수용될 수 있었을까? 이 모든 질문은 사실, 그들이 자기 자신을 어떻게 이해하고 있느냐를 묻는 것과 동일하다. 그들은 '자기'를 자기 자신이 만들어 가는 예술작품이라고 보았다. 그들에게 자기는 자기 자신의 창조물이고 자기 자신은 자기의 창조주였기 때문에, 자기와 자기 삶은 가장 공들여 돌보고 배려해야 하는 대상이었다. 따라서 자기 배려는 자기 인식보다 선행되는 삶의 과제였고, 진리나 지식을 아는 것만으로는 완수할 수 없는 실천이었다. 푸코는 자기 배려에 담긴 이 실천을 자유로운 결단을 통해 스스로를 형성한다는 의미에서 윤리적 실천일 뿐만 아니라, 조각가가 대리석에서 불필요한 부분을 떼어 내면서 자신의 작품을 만드는 것처럼 자신의 생을 재료로 삼아 빚는 작품이라는 의미에서 '실존의 미학'이라고 부른다. 실존의 미학은 "인간이 자신의 행위의 규칙들을 설정할 뿐 아니라 자기 자신을 변형하고자 하는 의도적이고 자발적인 행동을 의미한다. 그들을 존재 내부에서 변화하게 만들고, 그들의 삶을 미학적 가치가 담긴 작품으로 만들기 위한 의도적이고 자발적인 행동"SS(2) 16-17이다. 한마디로, 실존의 미학은 자신에게 부여된 자유에 형식을 부여하는 삶의 방식을 가리킨다. 여기서 중요한 것은 개인의 선택이다. 상황에 어울리는 적절한 사유와 선택, 욕망과 쾌락의 적합한 활용, 행동하기에 적합한 시간의 선택 등은 전적으로 개인의 몫이다.SS(2) 116

자기 배려에 대한 고찰은 교육에 존재론적 사유를 요청한다. 자기 배려의 존재론은 대상과 사물을 일반화해서 존재를 인식론적으로 규정하는 기존의 존재론과 구분되어야 한다. 존재의 본질을 규정하기 이전에, 존재한다는 사실 그 자체에 고유한 의미와 이유를 부여하고 개별자로서의 인간 자신에 주목해야 한다.김석완, 2009: 44 이 지점에서 자기 배려의 윤리학은 사르트르와 조우한다. 사르트르에 따르면 인간은 자기 스스로 형성한 존재 이외에 다른 것이 아니다. 인간은 다 만들어진 존재가 아니라 스스로 만들어 가는 존재이고(사르트르), 자기는 일정한 도식이나 모델에 부합해 발전되어야 할 실체가 아니라 자기가 자기와 맺는 관계들의 총체(푸코)다. 인간은 선택을 통해 자신의 본질을 만들어 가며(사르트르), 자기는 자기와의 관계를 통해 윤리적 주체로서 자신을 구축해 간다(푸코). 개별자로서 인간 존재에 주목할 때, 인간은 자유로운 선택을 통해 자신의 삶을 빚어 가는 예술가다(사르트르, 푸코). 고대 그리스에서나 오늘날에나 교육은 인간의 삶을 고양시키고 인간을 자기 삶의 주인으로 설 수 있도록 도와주는 것이다.

이 글에서 살펴본 고대인들의 자기 배려는 오늘날 우리 교육에 실존적 선택을 하는 존재로서 인간을 이해할 것을 요청한다. 왜냐하면 삶이란 "우리가 살기 이전에 아무것도 아니기 때문이다. 삶에 의미를 부여하는 것은 우리의 몫이며, 이때 가치는 우리가 선택하는 바로 그 의미와 다른 것이 아니기 때문이다".[26]

---

26. Sartre, J-P.(1996), *L'Existentialisme est un humanisme*, 박정태 옮김(2014), 『실존주의는 휴머니즘이다』, 이학사, 83쪽.

참고문헌

김석완(2009). 「미셸 푸코의 소크라테스 해석과 자기 배려의 교육」. 『교육철학』, 46.

김세희(2018). 「자기 배려로서의 자기 인식과 파레시아: 미셸 푸코의 해석을 중심으로」. 『교육철학연구』, 40(1).

심세광(2015). 『어떻게 이런 식으로 통치당하지 않을 것인가』. 길밖의길.

Diogenes Laertius(2013). *Live of Eminent Philosophers*. 김주일 외 옮김(2021). 『유명한 철학자들의 생애와 사상 1』. 나남.

Foucault, M.(1984). *L'Herméneutique du sujet*. 심세광 옮김(2007). 『주체의 해석학』. 동문선.

_____(1984). *Michel Foucault Histoire de la sexualité II*. 문경자·신은영 옮김(2004). 『성의 역사 2: 쾌락의 활용』. 나남.

_____(2004). *Sécurité, territoire, population*. 오트르망 옮김(2011). 『안전, 영토, 인구』. 난장.

_____(2015). *Qu'est-ce que la critique? suivie de La culture de soi*. 오트르망 옮김(2017a). 『비판이란 무엇인가: 자기수양』. 동녘.

_____(2017). Le sujet et le pouvoir, *Dits et écrits II*. Paris: Editions Gallimard.

Gros, P.(2016). *Discours et vérité: précédé de La parrêsia*. 오트르망 옮김(2017). 『담론과 진실: 파레시아』. 동녘.

Hadot P.(1995). *Qu'est-ce que la philosophie antique?*. 이세진 옮김(2017). 『고대 철학이란 무엇인가』. 열린책들.

Plato. *Proatagoras, Laches, Meno*. 박종현 역주(2010). 『플라톤의 프로타고라스/라케스/메논』. 서광사.

Plato. *Apologia Sokratous*. 강철웅 역주(2014). 『소크라테스의 변명』. 이제이북스.

Plato. *Alkibiades I·II*. 김주일 외 역주(2014). 『알키비아데스 I·II』. 이제이북스.

Plato. *Meno*. 이상인 역주(2014). 『메논』. 이제이북스.

Plato. *Laches*. 한경자 역주(2014). 『라케스』. 이제이북스.

Sartre, J-P.(1996). *L'Existentialisme est un humanisme*. 박정태 옮김(2014). 『실존주의는 휴머니즘이다』. 이학사.

3장

로버트 오웬:
유토피아와 도덕적 신세계 그리고 교육[1]

이윤미

1. 오웬은 누구인가?

로버트 오웬Robert Owen, 1771~1858은 프랑스의 생시몽Saint-Simon, 푸리에Fourier 등과 함께 '공상적空想的' 사회주의자로 알려져 있다. 이들에 대한 호칭은 마르크스와 엥겔스의 '과학적 사회주의'와 대비되어 잘 알려졌는데, 본래 '유토피안 사회주의'가 번역 과정에서 '공상적 사회주의'로 된 것이다. 엥겔스는 기존 사회주의와 마르크스 사회주의의 차이를 드러내기 위해 생시몽, 푸리에, 오웬을 언급하면서, 이 '유토피안'들은 모두 프랑스혁명의 유산 위에서 사회주의를 주장하지만, 계급적대에 대한 의식이 약하고, 모두를 한 번에 해방하고자 하는 조급한 포부를 드러낸다고 비판한 바 있다.Engels, 1908

'과학적 사회주의'와의 대비에서 두드러지게 나타나는 차이는 '계급적대'와 '이행의 방법'이었다. 마르크스와 엥겔스가 『공산당 선언Manifesto of the Communist Party』1888에서 긍정적으로 평가했듯이 오웬은 당시의 사회 체제에 대해 철저하게 비판하고 부정하고 있었지만, 계급투쟁보다는 계급

---

1. 이 글은 본인이 저술한 기존 원고에 기초하여 수정 보완한 것임을 밝혀 둔다. 이윤미(2018), 「유토피아와 교육: 로버트 오웬(Robert Owen)의 『도덕적 신세계』에 나타난 교육사상」, 『교육사상연구』, 32(1), 135-160; 이윤미(2019), 「오웬의 유토피아적 공동체와 교육」, 『비판적 실천을 위한 교육학』, 살림터.

연대를 강조했고 지배자들에 대한 계몽(인간과 사회 변혁에 대한 과학 혹은 진리를 통한 설득)을 통해 새로운 사회의 완전한 구축이 이루어지기를 기대했다는 점에서 근본적 차이가 있다.Harrison, 1969

이렇듯 오웬은 한편으로는 자본주의 사회의 모순을 사회주의적 대안으로 극복하고자 한 급진적 개혁가임과 동시에 그 방법에서 이상주의적 즉 '유토피아적' 요소가 강했고, 교육을 통한 계몽에 대한 믿음이 강했다. 로버트 오웬은 협력 공동체를 통해 인류 역사의 악과 오류를 제거하고 모든 개인의 행복이 실현되는 합리적 사회체제의 구축을 기대한 계몽가로서, 그 핵심에 교육을 두었다.

오웬을 지칭할 때 사용되는 유토피아utopia는 주지하다시피 토머스 모어Thomas More, 1478~1535의 조어로서 '현실에 존재하지 않는 곳'을 지칭한다. 인간들에게 궁극적 희망의 대상이지만 현재에는 없는, 그러한 이상성으로 인해 유토피아 담론은 지속적으로 재생산되어 왔으며 유토피아eutopia, 디스토피아dystopia, 헤테로토피아heterotopia 등으로 그 논의가 변용되기도 한다.Logan & Adams, 2002; Claeys, 2010; Foucault, 2014; Manuel & Manuel, 1982; Olson, 1982, Pohl, 2010 교육은 인간 삶의 궁극적 희망과 관련되어 있다는 점에서 유토피아와 내재적으로 연결되어 있고Halpin, 2001, 대부분의 교육 실천 안에는 유토피아적 정신이 다양하게 드러나 있다.Lewis, 2006 유토피아는 인간과 사회의 '근본 변화re-education'와 관련되어 있기에, 그 자체가 교육적 담론의 요소를 지닌다. 이렇게 유토피아와 교육의 긴밀한 연계로 인해 실제 많은 유토피아 담론들에는 교육에 대한 논의가 구체적으로 포함되어 있다.Harrison, 1969; Logan & Adams, 2002; Halpin, 2001; Lewis, 2006; 팽영일, 2005

오웬의 교육사상은 당대의 계몽주의에 기반하여 과학과 합리성을 지향했으며, 환경의 변화를 통한 근본적 인간 변화의 가능성을 주장하는 것이었다. 이상적 협력 공동체 안에서 인간이 원래의 좋은 본성을 되찾고 누구도 예외 없이 지덕체를 온전히 계발하고 공동체 생활에 기여하게 하려 했다. 오웬의 공동체론이나 사회주의 사상에 대한 연구는 국내에서도 이루어져 왔지만 교육과 관련한 논의는 많지 않다.유왕효, 1986; 정혜경, 1987; 김영훈, 2002; 김희태, 2004; 김홍순, 2006; 김정원, 2012; 신명직, 2012; 박주원, 2016 국외의 고전적 연구로는 오웬과 오웬주의자들의 계보와 저작들을 망라한 해리슨Harrison, 1969의 저술이 포괄성과 치밀성에서 독보적이라고 할 수 있으며,[2] 주요 연구자들을 중심으로 그의 유산에 대한 재평가가 꾸준히 이루어지고 있다.Thompson & Williams, 2011; Tsuzuki, 2005 교육학적으로는 진보주의 교육의 관점에서 오웬을 다룬 데이비스와 오헤이건의 연구가 체계적이다.Davis & O'Hagan, 2014

오웬은 영국의 기업가로서 자본주의 형성 초기 방적공장의 노동자 공동체를 협력적 조합으로 만들고 이를 통해 사회악을 개선하고자 했다. 현재 세계문화유산으로 지정된 스코틀랜드 뉴 래너크New Lanark의 공장 지역에서 2,000명 내외의 주민을 대상으로 이상적 공동체를 현실화하려 시도했다. 과학적 사회주의에 대비되는 '공상적'이라는 칭호로 인해 폄하된 경향도 있지만, 오웬은 사회주의의 역사에서도 여전히 중요한 위치를 차지한다. 그는 '영국 사회주의의 아버지'로 불렸고, 1840년대 영국에서는 오웬주의와 사회주의가 동일시된 경향이 있었다. 이로 인해 마르크스와 엥겔스가 『공산당 선언』을 발표하면서 사회주의Socialist라는 용어 대신에 공산주의Communist라는 용어를 선택한 것으로 알려지기도 한다.Harrison, 1969: 45

그의 사상과 실천은 당대 영국 노동운동에 큰 영향을 주었고, 오늘날까지도 협동조합운동의 역사에서 언급되고 있다. 오웬에 대한 평가는 1989년 구소비에트연방의 붕괴 이후 '과학적 사회주의'를 재평가하는 과

---

2. 오웬을 소개하는 평전으로는 조지 D. H. 콜(George D. H. Cole)의 1923년 저술의 내용이 구체적이다[G. D. H. 콜(2017), 『로버트 오언』, 홍기빈 옮김, 칼폴라니사회경제연구소].

정에서 새롭게 조명되었다.Claeys, 2010, 2011 역설적으로 볼 때, 오히려 이상
주의자였기 때문에 시대를 넘어서 회자되는 대상이 된 측면도 있다.[3]

오웬의 사상은 그 이상성 때문에 유토피아적이라고 볼 수 있지만, 현실
에 부재하는 이상향이 아닌 강한 '현재지향성'을 지니고 있기도 하다. 오
웬 스스로도 자서전에서 남들이 자신을 공상가visionary라고 부르는 것을
의식하면서 "내가 공상가라고 불리는 유일한 이유는 내가 주장한 원리가
사람들이 이제까지 관심 갖고 있던 지역적 범위를 넘어서는 너무 포괄적
인 것이기 때문"이라고 변론했다.Harrison, 1969: 146, 재인용

공동체라는 이상적 질서를 통해 세계를 변화시키고자 했던 오웬에 대
한 관심은 오늘날 재조명되는 경향이 있지만, 그의 교육론은 제대로 알려
지지 않았고, 현재적 시사점과의 접점을 다룰 기초 논의가 제대로 형성되
어 있다고 보기 어렵다. 이 글에서는 오웬의 주요 사상과 실천 활동을 교
육적 차원에서 검토하고 그 시사점을 논의하고자 한다.[4]

2. 오웬은 유토피안인가?

'유토피아 사회주의자'라는 별칭으로 불리는 로버트 오웬에 대한 이해
를 위해서는 유토피아, 사회주의, 그리고 교육이라는 키워드를 연관성 있
게 살펴볼 필요가 있다. 마르크스와 엥겔스는 생시몽, 푸리에, 그리고 오
웬을 '유토피안'이라고 부르고 있지만, 오웬은 스스로를 유토피안이라고

---

3. 국내에서도 지역공동체, 협동조합론 등 공동체에 대한 관심의 증대로 오웬주의가 재주
   목되기도 한다(김정원, 2012; 김홍순, 2006; 신명직, 2012; 김영훈, 2002). 일본의 경우,
   오웬주의는 20세기 초부터 주목받기 시작해 현재도 협동조합운동의 기초로 중시되고,
   일본로버트오웬협회를 통해 국내외 활동이 전개되고 있다(Tsuzuki, 1992, 2005; 北出
   俊昭, 2012; 堀越芳昭/JC, 2014; 五島茂, 1994; 中川雄一郎 杉本貴志, 2012).
4. 주요 자료는 그의 대표 저작인 『사회에 대한 새로운 의견(New view of society)』과 『도
   덕적 신세계(The book of the new moral world)』를 중심으로 다룰 것이다.

생각하지 않았다. 오히려 그는 유토피아에 대해 부정적으로 쓰고 있으며, 스스로의 사회 구상은 유토피아 논의와는 달리 실재적real인 것이라고 믿고 있었다.Owen, 1970

그는 『도덕적 신세계The book of the new moral world』에서 플라톤을 비롯하여 당시까지 이루어진 논의에 나타난 유토피아적 이상들에 대해 언급했다. 오웬은 이 유토피아적 논의들이 이상의 '실행'에 대해 관심을 갖지 않은 것이 아님에도 불구하고, 관점상의 결함으로 인해 그저 이상에 머물고 말았다고 지적했다. 그는 이 논의들에 대해, 현실을 변화시키지 못한 "유토피아였을 뿐"이라고 표현했다.Owen, 1970, Book 2: 48-49 유토피아의 제안자들(오웬에 의하면, 플라톤부터 푸리에까지)이 실패했던 이유는 그들이 '모든 인간을 연대시키고, 모두를 탁월하고 행복하게 하는 원리'에 대해 알지 못한 채 대립적이고 갈등적인 원리들을 제기했기 때문이라고 보았다.ibid: 48-49

유토피아라는 용어는 토머스 모어의 16세기 저술에서 처음 등장한 것이지만 유토피아 문학의 기원은 플라톤『The Republic』으로 거슬러 올라가며 프랜시스 베이컨『New Atlantis』, 제임스 해링턴『The Commonwealth of Oceana』, 존 벨러스『Proposal for raising a colledge of industry』, 윌리엄 모리스『News from nowhere』, 에드워드 벨러미『Looking backward』 등으로 이어진다.Davis, 1983; Logan & Adams, 2002; Wootton, 1999; Manuel & Manuel, 1982; Olson, 1982; Pohl, 2010; 김영한, 1989

유토피아utopia와 함께 회자되는 유토피아eutopia, 디스토피아dystopia, 헤테로토피아heterotopia 등의 변용적 용어[5]Logan & Adams, 2002; Claeys, 2010; Vieira, 2010; Foucault, 2014; Manuel & Manuel, 1982; Olson, 1982; Pohl, 2010들은 모두 현실에는 없는 것과 관련한 공간적 의미를 지니며, 현실을 넘어서고, 비판하거나 비트는 데 관심이 있다. 유토피아 담론의 효과는 현실에 있지 않은 것을 통해 새로운 것을 상상하고, 보다 완전한 것을 꿈꾸고, 대안적 공간과 주체를 탐색하는 것과 관련되어 있다. 따라서 이는 기본적으로 이상주의적이며, 한편으로는 비현실적이고, 그렇기 때문에 심지어 '공상적'이기도 한 것이다. 아이러니한 것은 '과학적 사회주의'를 주창한 마르크스와 엥겔스의 논의들『Manifesto of the Communist Party』 등도 유토피아 문학의 일부로 간주된다는 점이다.Manuel & Manuel, 1982

플라톤이나 모어 등 유토피아 담론의 원형들에서 제시되는 사회체제가 공산주의적 공동체를 지향하는 점도 주목된다. 특히, 모어의 경우는 현존 사회신분제도를 부정하면서 노동계급이 지식자산을 향유하는 '평등주의적' 공동체를 제시하고 있다. 모어는 당시 성직자, 특권층(부유층)을 비판하고 동료 인문주의자들의 각성을 촉구하기 위해 문학적 접근을 통해 관습적 사고를 이질화하고 신화적 완전성을 희구하는 풍자적 양식을 사용한다. 이러한 점에서 모어는 플라톤의 공산사회, 신약성서의 노동 중시 아이디어에 평등주의egalitarianism를 추가했다고 논의되기도 한다.Wootton, 1999

모어의 유토피아 사회는 적게 일하고 많은 여가를 누리며 모든 사람이 인문교양을 지닌 사회이다. 모든 사람이 일하며(하루 6시간) 모두가 여가를 향유한다. 모든 사람에 대한 교육이 이루어지는데, 지식인 계급은 노동으로부터 제외되어 학문에 전념할 수 있도록 한다. 유토피아 사회에서의 교육은 정신적 자유와 교양에 기반한 행복한 삶을 목적으로 한다. 남녀 모두가 교육을 받으며 아동기의 올바른 습관에 기초한 시민도덕교양이 중요하다. 인문주의 교양(그리스, 라틴문학, 논리, 철학, 수학, 천문학 등)을 중시하며 평생에 걸친 교양교육과 유용한 기술 습득 및 직업교육도 실시한다.Logan & Adams, 2002; Wootton, 1999; Halpin, 2001; 팽영일, 2005

---

5. 비에이라(Vieira)에 의하면 utopia라는 용어는 다양한 새로운 조어들의 원천이 되어 왔다. 파생된 용어들에는 eutopia, dystopia, anti-utopia, euchronia, heterotopia, ecotopia, hyperutopia 등이 있다(Vieira, 2010).

이러한 모어의 평등성과 지성의 공유에 대한 아이디어는 오웬에게도 강하게 드러나고 있다. 급진적으로 새로운 공동체를 상상하기 위해서는 정치체제에 대한 공학적 접근으로는 한계가 있고, 구성원들을 새롭게 변경시켜 내야 하며 이는 '교육'과 직접적으로 관련된다.박주원, 2016 오웬에게서 교육은 새로운 인간 성격character 형성에 대한 것으로 유아기부터 성인기까지를 모두 포괄하는 거대한 과제이며 전체 사회 변화와 함께 모색되어야 하는 것이었다.Harrison, 1969: 144

3. 뉴 래너크: 이상적 지역공동체 건설

해리슨에 의하면 오웬의 생애는 크게 여섯 시기로 구분해서 살펴볼 수 있다. 정리해 보면 다음과 같다.

① 1771~1799년: 출생부터 뉴 래너크에서의 생활 이전(웨일스, 런던, 맨체스터 시기), ② 1800~1824년: 스코틀랜드 뉴 래너크 시기, ③ 1824~1829년: 미국 뉴 하모니 시기, ④ 1829~1834년: 영국 노동계급운동에 대한 조직적 지원 시기, ⑤ 1835~1845년: 런던에서 집필 활동 및 공동체 지원(『도덕적 신세계』 간행), ⑥ 1845~1858년: 말년(자서전 집필, 심령술 spiritualism 심취, 사망).

그의 생애에서 가장 주목되는 시기는 뉴 래너크에서 활동했던 1800년에서 1824년까지일 것이다. 이 시기에 그는 대규모 사업장을 운영하면서 기업가로서의 지위를 굳혔을 뿐 아니라 공장법 개혁을 위한 입법 활동과 사업장 주민을 대상으로 한 교육 및 복지 활동 등을 통해 사회적인 명성을 얻었다. 이후 그의 삶에서 다양한 아이디어나 실천적 동력의 기초가 된 것이 뉴 래너크에서의 경험이었기 때문에 매우 핵심적 시기였다고 할 수 있다.

1771년 웨일스에서 출생한 오웬은 런던에서 도제 생활을 거쳐 17세에 맨체스터의 면공장 관리를 하게 된 것을 필두로 여러 공장을 관리하며 기업인으로 성장했다. 1799년에 스코틀랜드 글래스고 근처 뉴 래너크의 공장주였던 데이비드 데일David Dale의 딸과 결혼한 후 그 지역에 정착하면서, 새로운 실험을 하게 되었다. 뉴 래너크에서 그가 구축한 노동 개혁 모델은 괄목할 만한 성공을 거두었고 당대 영국과 미국에서 영향력을 발휘했다. 1830년대까지 영국에서 그의 영향은 상당했으며, 많은 오웬주의자들과 오웬주의적 공동체들을 양산하며 '협동조합운동의 아버지'라는 호칭도 얻었다. 테일러Taylor, 1982에 의하면, 유토피아 사회주의는 조화harmony를 강조하고, 연합association, 공동체community, 협력cooperation 등을 중시하는 공통적 특징이 있다. 오웬은 이를 그의 지역공동체 운영 활동(혹은 통치) 속에 실제로 적용하고 이에 기반해서 인간 개선 및 사회개선을 도모하고자 했다. 오웬은 인간이 환경에 의해 형성되는 존재라고 믿었고, 교육과 협동적 생활을 통해 이상적인 사회를 이룰 수 있다고 생각했다.

　뉴 래너크에서는 장인 데이비드 데일이 발명가 아크라이트Richard Arkwright의 협력을 얻어서 최신식 기계를 정비하고 있었다. 1799년 당시 뉴 래너크는 스코틀랜드 최대의 면방적 공장이 있는 지역으로, 2,500명의 주민이 살고 있었다. 이 공장을 이어받았던 오웬은 면방적 공장 외에 일상품 가게, 교육시설(학교, 탁아소), 공동의 취사장과 식당 및 학습실과 교회를 갖춘 건물, 주민 주택 등을 정비하고 지역공동체를 건설했다.Harrison, 1969

　이 공동체에서는 일상품 가게 등의 시스템을 개선하고 좋은 물건을 주민에게 원가에 판매하고 이익을 지역에 환원하여 교육 등에 소요되는 필수 자금으로 활용했다. 오웬은 가혹한 노동조건과 장시간 노동이 특히 아동에게 미치는 악영향을 개선하고자 했다. 빈민 아동들이 악한 습관에

물들지 않도록 막기 위해 그들에게 유용한 훈련과 교육을 베풀어 그들 자신과 사회에 최대의 이익을 이끌어 내고자 했다. 이를 위해 넓은 놀이 터와 운동장이 있는 학교 2개(3~6세의 유아 대상 학교와 6~12세의 아동 대상 학교)를 지었다. 또한 공장에서는 10세 이하의 아동이 노동하지 못하게 했을 뿐 아니라 노동과 학습을 병행하도록 야간 교실을 열고, 출석을 권하기 위해 노동시간의 감축도 시행했다. 교육 내용도 자연 연구, 수예, 음악, 춤 등 넓은 분야에 걸쳐 있었다.Harrison, 1969: 160-161[6]

뉴 래너크에서 학교를 운영하면서 오웬은 다양한 교육 실험을 했다. 그가 인수하기 전에도 뉴 래너크에서는 사업주 데일이 자선 활동의 일환으로 노동자 아동에 대한 교육을 실시하고 있었으나 종교적 색채가 강했다. 오웬은 데일이 해 왔던 교육과 복지 활동을 계승하면서 자신의 이상에 따라 새롭고 독특한 활동들을 전개하게 되었다. 당시 아동 노동이 성행하던 상황에서 10세 이하 아동의 노동을 금하면서 노동계급 아동을 위한 전일제 유아학교를 운영했고, 대규모 교육을 실시하면서도 모니터 학교 monitorial school 식의 조교제를 도입하지 않고 정규 교사를 고용하여 연령별 지도 및 주제별 전문적 교습을 실시했다. 소모임 활동, 공개 강의, 음악, 댄스 수업 등이 가능한 학교 공간을 설계하여 다채로운 교육을 할 수 있도록 했다.

오웬은 당시 일반적으로 행해지던 서적 위주의 주입적 암기식 교육을 반대하고 아동의 자연적 흥미에 따른 방법을 적용하며 과학적 탐구활동을 중시했다. 그는 아동의 경험을 중시했으며, 기지에서 미지로, 구체적인

---

6. 뉴 래너크에서 그가 도입한 노동자 감독 체제는 'silent monitor' 제도로, 각 면에 검정, 파랑, 황색, 흰색의 가로세로 3.5cm 정도의 사각형 나뭇조각에 색별로 '좋지 않음, 가도 불가도 아님, 좋음, 우수함' 등을 표시하여 눈에 잘 보이는 곳에 걸어 두고, 근무 장부에도 체크하며 생산 영역별로 정리하여 매일 협의하는 방식이었다. 이러한 감독제도는 단순히 신체적 관리를 엄격히 하는 것만이 아니라 노동자의 자각을 높이고 스스로 일하고자 하는 새로운 정신을 갖게 하려는 취지가 있었다. 이는 근무 태만 등의 노동 행태 관리에도 유효했던 것으로 알려져 있다(北出俊昭, 2012).

것에서 일반적 규칙으로, 감각에서 상징적 추상으로 나아가는 교수 방법을 강조했다. 학교 내 활동에서 협력을 강조했으며, 교사와 학생 간에 대화와 토론을 위주로 한 수업을 독려했다. 또한 학생 훈육에서 어떠한 보상이나 처벌도 금했으며 오직 친절과 관용으로 대하도록 했다. 오웬은 가난한 계급의 잘못된 행동은 세대 간 이어진 오랜 결핍의 결과이기 때문에 교육을 통해서만 극복 가능하다고 보았고, 새로운 교육원리로 잘 교육받은 교사에 의해 아동이 좋은 성격을 형성할 수 있다고 보았다. 아동교육에서 책 읽기는 극히 제한적으로 도입하여 6세 이하에서는 금지했고, 10세 이상도 교사와 상호작용을 통해 책을 읽도록 하여 '자기가 이해하지 못하는 것을 읽지 않도록' 강조했다. 글쓰기도 독서 이해의 기본 원리가 잡힌 후 자연스럽게 의사소통하고 싶고 글을 쓰고 싶을 때 하도록 했다. 수학은 증명이나 공식을 외우지 않고 수학적 설명이나 패턴을 이해하도록 했다. 또한 음악과 춤 등을 통해 즐거움, 만족, 상호성을 익힘으로써 사회적 조화를 체득하도록 했다.Davis & O'Hagan, 2014

오웬은 인간성의 실현을 위해 자본주의체제의 개혁을 주장했으나 전면적 변혁보다는 소규모 지역적 공동체에 의해 그것이 가능하다고 여겼다. 오웬은 노동자의 근무 태도 등을 개선하기 위해서는 본래의 인간성 발휘를 저해하는 환경이 개선되고, 사적 이익과 공공적 이익이 함께 증대해야만 한다고 보았다. 따라서 그는 최소량의 노동으로 생산자와 사회에 최대의 이익이 되기 위해 거주 단위를 제한하고, 공동체를 하나의 가정으로 간주해서 각종 시설을 공동화하고 공동 식사를 하도록 구상했다. 아동의 의복도 신체가 건강하게 발달하도록 활동적으로 개선하고, 예절과 교육이 철저히 이루어지도록 했다. 공동체에는 '연령과 경험' 이외의 어떠한 차별도 없으며, 개인적 경쟁과 상벌로 인간을 타락하게 하는 제도들(재판소, 형무소, 형벌 등)은 불필요하다고 보았다.Harrison, 1969; 北出俊昭, 2012

오웬은 1813년 이후 에세이 저작 등을 통해 자신의 활동과 구상에 대해 글을 쓰고 발표를 하기 시작했는데,『사회에 대한 새로운 의견*A new view of society*』[1816]으로 명성을 얻게 되었다. 그는 사회적 빈곤과 고통의 상황에서 지적, 도덕적 향상을 이루기 위해서는 교육을 바꾸어야 한다고 강조했다. 환경의 힘을 믿었던 그는 지식의 불균등을 해소하고 동등하게 학습할 기회를 제공해야 사회 전체의 악이 제거될 수 있다고 보았다. 그는 아동기 교육을 강조하면서 잘 교육받은 아동들이 사회를 변화시킬 것이라고 기대했고, 성격 형성을 위해서는 일과 여가의 흐름 속에서 자기 계발이 이루어질 수 있는 공동체가 형성되어야 한다고 보았다. 오웬은 자유로운 합리성으로 인간 완성의 잠재력이 극대화할 수 있도록 보편적 국민교육에 대한 지원이 필요하다고 강조했으며, 그렇게 교육받은 노동계급의 힘에 대해 낙관적 기대를 지니고 있었다.Owen, 1991; Davis & O'Hagan, 2014

뉴 래너크에서 노동 복지와 생산의 성과를 함께 높이는 활동을 왕성히 했지만 동업자들과의 마찰 등에 직면했던 오웬은 1825년에 신대륙 미국으로 건너가 인디애나주에서 '뉴 하모니New Harmony'라는 새로운 이상적 공동체를 구현하고자 했다. 전 재산을 투입했으나 결국 실패하고 몇 년 후 영국으로 돌아오게 된 그는 많은 자산을 잃은 상태에서 노동운동을 지원하고 이상주의적 논의를 계속해 갔다. 그는 오웬주의 사회체제를 구상하는 사람들 사이에서 '협동조합운동의 사회적 아버지'로 불리며 1830년대에서 1850년대까지 광범한 영향을 주었다.Harrison, 1969; Thompson & Williams, 2011

오웬의 사상과 실천에서 교육은 핵심적 지위를 차지한다. 그는 이성에 호소하고, 자연의 법을 따르며, 교육의 힘을 믿는 환경론자였다. 이는 그가 당시 18세기 이래의 계몽주의적 합리주의, 특히 스코틀랜드 합리주의의 영향을 받았음을 보여 준다. 오웬은 학자가 아니었지만, 20대 초반이었던 1792년에 맨체스터 문학·철학회Manchester Literary and Philosophical Society에 가입하여 주류 기업가 및 지도적 인사들과 지적으로 교류하면서 계몽주의적 합리주의의 전통을 접할 수 있었다.Davis, 2011 이러한 접촉의 영향으로, 그의 사상은 벤담Bentham, 밀James Mill, 고드윈Godwin과 유사한 경향을 지니며, 프랑스 계몽주의자인 엘베시우스Helvétius의 환경만능론과도 유사점이 있다고 논의되어 왔다.Harrison, 1969; Davis, 2011 그를 계승한 오웬주의자들도 교육과 교육적 공동체를 매우 중요한 요소로 간주했다. 교육은 공동체와 상호 강화적이고 불가분적인 관계 속에 있기 때문에, 공동체 개념은 교육적 과정의 일부를 이루기도 하고, 교육은 공동체를 구축하기 위한 불가결한 수단이 되기도 하는 것이었다.Harrison, 1969: 144-145; Halpin, 2001

4. 도덕적 신세계: 교육과 사회 재편의 구상

『도덕적 신세계The book of the new moral world』는 전체 7권(파트)으로 이루어진 방대한 저술로서 현실 문제에 대한 그의 진단과 비판, 그리고 대안들이 제시되어 있다.[7] 영국의 통치자들에게 새로운 체제의 필요성을 알리고 그 방침을 제시하는 형식으로 서술된 점도 주목되는데, 오웬은 근본적 변화를 이끌어 내기 위해서는 국가의 지배층을 설득해야 한다고 생각했고, 자연에 근거한 불변의 법칙이 있음을 그들이 알아야 한다고 보았다.Owen, 1970, Book 7: 46 서문과 서론에 앞서, '영국 왕 윌리엄 4세에게 올리는 글(헌사)', '모든 국가의 정부와 국민에게 주는 글'을 첨부했으며, 전체에 걸쳐 인간의 변화와 사회의 변화에 대한 원리를 반복적으로 제시했다. 그는 서문Preface에 다음과 같이 썼다.

---

7. 이 저서는 그가 'The new moral world'라는 제목으로 간행해 온 매체에 수록했던 글을 모은 것이다.

무지와 이기심에 의해 초래된 세계 안의 악의 정신이 자연적 과정에 의해 사라질 시기가 도래했다. 그에 대신해서, 사실과 경험에 기반한 새로운 정신이 부상하여 모든 사고, 감성, 행위에 새로운 방향을 부여하고, 인류가 지혜와 선의의 성격character을 형성하게 될 그러한 시기가 왔다.Owen, 1970, Preface: 1

오웬은 인류는 보편적 오류universal error를 극복하고 새로운 도덕적 세계를 열어야 하며, 이 세계는 선의와 애정affection의 정신으로 가득할 것이라고 보았다. 그는 이 새로운 세계에서는 사람들이 연대함으로써 더 행복해질 것이며 인간 간, 국가 간의 갈등도 사라질 것이라고 생각했다. 또 지식의 진보는 어떤 아동도 무지, 미신, 열등한 습관에 빠지지 않도록 해 줄 것이며, 사회적 법, 자연법, 삶의 기술 등에 대해 모두 잘 알게 되고, 이제까지의 오류error로 퇴화해 온 것들은 다 사라지게 될 것이라고 보았다. 그리고 과학적이고 합리적인 사회체제에 의해 무지와 빈곤은 퇴치되고, 모든 악의 근원이 되는 '돈money'이 삶을 지배하는 일이 없어지는 대신 오로지 연령과 경험에 따라 일함으로써 모든 사람이 각자의 행복을 보장받게 되리라고 여겼다.Owen, 1970, Introduction: xxiv

어쩌면 전체가 교육론이라고 해도 무방하지만, 그의 신사회 구상과 함께 교육에 대한 아이디어가 특히 상세히 제시된 것은 제5권이다.Owen, 1970, Book 5 그는 여기에서 인생의 시기를 8단계로 구분하여 제시했다. 각 단계에서는 연령별로 하나의 집단, 즉 '클래스class'를 이루며 공동으로 성장한다.

제1단계는 출생부터 5세까지다. 이 시기는 충실한 음식, 가볍고 느슨한 의복, 정결한 환경에서 규칙적인 훈련 등을 제공해야 하며, 상황에 대한 적절한 지식과 그들의 호기심에 대한 응답을 통한 감각의 신뢰, 타인의 생각과 감정이 자신의 것과 같다는 생각 등을 되도록 일찍 배우게 할 필요가 있다. 이를 통해 유아기부터 모든 사람에 대한 선의와 애정affection 을 갖출 수 있을 것이다. 건강하고 안정적인 마음, 좋은 습관, 탁월한 자연적 태도, 좋은 기질, 유용한 지식 등을 갖게 됨으로써 나이에 맞게 합리적으로 생각하고, 말하고, 행동할 수 있게 되리라고 보았다.Owen, 1970, Book 5: 66-67

제2단계는 5세에서 10세까지다. 이 시기도 첫 번째와 동일한 원리에 의해 의식주가 제공되지만 나이에 따른 차이가 있을 뿐이다. 보다 영구적이고 유용한 것들을 훈련하게 될 것이며, 산업과 관련한 가벼운 기능들을 능력에 따라 익히게 될 것이다. 이러한 훈련은 기존(구세계)의 쓸모없는 장난감들을 대체하게 되고, 그 대신 아동은 사물들을 탐구하고 경험 많은 사람들과 친밀한 대화를 나눔으로써 지식을 얻게 될 것이다. 이들은 7세가 되면 집안일이나 정원 관리를 지적으로 보조할 능력을 갖추게 되며, 일에 임할 때는 즐겁게, 그리고 동료들과 함께 일하는 것을 익히게 될 것이다. 이 시기 아동의 활동은 상급 단계인 제3클래스의 주니어(하급 연령)들의 지도하에 이루어지게 된다.Owen, 1970, Book 5: 67-68

제3단계는 10세에서 15세까지다. 이 시기의 첫 2년간(10~12세)은 7~10 세 아동을 가정, 정원, 놀이터 등에서 지도하고 도와주는 역할을 한다. 12~15세는 좀 더 심화된, 유용한 삶의 기술의 원리와 실제에 대한 지식을 얻음으로써 가치로운 부의 단기적 생산에 도움을 줄 것이다. 이 생산 활동은 토지, 광산, 어업, 제조업, 일상품, 직조, 건축, 가구, 기계 등과 관련한 것들과 사회가 필요로 하는 모든 것들을 생산하고 준비하고 실행하는 것을 포함한다. 12~15세는 그들의 건강, 지적 능력, 도덕적 감성 등을 해치지 않는 한에서 바로 위 단계의 선배로부터 지도를 받으면서 이러한 일들에 참여하게 될 것이다. 이 5년 동안에는 모든 과학에 대한 지식도 크게 늘어날 것이다. 이 기간은 가장 가치로운 것들을 가장 빨리 습득하는 시기이다.Owen, 1970, Book 5: 68-70

제4단계는 15세에서 20세까지다. 이 시기는 인생에서 가장 흥미로운 단계이다. 이제까지 지상에 없었던, 가장 탁월한 존재인 새로운 인류로서 신체적·지적·도덕적으로 형성될 것이다. 성장 과정을 거치면서 자연스럽게 서로에 대해서 알게 되고 자연스럽게 서로 간에 연합하게 될 것이다. 모든 인간은 신체적·지적·도덕적·실제적 제 측면에서 인간 본성의 최상의 성격을 발휘하도록 교육되고, 연령을 제외한 어떠한 인위적인 구분도 사라지게 된다. 또한 남녀 간의 영원한 행복을 막을 어떠한 인위적 제약(결혼제도)도 없어지게 될 것이다. 4단계의 구성원은 사회의 각종 부를 생산하는 데 적극적인 생산자가 되며, 3단계의 상급 구성원에 대해서는 친절하고 지적인 지도자가 된다.Owen, 1970, Book 5: 70-72

제5단계는 20세에서 25세까지다. 이 시기에는 생산자와 지도자(교육자)로서 가장 높은 수준의 경험을 하게 된다. 이 시기 이후에는 스스로의 즐거움과 만족 이외에는 생산과 교육을 담당할 필요가 없어진다. 즉 이 단계의 구성원은 생산과 교육에서 가장 상급자가 된다. 이들은 매우 탁월한 태도로 일을 하게 될 것이며, 현재 사회에서 자산가나 기업 감독자, 대학 교수가 하는 일을 대체하게 될 것이다. 인간의 삶에서 가장 중요한 일은 첫째로는 모든 사람의 효용과 즐거움을 위해 가치로운 부를 생산하는 것이며, 둘째로는 모든 사람이 이 생산된 부를 잘 사용하고 적절하게 즐기도록 교육하는 일이다.Owen, 1970, Book 5: 72-73

제6단계는 25세에서 30세까지다. 이 단계 구성원의 일은 앞선 단계에서 생산된 부(생산물)를 보존하는 것이다. 그들은 낭비가 없고 모든 것이 최상의 조건을 유지하도록 하며 모두가 호혜적으로 즐거움을 누릴 수 있도록 한다. 또 상점들을 통해 가족의 일상에 필요한 물품을 배분하는 일도 담당하게 한다. 뛰어나게 일을 해낼 경우, 이러한 일에 종사하는 시간은 2시간이면 족하다. 나머지 시간에는 각종 시설들을 방문하며 업무의 진척 상황과 모두의 이익을 위해 더 개선되어야 할 점들을 확인하는 것으로 보낸다. 그 외의 시간에는 그들이 가장 좋아하는 공부를 할 수 있다. 그것이 예술이든, 과학이든, 실험이든, 독서든, 대화든, 아니면 다른 지역의 시설에 대한 탐방이든 자유롭게 할 수 있다. 이 단계의 구성원은 신체적으로나 정신적으로 매우 건강하고, 좋은 정신을 지니고 있으며, 여러 유용한 지식에 대해 넓고 깊게 알고, 그것을 다른 구성원과 협력적으로 공유할 수 있다. 이를 통해 이들은 제7단계의 삶을 준비하게 된다.Owen, 1970, Book 5: 73-74

제7단계는 30세에서 40세의 구성원으로 이루어진다. 이 클래스의 구성원은 내치govern the home department를 담당한다. 이들은 공동체가 평화, 선의, 사랑을 통해 조화를 유지할 수 있도록 한다. 그들이 이러한 일을 할 수 있는 이유로 오웬은 열다섯 가지를 열거한다. 이는 30세 이전까지의 단계에서 형성하고자 하는 이상적 결과를 명료화한 것이기도 하다.Owen, 1970, Book 5: 74-76

① 자신의 본성이 무엇인지를 잘 알고 있다.
② 이로 인해 공동체 내 모든 이들의 사고, 감정, 행위가 합리적으로 될 수 있다.
③ 구성원 상호 간에 서로의 형성 과정을 잘 알기에 다른 사람의 지적, 도덕적, 후천적 성격 등에 대해 문제삼지 않을 것이기 때문이다.
④ 공동체 내에는 빈곤이나 빈곤에 대한 우려가 없다.
⑤ 서로 간의 불일치로 인해 거슬리고 상하는 일이 없다.
⑥ 각 연령 내에서는 교육을 포함한 모든 것이 평등하다.
⑦ 이제까지 받은 훈련과 삶의 양식, 뛰어난 조직 등으로 인해 그들은 대체로 좋은 건강과 선한 정신을 지니고 있다.
⑧ 어떠한 야망, 질투, 복수를 야기할 동기를 갖고 있지 않다.
⑨ 어떠한 비밀이나 위선도 없다.

⑩ 금전적 이익을 위한 판매나 구매가 없다.

⑪ 현재 사회에서 억압과 부정의의 원인이 되는 화폐가 없다.

⑫ 종교나 견해의 차이로 인한 어떠한 종교적, 혹은 유해한 정신적 당혹감이나 소외감이 없다.

⑬ 양질의 부가 모든 곳에 충만하기 때문에 금전적 염려가 없다.

⑭ 남녀 모두가 자연이 기획한 시기에 본성에 따른 권리를 향유할 수 있기 때문에 애정에 대한 실망이 없고, 덕과 행복이 모두에게 보장된다.

⑮ 모든 사람이, 영속적으로 존재할 제도들이 모든 사람에게 공정한 정의를 보장하기 위해 목적의식적으로 고안되고 실행되었다는 것을 알고, 자신들이 출생하면서부터 성장 과정에서 어떻게 훈련, 교육되었는지를 알기 때문에, 나이가 듦에 따라 선대가 누적해 온 지혜가 알려 주듯이 자신이 자연으로부터 부여받은 능력을 어떻게 활용하고 즐기는지를 제대로 경험할 수 있을 것이다.

마지막으로, 제8단계는 40세에서 60세까지의 기간이다. 이들의 임무는 다른 공동체와의 교류, 혹은 외교이다. 도로 건설, 상품 교류, 지식의 교환 등을 통해 인류가 새로운 발견과 발명의 능력을 갖추도록 하는 것이다. 오웬은 이러한 교류가 인류에게 엄청난 힘을 줄 것이라고 기대하면서 한 가지 어려움이 있다고 지적한다. 그것은 '편견'을 극복하는 일이다. 이를 위해서는 지역의 관점에서 편협하게 사고하는 오류local errors를 극복하고, 편견에 가득 찬 지역화된 동물the localised animal of prejudice이 되지 않기 위해 합리적 인간이 지닌 중요성을 인정해야 하며, 이성을 중심으로 선의와 애정affection의 힘이 발휘되도록 하는 것이 필요하다고 본다. 이를 통해서만 인류의 평화와 번영이 가능하리라고 주장한다.Owen, 1970, Book 5: 74-76 그는 이러한 구상이 담긴 제5권을 다음과 같이 마무리한다.

벗들이여 두려워하지 말라. 예정된 시간은 온다. 승리는 가까웠다. … 오류로 혼합되지 않은 진리Truth를 사랑하고 기원하는 자들, 그들은 타인을 두려워하지 않으며 타인들이 그들을 해할 것을 두려워하지 않는다. 그들은 이미 이 신성한 무기divine weapon를 사용해 왔으며 그것을 어떻게 사용해야 하는지에 대해 잘 알고 있다. 그들은 그것을 손안에 굳게 쥐고 있다. 그리고 앞으로 나아가고 있다. 그들은 갈등의 장 속에 들어가 있다. 그리고 그들은 무지, 오류, 미신, 죄악, 비참이 인류의 터전으로부터 추방되기 전까지는, 그리고 평화, 선의, 이성, 진리, 정의, 사랑, 행복이 전 인류 위에 승리의 통치를 하기 전까지는, 또 노예제, 종속, 억압, 그 밖의 어떠한 악(evil)도 인류의 자녀들이 더이상 알지 못하는 것이 되기 전까지는, 되돌아오지 않을 것이다.Owen, 1970, Book 5: 80

5. 교육과 사회에 대한 오웬의 생각

교육관: 교육을 통해 모두 합리적이고 탁월한 존재가 될 수 있다

오웬에 의하면 이제까지의 인간은 인간의 본성에 대해 무지했고, 스스로에 대해서조차 잘 알지 못했다. 그는 이러한 무지로 인해 이제까지 어느 사회도 신체적, 정신적, 도덕적, 실제적으로 인간의 성격을 제대로 형성하기 위한 시설을 만들어 낸 적이 없다고 지적한다.Owen, 1970, Book 3: 41-42 인간이 제대로 교육받으려면, 즉 합리적 존재가 되기 위해서는 새로운 외부 환경 조건이 갖추어져야 한다. 인간의 본성은 자연적으로 존재하지만 그것은 외부에 의해서 형성되는 것이라고 보았다.Owen, 1970, Book 1

그가 주장하는 인간 형성의 새로운 교육적 과정은 개인적인 것이 아니라 철저히 공동체적이다. 공동체성에 기반한 교육은 그 자체가 새로운 인간과 사회 형성의 목적이 되기도 하고, 동시에 공동체를 구축하는 기제 혹은 수단이기도 한 것이다.Harrison, 1969: 144-145; O'Hagan, 2011 이러한 인간의 형성을 위해서는 '사회의 과학the science of society'에 의해 합리적으로 운영되는 사회체제가 필요하며 모든 인간은 출생에서 사망에 이르기까지 일반적 경로를 거쳐 교육받고 경제적 생산(고용)에 임할 수 있어야 한다. 단지 연령과 경험으로만 구분되는 사회체제에서 모든 인간은 동일한 경로를 거쳐 상호 호혜적으로 인간 본성을 발견하고 각자의 행복을 증대시켜 나가게 된다. 교육의 목적은 인간을 합리적 존재에 이르게 하는 것이며, 스스로와 인류에 대해 알게 하는 것이다. 오웬은 이러한 교육을 통해 '모든all' 인간은 합리적rational being이고 탁월한superior 존재가 될 수 있다고 보았다. 인간들이 신체적, 지적, 도덕적으로 최상의 상태로 완성되고 행복에 대한 장애 요인들이 제거되어야 한다. 즉, 지적인 면에서 모든 사람은 유용하고 가치 있는 지식을 최대한 획득하게 되며, 도덕적으로는 동료에 대한 자비심, 친절, 사랑을 갖고 서로를 지원하고 도우려는 강한 욕망을 통해 만족감을 지니게 되리라는 것이다.Owen, 1970, Book 1: 55; Owen, 1970, Book 2: 19

인간의 비참함은 잘못되고 결함투성이인 교육에서 비롯되고, 행복은 탁월한 교육을 통해서 가능하다.Owen, 1970, Book 2: 31 그는 기존의 교육을 '잘못된 교육mal-education'이라고 단언한다. 특히 옥스퍼드, 케임브리지 대학교로 상징되는 기존의 교육에 대해 '무지한 억압자들ignorant oppressor'만을 키우는 교육이라고 비판한다.Owen, 1970, Book 2: 13-14 그저 무지하고 야만적인 캐릭터를 형성할 뿐, 현존하는 사회에 대해 무지한 채 그릇된 개념과 기괴한 미스터리로 정신을 채운다고 꼬집는다. 또한 사회가 그들에게 어떠한 해악을 가해 왔고, 자신들을 통해 다시 사회에 가해질 해악이 무엇인지 알지 못하는 '불쌍한 존재들poor creatures'이라고 하

면서, 당시의 교육받은 엘리트와 그들의 교육에 대해 냉소한다.Owen, 1970, Book 2: 33-34

그에 의하면 교육은 사회의 업무이지 개인의 것이 아니다. 개인은 자연의 일부로서 사회에 의해 완성되고 형성되는 존재이다. 따라서 인간은 자연적으로는 악할 수 없으며, 자신의 환경에 의해서 형성된 나쁜 성격에 대해 개인이 책임지도록 해서는 안 된다.Owen, 1970, Book 1, 57 새로운 세계에서는 일부에게만 지식을 주고 다수에게 이를 제한하는 일은 있을 수 없다. 모든 사람이 자기 스스로에 대한 지식을 갖게 되며 사회의 원리와 실제를 배울 수 있어야 한다.Owen, 1970, Book 1: 71

이를 위해 인간을 잘 교육하는 일은 국가적 과업national task이라고 오웬은 말한다. 이는 국가적 지혜와 국가적 재원(자본)에 의해 이루어져야 한다.Owen, 1970, Book 2: 32 구성원의 성격 형성을 사적 방식에 맡기거나 방치하는 것은 사회의 가장 큰 실수이다. 모든 구성원이 개인적 이익이나 사유재산에 대한 욕망에 사로잡히지 않는 탁월하고 합리적이고 도덕적인 존재로 형성되기 위해서는 동일한 일반 원리에 의해, 계급이나 지역별 오류 없이 교육이 이루어지도록 해야 한다.Owen, 1970, Book 6: 29

또한 교육의 근본 변화를 위해서는 먼저 교사들이 변해야 한다. 따라서 그는 사회에서 가장 우선적으로 필요한 것이 교사교육을 담당하는 학교normal school라고 보았다. 다른 사람을 훈련할 사람들을 형성하기 위한 학교를 통해, 인간 본성에 따라 가르치는 것이 무엇이고 현명하고 합리적인 인간을 형성하는 일이 무엇인지에 대해 가르쳐야 한다는 것이다.Owen, 1970, Book 5: 45 교육의 장소 또한 갇힌 벽 안에서 이루어지는 것이 아니라 운동장, 야외, 정원, 상점, 공장, 박물관 등의 다양한 공간에서 이루어지게 하여, 인간 생활의 전반과 생산에 대한 학습이 이루어지도록 해야 한다고 주장한다.Owen, 1970, Book 3: 47

인간관 및 사회관: 인간은 본성적으로 사회적 존재로 타인과 연합해야 한다

오웬이 이상적으로 생각한 것은 인간의 법을 자연의 법이 대체하는 것이며, 인간 본성에 대한 이해에 기반해서 사회의 체제를 과학적으로 변화시키는 것이었다. 이 때문에 『도덕적 신세계』 제1권은 인간 본성에 대한 논의에서 시작된다. 그에 의하면 인간은 자연에 의해 신체적, 정신적, 도덕적 성격의 각종 요소가 형성되며 이는 개인의 의지와 무관하게 부여된 것이다. 이 요소들은 외부 환경과 최적의 상태에서 결합될 때 가장 탁월한 상태가 될 수 있다. 인간은 결국 외부 환경에 의해 형성되는 존재라는 것이 그의 핵심적 관점이다. 따라서 모든 인간이 그러한 성격을 최적화하여 스스로의 본성을 알고 행복을 누리며 타인의 행복도 존중하는 감정을 지닐 수 있도록 교육되어야 한다. 어느 개인도 저열한inferior 상태에 머물러서는 안 되고 억압받아서도 안 된다. 인간은 본성적으로 악할 수 없기 때문에 선의와 호혜성을 발휘할 수 있도록 교육되어야 하며 신체적, 정신적, 도덕적으로 조화롭게 형성되어야 한다. 그는 인간 본성에 대한 이해야말로 진정한 도덕과학의 기초라고 보았다.Owen, 1970, Book 1: 1-4

> 자연의 법Nature's laws은 신체적, 정신적, 도덕적 감정들이 절제temperance를 이루는 수준에서 충족되고 실현되기를 요구하며, 이것이 모든 인간에게 보편화될 수 있도록 여건이 갖추어진다면 상호 대립적인 감정들은 더 이상 존재하지 않게 되며, 조화harmony가 인류 안에 전반적으로 자리 잡게 될 것이다.Owen, 1970, Book 1: 13

그에 의하면 인간의 존재 목표는 '행복'이다. 그는 인간의 지혜로 인식할 수 있는 최상의 것은 영구적인 만족을 얻을 수 있는 행복을 어느 정도로, 어떤 방법으로 확보할 것인가를 아는 것이라고 보았다.Owen, 1970,

Book 1: 51 생명이 있는 것들은 행복에 대한 보편적 욕망을 지니며Owen, 1970, Book 3: 1, 모든 인간에게 자신의 건강과 행복, 그리고 타인의 건강과 행복은 관심의 대상이 된다고 보았다.Owen, 1970, Book 2: 8 그는 제3권에서 인간 행복의 13개 조건을 나열하면서 그중 첫째가 양질의 신체적, 정신적, 도덕적 조합을 이루는 것이라고 보았다.Owen, 1970, Book 3: 5

그의 인간관은 사회관과도 연결된다. 오웬에 의하면 자연의 법은 인간을 사회적 존재로 만들도록 고안했다. 그리고 인간을 다른 인간과 연합하도록, 반사회적 감정이 없도록 했다.Owen, 1970, Book 2: 6 이러한 자연에 대한 이해에 근거하여, 그는 개인주의individualism를 자연에 어긋나는 것으로 이해했다. 그에 의하면 개인주의는 인간 본성에 대한 과학이나 사회에 대한 과학에 무지해서 초래된 필연적 결과이다.Owen, 1970, Book 2: 48 따라서 개인주의는 자연의 법칙과는 함께 공존할 수 없는 것이다. 개인주의를 바탕으로 개별적 이해나 사적 재산을 기반으로 유지되어 온 개별 가족도 기존의 비합리적 체제를 이루는 본질적인 부분일 뿐이라고 지적한다.Owen, 1970, Book 6: 48

인간들은 개인주의에 따라 분리되어 경쟁해서는 안 되고, 과학적으로 연대scientific association of men, women, and children해야 한다.ibid: 48-52 즉 개별 가족 대신에 확대된 대규모 가족large united family이 그 자리를 차지하게 해야 한다고 보았다.[8] 확대된 대규모 가족은 400~500명 수준에서 2,000명까지 하나의 단위가 될 수 있으며 이를 통해 각자가 원하는 것, 즉 필요에 대한 두려움 없이 서로의 전면적 발달을 도모하고 존중할 수 있으리라고 보았다.ibid: 55 더 많은 행복은 연합union에 의해 이루어질 수 있고 이는 모든 대립과 갈등에 의한 분열(인간 간, 국가 간, 개인과 국가

---

8. 그는 '가족'이라는 기존의 단위를 포괄적이고 가교적인 것(bridging)으로 재개념화하고자 했다. 이러한 가족 개념을 기반으로 인간 간의 관계가 지역을 넘어 확장되고 통합되는 극한적(extreme) 코즈모폴리터니즘을 지향했다고 평가되기도 한다(Yeo, 2011).

간)의 종식을 통해 가능하다.Owen, 1970, Book 1: xxi

오웬은 인간의 개인성은 이제까지는 무지로 인해 인간 간 분리의 요인으로 작동해 왔지만, 앞으로의 신세계에서는 오히려 긴밀한 결합의 원인이 되고 만족과 즐거움의 원천이 될 것이라고 보았다. 각자의 다름과 차이는 이제까지는 분노와 적대의 기초가 되었지만 앞으로는 확장된 이해를 낳는 관심의 근원이 될 것이라고 전망했다.Owen, 1970, Book 1: 70

그는 모두가 평등하게 잘 교육된 상태에서 갖게 되는 합리성에 대해 언급했는데, 특히 남녀 모두가 교육, 권리, 특권, 개인적 자유에서 평등한 사회 상태를 이룰 것을 강조한다.Owen, 1970, Book 6: 36-37 이러한 사회체제는 확대가족 단위의 공동체를 기반으로 한다. 그는 현재의 혼돈적chaos 체제가 해체되면, 구매와 판매, 가치척도로서의 교환(교환을 목적으로 한 화폐)이 사라지는 대신 사회가 부를 생산하며 즐기고, 건강성과 아름다움을 증진하며, 구성원의 합리적 성격을 강화하는 체제로 바뀌게 될 것이라고 보았다.ibid: 52 이를 위해서는 이기심에 기반한 불필요한 사적 재산 등에 대한 욕망이 사라지고, 인간에 대한 인간의 처벌과 보상체제 등이 폐지되어야 한다.Owen, 1970, Book 5: 40-45

이러한 사회체제는 일정한 정치 시스템을 갖춤으로써 실현될 수 있다. 정부와 의회는 연령과 경험에 기초하여 구성되며, 합리적 체제에서는 통치자의 무결점이 가정된다. 공동체 내의 역할 분담과 협력에 기초한 평등한 자치와 평등한 외교를 통해 보편적 인류의 행복 증진이 추구될 것을 기대한다.ibid: 57-73 그는 인간들이 짧은 시간 안에 가치 있는 부를 생산하기 위해서는, 그리고 동료와 연대하기 위해서는 다툼이나 경쟁이 사라져야 하며, 이러한 것들의 자연적 소멸의 시기가 가까웠다고 본다.Owen, 1970, Book 2: 9 그리고 위선과 억압이 지배하고, 인간과 인간 간의 고립이 존재하는 상태는 인류의 건강과 행복을 위해 사라지고 새로운 원리가 채택되어야 한다고 본다.ibid: 15

오웬은 자신이 그리는 이러한 사회는 이제까지 실현된 적이 없다고 말한다. 이를 위해서는 전체를 위해 부분이 기여하는 방식으로 근본 변화가 이루어져야 한다. 개인이나 가족에게 이것이 맡겨져서는 안 되며, 계급, 종파, 정당, 국가, 도시, 마을, 가족 간의 잘못된 이해관계가 질시와 경쟁의 정신을 초래하지 않도록 변화시켜야 한다. 이로써 강자가 약자를 지배함으로써 만들어진 악을 대체해야 한다. 이러한 거대하고 근본적인 변화는, 앞서 언급한 것처럼, 인간들이 정신적 암흑을 걷어 내고 인간 본성과 사회에 대한 새로운 지식을 인식하고 적용하는 것을 통해 가능하리라고 전망한다.Owen, 1970, Book 1: 54-65

6. 오웬으로부터 찾는 시사점

로버트 오웬은 18세기 유럽에서 전개된 계몽주의와 과학의 발달을 신뢰한 이상가로서 모든 인간이 자연적 본성에 따라 조화로운 발달을 하고, 사회적으로 평등하게 인간적 행복을 누릴 수 있는 사회를 실현하고자 했다. 그는 이상주의자이면서, 동시에 (이론으로서뿐 아니라) 실천적으로 현실 안에서 이상적 공동체를 만들고자 했던 개혁가였다. 그는 19세기 전반기 영국 노동운동에 큰 영향을 주었고, 이후의 개혁가들에게도 지속적인 영감을 제공했다.Simon, 1972, 1974; Webb, 1955

오웬의 논의는 그 도덕적 이분법과 무전제적 전면 변화를 지향하는 근본성으로 인해 이상주의적 성격이 강하고, 기본 주장을 반복적으로 부연하면서 강조하곤 해서 다소 지루하기도 하며 중복적인 특성이 있다. 이는 당시에 자신의 이상을 사람들이 알아듣도록 명료화하고 알림으로써 현실적으로 실현해 보고자 하는 조급성으로 보이기도 한다. 변화를 이끌어 내기 위해 지배층을 설득해야 한다고 말하는 점이나, 근본적 변화에 대해 가장 먼저 영향을 받을 집단으로 중간 계급과 하층 계급을 주목하며 이들이 계급적으로 연대해야 한다고 주장하는 점 등은 변화의 구체적 전략을 이끌어 내고자 하는 현실적 관심을 드러낸다.Owen, 1970, Book 7: 46-52

모든 인간의 행복을 위해 적극적으로 구상하고 실천했던 점은 오웬이 오늘날까지도 공동체주의적 변혁을 염원하는 개혁가들에게 영감과 시사점을 주는 측면이라고 할 수 있겠다. 시대적 차이와 이론적 쟁점들에도 불구하고 다음과 같은 시사점을 생각해 볼 수 있을 것이다.

첫째, 모든 인간의 평등한 행복이라는 목표(무전제적 인간 평등)이다. 그가 말하는 인류 안에는 일부가 아닌 모두all라는 전제가 항상 명시되어 있다. 그 누구도 무지로 인해 열등한 지위에 있지 않고 생명체로서의 목표인 행복을 실현할 수 있다고 강조한다. 이렇게 '절대적 평등'이 이루어지는 공동체를 만들어야 한다고 주장한다. 이러한 무전제적 평등은 이상주의적이지만 인류의 영원한 과제이기도 하다. 오웬은 과학이나 합리성 같은 당대의 용어를 빌려 천부적 본성 및 자연성을 강조하고, 이를 사적 욕망과 경쟁으로 퇴색된 개인주의와 대비시킨다. 계급, 종파, 국가, 성별 등 인간 간의 인위적 구분은 무지에 의한 편견의 결과일 뿐이라고 보고, 모든 사람의 행복이 가능할 수 있는 공동체 구축을 위한 이론적, 실천적 노력을 경주했다. 구세계와 신세계를 선과 악의 도덕적 잣대로 이분화하는 그의 단순한 논법에도 불구하고, 오히려 무전제적 인간 평등을 절대화하는 그 이상성으로 인해 시대를 넘어 지속적으로 주목되는 근거가 되기도 하는 것이다.

둘째, 대안적 작은 공동체의 힘에 관한 것이다. 오웬은 400~500명에서 2,000명 정도 규모의 작은 공동체가 '확대된 가족'처럼 밀도 있게 교류하고 함께 성장하는 자치적인 평등 사회를 구상했다. 나아가 이러한 공동체가 확산되어 전 인류가 합리적 사회체제를 갖출 수 있기를 희망했다. 작은 공동체에서 출발했지만 모든 사람이 오류를 극복하고 선한 본성을 실현하는 계몽된 인류 사회를 지향했다. 이렇게 그가 주도한 협동조합운동은 가족, 지역, 국가와 같은 인위적이고 협소한 구분을 넘어 계몽된 인류라는 세계 공동체를 지향하는 것이었다.Tsuzuki, 2005 작은 공동체가 자연 확산되리라는 기대는 그의 당대인 19세기에 이미 좌절되었지만, '대안 공동체'를 통해 더 큰 사회질서에 균열을 낼 수 있는 '숨겨진 거대함'의 의미는 지속되고 있다. 작은 공동체의 구성원은 고립된 존재가 아니라 '세계시민'의 잠재성을 지닌 존재다.

셋째, '유토피아'의 이상성과 현실성에 관한 것이다. 오늘날 오웬주의는 현실 사회주의체제의 붕괴 이후 재논의되는 경향이 있다. 현실 사회주의는 약화되었지만 여전히 자본주의체제의 모순에 의한 계급적 적대와 착취, 빈곤, 소외의 문제들은 해결되지 않았다. 오웬의 유토피아 사회주의가 공상적 혹은 비현실적이라면, 과학적 사회주의는 얼마나 현실적 혹은 과학적이었는가에 대한 논의도 있다.Claeys, 2011 오웬의 협동조합적 공동체는 현실 사회와 다른 원리로 작동하는 '반反현실의 공간'에서 탈이윤적, 가치지향적 삶이 현실화할 수 있다는 가능성을 보여 주었다. 경제적 착취, 사회적 억압, 지배와 피지배 등에서 비롯된 인간 간의 각종 차별과 갈등의 해결을 위해 '무전제적' 이상주의를 대안으로 제시한 오웬주의가 너무 원론적이고 낙관주의적이라는 평가를 받을 수 있지만, 긴 안목에서 볼 때 이상주의는 대안적 상상력의 원천이며 사회 변혁의 동력이 된다.

오웬의 논의는 작은 공동체들에서의 실천이 확장되어 인류 사회를 이끄는 일종의 빛이 될 수도 있음을 시사한다. 이상주의는 즉각적 해법을 주기보다 존재하지 않는 새로운 세계를 상상하게 하고 현실을 비틀고 전복함으로써 대안적 가능성을 제기한다. 협동조합운동과 마을교육공동체 등 지역교육공동체 운동이 활발해지는 오늘날, 오웬의 이론과 실천은 재조명할 가치가 있다.

참고문헌

김영한(1989). 『르네상스 휴머니즘과 유토피아니즘』. 탐구당.
김영훈(2002). 「조화와 협동의 마을(1817)에 나타나는 로버트 오웬의 사회 이상 및
    공간 배치의 특징에 관한 연구」. 『대한건축학회논문집』, 18(1), 71-82.
김정원(2012). 「자활공동체의 협동조합으로의 전환 가능성에 대한 연구」. 『지역사회
    연구』, 20(2), 67-89.
김희태(2004). 「로버트 오웬의 유아교육관에 관한 고찰」. 계명대 생활과학연구소. 『과
    학논집』, 30, 81-98.
김흥순(2006). 「뉴 어바니즘, 근대적 접근인가, 탈근대적 접근인가」. 『한국도시행정학
    보』, 19(2), 49-74.
박주원(2016). 「'뉴 라나크'와 '뉴 하모니' 사이에서. 현상과 인식: 오웬의 유토피아 실
    험에서 정치이념의 전환」. 한국인문사회과학회. 『현상과 인식』, 40(4), 225-250.
박주희 외(2015). 『학교협동조합론: 현장체험학습과 마을교육공동체를 잇다』. 살림터.
신명직(2012). 「협동공동체와 폴케 호이스콜레」. 동아대 석당학술원. 『석당논총』, 53,
    83-127.
유왕효(1986). 「로버트 오웬의 유아교육사상」. 대구대 특수교육재활과학연구소. 『특수
    교육연구』, 12, 103-116.
이윤미(2000). 「칼 마르크스」. 연세대교육철학연구회 편. 『위대한 교육사상가들 IV』.
    교육과학사.
이윤미(2018). 「유토피아와 교육: 로버트 오웬(Robert Owen)의 『도덕적 신세계』에
    나타난 교육사상」. 『교육사상연구』, 32(1), 135-160.
이윤미(2019). 「오웬의 유토피아적 공동체와 교육」. 『비판적 실천을 위한 교육학』. 살
    림터.
정혜경(1987). 「오웬의 공동체론과 '전국형평노동교환소'」. 『부산사학』, 13, 165-201.
팽영일(2005). 「"유토피아" 사회에서의 교육-토마스 모어의 〈유토피아〉를 중심으로」.
    『비교교육연구』, 15(4), 83-109.
堀越芳昭/JC(編)(2014). 協同組合研究の成果と課題: 1980-2012. 東京: 家の光協. 北
    出俊昭(2012). 協同組合と社會改革: 先人の思想と實踐から. 東京: 岩波書店.
五島茂(1994). 新訂 ロバアト・オウエン 著作史 豫備の 考察 － ロバアト・オウエン 文
    獻學的 研究論考(I). 東京: 一橋大學社會科學古典資料センタ__.
中川雄一郎・杉本貴志(編)(2012). 協同組合をぶ. 東京: 日本經濟評論社.

Beer, M.(1953). *History of British socialism* (vol. 1). London: G. Allen & Unwin Ltd.

Cole, G. D. H.(2017). Robert Owen(원저 1923). 홍기빈 옮김. 『로버트 오언』. 칼폴라니사회경제연구소.

Claeys, G.(2011). Robert Owen and some later socialists, in Thompson, N., Williams, C.(eds.). *Robert Owen and his legacy*. Cardiff: University of Wales.

Claeys, G.(2010). The origins of dystopia: Wells, Huxley and Orwell, in Claeys, G.(ed.). *Cambridge companion to Utopian literature*. Cambridge: Cambridge University Press.

Davis, J. C.(1983). *Utopia & the ideal society: a study of English utopian writing 1516-1700*. Cambridge: Cambridge University Press.

Davis, R. A.(2011). Robert Owen and religion, in Thompson, N., Williams, C.(eds.). *Robert Owen and his legacy*. Cardiff: University of Wales.

Davis, R. A. & O'Hagan, F. J.(2014). *Robert Owen*. London: Bloomsbury.

Engels, Friedrich(1908). *Socialism: utopian and scientific*(원저 1880). Translated by E. Aveling, Chicago: Charles H. Kerr & Company.

Foucault, Michel(2014). *Les hétérotopies*. 이상길 옮김. 『헤테로토피아』. 문학과지성사.

Halpin, D.(2001). Utopianism and education: the legacy of Thomas More. *British Journal of Educational Studies*, 49(3), 299-315.

Harrison, J. F. C.(1969). *Quest for the new moral world: Robert Owen and the Owenites in Britain and America*. New York: Charles Scribner's Sons.

Hijikata, Naobumi(2005). Utopianism and utilitarianism in Robert Owen's schema, in Tsuzuki, Chushichi(ed.)(2005). *The emergence of global citizenship: utopian ideas, co-operative movements and the third sector*. Tokyo: Robert Owen Association of Japan.

Lewis, T.(2006). Utopia and Education in Critical Theory. *Policy Futures in Education*, 4(1), 6-17.

Logan, G. M., Adams, R. M.(eds.)(2002). *Thomas More-Utopia*. Cambridge: Cambridge University Press.

Manuel, F. E., Manuel, F. P.(1982). *Utopian thought in the Western world*. Cambridge: Harvard University Press.

O'Hagan, F. J.(2011). Robert Owen and education, in Thompson, N., Williams, C.(eds.). *Robert Owen and his legacy*. Cardiff: University of Wales.

Olson, T.(1982). *Millennialism, utopianism and progress*. Buffalo: University of Toronto Press.

Owen, R.(1970). *The book of the new moral world*(1842). New York: Augustus
. M. Kelley Publishers.

_____(1991). *A new view of society*(1816). New York: Penguin Classics.

Pohl, N.(2010). Utopianism after More: the Renaissance and Enlightenment,
in Claeys, G.(ed.). *Cambridge companion to Utopian literature*. Cambridge:
Cambridge University Press.

Powell, G.(2011). Robert Owen and 'the greatest discovery ever made by man',
in Thompson, N., Williams, C.(eds.). *Robert Owen and his legacy.* Cardiff:
University of Wales.

Simon, B.(1974). *The two nations & the educational structure 1780-1870.*
London: Lawrence & Wishart, 1974.

_____(1972). *The radical tradition in education in Britain.* London:
Lawrence & Wishart.

Taylor, K.(1982). *The political ideas of the Utopian socialists.* New York:
Routledge.

Thompson, N., Williams, C.(eds.)(2011). *Robert Owen and his legacy.* Cardiff:
University of Wales.

Tsuzuki, Chushichi(ed.)(1992). *Robert Owen and the world of co-operation.*
Tokyo: Robert Owen Association of Japan.

_____(2005). *The emergence of global citizenship: utopian
ideas, co-operative movements and the third sector.* Tokyo: Robert Owen
Association of Japan.

Vieira, F.(2010). The concept of utopia, in Claeys, G.(ed.). *Cambridge
companion to Utopian literature.* Cambridge: Cambridge University Press.

Webb, R. K.(1955). *The British working class reader 1790-1848.* New York:
Augustus M. Kelley Publishers.

Wootton, D.(1999). *Edited Translation of Thomas More's Utopia.* Indianapolis:
Hackett Publishing Company.

Yeo, S.(2011). Afterword: looking forward: cooperative politics or can Owen
still help?, in Thompson, N., Williams, C.(eds.). *Robert Owen and his legacy.*
Cardiff: University of Wales.

4장

그룬트비:
민주주의의 온전한 실현을 위한 교육에 대하여

정해진

1. 오래된 미래, 그룬트비를 만나다

덴마크의 소리를 우리는 크게 경청해야 할 일인 줄로 압니다. 그들(그룬트비와 콜-인용자)은 농촌 운동가가 아닙니다. 민족을 깨우친 아들들입니다. 그들이 행한 인간적인 민족교육이 지금의 농촌 낙원 덴마크를 이루어 놓았다면 더욱 흥미가 있지 않습니까. 지금 덴마크라면 농촌의 낙원을 생각하고, 농촌의 낙원이라면 그들 농민 생활을 연상하며, 흔히들 그들의 소농·중농·대농 등 생활 상태를 보고 오며 또 협동조합도 보고 와서 우리도 그같이 하자 하지만, 결코 그렇게 되는 것이 아닙니다. 뿌리 없는 나무가 어디 있습니까. 된 원인을 모르고 어떻게 결과를 가져올 수 있을 것인지 의문입니다. 우리나라에도 덴마크에 관한 몇몇 서적이 없지 않고, 일본에도 많은 덴마크에 관한 서적이 있지만, 흔히 그렇게 보는 것이었습니다. 그러나 덴마크의 교육 연구 권위자인 독일의 홀만 씨는 그 모든 것과 달리 정신적 교육의 핵심을 쥐고 확실히 그리고 힘차게 말한 것을 볼 수 있음은 크게 다행한 일입니다.이찬갑, 2010: 28

그룬트비와 한국의 인연은 생각보다 오래전에 시작되었다. 1900년대 초, 남강 이승훈과 김교신 등 새로운 나라를 꿈꿨던 한국의 교사들은 그룬트비의 철학과 실천에 관심을 기울였다. 1970년대에는 유달영의 책 『새 역사를 위하여-덴마크의 협동과 교육사업』을 통해 그룬트비의 사상과 덴마크 사회의 모습이 본격적으로 소개되어 많은 사람들의 관심을 받기도 했다. 하지만 그 이후 그룬트비는 한국에서 조금씩 잊혀 갔다. 특히, 교육과 관련하여 그를 기억하는 사람은 많지 않았다. 논문을 제출받아 정리하던 도서관 직원의 "그룬트비가 뭐예요?"라는 질문은 나에게 인상 깊게 남아 있다.

그룬트비를 처음 만난 것은 2002년이었다. 당시 송순재 교수는 덴마크의 '자유학교제도Friskole'와 함께 그룬트비를 새롭게 소개했고, 백승종 교수는 한국의 교육실천가 이찬갑의 삶을 미시사적 관점에서 정리한 책 『그 나라의 역사와 말』에서 그룬트비가 과거 한국 교육자들에게 미친 영향을 소개했다. 두 대가를 통해 소개받은 그룬트비는 퍽 매력적이었다. 무엇보다 덴마크라는 생소한 나라의 생소한 인물이 나에게 영향을 주었던 과거의 인물들과 연결되어 있다는 사실이 흥미로웠다. 과거를 되짚어 찾아낸 이찬갑 선생의 글 『풀무학교를 열며』[1] 속에서 발견한 그룬트비라는 이름은 내가 그를 찾아 나서게 하는 시작점이 되었다.

2022년 현재, 덴마크 교육현장에서는 그룬트비의 교육철학이 여전히 작동하고 있다. 덴마크 교육부의 공식 홈페이지에서는 종종 그룬트비의 이름을 발견할 수 있으며 그가 제안한 평민대학은 여전히 덴마크 전역에서 활발하게 운영되고 있다. 흥미로운 점은 현재 우리가 새롭게 시도하고 제안하는 교육의 청사진이 덴마크 교육현장에서 다양한 모습으로 구현되고 있다는 것이다. 교사에게 주어지는 다방면의 자율성(평가권, 교육과정 편성권 등), 다양한 학습자의 배움과 성장에 중심을 둔 다양한 형태의 수

---

1. 글의 첫머리에 『풀무학교를 열며』의 일부를 인용했다.

업들, 신뢰를 기반으로 보장되는 학생 개인과 학부모의 학교선택 자율권, 각 차원에서 이루어지는 실질적인 교육자치, 학생의 삶을 고려해 다채롭게 설계된 학교 공간, 학부모가 중심이 되어 운영하되 국가로부터 재정적 지원을 받는 프리스콜레, 청소년들의 삶을 더욱 풍성하게 만들어 주는 에프터스콜레와 다양한 형태의 교육기관들, 지자체kommune가 주축이 되어 운영하는 연령별 돌봄 기관과 방과후 청소년학교, 그리고 청소년 비행을 예방하기 위해 지자체와 학교가 협력하여 운영하는 SSP까지.

덴마크 교육의 바탕에는 근대 사회로 접어들던 시기 그룬트비와 그의 동료들이 함께 일궈 온 공감과 연대라는, 관계를 기반에 둔 민주적 삶의 양식이 놓여 있다. 그룬트비는 민주주의라는 새로운 정치제도로 변화되는 과정에서 교육의 역할이 중요함을 역설했다. 민주주의를 통해 주어질 권력을 감당해 낼 평민, 즉 공감과 연대 그리고 삶에 대한 새로운 전망을 바탕으로 공공의 이익을 위해 자신의 권력을 행사할 수 있는 사람을 길러 내는 교육이 이루어져야 한다고 생각했다. 그의 생각은 누구나 접근할 수 있는 평민대학Folkehøjskole이라는 독특한 형태의 비형식적 교육기관에서 먼저 구현되었다. 평민대학을 경험한 평민들은 오늘날의 덴마크 사회와 교육을 형성하는 데 필요한 목소리를 내며 개인과 공동체의 성장을 위한 방향을 꾸준히 제안하고 있다. 이러한 덴마크 상황은 그 사회의 정신적 기반을 마련해 주었고 지금도 영향을 미치고 있는 "오래된 미래" 그룬트비를 우리 사회에 다시 한번 초대할 이유가 된다.

2. 삶으로 만나는 그룬트비

그룬트비Nikolay Frederic Sevrin Grundtvig, 1783~1872는 역사가, 고대 스칸디나비아어를 연구하는 언어학자 및 철학자, 정치가, 그리고 교육사상가로서 덴마크, 무엇보다 덴마크 평민에 대한 사랑을 실천한 인물이다.

그룬트비는 1783년 남 질랜드South Zealand , 우드비Udby에서 태어났다. 아버지 요한 그룬트비Johan Grundtivig는 루터교의 사제였으며, 어머니 캐더린Cathrine Ottosen Grundtvig은 오래된 성직자 가정 출신이었다. 그는 어린 시절 어머니와 연로한 가정부 말렌Malene Jensdatter에게서 많은 것을 배웠다. 그룬트비는 특히 말렌을 자신의 "언어 선생님"이라고 부른다.Holm, 2019: 15 그녀가 어린 그룬트비에게 모국어로 노래와 찬송가를 불러주었고, 단순하지만 생동감이 넘치는 흥미진진한 이야기들을 들려주어, 그가 어른이 된 이후에도 그의 마음에 남아 지속적인 영향을 주었기 때문이다. 그룬트비는 말렌을 자신의 전 생애를 통해 영향을 준 경건과 지혜, 민족 언어의 산실로 여겼다.Poul Dam, 1983: 15 어린 시절 그룬트비는 따뜻하고 평안한 가정에서 아버지가 소개하는 책들을 마음껏 골라 읽으며 스스로 배우는 시간을 보냈다. 그는 이때를 삶에서 가장 행복했던 시간으로 기억한다. 부모와 아이가 원하는 형태로 교육받을 자유를 국가가 공식적으로 인정해야 한다는 그룬트비 생각의 중요한 배경이 되는 시기이기도 하다.

9살이 되던 1792년 가을, 그룬트비는 문법학교 입학 준비를 위해 유틀란Jutland 반도의 펠 목사Laurits Feld에게 보내져 개인지도를 받는다. 그곳에서 그룬트비는 계몽에 관한 다양한 서적과 급진적 내용이 담긴 정치 서적 등을 접한다. 6년 동안 청소년 시기를 보낸 유틀란 지역의 자연환경과 그곳에서 가까이 지냈던 평민들의 삶은 어린 그룬트비에게 강렬한 인상을 남겼다. 1798년 그는 오르후스 성당 문법학교Aarhus Cathedral Grammar School에 입학하게 되는데, 그는 이곳에서 지낸 2년을 "죽음의 시간"으로 묘사한다.Christian Thodberg, 1983: 9 17살이 되던 1800년에 코펜하겐대학교에 입학하여 신학을 공부하게 된다. 가난한 목사의 아들이었던 그룬트비에게 코펜하겐은 완전히 새로운 곳이었는데, 사교계와는 잘 맞지 않았던 그는 주로 책과 함께 시간을 보냈다. 대학에서 그는 노르웨이

계 독일인인 사촌 형 헨리크 슈테펜스Henrik Steffens로부터 큰 영향을 받는다. 슈테펜스의 강의를 들으며 그는 독일의 낭만주의 철학자였던 피히테Fichte, 헤르더Herder 등의 사상을 접하게 되었고, 괴테Goethe와 셰익스피어Shakespeare의 작품도 널리 읽는다. 또한 셰익스피어의 희곡들과 덴마크의 낭만주의 시인 욀렌슐레게르Oehlenschläger의 시에도 영향을 받았다. 이는 그룬트비가 자국의 문화와 역사, 모국어의 중요성 등에 대한 생각을 발전시키는 데 중요한 역할을 했다.

1803년 코펜하겐대학교를 졸업한 그룬트비는 1805년 해군 대위의 초청으로 랑글란Langland 섬 에겔뢰케 장원에서 가정교사로 일한다. 그곳에서 그는 그 저택의 안주인 콘스턴스 레스Constance Steensen-Leth를 짝사랑하게 된다. 이루어질 수 없는 사랑에 빠진 그룬트비는 자신의 욕망과 도덕적 이성 사이의 갈등 속에서 큰 고통을 겪는다. 그러나 이러한 갈등 속에서 그는 새로운 자아를 발견하며 놀라운 지적·정신적 성장을 경험한다. 무엇보다 합리적이고 이성적이라고 믿었던 자신이 감성적 존재이기도 하다는 사실을 깊이 체험한다. 그는 괴로움을 잊기 위해 독서와 연구에 열중했으며, 스칸디나비아 지역의 신화에 매료되어 그에 대한 연구를 시작한다. 당시 그에게 인생은 선한 것과 악한 것이 영원히 싸우는 싸움터로 여겨졌는데 스칸디나비아의 신화는 이런 인생관을 잘 표현하고 있었다.홀거
베그트룹·한스 룬트·페터 마니헤 공저, 1959: 20

랑글란 섬을 떠나 코펜하겐으로 돌아온 그룬트비는 1808년 『북구 신화Norse Mythology』를 출판한다. 이 책에서 그룬트비는 신화를 "존재"를 이해하는 방식으로 해석하였다. 당시에는 신화를 신에 대한 원시적인 가르침, 또는 자연현상에 대한 표현으로 보는 것이 일반적인 견해였는데, 이에 비해 그의 해석은 독특한 것이었다. 이 책은 당시 많은 사람의 인정을 받았으며 그가 세상에 널리 알려지는 계기가 된다. 1808년부터 그는 코펜하겐 근처에 있는 문법학교에서 일하게 되었다. 그러나 고향으로 돌아와

목사 일을 도와 달라는 아버지의 요청에 결국 우드비로 돌아간 그룬트비는 27세가 되던 1810년 3월 목사가 되기 위해 연습 설교를 한다. 그는 자신의 설교 내용을 '왜 신의 말씀은 그의 처소로부터 사라졌는가?Why Has the Word of the Lord Disappeared from His House?'라는 제목의 인쇄물로 출판했는데, 이 설교에서 그는 차디찬 교회와 거짓이 가득한 교권자들을 비판하였다.유달영, 1955: 101 이로 인해 당시 코펜하겐의 성직자들로부터 강렬한 비난을 받은 그룬트비는 부목사에 임명되지 못한다. 신경쇠약에 걸리는 등 어려운 시간을 보내는 동안 그룬트비는 비로소 종교를 자신의 실존을 위해 반드시 필요한 것으로 받아들이게 된다. 그동안 아버지 곁에서 부목사로 일하게 된 그는 1811년부터 2년간 우드비에서 열정적으로 부목사 일을 배운다.

아버지가 세상을 떠난 뒤 그룬트비는 코펜하겐으로 돌아가 문학작품을 쓰며 학술 활동을 재개했고 젊은이들을 위한 강연을 열기 시작한다. 39세가 되던 1822년 그는 자신이 희망하던 코펜하겐의 지역 교구를 얻어 부목사가 되었다. 성직에 있는 동안 그룬트비는 교회를 널리 개방하여 누구나 자유롭게 자신의 설교를 들을 수 있게 했다. 당시에는 자신들이 소속된 교구 이외 목사의 설교는 들을 수 없었으며, 더욱이 자유로운 집회는 허용되지 않았다. 그러나 그룬트비는 이러한 규정을 깨뜨리고 교회를 개방하여 설교와 집회의 자유를 주장하였다.유달영, 1955: 104 그는 기독교인의 견고한 바탕은 성서 속에서만 찾을 수 있는 것이 아니라 세례와 성찬식에서 사용하는 하나님의 "말"을 중심으로 사람들이 모인 곳이면 어디서나 찾을 수 있는 것이라 생각했다.

1825년 그룬트비는 당시 덴마크 신학계에 상당한 영향력을 지녔던 신학 교수 클라우센H. N. Clausen과의 분쟁 과정에서 그에게 고발당하는 일을 겪는다. 그 결과, 그룬트비의 저술은 일일이 검열과 허가를 받아야 출판이 가능한 상황에 놓이게 되었다. 그룬트비 글에 대한 당국의 검열은

10년 동안이나 지속되었다. 교회를 떠난 그룬트비는 다시 연구와 저작에 몰두한다. 이때는 그의 삶에서 매우 힘든 기간이었으나, 새로운 사상을 발전시키는 기회의 시간이기도 했다. 점차 그룬트비를 지지하는 사람들이 생겨났고, 그는 다양한 공부를 이어 간다.

재정적으로 어려웠던 그는 다행히 지속적으로 왕의 지원을 받을 수 있었다. 그룬트비는 1829년, 1830년, 1831년 여름 세 번에 걸쳐 영국을 방문해 3개월간 머물며 연구할 기회를 얻는다. 산업혁명이 이루어진 당시의 영국 사회는 사실주의와 실용주의, 그리고 세속적인 자유를 누리고 있었다. 그룬트비는 영국 사람들이 누리는 시민의 종교적·개인적 자유가 덴마크 사람들에게도 절실히 필요하다고 생각했다. 1831년 방문한 케임브리지 대학교의 트리니티 칼리지Trinity college, Cambridge에 두 주간 머문 경험은 그에게 큰 충격을 주었다. 그가 살았던 덴마크 사회에서는 전혀 보지 못했던, 자유로운 내용의 대화가 오가는 장면이 눈앞에 펼쳐졌기 때문이다. 학생과 교수가 자유롭고 수평적인 대화를 하고 기숙사에서 함께 생활하며 한 테이블에서 식사하는 모습은 그에게 대화와 상호작용을 통한 관계 형성과 그에 기초한 교육이라는 영감을 주었다. 이는 훗날 그가 평민대학을 구상하는 데 중요한 모티브가 된다. 이후 그는 자신이 경험한 영국 대학의 문화를 기초로 평민대학과 형식적 예식으로부터 자유로운 교회를 대중에게 알리기 위해 많은 글을 쓰기 시작한다.Holm, 2019: 18

영국 여행에서 그가 긍정적 측면만을 본 것은 아니었다. 당시 산업혁명으로 인한 도시 빈민들의 모습을 목격한 그룬트비는 산업사회와 자본주의의 그림자에 대해서도 생각했다. 더불어, 오늘날 협동조합의 아버지로 불리는 로버트 오웬Robert Owen을 지지하는 오웬주의자들의 협동조합운동과 실천도 함께 배워 온다. 덴마크로 돌아온 그는 협동조합운동을 평민대학의 학생들에게 널리 전파했고, 평민대학의 졸업생들을 통해 덴마크 최초의 낙농업 협동조합이 시작되기도 한다. 오늘날의 덴마크는 협동조합의 나라라 해도 과언이 아닐 만큼 협동조합이 발달해 있다. 40대 후반에 이른 그룬트비는 세 차례의 영국 여행 경험과 당시의 사회 변화에 힘입어 1830년대 이후부터 교육에 관한 생각들을 발전시킨다. 특히 평민대학에 관한 생각은 이 시기에 구체적으로 형성되었으며, 당시에 썼던 글은 대부분 그의 대표적인 저작으로 평가받는다. 그룬트비는 당시 상황에서 평민들을 일깨우고 교회에서, 학교에서, 나아가서는 나라에서 인간의 삶이 진실로 살아 있는 혹은 힘찬 것이 되도록 하기 위해서는 교육의 역할이 매우 중요하다고 생각했다.Kaj Thaning, 1972: 131

당시에 쓰였던 그룬트비의 대표적인 글로는 이전의 글을 다시 개정한 『북구 신화, 1832Norse Mythology, 1832』가 있다. 이 글의 서문에서 그룬트비는 "학문보다는 삶, 통찰력, 그리고 실제적인 능력을 필요로 하는 낮은 계급의 평민들과 교육받은 사람의 신분에 속하고자 하는 모든 사람이 올바른 도움 속에서 자신을 발전시키고 서로에 대해 알 수 있는 최상의 기회를 제공해 주는 교육기관"이 필요하다고 주장한다. 또한 죽은 교육을 하고 있는 라틴 문법학교에 대한 비판적인 견해도 드러낸다. 그룬트비는 삶과 정신이 담겨 있지 않은 라틴어를 배우는 것과 그리스와 북구 신화에 담겨 있는 생생한 구어적 전통을 배우는 것을 비교하며, 살아 있는 말을 통한 의사소통oral communication이 교육에서 얼마나 중요한가를 주장한다.Lawson, 1991: 14 당시 많은 지식인이 라틴어 문화에 심취해 있었고, 그들은 모국어보다는 라틴어를 배우는 것에 더 큰 의미를 두었다. 또한 평민들, 특히 농민들은 매우 낮은 수준의 교육만을 받았기 때문에 국가의 국민협의회에 참여해 스스로의 목소리를 내는 것이 어려웠다. 그룬트비는 평민들도 국가의 정치에 참여하여 자신의 의견을 충분히 전달하고, 법률을 만드는 데 도움이 될 수 있을 정도의 역사와 모국어, 그리고 사회질서에 대한 지식은 지니고 있어야 한다고 주장했다. 이러한 상황을 극복하기 위해 그룬트비가 제안한 교육기관이 바로 평민대학이다.

이러한 그의 생각은 2년 후 발표한 글 「삶을 위한 학교, 그리고 소외 학교School for life and Academy at Sorø」에서 더욱 발전되었다. 이 글을 비롯해 교육에 관한 수많은 글에서 그룬트비는 '자유롭고, 살아 있으며, 자연스러운 평민교육'에 대한 생각을 드러낸다. 그에게 가르침은 반드시 '살아 있는 말living word'에 바탕을 둔 것이어야 했으며, '살아 있는 학교'는 학생과 교사, 그리고 학생들 사이의 대화와 상호작용을 통해 실현될 수 있는 것이었다. 그룬트비는 소외 학교Sorø Academy[2]에서 자신의 생각을 실현하고자 했고, 그의 계획은 크리스티안Christian 8세가 1839년 왕위에 오르면서 거의 실현될 단계까지 이른다. 하지만 그의 계획은 당시의 정부 관리들과 일부 교육자들의 완강한 반대와 비판으로 많은 어려움을 겪었으며, 그의 유일한 후원자였던 왕의 죽음으로 당시에는 좌절되었다. 이러한 상황을 겪으며 그룬트비는 크게 낙담하지만 쉽게 포기하지는 않았다.

이후 그룬트비가 자신의 공부와 바르토우Vartov에서의 모임에 열중하는 동안, 그가 계획했던 평민대학을 세우는 일은 그룬트비의 평민교육사상에 동의한 수많은 평민들의 손에 넘겨졌다. 평민들에 의해 세워진 평민대학은 그룬트비가 처음 계획했던 국가의 강력한 지원을 받는 커다란 규모의 학교와는 다른, 작은 규모의 사립학교 형태로 설립·운영되었다. 그 결과 평민대학은 국가의 통제를 받지 않아 보다 자유로운 형태로 설립되었고, 평민들의 생활과도 더욱 밀접한 교육이 이루어지는 곳이 되었다. 1840년대 이후로는 그룬트비의 교육사상에 기반을 둔 교육사상과 교육방법을 실천하는 다양한 형태의 평민대학이 덴마크 곳곳에 세워진다.

---

2. 질랜드(Zealand)의 중앙에 위치한 소외(Sorø) 지역에 있었던 학교로 사실상 12세기부터 존재했다. 이후 200여 년 동안 번성했으며, 덴마크의 극작가인 루드비그-홀베르(Ludvig Holberg)에 의해 18세기에 성황을 이루기도 했다. 이 학교는 왕에 의해 1826년 대학(Academy)으로 다시 세워지는 기간에만 잠시 문을 닫았었다. 다시 문을 연 후부터 그룬트비는 이 학교에서 자신의 교육사상을 실현하고자 했으나, 이 학교는 여러 가지 면에서 그의 의도와는 다른 모습으로 운영되었다(Lawson, 1991: 12).

65세가 된 1848년부터 1858년 사이에 그룬트비는 국회의 일원으로도 활발한 활동을 한다. 그는 1849년 민주 헌법을 통과시킨 헌법제정의회의 의원으로도 활동했다. 그는 변화되는 덴마크 정치체제에 대해 처음에는 프랑스혁명에서 목격한 폭정으로 이어질 것을 크게 우려했다. 하지만 이것은 평민대학의 필요성을 역설하는 중요한 바탕이 되기도 했다. 이후 그룬트비는 서서히 절대군주제에서 민주적인 형태의 정부로 변화되는 과정을 받아들인다.Holm, 2019: 19-20 정치가로서의 그룬트비는 모든 지역, 특히 학교와 교회에서 자유가 필요하다고 생각했다. 또한 그는 일반 대중, 특히 소작인들의 대리인으로서 목소리를 높였다. 그는 총 10년 동안 하원 의회 의원으로 일했으며, 82세에 상원 의원이 되어 6개월 동안 자리를 지켰다. 그룬트비는 83세가 되는 1866년까지 국회에서 활동하며 교육, 종교, 산업, 토지 정책의 개선 등에 힘썼다. 이후 모든 활동을 접고 바르토우 교회에서 설교하며 남은 삶을 살다가, 1872년 마지막 설교를 마친 후 89세의 나이로 안락의자에서 평화로운 죽음을 맞이한다.

3. 사상으로 만나는 그룬트비[3]

"민주주의 사회에서 어떻게 최고의 상태인 자유를 유지하고 최악의 상태인 사회의 붕괴를 피할 수 있을까?"

이는 절대왕정 시대가 막을 내리고 입헌군주제로 전환되는 과도기에 살았던 그룬트비가 덴마크의 온전한 민주주의를 실현하기 위해 깊이 고민하며 던진 질문이다. 그리고 그에 대한 답으로 그는 '정치체제가 바뀌

---

3. 이 장은 정해진의 소논문 「덴마크의 실천적 시민교육에 관한 고찰: 그룬트비의 평민교육 사상을 중심으로」,[『교육사상연구』 제36권 3호(2022. 8. 31. 발간)]의 'Ⅱ장 덴마크 시민 교육의 사상적 토대로서의 그룬트비 평민교육사상' 부분을 발췌, 수정한 것이다.

기 전에 그 민족의 생각이 교육을 통해 깨어나고 자유를 위해 형성되어야 한다'는 대답을 얻는다.[4] 평민으로부터 나온 권력이 어떻게 작동할 것인가는 평민 자신들의 판단에 달려 있기 때문이다. 그룬트비가 주목한 사람들은 당시 덴마크의 제4계급에 해당하는 가난한 농부와 평민, 즉 folk(덴마크어)였다. 이들은 사실상 덴마크 인구의 대부분을 차지하고 있었기 때문에 평민에게 권력이 이양되는 민주주의가 온전히 작동하려면 이들을 위한 교육이 중요했다.

그룬트비 교육사상의 출발은 계몽주의를 기초로 형성된 보편적 지식을 추구하던 근대 공교육과는 차이가 있다. 계몽주의에 더해 낭만주의의 영향을 크게 받았던 그룬트비 교육사상의 출발점은 "개인individual", 즉 개인의 필요와 개인에게 잠재된 지적, 정서적 능력을 최대한 실현할 기회와 관련된 성찰Jens, 1995: 32에서 시작된다. 획일적으로 제시된 능력에 개인을 맞추는 교육이 아니라 개인의 삶에 초점을 둘 때, 비로소 교육은 개인의 삶에 도움을 주고, 삶의 계몽, 즉 자신의 삶에 대한 자각에 이르게 도울 수 있다는 것이다. 이때 그룬트비가 언급한 개인은 사회 속의 개인으로서 공동체와 자연스럽게 연대하고 사람들과 정서적인 관계 맺음을 하는 존재로서의 개인이라는 점을 염두에 두어야 한다. 각 개인은 모두 덴마크라는 하나의 국가공동체를 형성하는 유기적 존재이며, 하나의 공동체, 하나의 사회는 이들로부터 시작되기 때문이다.

민주주의 체제의 시작과 주권자로서의 평민

그룬트비가 왕성하게 활동했던 18세기의 덴마크 평민folk/people은 대부분 농업에 종사하는 자작농이거나 생산적 노동과 상업에 종사하는 하층민으로 구성되었다. 이들은 상층 계급 사람들이 누리는 특권은 얻지

---

4. Ove Korsgaard(Aarhus Universitet 교수)가 2019년 그룬트비 평민대학의 강연에서 발표한 자료에서 발췌한 내용이다.

못하면서도 사회 유지를 위해 필요한 생산적 노동을 담당했다. 1784년부터 토지개혁이 시작되어 일찍이 봉건적 지배 질서가 무너진 덴마크에서는 봉건적 농노에서 해방된 농민들이 비교적 빠르게 자유로운 자작농의 지위를 얻을 수 있었다.Borish, 1991: 12 이에 따라 경제적 자립을 이룬 평민의 비중이 커졌고, 그 결과 스스로를 종속된 존재가 아닌 독립적 존재라고 생각하는 평민 계층이 성장했다. 하지만 토지개혁과 경제 상황의 변화와 달리 정치체제는 여전히 전제군주제에 머물러 있었다. 프랑스혁명을 보며, 세상을 바라보는 시각이 열린 사람들은 정치제도의 변화를 요구하기 시작했고 1820년대에 이르러서는 변화를 요구하는 목소리가 점차 높아졌다. 그룬트비는 이러한 시대적 상황 속에서 평민들이 스스로 변화를 요구하는 목소리를 낼 수 있도록 도왔다. 1849년 덴마크는 비로소 민주헌법을 제정하여 입헌군주제를 실시하게 되었고, 평민들도 정치에 참여할 기회를 얻게 된다. 이 과정은 큰 틀에서는 여느 유럽 국가들과 크게 다르지 않았다. 다만, 유혈 혁명과 같은 격렬한 투쟁이나 저항이 거의 없었고, 사람들의 의식이 성장하면서 비교적 평화로운 방식으로 권력이 이양되었다는 점에서 의미를 찾을 수 있다. 조용한 변화가 이루어지는 과정에서 그룬트비는 대중 연설과 대중 잡지 배포와 같은 다양한 방식으로 자신의 생각을 사람들에게 전하며, 그들의 운동을 지지했다. 그의 활동은 덴마크의 많은 사람에게 영향을 주었다. 그리고 그 영향은 정치체제의 본격적인 변화와 더불어 사회운동으로 퍼져 간다.

이 과정에서 우리가 주목할 것은 당시 평민들의 역할과 존재 양식의 변화다. 그룬트비의 교육사상은 이러한 평민들의 상황과 깊은 관계를 맺고 형성되었기 때문이다. 덴마크 사회와 그룬트비 사상의 영역에서 '평민'으로 번역되는 덴마크어 '포크folk(영어 people)'는 '시민'으로 번역되는 덴마크어 '보거borger(영어 citizen)'와 달리 매우 광범위하게 활용되는 개념이다. 덴마크에서 'folk'는 덴마크를 구성하는 모든 사람과 관련된 다양한 개념을 설명하기 위해 단독으로, 혹은 합성어로 활용된다. 대표적으로 의무교육에 해당하는 공립기초학교는 '폴케스콜레folkeskole', 평민대학은 '폴케호이스콜레folkehøjskole'로 표기하며, 그룬트비의 중심 사상 중 하나로 대표되는 평민교육 혹은 평민계몽people's enlightenment이라는 개념은 '폴케오프뤼스닝folkeoplysningen'으로 표기한다. 모두 시민이라는 의미의 단어가 아닌, 평민이라는 의미로 이해할 수 있는 단어 'folk'가 활용되고 있다.

그룬트비 연구자인 코르스고드Korsgaard는 평민의 개념을 이해하려면 역사적 맥락에서 이 단어의 의미 변화 과정을 짚어 볼 필요가 있다고 설명한다. 그에 따르면 평민이라는 단어가 지칭하는 '존재자'로서의 일군의 사람들은 정치체제로서의 민주주의가 시작되기 이전부터 존재했다. 정치적 상황이 변화되면서 평민은 왕의 통치를 받아야 하는 신하 국민에서 그 자신이 주권을 가지는 주권자로 변화하게 된다. 즉, 평민은 정치체제가 변화하는 과정에서 새로운 의미로 재탄생한 개념이기 때문에 민주 사회 이전부터 현재에 이르기까지 그 의미가 사회적으로 어떻게 구성되고 변화되었는가를 염두에 두고 '평민이 누구인가'에 대한 논의를 이어 가야 한다는 것이다.

모든 사람이 주권자가 되는 민주주의가 출현하기 이전까지 평민은 정치적 의미를 갖지 않았다. 하층민 또는 신하 국민으로서의 평민에게는 아무런 정치적 권한이 없었기 때문이다. 하지만 주권자로서의 평민이 전제되어야 성립할 수 있는 민주주의 체제가 시작되면서 사회의 하층민으로만 여겨졌던 평민은 국가의 주인으로서의 권리를 가진 존재라는 정치적 해석이 필요한 개념으로 재탄생한다.Korsgaard, 2008: 13 문제는 새로운 정치체제가 도래했음에도 불구하고 이 단어가 가지고 있던 과거의 의미, 즉 귀족층과 구별되는 하층민으로서의 의미는 사라지지 않고 우리의 의식 속에 남아 있다는 점이다.

변화된 정치 상황과 미처 변화하지 못한 계층의식의 혼용은 당시 덴마크의 교육현장과 정치현장에서 잘 드러난다. 교육은 여전히 귀족 출신의 부르주아를 대상으로 하는 인문주의 라틴어 학교와 평민을 대상으로 하는 기초 덴마크어 학교로 분리되어 있었고, 각 계층의 대표들이 모여 의견을 교환하는 의회에서는 하층민의 대표자들에 대한 무시와 멸시가 만연했다. 충분한 교육을 받을 수 없었던 하층민의 대표자들은 정치에 참여하여 주권자로서 권리와 책임을 다하며 목소리를 내기에는 지식과 교양이 부족했다. 귀족 출신의 엘리트 정치가들은 지적인 측면에서는 뛰어났지만, 역시 모두가 주인이 되고 평등한 사회를 지향하는 민주주의 정치체제를 이끄는 데 필요한 대화와 연대, 공동체적 감수성 같은 능력은 부족했다.

그룬트비의 '평민'교육사상은 이 지점에서 중요한 의미를 지닌다. 그룬트비는 민주주의라는 정치체제가 시작된 당시 사회에서 그 정치체제에 참여할 주권자로서의 평민에게 주어진 새로운 의미와 역할에 주목했다. 이제 평민은 기존의 덴마크 사회를 이분법적으로 나누고 있던 계층적 의미, 즉 귀족과 하층민 중 하층민에 가까운 사람들을 의미하는 것이 아니라 덴마크라는 '하나의 나라를 구성하는 주권자인 모든 사람을 지칭하는 의미'를 담게 된 것이다. 따라서 평민이라는 개념은 덴마크 영토 안에서 함께 살아온 귀족과 하층민 모두를 하나의 의미 안에 포괄하게 된다. 이들은 모두 덴마크라는 국가공동체 안에서 같은 언어, 영토, 음식, 신화, 노래(전래동요 등)와 같은 정서적, 문화적 요소를 공유한 평민이 된다. 그룬트비는 평민들에게 주어진 주권자라는 새로운 의미에 걸맞은 존재로 성장할 수 있는 교육의 필요성을 강조하며 기존에는 없던 새로운 교육기관, 평민대학을 제안하는 것이다.

그룬트비가 제안한 평민대학의 이면에는 국가를 통치하는 과정에서 자신들의 독립적인 목소리를 낼 수 있는 자질을 갖춘 평민에 대한 그의 정치적 이상이 드러난다. 그가 청년이었던 시절에는 절대군주제가 시행되었고, 중년이 되어서는 지방 의회가 등장했으며, 1849년에는 덴마크의 민주 헌법을 법으로 통과시킨 제헌국회가 구성되었다. 그는 이때 제헌국회의 구성원으로 정치에 참여하고 있었다. 그룬트비가 경험한 급속한 사회의 발전은 언론의 자유를 온전히 누리고, 정부에게 평민들의 요구를 정당하게 표현할 수 있는 성숙하고 계몽된 평민을 필요로 했다. 평범한 사람들의 내면에 이러한 성숙함을 싹 틔우는 것은 평민대학의 가장 중요한 과업이었으며, 사실상 모든 교육의 과업이기도 했다.Holm, 2019: 111 이 지점에서 우리는 그룬트비의 교육사상을 '평민교육사상'으로 부를 수 있다.

성숙한 시민교육을 위한 평민교육의 철학적 바탕

그룬트비는 평민들의 내면에 민주주의 정치에 참여하여 성공적인 국가를 구성할 수 있는 시민으로서의 자질이 잠재해 있다고 생각했다. 그가 평민들로부터 발견한 것은 그들 삶 속에 내재된 살아 있는 모국어와 생명력, 일상생활의 활기였다. 그는 그것이 인간의 자연성을 자유롭게 표출할 때 발현될 수 있는 것이라 생각했고, 그러한 힘들을 온전히 발현할 수 있도록 돕는 교육에 대해 생각했다. 18세기 당시 평민의 존재 양식을 고려할 때 주목할 점은, 이들이 자신의 직업을 통해 스스로의 삶을 경제적, 정신적 측면에서 독립적으로 살아갈 능력을 갖추고 있었다는 점이다. 따라서 이들은 사실상 사회를 유지시키는 중요한 동력을 내재하고 있었다. 그룬트비는 이러한 맥락에서 평민들의 생동감 있는 삶의 가능성을 보았고, 그러한 삶을 기반으로 교육이 이루어질 때 공공선에 대한 인식을 공유하는 계몽된 평민들의 사회가 성립될 수 있다고 생각했다. 하지만 당시에 이루어지던 국가 중심의 공교육은 그의 생각과 정반대였다. 죽은 문자 중심의 암기식으로 이루어지던 당시의 공교육은 평민은 물론이고, 국가를 이끌어 가는 엘리트 정치인들에게도 아무런 도움을 주지 못했다. 평민으로부터 나온 권력을 받아 평민을 위한 정치를 해야 하는 그들에게 평민의 삶에 대한 이해는 없었으며, 평민과 공유할 공공선에 대한 인식 또한 없었다. 새롭게 시작된 민주주의 국가에서 발견한 '하나의 평민'을 위한 교육은 태곳적부터 그 땅에서 함께 살아온 사람들이 공유하는 삶의 양식과 문화를 기초로 서로의 삶을 공유하는 방식으로 이루어져야 했다. 이러한 생각을 바탕으로 형성된 그룬트비의 평민교육사상을 몇 가지 주제를 중심으로 좀 더 상세히 살펴보자.

인간의 본성과 자연성에 근거한 교육: 평민의 삶에 근거한 교육

그룬트비는 계몽주의 시대의 이성이 만들어 낸 합리적이고 과학적인 지식은 때로 인간의 본성과 자연성을 왜곡하거나, 야생의 상태로 간주하여 교육에서 버려야 할 것으로 인식하는 오류를 범할 수 있다고 생각했다. 그는 특히 계몽주의를 기초로 합리적 지식을 중시하던 교육 상황이 큰 문제라고 보았다. 그는 국가가 제공하는 지식 중심의 교육 대신 평민의 삶에 근거한 감각적이고 직관적인 교육, 그리고 인간의 개별성과 자연성이 발달하도록 돕는 교육을 평민의 문화에 근거하여 마련하고 실천해야 한다고 주장했다. 이러한 교육을 통해 자기 자신의 존재와 삶, 자신이 속한 공동체와의 관계를 실질적으로 경험하고 그 의미를 이해할 때, 비로소 국가의 정치에 참여하여 자신의 삶과 더불어 공공의 이익을 추구하는 정치적 결정을 내리는 성숙한 시민으로 성장할 수 있다고 생각했다.

18세기 당시 덴마크 구성원의 대부분을 차지했던 농민과 평민들은 삶의 경험과 일상의 노동, 그리고 모국어와 입말로 이루어진 생활세계에 익숙한 사람들이었다. 하지만 그들에게 주어진 국가 중심의 학교교육은 합리적이고 이성적인 지식을 담고 있다고 여겨지는 문자와 책, 그리고 추상적이고 관념적인 형태의 지식을 가르치는 암기식 수업 중심이었다. 따라서 국가에서 실시하는 근대적 교육 내용 및 교육 방법과는 거리가 먼 삶을 살아온 평민들은 필연적으로 학교교육에 참여할 때 어려움을 겪었다.

그 결과, 국가 중심의 공교육은 국민의 대다수를 이루고 있는 평민의 삶에 실제적인 도움을 주지 못했을 뿐 아니라 실질적으로 정치에 참여할 기회를 열어 주지도 못했다. 그룬트비는 당시 교육의 문제를 지적하며 자신이 제시하는 평민대학의 교육에 대해『북구 신화』의 서론에서 다음과 같이 이야기한다.

> 교양과 능력은 언제나 사람들의 당대적 삶에 호응해야 하며, 지식은 인간의 총체적 삶에 관련되어야 한다. 진정한 배움은 교양과 능력도 아울러 지닌다. 그러나 후자는 언제나 직관적인 방식의 배움을 포함할 수 있다. 배움은 '지금 이곳'의 삶을 상기시키는 평민의 문화와 함께 병행해 이루어져야 한다. 그렇지 않으면, 특히 교육자들 사이에서 지식은 왜곡되기 쉽다. 국민의 문화 또한 늘 배움을 통해서 유지되지 않는다면 표피적인 것이 될 것이다. 따라서 좋은 교육제도는 진보적인 계몽과 문화를 지향해야 한다.Grundtvig, 1976: 25

공감과 소통을 통한 관계 맺기: 살아 있는 말과 살아 있는 상호작용

개인과 공동체의 관계를 온전히 인식할 수 있는 시민교육을 위해 그룬트비가 제시한 교육 방식은 당시 평민들이 사용하던 '살아 있는 말'과 '살아 있는 상호작용'을 통한 친밀한 정서적 관계 맺기다. 살아 있는 말은 그룬트비가 인문주의 학교에서 라틴어 문법을 배우며 경험한 '죽은 문자 교육'과 대척점에 있는 개념이다. 그룬트비는 더 이상 사람들의 입에서 오르내리지 않는, 기록으로만 남아 있는 죽은 언어를 암기하는 교육으로는 소통할 수 있는 시민을 기를 수 없다고 생각했다. 따라서 지식을 가졌다고 간주되는 엘리트 교사가 가지지 못했다고 여겨지는 학생에게 일방적으로 지식을 전달하는 방식의 수업에서는 진정한 의미의 교육이 이루어질 수 없다고 판단했다.

그룬트비는 평민, 즉 대다수의 사람은 정서적인 관계를 맺고 진정으로 상호작용을 할 수 있는 환경에서 자유롭게 소통하며 자신의 목소리를 낼 수 있을 때 서로를 변화시키고 성장시키는 배움이 일어날 수 있다고 생각했다. 그리고 이러한 배움이 일어나려면 배운 자와 배우지 못한 자라는 위계적인 관계에서 벗어나 수평적인 관계에서 서로의 이야기를 듣고 공감하는 관계가 형성되어야 한다고 보았다. 수평적인 관계 설정이 전제되고 서로의 이야기를 들을 준비가 되어 있는 사람들이 공동체를 이룰 때 배움은 위에서 아래로 내려오는 것이 아니라 상호적으로 일어나는 작용이 될 수 있다는 것이다.

이러한 그룬트비의 생각은 오늘날 덴마크 교육현장에서 중요하게 다뤄지는 개념과 연결되는데, 바로 '공감과 소통을 위한 교육'이다. 이 개념은 학생들이 '말하고 듣는' 과정에서 끊임없이 대화하며 서로의 말을 이해하기 위해 노력하도록 독려하는 수업 활동으로 구현된다. 더불어 학생들은 교사와의 관계에서 배우는 수평적인 관계, 서로에 대한 존중, 협력적인 배움이 끊임없이 강조되는 교실 현장에서 공감과 소통의 의미를 자연스럽게 체득한다. 그리고 이는 덴마크 시민사회의 기초를 이룬다.

동등한 존엄성의 가치에 근거한 공동체적 삶: 폴켈리드 정신

그룬트비는 지위, 생각, 신분, 연령 등의 차이에 관계 없이 공동체에 속하는 모든 사람들이 원칙적으로 동등한 인간적 가치와 존엄성을 인정받아야 한다고 주장한다.김성오, 2003: 71 이러한 그룬트비의 생각을 잘 나타내는 것이 폴켈리드folkelighed라는 개념이다. 이는 한국어로는 한 단어로 대체할 수 없는 복합적인 의미를 담고 있다. 중요한 것은 평민교육을 통해 사람들이 이러한 관점을 가질 수 있도록 돕는 문제다. 그룬트비의 평민교육사상의 흐름을 이어가 보면, 삶에 근거한 교육 내용과 교육활동을 바탕에 두고 살아 있는 말로 공감의 대화를 나누며 수평적인 관계를 맺은 사람들은, 그 교육의 목적이 가장 잘 달성되었다면, 폴켈리드 정신을 자연스럽게 습득할 수 있다. 즉, 자신과 같은 세계, 국가, 지역사회, 더 좁게는 학교나 가족과 같은 공동체에서 살고 있는 인간 존재 모두는 똑같이 존엄하고 평등한 존재임을 인식하고 공공선을 추구할 내적 준비를 갖춘 시민으로 성장하게 된다는 것이다. 그룬트비는 이러한 개념을 기초로 개인과 공동체의 관계 양식에 대해 설명한다. 즉, 폴켈리드 정신에 기초한 개인은 자신이 속한 공동체의 성장과 발전을 위해 공동체에 속한 모든 사람의 좋은 삶에 대해 고민할 수 있게 되고, 이를 기반으로 공동체의 이익에 우선순위를 둔 가치판단을 한다. 그룬트비는 이러한 상태에 이르는 것을 계몽으로 보았는데, 이것은 위로부터의 가르침에 의한 계몽이 아니라 평민의 삶과 관계에 기초한 스스로의 깨달음에 의한 계몽으로 해석할 수 있다. 이러한 계몽에 도달할 때 사람들은 다양한 방식으로 공동체를 위해 헌신하고 협력하며, 그 가운데에서 자신도 함께 성장하는 이상적인 사회적 상태를 구축해 갈 수 있다. 그룬트비는 교육은 반드시 이러한 폴켈리드 정신을 공유하는 평민을 길러 내는 일에 힘을 쏟아야 한다고 생각했다.

그룬트비 연구자인 미국인 보리쉬Borish는 덴마크 사회에서 오랜 전통으로 자리 잡고 있는 방과후학교의 문화를 폴켈리드 정신이 구현된 실천적 시민교육의 예로 설명한다. 공공의 영역인 학교에서뿐 아니라 학교가 끝난 방과 후, 아동과 청소년의 삶도 지역 공동체가 최선을 다해 그들에게 필요한 돌봄과 다양한 사회적 경험을 동등하게 제공하기 때문이다.Borish, 1991: 308 이러한 제도 속에서 덴마크의 어린이와 청소년은 개인의 가정 배경과 무관하게 국가와 지역 공동체의 보호 아래 다양한 사회적 경험의 기회를 누리며 고르게 성장할 수 있다. 이는 현대 사회에서 이야기하는 국가적 차원의 '복지'를 가능하게 하는 정서적 기초가 된다.

4. 실천으로 만나는 그룬트비

덴마크 평민대학의 의미와 역사

덴마크의 평민대학은 그룬트비라는 독특한 사상가의 철학과 덴마크의 평범한 사람들이 170여 년에 걸쳐 만들고 가꿔 온 독특한 형태의 비형식적 교육기관이다. 이러한 독특성은 덴마크어인 '폴케호이스콜레folkehøjskole'라는 명칭에서도 발견할 수 있다. 기존의 역사적 맥락에서 folkehøjskole는 영어권에서 'folk high school'이라는 단어로 옮겨졌고, 그 영어 번역을 기초로, 1970년대에는 국내에서 '국민고등학교'라는 명칭으로 번역되기도 했다. 하지만 라르손Larson은 1970년에 발표한 논문에서 'folk high school(영어)'이라는 용어는 덴마크 원어인 folkehøjskole의 의미를 명확히 전달할 수 없다고 설명한다. 덴마크와 영어권의 학자들은 덴마크어 'folk'의 의미를 가장 잘 담아내는 단어로 'people'을 제시한다. 이를 우리말로 정확히 옮기면 '인민'이다.

영어 번역을 거쳐 우리말의 고등학교, 즉 'high school'로 번역되었던 덴마크어 højskole는 미국이나 우리나라에서 지칭하는 고등학교와 달리, 고등학교 졸업 이후 진학하는 성인 대상의 학교 중 하나인 전문대학에 해당한다. 이에 따라 최근의 학자들은 folkehøjskole를 'people's college'라고 번역하기도 한다. 덴마크의 가장 유명한 국제 평민대학의 명칭이 'International people's college(IPC)'인 것은 이러한 번역의 과정을 반영한다. 다만, 이미 오래전부터 쓰인 영어 번역어 'folk high school'을 폐기하는 것은 불가능하기 때문에 현재는 고유명사처럼 활용되는 경우가 많다. 한국어의 경우, 하나로 통일된 공식 번역어는 없다. 필자는 여러 가지 맥락을 고려하여 이 학교를 '평민대학'이라 부르고 있다.

그룬트비가 최초에 평민대학을 구상했을 때는 매우 큰 규모의 아카데미를 염두에 두었는데, 그의 계획은 당시의 완고한 정부 관리들과 일부 엘리트 교육자들의 완강한 반대와 비판으로 많은 어려움을 겪었고, 그의 유일한 후원자였던 왕의 죽음으로 결국 실현되지 못했다. 이러한 상황에서 그룬트비의 교육 기획은 실패하는 듯 보였다. 하지만 그를 추종하던 사람들과 의식 있는 농민들에 의해 생겨나기 시작한 덴마크의 평민대학 folkehøjskole은 그룬트비가 미처 생각하지 못했던 모습으로 나타났다. 덴마크 전역에서 농촌을 중심으로 지역사회에 기초한 작은 규모의 풀뿌리 학교로 문을 열기 시작한 것이다. 이러한 학교들은 기존의 합리적이고 과학적인 지식이나 교육 이론을 토대로 삼지 않았다. 평민대학의 교육 목적과 방법은 모든 점에서 일반 평민들의 생활에 의해 결정되었으며 평민으로부터 시작된 풀뿌리 학교로 그 형태를 갖추게 되었다.홀거 베그트룹·한스 룬트·페터 마니헤 공저, 1959: 20

최초의 평민대학은 1844년 플로어Christian Flor 교수가 슬레스비 공작의 영지에 살던 농민들과 함께 북 슬레스비North Slesvig에 세운 뢰딩Rødding 평민대학이다. 이 지역에서는 독일과 국경을 마주하고 민족 갈등이 일어났다. 이러한 상황을 잘 알고 있던 그룬트비는 슬레스비 지역에서 열린 대중 집회에 참여하여 덴마크인으로서 자국의 문화와 모국어를 잘 지켜 줄 것을 당부했다. 나아가 "덴마크어로 말할 줄 아는 것뿐 아니라 덴마크어로 듣고, 토론하고, 덴마크어를 즐기고, 덴마크어로 지역을 이끌고 통치할 수 있도록 사람들을 가르치는 학교가 필요하다고 역설"하며 평민대학의 설립을 위한 의욕을 북돋웠다.Poul Dam, 1983: 65 이러한 영향 아래 세워진 학교는 무엇보다도 덴마크의 청년들에게 조국에 대한 사랑을 가르치는 것, 독일과 국경을 맞대고 있어 점차 거세어지는 독일어와 독일 문화의 영향력에 대항하여 덴마크어와 덴마크의 문화를 지키도록 교육하는 것, 농업과 상업을 더 잘할 수 있도록 하는 데 도움이 되는 실제적인 과목을 가르치는 것을 목적으로 삼았다.Karl Kristian Aegidius, 2001: 71

이후 오늘날의 평민대학과 유사한 형태의 교육을 위해 세워진 최초의 평민대학은 1851년 콜Christen Kold이 푸넨Funen에 세운 뤼스링에Ryslinge 평민대학이다. 콜은 교육에 대해 의견을 달리하는 부분도 있었으나, 그룬트비의 사상을 교육현장에서 가장 잘 구현한 인물이다. 콜의 헌신적인 노력과 실천으로 운영된 평민대학은 이후 새롭게 생겨난 많은 평민대학의 중요한 모델이 되었다. 또한 콜의 노력으로 덴마크 정부는 평민대학을 점차 재정적으로 지원하기 시작한다.

1853년 그룬트비가 70세 생일을 맞던 해에는 그의 이름을 딴 평민대학을 세우기 위한 기금이 마련되었고, 이 기금을 바탕으로 1856년에는 코펜하겐 북쪽에 그룬트비 평민대학Grundtvig folkehøjskole이 문을 연다. 3번에 걸쳐 장소를 이동했지만, 이 학교는 현재에도 활발히 운영되고 있다. 그룬트비는 이 학교에서 직접 근무하거나 가르치지는 않았지만 교사나 학생들을 방문하거나 관계를 맺고 교육의 방향에 대해 생각을 제시하기도 했다. 그룬트비는 이 학교가 무엇보다 평민대학에 오는 학생들의 삶을 위해 운영되어야 한다는 점을 핵심으로 내세웠다.

1864년 슬레스비 홀스타인 지역의 국경전쟁에서 패한 덴마크는 새로운 국면을 맞이한다. 특히 당시 정권을 장악했던 엘리트 정치인들이 정치적 실패를 인정하고 정권에서 물러나면서, 그 자리를 그룬트비를 추종하던 사회민주주의 계열의 정치가들이 채우게 되었다. 슬레스비 홀스타인 지역을 잃고 북쪽으로 올라갈 수밖에 없게 된 평민대학은 1865년 아스코우Askov 지역에 루드비그 슈뢰더Ludvig Schroder가 설립한 평민대학을 중심으로 다시 힘을 얻기 시작한다.

이 시기에는 덴마크뿐 아니라 스웨덴과 노르웨이에서도 그룬트비의 생각을 배우고 평민대학을 세우려는 움직임이 있었으며, 실제로 학교들이 세워지기 시작했다. 이러한 실천적 노력을 통해 평민대학은 덴마크 전역으로 점차 퍼져 나갔는데, 평민대학의 교장들은 대부분 그룬트비와 밀접한 관계를 맺고 교류를 이어 가는 사람들이었다. 이 과정에서 평민대학은 급성장하는 시기를 맞게 되었고 그룬트비가 세상을 떠난 1872년과 1873년에는 덴마크 전역에서 3,000명이 넘는 학생들이 평민대학에 출석하기도 했다.Poul Dam, 1983: 71 참조 1876년 4월에는 평민대학의 교육 소식 등을 전하는 〈폴케호이스콜레 리뷰Højskolebladet〉가 주간잡지 형태로 발간되어 덴마크 전역의 평민대학들을 묶어 내는 역할을 담당했다.

평민대학은 북유럽뿐 아니라 다른 대륙에도 설립되었다. 1878년에는 미국 아이오와Iowa주에 첫 번째 평민대학이 세워졌다. 이후 1932년 테네시Tennessee주에서 마일스 호턴Myles Horton이 하이랜더 평민대학 Highlander Folk School을 설립한다. 이 학교는 마틴 루서 킹Martin Luther King 등 인권 및 노동운동가를 길러 냈고, 이들은 약자들이 적극적으로 목소리를 낼 수 있도록 돕는 흑인해방운동을 이끌어 냈다. 이렇게 그룬트비의 생각에서 출발한 평민대학은 덴마크뿐 아니라 북유럽의 나라들과 미국, 영국, 인도, 아시아, 현재는 나이지리아 등 제3세계 국가에도 영향을 미치고 있다. 이 학교들은 평범한 사람들이 시민사회의 중요한 일원으로서 자신과 공동체가 서로 연결되어 있다는 관계성을 몸소 경험하도록 돕는다. 이 과정에서 학생들은 스스로 연대하는 법을 배우고, 모두를 위해 더 좋은 사회를 만들기 위한 동력을 마련한다.

2차 세계대전 이후, 평민대학은 모국어와 덴마크 역사 등의 민족정신을 기초로 삼았던 전통적인 평민대학의 교육 목표와 달리, 그것을 포함한 폭넓은 내용을 담아내기 시작한다. 오늘날 젊은이들은 삶에서 부딪히는 다양한 어려움과 갈등을 과제로 안고 새로운 삶을 탐색하기 위해 평민대학을 찾는 경우가 많다. 따라서 다양한 사람들이 자기 삶의 의미를 찾아가는 과정으로서의 여정, 그리고 그 안에서 자신을 찾고 사회와 자신의 연결점을 찾으려는 노력을 지원하는 교육도 오늘날 평민대학 교육의 중요한 목표가 된다. 배움의 과정에서 학생들은 각종 예술, 스포츠, 문화 활동, 농업, 패션, 요리, 미디어 등 다양한 활동을 매개로 민주적 삶의 태도를 몸과 마음으로 익히며 자신과 세계에 대한 고민을 이어 간다.

덴마크에서는 다양한 형태의 평민대학이 특정 주제나 각종 활동을 중심으로 설립·운영되고 있으며, 사회적 효용성을 다한 경우에는 자연스럽게 문을 닫거나, 그 요구에 맞는 방식으로 유연하게 변화하며 생명력을 이어 가고 있다. 그리고 이러한 다양성 안에서도 평민대학이 추구하는 큰 틀에서의 공통점을 공유하는 역할을 담당하는 협회를 만들어 의견을 공유하고 교류하는 가운데 긍정적인 발전 방안을 끊임없이 탐색하고 있다.

평민대학의 교육적 의미와 사회적 역할[5]

링뷔Lyngby 평민대학의 교장이었던 보루프Ernst Borup는 "평민대학은 이미 마련되어 있는 삶의 철학에 의해서가 아니라, 학생들이 그들 스스로 생각할 수 있도록 돕고, 진실한 가치와 거짓된 가치를 구분할 수 있도록 가르치며, 비록 그것이 가장 어려운 것이라 하더라도, 올바른 길을 선택하고자 하는 의지를 길러 줌으로써 학생들을 교육하고, 삶에 대한 올바른 자세를 심어 주고자 한다"라고 말했다.Manniche, 1969: 110 그의 연설은 덴마크 평민대학의 사회적 의미와 역할을 동시에 드러낸다. 실제로 평민대학에서 성장한 많은 덴마크 사람들이 오늘날의 덴마크 사회를 신뢰와 통합의 사회로 이끄는 데 중요한 역할을 해 왔고, 여전히 그 역할을 하고 있다. 평민대학은 어린이와 청소년이 아닌 17세 이상의 성인들을 교육의 대상으로 삼았다는 점에서 의미를 찾을 수 있다. 성인 학생들은 이곳에서 스스로 생각하고 성찰하며, 공동체에 대해 스스로 새로운 전망을 세울 수 있었다. 이는 성인들이 평민대학에서 아래로부터의 계몽을 추동하는 교육을 경험하며 스스로 성장하여, 당시의 덴마크 사회를 변화시키

---

5. 이 장은 「대안교육의 사상적 기반으로서의 그룬트비 교육사상과 실천」[정해진(2004), 고려대학교 석사학위논문]의 'Ⅳ. 그룬트비 교육사상의 실천적 원용'을 수정, 보완하여 실었다.

는 주체로 설 수 있도록 돕고자 했던 그룬트비의 사상이 현실에서 실현될 수 있었던 중요한 이유가 된다. 평민대학에서 아래로부터의 계몽을 경험한 성인들은 어린이와 청소년을 위한 교육에 대해서도 새로운 전망을 세우고, 기존의 국가 중심 공교육이 안고 있는 문제를 직시할 수 있었으며, 그에 대항해 자신들이 생각하는 교육을 실현할 새로운 학교를 만들어 갈 힘도 지닐 수 있었다.

170여 년이라는 세월을 거듭하며 평민대학이 다양하게 변화하는 과정에서도 여전히 교육의 바탕을 이루는 몇 가지 중요한 목적은 공유되었다. 그 내용은 다음과 같이 정리할 수 있다.

먼저, 성인 학생들이 '정서적 측면'과 '사회적 측면' 모두에서 성장하도록 돕는 것이다. 정서적 성장과 사회적 성장은 그룬트비 사상의 핵심인 '개인 삶의 계몽'과 이를 기초로 형성되는 '유기체적 공동체 사회'를 실현하기 위해 꼭 필요하기 때문이다. 특히, 학생들의 사회적 성장은 평민대학 교육과정을 구성하는 데 가장 중요하게 고려해야 할 요소다. 이 학교에서는 학교 구성원 모두가 함께 먹고 자고 생활하며 공부하는 공동체 활동을 통해 학생들의 사회적 발달을 돕는다. 학교를 운영하는 과정에도 학생들이 직접 참여하여 학교 안에서 올바른 민주주의를 실천할 안전한 기회를 제공한다. 따라서 학생들은 실질적인 생활의 장에서 민주적인 사회를 스스로 만들고 운영하는 구체적인 경험, 그리고 학교 안의 이슈에서 세계적인 이슈에 이르기까지 세계에서 일어나는 다양한 사태들에 대해 끊임없이 대화하고 토론하는 폭넓은 소통의 경험을 하며 한층 더 성숙한 민주시민으로 성장한다.

다음으로 꼽을 수 있는 평민대학의 중요한 교육 목적은 학생들이 자신이 사는 지역의 환경과 조화를 이룰 수 있도록 돕고, 그들이 다시 지역사회로 돌아가 그곳 환경을 더욱 풍부하고 의미 있는 곳으로 만들 수 있는 사람으로 성장하도록 돕는 일이다. 이러한 목적은 평민대학이 덴마크 곳곳에 생겨나기 시작하던 1860년대의 역사적 맥락을 담고 있다. 한 발짝 더 나아가 현재의 평민대학은 결코 학생들을 그들의 삶과 분리시키지 않는다. 그들은 학생 개개인에 대해 설명하는 것은 곧 그들의 삶의 방식을 설명하는 것과 같은 일이라고 여긴다.Davis, 1971: 8 따라서 그들의 삶의 방식을 형성하는 데 큰 영향을 미친 삶의 터전, 즉 지역사회와의 관계를 조화롭게 형성하고 그곳을 바탕으로 자신의 삶을 꾸리는 동시에 지역 발전에 기여하도록 하는 노력을 기울이고 있다.

다음으로 평민대학의 교육은 반드시 삶에 유용한 지식을 얻고자 하는 학생들의 욕구를 충족시킬 수 있어야 하며, 그러한 가르침 속에서 학생들이 직접적으로 흥미를 느낄 수 있도록 도움을 주어야 한다. 이는 자칫 오해하기 쉬운 평민대학 교육의 한 부분을 설명해 준다. 즉, 상호작용과 입말로 이루어지는 교육에서는 지적 능력을 기르거나 학문적인 배움이 간과되기 쉬울 것이라는 오해다. 하지만 평민대학이 강조하는 교육은 지식을 간과하는 교육이 아니라 더 깊이 있고 어려운 내용의 지식이라 하더라도 학습자가 스스로 필요성을 인식하거나 흥미를 갖고 배우는 것의 중요성을 강조한다. 이것이 바로 삶과 연결되는 배움이며 지식이기 때문이다. 따라서 평민대학의 교사들은 특정한 자격증을 요구받지는 않지만 자신의 분야에서는 전문적이고 깊이 있는 지식과 더불어 그에 대한 열정을 지니고 있어야 한다.

평민대학에서는 교육 내용을 마련할 때, 학생 개개인의 삶과 연계되는 교육을 위해 학생들의 흥미와 관심의 지속적인 반영을 중요한 원칙으로 삼고 있다. 즉, 개인의 존재가 무시되기 쉬운, 모든 학생에게 획일적으로 주어지는 교육 내용이나 교육 방법은 거부하며 학생들의 이해력과 그들이 가진 이전의 지식을 고려하여 수업을 진행한다. 평민대학의 강의는 가능한 한 실제적이고 현실적이어서 강의를 듣는 학생들이 그 과목이 자신과 실제적으로 관계가 있다고 생각할 수 있게 하는 것을 중요한 과제로 삼는다.Rørdam, 1965: 20-21 학습에 대한 학생들의 흥미와 관련해 생각할 수 있는 또 한 가지는 즐거움이다. 평민대학에서는 학생들이 학교에서 즐겁게 생활하는 것을 무엇보다 중요하게 생각한다. 평민대학의 대표적인 실천가로 알려진 콜은 "자신이 하고자 하는 것들을 즐거움 속에서 해 나갈 때, 진정한 계몽도 이루어질 수 있다"라고 이야기한다. 평민대학의 교육은 학생들의 일시적인 흥미나 일상에서의 요구에 한정되지 않고, 그 이상을 주고자 한다. 더욱 넓은 외부의 세계와 사람들이 안고 있는 삶의 문제들에 새롭게 눈뜰 수 있도록 도와주는 것이 평민대학에서 이루어지는 교육의 중요한 역할이다. 이러한 교육은 학생들이 새로운 것에 흥미를 느낄 기회를 주고, 학생들의 시야를 넓히는 역할을 한다.

지금까지 살펴본 평민대학의 교육은 모두 '인간 개개인의 삶과 삶이 안고 있는 가장 깊은 문제들에 빛을 비춰 주는 것'을 목표로 한다. 평민대학에서 생활하는 동안 학생들은 다양한 경험을 통해 삶에 대한 여러 가지 질문들을 얻게 된다. 이러한 질문들은 거의 그 답을 찾을 수 없는 경우가 많지만, 그러한 문제들을 마음속에 떠올려 보고 교사 또는 동료 학생과 함께 토론해 보는 것만으로도 매우 좋은 경험이 될 수 있다. 삶에 대한 질문의 답을 찾고자 하는 노력과 세상의 어느 부분에 자신이 알맞은가를 발견하는 과정에서의 성장이 학생들에게는 가장 중요하며, 이것이 평민대학이 궁극적으로 학생들에게 주고자 하는 것이다.Davis, 1971: 4

덴마크 사회는 현재에도 평민대학의 역할에 적극적 지지를 보낸다. 무엇보다 덴마크 사회는 긴 역사를 통해 평민대학에서 이루어진 진보적인 교육활동과 사회참여, 특히 협동조합운동과 여성해방운동, 그리고 자유학교운동 등을 통해 이루어진 덴마크 사회의 변화를 체감해 왔기 때문에 그 가치를 인정한다. 따라서 덴마크 사회의 변화에도 불구하고 여전히 많은 젊은이가 평민대학에서 이루어지는 다양한 영역에서의 도전에 관심을 보이며 교육에 참여하고자 한다.

5. 지금, 여기의 삶에서 만나는 그룬트비

우리 교육은 지금 어느 때보다 다양한 변화를 시도하고 있다. 그리고 그 변화의 중심에서 능동적인 교육의 주체들이 스스로 만들어 내는, 모두를 위한 자유롭고 탁월한 교육이라는 지향점을 발견하게 된다. 교사, 학부모, 지역사회 주민, 교육정책 입안자에 이르기까지 모든 사회의 구성원은 학생이라는 배움의 주체가 자기 삶의 여정 속에서 적절한 교육적 도움을 받으며 성장할 수 있도록 그 과정에 함께해야 한다. 중요한 것은 배움의 주체가 어떤 가치를 향해, 어떤 방법으로 도움을 받으며 자신의 삶을 구현하고 성장하여 사회의 구성원으로 살아가게 될 것인가이다. 그리고 이 문제에 대해 우리가 만난 다양한 사상가 중 한 사람인 그룬트비는 다음과 같은 교육적 지향을 제시한다. 지금, 여기의 삶에서 그룬트비가 들려주는 이야기 한 구절을 소개하며 글을 마친다.

평민은 서로 이야기하면서 배운다. 능동적인 시민은 자신의 목소리가 중요하다는 것을 배운 사람들로 형성된다. 사람들은 목소리를 높여 말해야 하고, 의견을 가져야 하며, 공동체의 다른 사람들과 일관되게 소통할 수 있어야 한다.

참고문헌

Aegidius K. K.(2001a). 「덴마크 사회와 그룬트비의 사상」. 김자경 옮김. 『처음처럼』, 23, 67-77.

_____(2003a). 「덴마크의 학교 풍속도」. 송순재 옮김. 『처음처럼』, 35, 82-103.

_____(2003b). 「교육에서의 자유」. 송순재 옮김. 『처음처럼』, 35, 104-118.

Borish, S.(1991). *The Land of the Living: The Danish Folk High Schools and Denmark's Non-violent Path to Modernization*. Nevada City: Blue Dolphin Press.

Cati Coe(2000). The education of the folk: Peasant schools and folklore scholarship. *Journal of American Folkore*, 113(447), 20-43.

Christian Thodberg(1983). Grundtvig Profile, Christian Thodberg & Anders Pontoppidan Thyssen(ed.). *N. F. S. Grundtvig: Tradition and Renewal*. Copenhagen: Det Danske Selskab.

Davis, D. C.(1971). *Model for a Humanistic Education: The Danish Folk Highschool*. Ohio: Charles E. Merrill Publishing Company.

Fain, E. F.(1980). *Grundtvig, folk education, and Scandinavian cultural nationalism. Other dreams, other schools: folk colleges in social and ethnic movements*. Pittsburgh, PA: University Center for International Studies.

Grundtvig, N. F. S.(1976). *Collected writings: N. F. S. Grundtvig*. (J. Knudsen, Ed. & Trans.). Philadelphia: Fortress.

Henningsen, H.(1993). The Danish Folk High School. *Heritage and prophecy: Grundtvig and the English-speaking world* (Vol. 24). Aarhus: Aarhus Universitetsforlag, 283-297.

Holm, A.(2019). *The Essential N. F. S. Grundtvig*. Copenhagen: filo.

Jens B.(1995). Danish Education, Pedagogical Theory in Denmark and in Europe and Modernity, *Comparative Education*, 31(1), 31-48.

Korsgaard O. & Wiborg S.(2006). Grundtvig—the Key to Danish Education?, *Scandinavian Journal of Educational Research*, 50(3), 361-382.

Kulich J.(2002). Residential folk high schools in Eastern Europe and the Baltic states, *International Journal of Lifelong Education*, 21(2), 178-190.

Lawson, Max.(1991)(ed.). *N. F. S. Grundtvig: Selected Eucational Writings*. Copenhagen: The International People's College and The Association of Folk High Schools in Denmark.

Lisbeth M. Trinskjaer(2017). The Danish Folk High School. 2017 한국-덴마크 국제교육 세미나. 서울시교육청.

Lundgreen-Nielsen, F.(1997). Grundtvig as a Danish Contribution to World Culture, *Grundtvig-Studier*, 48(1), 72-101.

Manniche, P.(1969). *Rural development and the changing countries of the world*. A study of Danish rural conditions and the folk high school with its relevance to the developing countries. Oxford: Pergamon Press.

Olsen, T. V.(2015). The Danish free school tradition under pressure. *Comparative Education*. 51(1), 22-37.

Østergårds, U.(2004). The Danish Path to Modernity. *Thesis Eleven*, 77(1), 25-43.

Oxfeldt E.(2005). *Nordic Orientalism: Paris and the Cosmopolitan Imagination 1800-1900*. Copenhagen: Museum Tusculanum Press.

Poul Dam(1983). *Nikolaj Frederik Severin Grundtvig(1783-1872)*. Copenhagen: Royal Danish Ministry of Foreign Affairs, Press and Cultural Relations Department, 1983. 김장생 옮김(2017). 『덴마크의 아버지 그룬트비』. 누멘.

Ravn, B.(2002). The Cultural context of learning and education in England, France, and Denmark as a basis understanding education. *Journal of Educational Change*, No. 3. 241-263.

Rerup, L.(1994). N. F. S. Grundtvig's Position in Danish Nationalism, Allchin, A. M.(ed), *Heritage and Prophecy: Grundtvig and the English-Speaking World*. Aarhus: Aarhus University, 233-242.

Roberson Jr, D. N.(2002). The Seeds of Social Change from Denmark. *ED*, 465 048.

Rørdam, Thomas.(1965). *The Danish Folk High Schools*. Denmark: Det Danske Selskab.

Thaning K.(1972). *N. F. S. Grundtvig*. Copenhagen: Det Danske Selskab.

강선보·정해진(2012). 「그룬트비의 평민교육사상과 그 실제」. 『한국교육학연구』, 18(2), 5-23.

김성오(2003). 「그룬트비 읽기」. 『처음처럼』, 36, 66-83.

송순재 외(2010). 『위대한 평민을 기르는 덴마크의 자유교육』. 민들레.

송순재(2010). 「덴마크의 자유교육」. 송순재 외 편. 『위대한 평민을 기르는 덴마크의 자유교육』. 민들레, 17-65.

시미즈 미츠루(2014). 『삶을 위한 학교』. 김경인·김형수 옮김. 녹색평론사.

오연호(2014). 『우리도 행복할 수 있을까』. 오마이북.

유달영(1955). 『새 역사를 위하여-덴마크의 협동과 교육사업』. 청문각.

이찬갑(2010). 『풀무학교를 열며』. 그물코.

정해진(2004). 「대안교육의 사상적 기반으로서의 그룬트비 교육사상과 실천」. 고려대
학교 석사학위논문.

정해진(2022). 「덴마크의 실천적 시민교육에 관한 고찰: 그룬트비의 평민교육사상을
중심으로」. 『교육사상연구』, 36(3), 181-207.

홀거 베그트룹·한스 룬트·페터 마니헤 공저(1959). 『새 역사의 창조: 덴마크국민고등
학교와 농림사회의 발전』. 이기백 옮김. 동양사.

5장

존 듀이:
삶의 양식과 민주주의, 그리고 실험학교[1]

양은주

1. 듀이 철학과 교육론의 현재적 의미

존 듀이는 현대 사상사에 길이 남을 미국의 위대한 철학자이며 교육자요, 일상 삶의 민주화와 진보적인 사회변혁을 꿈꾼 비판적 지성인이다. 그는 퍼스C. S. Peirce, 제임스W. James와 함께 20세기 초 미국에서 가장 영향력 있는 사조였던 프래그머티즘을 대표하는 철학자로 손꼽힌다. 또한 전통적 권위주의적 교육을 비판하며 학생의 흥미와 경험의 성장을 중심에 두고자 했던 진보주의 교육운동의 이념적·실천적 기틀을 제공한 인물로 잘 알려져 있다.

저술과 강연을 통한 듀이의 활동은 1880년대 초부터 시작되어 1952년 93세를 일기로 세상을 떠나기 직전까지 계속되었다. 70여 년에 걸친 작업으로 그는 자연과 인간 경험, 인식과 행위, 과학과 윤리, 도덕과 정치, 예술과 종교 등 제반 문제를 포괄하는 철학 체계를 구축했다. 특히 현대 철학자 가운데 드물게도 교육의 이론과 실천을 중요한 탐구 주제로 삼고 일

---

1. 이 원고는 아래와 같은 필자의 선행연구물을 활용하여 수정, 보완한 것이다. 「존 듀이─경험의 철학자, 사유하는 교육자」(『초등우리교육』 2006년 6월호, pp. 88~94], 「듀이의 진보주의 교육사상과 실험학교」(『교사를 일깨우는 사유』(2007), pp. 289~322], 「세월호 참사 이후를 위한 『민주주의와 교육』 읽기」(『교육사상연구』 30권 4호(2016), pp. 135~162], 「교육의 생태적 전환을 위한 듀이 교육철학의 재조명」(『초등교육연구』 34권 1호(2021), pp. 265~290].

관된 철학에 기초한 교육론을 정립했다.

듀이의 철학과 교육 이론은 당대에 전 세계적으로 큰 반향을 불러일으켰으며, 그에 대한 다양한 해석과 평가는 지금도 계속되고 있다. 주목할 점으로 듀이 철학에 관한 관심은 20세기 중반 냉전 시기에 급속히 쇠퇴했었으나, 탈근대적 논의가 성숙되는 1980년대부터 점차 다시 활기를 띠면서 '부활'한 것으로 평가된다.Hickman, 1999 그러나 그의 사상은 광범위한 주제를 포괄하는 데다 해석이 어렵고 애매한 부분이 많아서, 비판적인 논객들뿐 아니라 열렬한 추종자들도 종종 오해하곤 했다.

한국에서 듀이는 교육학자들이 가장 많이 탐구한 사상가에 속하며 대학 교육학 강의에서도 그의 이름이 종종 거론되지만, 그의 사상은 여전히 낯설게 여겨진다. 사상적 어려움 때문만이 아니라, 교육 문제에서는 지극히 개인주의적, 보수주의적이 되는 경향과 한국 사회에 만연한 경쟁적, 도구적 교육관이 또 다른 걸림돌은 아닐까 싶다. 사회적 삶과 교육에서 비인간적, 비민주적인 서열화와 차별을 당연시하는 관행과 통념을 근본적 문제로 성찰하며, 듀이의 철학적 통찰과 실천의 현재적 의미를 새롭게 탐색해 볼 필요가 있다.

2. 듀이의 생애와 사상

듀이가 살았던 시대, 그의 성장과 철학적 입문

듀이는 1859년 10월 20일 미국 북동부의 버몬트주 벌링턴에서 태어났다. 그가 태어난 1859년은 세계 지성사에서 중요한 의미를 갖는 해이다. 현대 철학자들의 사상에 지대한 영향을 미친 다윈의 『종의 기원』을 비롯해 밀의 『자유론』과 마르크스의 『정치경제 비판』이 그해에 발표되었다.

이 책들의 제목으로 짐작할 수 있듯이, 19세기 후반 서구 세계는 급진적인 과학적, 사회적, 정치경제적 변화와 도전을 겪었다. 특히 산업자본주의 확대로 인한 기계화와 분업화, 사회 계층적 대립과 갈등, 제국주의적 경쟁 등의 문제가 심화되었다. 20세기 초, 〈모던 타임스〉와 같은 채플린의 영화에서 극적으로 묘사되듯이, 생산 과정에서 인간이 거대 기계의 부속품처럼 도구적 수단으로 전락하고 일상 경험은 무의미하고 황폐해져 갔다. 이처럼 인간 존재의 근원적인 의미 상실, 과학과 윤리의 대립, 정치경제적 모순과 사회구조적 문제 등이 서구 지성인들의 문제의식을 자극하던 시대에 듀이는 태어났고, 그러한 문제의식을 공유하게 된다.

존 듀이는 아버지 아치볼드 듀이와 어머니 루시나 듀이의 네 아들 중 셋째로 태어났다. 아버지는 버몬트의 농가 출신인데, 가업을 떨치고 벌링턴으로 이주해 와서 식료품상을 운영하며 살았다. 그는 장사해서 돈을 많이 버는 데 크게 집착하지 않았으며, 즐겁고 의미 있게 살아가고자 하는 보통 사람이었다. 이러한 아버지의 삶은 듀이 철학에서 보통 사람의 건전한 상식을 철저하게 신뢰하도록 만드는 데 영향을 주었다.

어머니는 버몬트의 유복한 엘리트 집안 출신이었다. 남편보다 스무 살이나 어렸지만 독립적이고 강한 성품이었으며 자녀 교육열이 각별했다. 독실한 기독교 신자였던 어머니는 신앙적으로 엄격했다. 나중에 듀이는 그런 어머니의 영향 아래 형성된 종교적 믿음과 일상 삶에서 체험한 세계의 의미가 서로 불일치해서 심각하게 고뇌했다고 회고한다. 이렇게 신과 인간, 자아와 세계, 영혼과 몸이 대립하고 갈등을 빚었던 젊은 날의 경험은 후일 자신의 철학적 문제의식을 형성하는 데 중요한 밑거름이 된다.

듀이는 벌링턴 지역의 버몬트대학교에 다녔는데 첫 2년간은 공부에 열의가 강한 학생이 아니었다. 그러다가 3학년에 영국의 동물학자 헉슬리의 저서를 교재로 한 생리학 수업을 통해 세계에 대한 지적 관심이 생겼다. 처음으로 철학적 탐구에 흥미를 갖게 된 것이다. 이때 그는 비로소 세계의 모든 사물이 상호 유기적으로 연결된 통일체라는 느낌과 학문적 탐구에서 사물을 바라보는 관점을 터득하게 된다.

대학 졸업 후 그는 펜실베이니아주 오일시티에서 고등학교 교사로서 사회생활의 첫발을 내디뎠다. 소심하고 내성적이었던 그는 교사로서 그리 성공적이지 못했고 결국 3년이 채 안 되어 교직 생활을 그만둔다. 하지만 이 시기에 그는 이 세계와 하나가 되는 듯한 고요한 화해의 특별한 순간을 경험했고, '유물론의 형이상학적 가정'이라는 주제로 첫 논문을 써서 본격적인 철학 공부의 계기를 마련한다.

그 후 그는 존스홉킨스대학교 철학과에서 대학원 과정을 밟았다. 그의 지도교수는 독일에 유학해 헤겔의 절대주의적 관념 철학에 깊이 영향을 받은 모리스 교수였다. 듀이는 모리스 교수에게 배우면서 유물론적 철학에 대한 설득력 있는 대안인 절대주의 관념론에 깊이 매료된다. 종교를 합리화하고 과학에 정신적 가치를 부여하는 데 성공적인 철학, 모든 부분이 상호 연계되는 유기적 전체성과 신과 인간, 자아와 세계의 통일성을 설명하는 철학이 당시의 듀이가 찾던 것이었다. 2년 뒤 칸트의 심리학에 관한 논문으로 박사학위를 받은 그는 10년간 미시간대학교에서 강의를 했다. 이 시기에 심리학, 윤리학, 정치철학 등으로 철학적 관심을 확장해 나갔고, 미국 철학계에서 영리하고 촉망받는 신진 철학자로 자리매김하게 된다.

미시간에서 듀이는 아내 앨리스 치프만을 만나 결혼한다. 미시간대학교 졸업생인 앨리스는 매우 예리한 지성인이며 남성적인 데가 있고 사회적 관심이 특별히 강한 여성이었다. 앨리스와의 만남은 순수하게 관념론적으로 경도되어 있던 듀이에게 사회비판적인 안목과 현실 참여의 중요성을 일깨웠고 그의 관심이 사회철학적인 것으로 전환하는 데 중요한 계기가 된다. 그들은 여섯 명의 자녀를 두었는데, 불행하게도 아들을 열병으로 잃는 아픔을 두 차례나 겪었다.

실험주의 철학으로의 이행과 교육적 실험

1894년 듀이는 시카고대학교의 철학·심리학·교육학 통합학과 학과장으로 부임한다. 1904년까지 시카고대학교 교수로 재임한 기간은 듀이가 학문 활동뿐만 아니라 사회적 실천도 가장 왕성하게 했던 시기이다. 이곳에서 듀이는 여러 훌륭한 학자들을 같은 학과의 동료로 모으게 되는데, '시카고학파'라고도 불리는 탐구 공동체를 이루어 실험주의적 프래그머티즘 철학을 형성하게 된다.

이때부터 20년에 걸쳐 뿌리내리게 되는 프래그머티즘 철학은 '실용주의'로 번역되어 흔히 오해하듯 현실에서의 실용적 가치를 중시하는 사상이 아니다. 그것은 의미와 인식과 진리에 관한 철학적 이론으로, 인간과 세계의 연속성에 대한 자연주의적 이해와 인간 행위를 습관의 구속으로부터 자유롭게 하는 창조적 지성에 대한 신뢰에 토대를 둔 것이다. 사물의 의미는 영구불변의 본질로 내재된 것이 아니라 그것에 상호작용한 결과들을 관찰함으로써 계속적으로 생성된다는 것, 관념이란 실험적 가설이나 문제 해결의 도구로서 그것의 진리 여부는 그에 따라 행한 결과의 유용성에 달려 있다는 것, 지성이란 행위와 결과의 관계를 의미로 구성하는 힘이며 새로운 가능성을 목적으로 추구하는 창조적 활동 안에서 발달한다는 것 등이 주요 견해다.

실험주의 철학으로 옮아가던 이 시기에 듀이는 실험학교를 설립해 운영하면서 그의 철학과 일관된 교육의 이론적·실천적 모색을 주도한다. 학교교육 개혁을 통한 진보적인 사회 변화를 꿈꾸었던 듀이는 사회주의자들이 주장하는 계급투쟁의 방법에 반대하면서, 진정으로 효력 있는 사회개혁의 길은 사회 구성원의 기질과 성향을 근본적으로 변화시키는 교육에 있다고 보았다. 이 시기에 쓴 『나의 교육 신조』에서는 "교육이 사회 진보와 혁신을 위한 근본적인 방법"이요, 교사란 전체 사회를 올바르게 형성해 "하느님의 나라로 이끄는 안내자"라고 선언하면서 교육에 대해 신앙에 가까운 강한 신념을 펼쳤다. 교육을 통해 미래 사회에 참여할 성원들에게, '세계와 인간을 향한 사회적인 관심', '문제 상황으로부터 새로운 의미를 구성하는 지성적인 습관', '경험의 의미와 가치를 공유하는 협동적 상호 교섭의 성향' 등을 길러 주면, 잘 교육받은 사람들이 사회 문제를 점진적으로 개선해 진보적 혁신을 이루리라 기대했던 것이다.

듀이는 자연과학이 실험실을 통해 놀라운 발전을 이루었듯이 철학도 실험실이 필요한데, 인간, 지식, 가치의 주제를 탐구하는 철학적 실험의 장은 인간의 지적·도덕적 성향을 형성하는 학교라고 보았다. 이러한 그의 견해와 뜻을 함께하는 지식인, 학부모, 교사들의 적극적인 참여에 힘입어 1896년 시카고대학교에 실험학교가 문을 열게 된다. 전통적인 학교의 고정된 교과 중심 교육에서 탈피해, 실험학교에서는 어린이의 진정한 흥미와 필요에서 출발하고 실제 삶의 경험과 맞닿는 교육을 지향하며 교육의 내용과 방법에서 다양한 실험적 실천을 시도했다. 듀이는 거의 매일 실험학교를 찾았고 교사들과 주례 협의회를 통해 이론과 실제, 철학과 현실을 다리 놓게 된다. 16명의 학생과 2명의 교사로 시작한 실험학교는 계속 확장되어, 1902년에는 최고 140명의 학생이 등록해 있었고 23명의 교사와 10명의 대학원생 조교들이 함께 일하며 자리를 잡아 갔다.

그러던 중에 시카고대학교는 당시 진보적 교육 실천가 파커가 운영하던 학교와 실험학교의 합병을 추진하게 된다. 당시 실험학교 교장을 맡았던 앨리스 듀이 여사의 유임이 합병 이후 거부되면서 총장과 심한 마찰을 빚게 되자 듀이는 모든 직분을 사임하고 떠난다. 그러자 실험학교에 참여했던 많은 교사들도 곧이어 학교를 떠났다. 현재에도 시카고대학교 실험학교는 남아 있지만 실질적으로 듀이 철학에 기초한 교육 실천의 장으로서의 실험학교는 안타깝게도 이것으로 끝나고 만다.

듀이 실험학교는 이후 1930년대까지 확산되는 진보주의 교육운동의 실천적 모범이 되었으며, 현재까지도 학교교육의 대안을 모색하는 진보적 교육자들에게 영감을 불어넣는 선도적 전형으로 평가받고 있다. 듀이는 실험학교 운영에 참여하면서 교육 이념과 원리를 피력한 『아동과 교육과정』, 『학교와 사회』 등의 저서를 남긴다. 구체적인 교육 실제에 대한 기록은 당시 교사로 참여했던 두 자매 매이휴와 에드워즈가 쓴 『듀이 학교: 시카고대학교 실험학교, 1896년~1903년』에 담겨 있다.

자연주의적 경험철학의 완성

시카고대학교를 사임할 때 이미 철학적으로나 사회적으로 어느 정도 명성을 확고히 했던 듀이는 곧바로 컬럼비아대학교 철학과 교수로 초빙되어 정년퇴임 때까지 머문다. 그곳에서도 철학뿐 아니라 교육에 관한 관심은 계속되어 교사연대 조직에 참여하는 등 교사의 전문성 확보를 위한 실천적 노력을 기울인다. 또한 자신의 교육철학을 가장 포괄적으로 담은 『민주주의와 교육』을 포함해 『사고하는 법』1910b, 『철학의 개조』1920, 『인간 본성과 행위』1922 등 사변적 철학 전통에 변화의 계기를 마련하는 중요한 저서들을 발표했다.

듀이는 "교육이란 경험의 계속적인 재구성"이요, "잘 교육된 사람이란 계속적으로 보다 많은 교육을 추구하며 자신의 성장을 계속적으로 확장하는 힘을 가진 사람"이라고 했는데, 그의 만년의 삶은 듀이 자신이야말로 가장 잘 교육된 사람임을 보여 준다. 듀이는 70세에 교수직에서 물러난 후에도 철학 분야뿐 아니라 당대의 새로운 과학적, 문화적 성과를 이해하고 적용해 자신의 사상을 재구성하려는 시도를 멈추지 않았다. 또한 경제대공황, 2차 세계대전 등의 격변을 겪으면서 당대의 쟁점이 되는 사회정치적 문제들에 대한 진보적인 견해를 표명하는 일에도 적극적이었다.

변화와 성숙을 거듭해 완성에 이른 듀이의 후기 사상에서 인간의 삶, 교육, 예술, 윤리, 정치의 진보를 위한 철학적 접근은 자연주의적 경험철학의 성격으로 일관된다. 『경험과 자연』1925, 『공공성과 그 문제들』1927,

『확실성의 추구』1929, 『경험으로서 예술』1934, 『논리학: 탐구의 이론』1938a 등은 그가 66세부터 79세에 발표한 것으로 듀이 철학의 총체적 성격을 잘 드러내는 대표 역작들이다. 이를 통해 그는 과학과 예술, 윤리와 정치적 실천 등 새로운 의미와 가치를 생성하는 인간 특유의 경험이 생명 활동을 포함하는 자연의 과정과 연속적임을 보여 주고, 인간의 일상 경험을 기계적이고 무의미하게 만드는 사회적 삶의 조건에 대해 통렬한 비판을 가한다.

이 시기에 듀이는 교육개혁을 통한 사회개혁의 실현 가능성에 대해 초기의 낙관적인 기대와는 달리, 비판적인 현실 인식에 이르게 된다. 특히 20세기 초 서구 전역에서 확산된 신교육운동의 미국적 형태인 진보주의 교육운동 등 다양한 교육혁신 시도들에 대해서도 문제를 제기했다. 80세에 이르러 저술한 『경험과 교육』1938b에서는 소위 진보적인 학교들이 전통적인 학교의 문제점을 드러내 해체하는 데 얼마간 성공적이었으나, 그에 대한 대안으로 새로운 교육의 이념, 내용, 방법적 원리를 정립하는 데에는 실패했음을 통렬하게 꼬집고 있다. 또한 1952년 그의 생이 다할 무렵 제자의 저서에 쓴 서문에서는 당시 사범학교의 교사 교육과정에서 진보적인 교육에 대해서 전혀 진보적이거나 실험적이지 않은 방법으로 가르쳐 주입하는 현실에 안타까움을 나타냈다.Dewey, 1952 이로써 그는 평생 꿈꾸었던 교육과 사회의 근본적 변화를 위한 교사와 교사교육의 과제에 대해 후세의 교육자들을 일깨우고 있다.

듀이는 1927년 아내 앨리스와 사별하는데, 이후 오래도록 혼자 살다가 1946년에 그의 일을 도와주던 로버타 그랜트와 재혼한다. 가정을 이루면 아이가 있어야 한다는 신념에서 두 아이를 입양해 기르면서 듀이는 마지막 몇 해 동안 평온하고 행복한 나날을 보낸다. 이렇게 그는 말년에도 아이들과 함께하는 것을 각별히 좋아했다고 한다. 듀이는 1951년 가을 입양한 어린 자녀들과 함께 놀아 주다가 넘어져 골절상을 입는데 그것이 오래 회복되지 않다가 합병증으로 폐렴이 와서 1952년 6월 1일 생을 마감한 것으로 전해진다.

3. 삶의 양식으로서 '민주주의'와 '교육'의 관계

교육적인 것과 사회적인 것

교육에 관한 듀이의 주요 저술을 살펴보면, 사회, 민주주의, 공동체, 상호작용, 의사소통 등, '사회적인social' 것과 관련된 개념이 빈번히 표제어로 나타난다. 통상 초기, 중기, 후기로 구분하는 그의 사상 성숙의 전 시기에 걸쳐 교육 관련 저술에 공통된 특징이다. 이처럼 사회적인 것이 부각된 논의가 많은 만큼, 사실 듀이는 교육에서 개인적인 것보다 사회적인 필요와 목적을 우선시하는 쪽으로 여겨지곤 한다. 사회철학자로서 듀이는 물론 개인의 개성적 인격 형성이나 실존적 자기 인식을 위한 교육의 문제는 중점을 두어 다루지 않았다. 하지만 그가 개인과 사회를 대립적으로 규정하거나 개인을 사회에 종속시키려는 입장은 결코 아니란 점을 분명히 하면서, 관련 논의를 더 깊이 들여다보자.

"진정으로 사회적인 삶genuine social life"이 곧 교육이요, 교육은 사회적 기능이란 견해는 듀이 교육철학을 특징짓는 가장 중요한 한 가지다.Dewey, 1916: 80 일차적으로 이것은 함께 살아가는 삶의 과정에서 교육이 이루어짐을 뜻한다. 이를 통해 그는 교육의 개념을 제도화된 학교교육의 범주를 넘어 보다 폭넓게 확장하고, 학교 공부의 세계와 삶의 세계를 대립적으로 구분 짓는 통념을 극복하고자 한다. 그러나 유념할 점으로, 듀이도 사회 현실에 만연한 해악으로부터 자라나는 아이들을 지키고 성장의 길을 이끌기 위해 교육 공간인 학교에 모종의 울타리는 필요하다고 본다. 따라서 '사회적인 삶'을 성인들의 사회생활과 혼동하고 아이들에게 실제 사회 현실 그대로를 서둘러 경험하게 하려는 관점과는 구분 지어야 한다.

더 나아가, 듀이에게 '진정으로' 사회적이라는 뜻을 되새겨 보면, 학교에서든 학교 밖에서든, 경험의 의미를 함께 나누는 사회적 상호작용 과정 자체가 교육의 본질임을 밝힐 수 있다. 그 바탕에 놓인 기본 전제로, 무수한 사람과 사물로 둘러싸인 환경에서 상호작용하며 살아가는 생명체인 인간의 삶은 사회문화적 환경 조건과 떼려야 뗄 수 없이 연결되어 있다. 개개인의 삶은 물론이고 사회공동체의 지속가능성은 새로운 구성원들이 그 사회에 축적된 의미를 이어받아 문화적 정체성을 발전시키는 정도에 달려 있다. 그런데 지식과 가치와 같은 정신적인 대상은 물리적으로 전달되는 사물과 달라서, 사람과 사람이 의미에 반응하며 행하는 상호작용을 통해서만 소통과 공유가 가능하다. 그런 의미에서 듀이는 여러 사람이 목적을 공유하는 공동 활동에 참여하여 상호작용하고 의미 소통하는 가운데 참여한 이들 모두가 교육적으로 변화하고 성장한다고 본 것이다.

또한 교육적으로 중요한 성향의 변화와 관련해서 유의할 점으로, 듀이는 '교육education'의 개념을 외적인 행동만 변화시키는 '훈련training'과 엄밀히 구분한다. 훈련이란 동물 수준에서도 가능하며, 특정한 조건화를 통해 반복된 물리적 자극에 따른 반응으로 행동 변화가 생기게 하는 일에 한정한다. 반면에, 교육은 지적·정서적 성향이 새롭게 형성되어 생각과 느낌, 본능적 충동과 관심이 변형되는 과정인 점에서 훈련과 다르다고 본다. 다음과 같은 맥락을 통해 사회적인 삶의 상호작용이 곧 교육적 과정이라는 그의 주장에 담긴 뜻을 더 풍부하게 이해할 수 있다.

현재 많은 경우에—너무나 많은 경우에—미성숙한 인간 존재의 활동은 그저 유용한 습관 획득을 위해서만 이용된다. (따라서) 인간으로서 교육되기보다 동물처럼 훈련된다. 그의 본능은 고통이나 쾌감을 주는 본래의 대상에 고착된 채로 남아 있다.

하지만 만족을 얻거나 실패의 고통을 피하기 위해서는 다른 이들에게 맞추는 방식으로 행동해야 한다. 이와는 다르게, 아이가 공동 활동the common activity에 진짜로 함께하거나 참여할 경우가 있다. 이때에는 그의 원래의 충동이 변형된다. 그는 다른 이들의 행위와 조화를 이루는 방식으로 행동할 뿐 아니라, 그렇게 행동하면서 그 자신 내면에도 다른 사람들을 움직이는 생각과 정서가 동일하게 불러일으켜진다.Dewey, 1916: 17

한마디로, 듀이에게 교육적 변화는 '물리적으로 통제되는physically controlled' 훈련이 아니라, 공유된 '의미'에 따라 반응하도록 '사회적으로 지도되는socially direced' 과정을 통해 얻어진다.Dewey, 1916: 36 물리적 자극이나 기호 자체에 특정하게 반응하도록 효과적인 자극-반응 조건화를 통해 글자를 발음할 줄 알도록, 심지어 연산기호에 따라 절차화된 계산 활동을 수행할 줄 알도록 길들이기(훈련)는 가능하다. 하지만 다른 이들과 함께하는 활동을 통해서든 '상상을 통한' 간접적 참여에 의해서든, 정신적 대상으로서 어떤 의미가 불러일으켜지지 않는다면 훈련에 불과할 뿐 교육은 아니다. 따라서 공동활동에 참여하여 다른 이들과 함께 사물과 언어를 사용함으로써 자신의 힘과 주위 사물과 사건이 지닌 사회적 의미를 깨닫고 그에 대한 자신의 관심과 이해를 변형해 가는 일이라는 의미에서 교육이란 철두철미하게 사회적 과정이다.

민주적인 삶과 교육적인 성장

이제까지 살펴보았듯이, 듀이에게 넓은 의미의 교육은 모든 사회에서 의식적, 무의식적으로 사회적 삶에 참여하여 상호작용하는 가운데 이루어진다. 고대 희랍 시대, 중세 봉건사회, 근대 산업사회, 현대 다문화사회, 그 어디에서나 새로 태어나는 구성원은 그 사회의 삶의 양식에 따라 교육된다. 그렇다면 각기 다른 사회의 온갖 다양한 형태의 교육에 대해, 교육의 본질적 가치에 비추어 질적으로 더 좋음과 나쁨을 가려내고 판단하는 일이 필요치 않을까. 이에 대해 듀이는 사회의 가치판단 기준을 수립하여 좋은 사회라면 마땅히 추구할 만한 교육의 특성을 밝힌다. 이러한 맥락에서 인간과 세계에 대한 현대의 진보된 인식을 토대로 발견된 최선의 공동 삶의 형태가 바로 민주주의 사회라고 본 것이다. 좋은 사회와 좋은 교육을 관통하는 핵심 가치로서 '민주주의'에 대해 그 개념적 의미를 어떻게 풀어내는지 살펴보자.

우선 듀이는 사회를 국가 수준에서 거시적이 아니라 다원적, 역동적으로 본 점을 유념할 필요가 있다. 우리는 한국 사회의 구성원일 뿐 아니라 무수히 크고 작은 사회의 일원으로 살아간다. 가정, 학교와 교실, 마을과 일터, 종교기관에서, 또한 사이버공간에서도 사람들이 함께 모이면 사회집단을 이룬다. 사람들은 다양한 목적을 위해 다양한 방식으로 모이고 흩어지면서 단위 사회를 구성·해체·재구성한다. 그러면 공유된 경험의 질에 비추어 어떤 모임이 더 좋은 사회라고 분별할 만한 가치판단 기준을 세울 수 있을까. 이에 대해 듀이는 단위 사회의 내부와 외부에 관계되는 두 가지 기준을 제시한다. 첫째, 집단 내에서 공유되는 이해 관심의 수가 많을수록, 둘째, 다른 집단들과의 상호작용이 원활할수록, 더 좋은 사회라는 것이다. 이 기준에 가장 잘 부합되는 것이 민주주의 사회인데, 그 의미를 이렇게 밝힌다.

민주주의란 통치 형태 그 이상을 뜻하며, 일차적으로 함께 어울리는 삶의 방식이요, 공동으로 의미를 나누는 경험의 방식이다. 어떤 관심사에 참여한 개인들이 널리 확대되어 각자 자신의 행위를 다른 이들의 행위와 관련짓고 다른 이들의 행동을 고려하여 자기 행동의 초점과 방향을 잡아 나간다는 것은, 결국 사람들이 자신의 활동의 온전한 의미를 깨닫지 못하도록 가로막는 계층·인종·국가 경계의 장벽들을 허무는 일과 같다. 이렇게 해서 접촉이 더 많고 더 다채로우면, 개인이 반응해야 하는 자극은 한결 더 다양해지고, 결과적으로 자기 행동을 달리 시도해 보는 일이 가치를 더하게 된다. 또한 배타적으로 많은 관심사를 차단해 버리는 (비민주적) 집단에서 행위의 자극이 불공평할 때 억눌려 있던 힘들은 (다양한 접촉으로 인해) 자유롭게 해방된다.Dewey, 1916: 93

이것이 가장 자주 인용되는 구절 중 하나로, 민주주의의 개념과 함께 사회적 삶의 방식과 개인의 교육적 성장을 근본적으로 관련짓는 듀이 특유의 견해를 잘 담고 있다. 더 풀어 보면, 민주주의란 참정권이 모두에게 부여된 정치제도를 넘어 더 엄밀하게는 다양한 구성원이 함께 참여하여 자유롭게 교감하며 의미를 나누는 삶과 경험의 방식이다. 민주적으로 살아가는 사회 구성원은 각자의 개성적 관심을 자유롭게 발달시켜 갈수록, 주위 세계의 변화와 다른 이들의 생각과 느낌과 행동의 차이를 더 민감하게 마주하게 된다. 하지만 낯설고 이질적인 것들을 배제하거나 차단하기보다 변화의 자극제로 받아들이는 만큼, 개인의 지적·도덕적 성장과 사회적 관습의 재구성 기회는 더 풍부해진다. 즉, 공동 삶의 방식이 민주적일수록 다양한 지적 자극으로 인해 새로움을 상상하는 힘과 자발성, 경계를 뛰어넘는 사회적 지성이 발달하여 더 좋은 사회로의 진보를 향한 선순환이 가능하다.

한편, 윗글에 함축된 바람직하지 못한 사회를 대비시켜 보면, 사회적 삶과 교육의 관계에 대한 듀이의 생각이 더 명료해진다. 앞서 말한 사회의 가치 기준에 따르면, 집단 내에서 공유되는 관심사가 적을수록, 다른 집단과의 상호 교류가 단절될수록, 더 나쁘고 비민주적인 사회이다. 그때 개개인은 모래알처럼 흩어져 각자도생하게 되고 계층적 대립과 사회적 양극화는 심해진다. 듀이에 의하면, 더 심각한 문제는 다양한 관심의 발달과 소통 기회 부족으로 낯설고 새로운 것들과의 접촉이 적어짐으로써 '지적 자극'이 균형을 잃고 일방적으로 되는 데 있다.Dewey, 1916: 90 각자 경험한 의미의 차이를 자유롭고 평등하게 나누지 못하면, 다른 생각과 느낌에 대한 무관심과 무감각과 기계적 행위 성향이 습관화하고, 지배적 위치의 일부가 공동 활동의 이득을 독점하게 된다. 이처럼 듀이는 계층적 분리와 불평등을 심화시키는 산업자본주의 사회의 비민주적 삶의 방식과 개인의 교육적 성장을 지체시키는 조건이 근본적으로 맞물려 있다고 통찰한다.

그렇다면 엄밀한 의미의 민주적인 삶의 방식이 사회에 깊숙이 뿌리내리지 않는 한, 개개인에게 지적·정서적·사회적 성장을 위한 교육이 불가능한 일일까. 이 간극을 다리 놓으려는 것이 공교육체제로서 학교 개혁을 향해 품은 고귀한 희망이다. 듀이는 학교가 집, 놀이터, 마을과 같이 삶의 공동체 사회로서 아이들이 흥미와 관심을 발달시키고 다양한 경험의 의미를 함께 나누는 삶의 방식을 배우는 자리로 변화되길 기대한 것이다. 이를 위해, 정해진 교과 지식과 규범의 기계적 전달 위주로 제도화한 학교교육을 재건하고, 자라나는 아이들에게 함께하는 삶과 배움의 성향을 형성하고자 한다. "교육이란 사회적 목적을 향한 진보적 성장 과정에서 개인적 능력을 자유롭게 하는 일"이요, 그 실현 가능성은 학교교육 문화의 질적 혁신에 있다고 본다.Dewey, 1916: 105

7년간의 시카고대학교 실험학교 실천에서도 나타나듯이, 듀이는 민주주의의 가치를 교육 '이념'으로 표방하는 수준에 머물지 않는다. 민주적인 학교교육을 위해 어떤 실천적 변화가 요청되는지 구체적으로 이렇게 제안한다. 우선 학교에서 경쟁과 반목과 폭력의 문제를 깨닫고 적절히 대처하도록 가르치는 것만으로는 충분치 않다. 일련의 공동 활동에 참여하여 다양성과 차이를 상호 인정하고 소통하는 교제의 방식이 마음의 습관으로 자리 잡도록 이끌어야 한다. 또한 국가적 충성심과 애국심을 기르는 과제가 더 널리 인류 공동의 목적에 헌신하도록 가르치는 일과 대립하지 않게 유의해야 한다. 특히 모두에게 질 높은 학교교육을 위해 충분한 인적·물적 자원 확보로 사회경제적 불평등의 영향을 줄일 수 있도록 공적 제도 개선에 세심한 노력이 필요하다. 이처럼 공교육체제 전반의 민주적 가치 실현을 위한 근본적이고 현실적인 노력 없이 교육에서 민주주의를 운운한다는 것은 "그저 익살스러운 그러나 비극적인 조롱일 뿐"이라고 경고한다.Dewey, 1916: 104

포스트모던 사회, 일상 삶의 민주화

듀이는 사회적 삶의 민주화와 개개인의 교육적 성장이 얼마나 긴밀히 관련되는지를 다양한 방식으로 역설한다. 이러한 논점에서 그의 민주주의 사회정치철학과 교육철학이 관통하는데, 근대적 관점과 대비해 보면, 그 차별성이 명확해진다. 근대 과학혁명 이래, 모든 존재의 개체성과 기계론적 인과율에 대한 인식, 평등한 개인의 합리적 이성과 계몽에 대한 신념과 함께 인류 역사의 진보에 대한 낙관적 기대가 높아졌다. 그러나 20세기 전후로 산업자본주의와 기술문명의 폐해, 국가 이기주의에 의한 세계대전의 참상, 인간의 근원적 악과 폭력성 등을 경험하면서 근대성을 비판적으로 극복하려는 흐름이 나타난다. 이제 자연의 법칙적 질서 너머의 불확정적, 우연적, 다원적 변화에 주목하면서 인간의 개체적 자율성과 합리성과 진보에 의문을 던지게 된다. 이러한 흐름과 맥을 같이하는 듀이 사상은, 20세기 후반기 포스트모더니즘 사조와는 구별되지만, 근대성을 해체·재구성하는 포스트모던 계보에 자리매김할 수 있다.

근대 사상가들은 민주적 가치와 교육을 논할 때 전근대 사회 전통의 초월적 권위와 인습적 굴레로부터 해방된 개인의 주체적 자율성과 합리적 이성의 계몽을 강조한다. 반면에, 듀이는 근대적 해법이 사회와 대립된 원자론적 개인주의와 모든 변화의 합법칙성을 전제로 한 점에서 한계로 본다. 오히려 자연의 모든 개별 존재는 시공간 속에서 상호작용하며 변화하는 점에서, 살아 있는 현재의 '불균형적 균형감 속의 움직임the moving unbalanced balance'이 진정한 존재의 양상이다.Dewey, 1925: 314 따라서 부단히 낯설고 다양한 대상과의 불확정적 상호작용을 통해 새로운 역동적 관계를 이루기 위해, 모두에게 발달 가능한 '창조적, 사회적 지성'을 향한 신념과 교육적 실천이 중요하다. 듀이에게 좋은 삶과 교육의 핵심 가치로서 민주주의는 개인의 해방과 자기실현을 넘어서 사회적 상호작용을 통한 공동 삶의 지성적, 창조적, 다원적 변화 가능성을 함의한다.

이렇게 볼 때, 듀이가 마음에 품은 것은 일상 삶의 민주화를 위한 교육 혁신이요, 사람과 사람 사이의 관계와 소통 방식에 영향을 미치는 사회적 배치social arrangement의 근본적 변화를 지향하는 일이다. 교육을 통해 낯설고 다른 것들을 향해 열린 창조적, 지성적, 사회적 성향이 어릴 적부터 마음의 습관으로 발달하지 않으면, 함께 경험의 의미를 나누는 공동 삶의 양식으로서의 민주주의 실현은 요원하다. 100년 전 듀이는 공교육제도 학교가 구성원의 자유로운 상상과 자발성에 기초한 소통과 협력으로 교육적 경험을 쌓아감으로써 창조적 민주주의를 향한 공동 신앙common faith의 요람이 되길 기대한 것이다.Dewey, 1939 좋은 교육은 민주적인 사회를 위해 필요한 것일 뿐 아니라 '현재' 경험하는 민주적인 '삶'의 양식을 통해 가능하다는 그의 생각과 실천의 의미는 특히 포스트모던 사회를 마주한 오늘의 현실에서 깊은 성찰과 탐구를 불러일으킨다. 이제 이어서 듀이가 창조적 민주주의를 위한 교육의 자연주의적 근원으로 주목하는 생명(삶)의 원리에 대해 살펴보자.

4. 생명(삶)과 경험의 교육원리

생명의 본질적 활동 원리

듀이가 생명활동에 기초하여 철학적 논의를 펼치는 영역은 교육 외에도 다양하다. 예술과 과학에 관한 그의 성숙기 대표 저작들인 『경험으로서의 예술』Dewey, 1934: 9-25과 『논리학: 탐구의 이론』Dewey, 1938a: 30-47도 생명의 본질과 생명체 활동의 특징적 성격에 대한 고찰에서 시작한다. 이처럼 듀이가 교육과 예술과 과학 등, 인간의 위대한 정신활동의 근원을 생명체에서 찾게 된 까닭은 어디에 있을까. 직접적으로는 1859년 『종의 기원』 발간 이후 종교적 논쟁으로 간과되었던 다윈 진화론에 구현된 "지적 혁명an intellectual revolt"의 철학적 의미를 읽어 낸 결과로 볼 수 있다.Dewey, 1910a: 3 더 근본적으로는 뉴턴역학 패러다임의 원자론적 환원주의와 기계론적 인과율에 따른 근대 철학의 이원론적 한계에 대한 비판적 대안 모색 시도로도 해석된다. 물리적 자연과 인간 경험을 잇는 생명원리에서 교육을 포함한 인간 정신활동의 토대를 마련하면서 듀이가 주목한 생명의 본질, 곧 진정으로 살아 있음의 의미는 무엇일까. 그것을 규정하는 핵심 원리가 자기갱신을 통한 생명의 연속성continuity과 환경과의 유기적 상호작용interaction이며, 각각의 개념적 의미를 풀어 봄으로써 생명에 관한 듀이 견해의 특징적 면모를 파악할 수 있다.

첫째로, 연속성의 원리란 생명체가 자기갱신self-renewal을 통해 자기 존재를 유지·보존하여 개체 또는 종족 차원에서 생명이 존속되도록 하는 특성을 가리킨다. 생명 없는 존재는 외부 자극에 대해 작용-반작용 식으로 물리적·기계적으로 반응할 뿐, 이전과 이후의 행위가 누적되는 방식으로 자기보존을 위한 활동의 연속성을 보이지 않는다. 간단히 말하면, 무생물과 구별되는 생명체의 정체성은 환경 조건과 상호작용하는 방식을 달리 변화시킴으로써 존속하려는 자기보존의 충동에 있다. 이것이 생명의 패러독스인데, 생명의 보존은 아이러니하게도 '본래대로 변함없이 유지함'이 아니라 '거듭 새롭게 탈바꿈함'으로써만 가능하다. 달리 표현하자면, [낡은 것이] 죽어야 산다는 것이며, 자기에게 습관화된 옛 틀을 벗어 버리고 새롭게 변모함으로써만 생명이 존속될 수 있다는 뜻이다.

그런데 생명체의 자기갱신은 우연히 갑작스럽게 생기는 불연속적 사건이 아니다. 이전에 지나온 것들이 무언가로 축적되고 바라는 목적이 현재 움직임에 방향과 힘을 부여한다는 의미에서 갱신은 연속적으로 이루어진다. 따라서 듀이가 생명활동에서 읽어 내는 연속성의 의미는 변함없는 현상유지에 의한 자기동일성이나 행위의 누적 없이 무한정 산만하게 계속되는 변화와 분명히 구별하여 이해해야 한다. 현재 그대로 정체되어 목숨만 부지하는 연명subsistance 수준의 삶은 '진정한' 의미에서 살아 있는 것이 아니다. 듀이가 엄밀하게 규정하는 생명의 본질은 스스로 갱신하며 성장해 가는 삶growing life에 있다. 또한 생명체의 성장은 목적 없이 산만하게 일어나는 변화가 아니라, "나중의 어떤 결과를 향해 행위가 누적되어 나아가는 움직임"에 의한 자기갱신이다.Dewey, 1916: 146 따라서 듀이가 단순한 연명 상태와 질적으로 구분 짓는 생명의 연속성 원리에 의하면, 진정으로 살아 있음의 의미는 자기보존의 동력으로부터 거듭 새롭게 변화와 탈바꿈을 시도해 가는 데 있다.

다음으로, 생명의 연속을 위한 자기갱신은 어떻게 이루어지는지에 대해 듀이가 밝히는 생명의 또 다른 본질적 특성은 환경과의 유기적 상호작용이다. 그에 따르면, 모든 생명체는 환경에너지와 결합된 상태로 생명활동을 시작하며, 살아 있음 자체가 이미 유기체-환경의 역동적 상호작용이 계속됨을 말해 준다. 생명 있는 존재는 자족적으로 독립된 개체가 아니라, 부분들이 유기적으로 연결된 전체로서 자기보존을 위해 환경 조건에 선택적으로 반응한다. 따라서 생명체의 상호작용에서 지각된 좋음과 나쁨은 환경 대상 자체의 객관적 성질이 아니라 생명체를 특징짓는 활동과 그 필요에 따른 질적 반응이다. 무생물과 주위 사물들이 작용하는 방식과 달리, 생명체 특유의 상호작용적 관계를 이루는 '환경'의 의미를 그는 이렇게 설명한다.

생명 없는 존재도 물론 주위 사물들과 연결되어 있지만, 그것을 둘러싼 조건들은, 은유적 표현이 아니라면, 환경을 이룬 것이 아니다. 왜냐하면 비유기적 존재는 그것에 영향을 미치는 것들에 대해서 '관심'이 없기 때문이다. 반면에, 살아 있는 생명체, 특히 인간 생명체에게는 시공간적으로 멀리 떨어진 어떤 것들이 가까이 맞닿은 것들보다 훨씬 더 진정한 의미에서 자신의 환경이 될 수 있다. 사람이 그에 따라 '변하게 되는' 것들이 바로 자신의 진짜 환경이다. … 한마디로, 환경은 생명체를 '특징짓는' 활동을 촉진하거나 방해하고, 자극하거나 금지하는 조건들로 구성된다.Dewey, 1916: 15

여기서 듀이는 무생물을 특징짓는 기계적, 물리적 상호작용과 생명체 특유의 유기적 상호작용을 질적으로 구별한다. 자연은 크게 보면 인과율적 원리와 합법칙적 질서에 따라 변하기도 하지만, 또한 불확정적, 우연적, 다원적 변화를 내포한다. 따라서 생명체도 그 환경도 예측 불가의 변화에 직면하며, 상호작용적 관계를 거듭 새롭게 형성해 가야 한다. 듀이는 무생물과 달리 환경 조건과의 역동적 평형이 깨어졌다 애써 되찾고 하는 생명체의 활동을 "필요, 노력, 충족need, effort and satisfaction"의 세 가지 단계적 작용에 의한 리듬감 있는 과정으로 특징짓는다.Dewey, 1925: 194 첫째, 모종의 새롭고 낯선 변화가 직접적으로 감지될 때, 상호작용적 관계의 깨어진 균형을 회복하려는 '필요'가 생기며 생명체의 분투가 시작된다. 둘째, 생명체 특유의 역동적 균형의 패턴을 복원하려는 '노력'의 과정은 생명체의 내적 조건과 외부 환경 조건 양편 모두의 긴장과 갈등을 내포하는 일련의 상호작용을 통해 계속된다. 셋째, 일련의 유기적, 통합적 상호작용 과정이 새로운 조절적 평형을 이루며 완성될 때, '충족감'을 얻고 생명체와 그의 환경 세계 양쪽 모두는 얼마간 새롭게 변형된다. 단순히 물리적 힘에 따라 작용-반작용하는 식으로 이어지는 기계적 연쇄와 달리, 생명체는 환경 조건을 이루는 대상과 질적인 감각에 따라 유기적, 통합적 관계를 발달시키면서 상호작용한다는 것이다.

요컨대, 듀이에게 생명체의 고유성은 개별 존재의 경계를 넘어 민감하게 상호작용하고 자기 존재를 새롭게 변화시킴으로써 연속성을 강화해 가는 데 있다. 그런데 유기체-환경의 조화로운 관계가 일시적으로 깨어져 긴장과 갈등 국면을 통과하는 가운데 다시 새로운 상호작용 관계를 형성할 때, 생명체와 환경은 모두 질적으로 변화된다. 즉, 생명체의 습성화된 상호작용 방식이 재구성되는 동시에 환경 대상은 생명활동을 더욱 다양하게 확장하는 수단으로 변형된다는 의미에서 "이중적 변화double change"를 이룬다.Dewey, 1934: 66 이것이 자연 안에서 생명활동을 특징짓는 성질, 곧 유기체-환경의 연속적 상호작용을 통해 질적 변형이 일어나는 창발적 emergent 과정에 내포된 의미다. 달리 풀어 보면, 진정으로 살아 있음의 척도는 얼마나 유연하게 습관화된 방식을 갱신함으로써 거듭 새롭게 자기 존재를 성장시키는가, 얼마나 민감하게 긴장과 갈등을 낳는 다양한 환경 조건들과 관계 맺고 상호작용하는가에 달려 있다. 결국 인간 경험의 근원으로 본 생명활동은 생명체와 환경 조건 어느 한편의 획일적 지배나 수동적 순응이 아니라, 양편 모두의 창조적 변형과 다양성을 낳는 관계 방식이다. 따라서 생명의 원리에 따른 자연의 과정에는 전에 없던 새로움이 생성되고 관계가 재구성됨으로써 개별 존재와 집단의 질적인 변화와 다양성의 계기가 더욱 풍부해진다.

듀이의 생태적인 교육 개념의 건설적·비판적 함의

그렇다면 생명 원리에 기초한 듀이의 생태적인 교육 개념은 삶과 교육의 현실에서 어떤 문제에 대한 비판적 대안 모색의 의미를 지니는가. 우선 『민주주의와 교육』 첫 장 제목에는 교육이란 '생명의 필연적 요구', 혹은 '삶의 필요'에 따른 것이란 뜻이 담겨 있다. 이것은 생명체가 자기보존의 필요, 곧 생명의 연속성 확보를 위해 이룩해 가는 자기갱신 과정이 인간 교육의 근원임을 함축한다. 그런데 생물학적 차원에서 영양과 생식의 필요에만 머물지 않는 존재인 인간 생명체로서 우리는 무엇으로 살아가며, 인간적인 생존을 위해 필연적인 요구는 무엇인가. 듀이에 의하면, "인간을 특징짓는 필요는 사물의 의미를 소유하고 느끼려는 요구"이다.Dewey, 1925: 272 인간은 사회집단을 이루고 함께 경험을 공유하며 '의미'를 추구하는 존재란 점에서 다른 동식물과 구분된다. 그런데 사회 공동체의 개별 구성원들은 새로 태어나 얼마간 적응하여 살다가 죽고 사라진다. 따라서 공동 소유한 의미의 표현인 "신념, 이상, 소망, 행복, 불행, 실천의 재창조"를 통해 사회의 직조織造를 끊임없이 다시 짜는 수고를 통해서만 사회적 삶은 지속 가능해진다.Dewey, 1916: 5 인류의 온갖 기술, 예술, 과학, 도덕의 성취를 함께 나눔으로써 인간적인 삶이 계속되게 하는 데 필연적인 것이 교육이란 생각을 그는 다음과 같이 요약한다.

> 자기 존재를 보존하려고 애쓰는 것, 그것이 바로 생명의 본질적 특성이다. 이 연속성의 확보는 오로지 끊임없는 갱신을 통해서만 가능하기에, 생명, 곧 삶이란 자기를 새롭게 하는 과정이다. 영양과 생식이 생물학적인 생명에 관계하는 것과 같이 교육은 사회적인 삶(생명)에 관계한다. 이러한 의미에서 교육은 일차적으로 의미 소통을 통한 유전遺傳, transmission으로 이루어진다. 의미 소통이란 경험을 공동으로 소유하기까지 함께 나누는 과

정이다. 그것은 소통에 참여하는 양편 모두의 성향을 변화시킨
다.Dewey, 1916: 12

여기서 듀이가 생명의 본질적 특성에 유추하여 제시한 교육 개념은 기
존의 통념에 대한 비판적 대안의 성격을 지니는 점에서 다음 세 가지 의
미를 주목해 볼 만하다. 첫째, 교육은 생명의 자기보존 활동에 뿌리 둔 것
으로서 진정으로 살아 있는 존재에게 필요하고 가능한, 자연적인natural
삶의 과정이다. 이러한 의미는 교육을 삶과 분리하고 인위적, 형식적 제
도로서의 학교교육 위주로 생각하는 개념적 경직성의 문제를 드러내 준
다. 둘째, 유기체-환경 상호작용으로서의 교육은 공동의 의미 소통, 즉 경
험의 의미를 함께 나누는 상호 역동적 관계를 통해 이루는 사회적인social
일이다. 이것은 교육을 개체적 존재로서 파편화된 개인들의 이기적 욕망
충족을 위한 경쟁적 수단으로 여기는 통념의 한계를 비판적으로 조명한
다. 셋째, 생명의 연속성을 확보하기 위한 자기갱신으로서의 교육은 자아
와 세계, 개인과 사회 모두가 거듭 새롭게 탈바꿈되는 건설적constructive
과정이다. 이로써 획일적으로 정해진 교과의 일방향적인 전달과 재생 및
추상적 상징과 기호의 기계적 학습을 당연시하는 교육 관행을 해체·재건
하도록 일깨워 준다. 한마디로, 생명활동에 근거하여 제안한 교육 개념을
통해 듀이가 강조한 핵심은 교육의 자연주의적 원천, 사회적 상호작용 과
정, 창조적 건설적 변화로 특징지을 수 있다. 이를 통해 근대 공교육체제
학교교육의 개념과 실천에 가로놓인 추상적 형식성, 개인주의화, 보수주
의를 근본적인 문제로 밝히고 대안을 모색한 것이다.

그런데 인간에게 고유한 정신활동인 교육의 개념적 토대를 다른 동식
물과도 공통된 생명활동에서 찾는 그의 견해는 여전히 낯설고 비판적인
물음을 낳곤 한다. 왜 생명의 원리인가는 당대의 현실에 대한 듀이의 철
학적 문제의식을 통해 읽을 수 있다. 19세기 말 20세기 초, 듀이가 고심했

던 것은 산업혁명 이래 자본의 욕망에 따른 생산의 효율성 추구로 기계화·분업화가 가속화하면서 인간 삶이 생기를 잃고 공동체의 연대가 깨어지는 문제였다. 대량생산체제에서 단순 반복 활동에 길들면서 인간의 일상 행위가 무감각한 기계처럼 변하고 수단 고안에만 기민해지고 협력적 공동 활동과 소통 가능성이 뿌리 뽑히는 상황에 주목한 것이다. 그런 의미에서 책 첫머리의 돌멩이 이야기는 현대 기술문명에 지배되어 생명성을 상실해 가는 인간의 문제에 대한 통렬한 비유인 셈이다. 그는 예술철학서에서 더 직설적으로 돌멩이에 비유하여 현대인의 문제를 이렇게 묘사한다. "우리는 무엇을 보아도 무엇을 들어도 아무 느낌 없이 피상적으로 스쳐 지나간다. 감각을 쓰지만 그저 말초적 자극을 구할 뿐, 깊은 통찰에 관한 관심은 충족하려 애쓰질 않는다."Dewey, 1934: 27 기계적으로 판에 박힌 틀에 따라 우리의 의식적인 몸은 활기 없이 굳어지고, 느낌과 생각을 함께 나눌 기회가 없어지면서 주위 자극에 더욱 무감각, 무관심해진다는 것이다.

한편, 듀이는 돌멩이처럼 굳어지는 성향 변화가 비단 대량생산체제 노동만으로 생긴 현상은 아니며, 사회문화 전반의 변화와 관계된다고 본다. 특히 의무공교육제도 학교에서 분절된 교과의 단순 반복 학습을 통해 기계화·분업화에 비견되는 문제 양상이 재현되는 점에 주목했다. 학교에서 어릴 적부터 정해진 틀에 따라 움직이도록 기계적으로 훈련될 때, 다양한 사람과 사물로 둘러싸인 이 세계의 다채로운 의미와 가치를 실감하며 변화하는 힘을 잃어버리게 된다. 따라서 자본과 노동의 이해가 상충하는 일터에서만이 아니라 가정이나 학교에서도 사람들이 물리적으로 인접해 있을 뿐 서로를 각자의 목적 실현을 위해 수단시하는 경우가 많아진다. 사람과 사람이 함께 모이면서도 진정으로 사회적인, 달리 말해 인간적인 삶의 관계를 이루지 못하는 현실을 듀이는 다음과 같이 통렬하게 꼬집는다.

심지어 가장 사회적인social 집단에서조차도 사회적이라social 할 수 없는 많은 관계가 존재함을 우리는 인정하지 않을 수 없다. 어느 사회 집단에서나 상당히 많은 인간관계가 여전히 기계적인 수준the machine-like plane에 머물러 있다. 개개인들이 각자 바라는 결과를 얻기 위해 서로를 이용하기만 할 뿐, 다른 이들이 (무엇을 바라고 어떤 생각을 하는지) 정서적 지적 성향the emotional and intellectual disposition을 고려하거나 동의를 구하지 않는다. 그런 식으로 이용함으로써 신체적 힘의 우위나 지위, 기술, 전문적 능력, 기술적·재정적 수단의 통제력 등에서 우월함을 드러내려 할 뿐이다. 부모와 아이, 교사와 학생, 고용주와 피고용인, 통치자와 피치자 사이의 관계가 이처럼 (기계적인) 수준에 머물러 있는 한, 아무리 각자의 행위가 서로에게 긴밀히 영향을 미칠지라도 그들은 결코 진정으로 사회적인 집단을 형성한 것이 아니다. 명령을 주고받는 것만으로는 (겉보기의) 행위와 결과를 바꾸어 놓기는 해도, 그 자체로 목적purposes의 공유, 관심interests의 소통에 이르게 할 수는 없다.Dewey, 1916: 8

여기서 기계적인 수준의 관계란 힘과 권력의 위계에 따른 통제력 행사를 뜻하며, 서로를 수단으로 이용하기만 할 뿐 목적과 관심을 공유하고 소통하지 못하는 상태를 말한다. 그와 상반되는 의미로 듀이는 '사회적social'이란 표현을 쓴다(위 인용 첫 문장에 두 번 쓰인 social의 경우, 앞쪽은 사실상 그러함을, 뒤쪽은 마땅히 그러해야 함의 의미를 담고 있다). 물리적 집합이 아니라 진정으로 사회적인 집단은 느끼고 생각할 수 있는 존재인 사람과 사람 사이에 합당하다는 의미에서 인간적 관계로 묶여 있음을 뜻한다. 이와 대비하여 유념할 대목은 부모와 아이, 교사와 학생 사이의 관계도 진정으로 사회적인 관계를 항상 이루는 것이 아니라는 비판적 지적이다. 양육과 교육의 관계에서도 서로 생각과 느낌을 민감하게 읽어 내며 '목적의 공유와 관심의 소통'을 위해 의식적으로 애쓰지 않는다면, 기계적 통제에 따른 외적 행동 변화, 그 이상을 이룰 수 없다는 말이다. 결국 정해진 틀에 따라 보고 듣고 반응하도록 훈련되면서 생기를 잃어 가는 아이들, 삶의 경험과 유리된 채 경쟁적으로 "학습에 있어서만 빈틈없는" 이기적인 공부 기술자를 기르는 학교, 이로 인해 창조적 변화와 소통의 원동력을 위축시키는 사회체제의 근본적 문제를 통렬하게 일깨운다.Dewey, 1916: 12

　　종합하면, 생명 원리에 주목한 듀이의 자연주의적 경험철학은 인간 활동을 어떤 불변의 초월적 권위나 합법칙적 인과율에 근거함으로써 창조적 변화와 다양한 관계의 힘을 잃어 가는 문제를 극복하려는 시도이다. 인간은 불사의 신적·초월적 존재가 아니라 자연의 일부로 살아가며, 교육을 통한 인간의 기질적 변화와 성장은 자연 안에서 이루어지는 상호작용 과정이다. 자연의 과정 안에서 무생물이나 다른 생명체와는 질적으로 다르게 인간 경험에는 사회적 의미 소통을 통해 창조적이고 역동적인 변화가 가능하다. 특히 현대인의 일상 삶이 파편화·획일화하고 계층적 간극이 갈수록 심화되는 현실에 비추어, 새롭고 다양한 변화를 낳는 상호작용의 역량과 감각 회복의 과제는 오늘날 더욱 막중해진다. 따라서 생명 원리에 기초하여 듀이가 풀어 보려 했던 당대의 문제의식은 삶과 교육의 근본적 전환이 요청되는 우리의 위기 상황과도 일맥상통하며 여전히 유효한 시사를 줄 수 있다.

5. 시카고대학교 실험학교의 진보적 교육 실천

　　이상에서 살펴본 듀이의 민주주의적 교육 이념과 생명의 교육원리는 학교교육 혁신의 실천적 맥락에서 어떤 의미로 구체화될 수 있을까. 시카고대학교 실험학교에서 듀이가 참여했던 7년간의 실험적 실천은 단위학교에서 이룬 진보주의 교육운동의 선구적 전형이 되었다. 특히 대학의 교수와 대학원생, 여러 분야의 전문가들과 지역사회의 실천가들이 연대함으로써 교사뿐 아니라 다양한 구성원이 실험학교의 새로운 목표와 수단을 강구하는 과정에 참여하였다. 무엇보다 교육과정을 실험적으로 구성하고 학교의 공동체 문화를 형성하는 과정에서 진보적인 교사들의 능동적 참여와 협동적 탐구가 근본 동력이 되었다는 점이 중요한 의미를 지닌다. 당시에 실험학교 교사로 참여했던 두 자매 매이휴와 에드워즈는 그후 30여 년이 지난 뒤에 듀이와 함께 일구었던 초기 7년간의 교육 실험의 의미와 가치를 재인식하며 그에 관한 기록을 500쪽에 달하는 책으로 엮어 『듀이 학교』를 발간하였다. 이를 통해 실험학교에서 전통적 학교와 달리 시도한 교육 실제의 특징적 면모를 정리해 볼 수 있다.

아동의 흥미 발달의 원리

듀이 실험학교의 가장 특징적인 차이는 전통적 교과가 아니라 아동의 자발적 관심과 흥미를 교육의 본질적 가치의 원천으로 삼았다는 점에 있다. 다시 말해, 아동에게 본성적으로 내재해 있는 호기심, 활동적 작업에의 적극적인 관심, 더불어 모이고 함께 나누려는 열망 등 아동 본래의 자발적 성향을 지식과 이해와 행위가 교육적으로 성장하는 데 본질적인 수단으로 보았다. 따라서 성장하는 아동을 그를 둘러싼 세계와 관련하여 연구함으로써 아동의 흥미가 교육적으로 의미 있게 성장하도록 할 상호작용의 외적 조건이 무엇인가를 실험적으로 탐구하였다. 이것은 절대적인 교육적 가치가 부여되는 전통적 교과를 아동의 현재 필요와 관심과 무관하게 반드시 가르치고 배워야 할 확정된 내용으로 도입하는 방식을 비판하며 모색된 대안이다.

듀이는 흥미의 어원, inter-esse의 '사이에 놓여 있음'이라는 뜻에 주목하면서, 흥미란 자아와 대상 세계가 하나로 되어 나아가는 일련의 통일적 활동a unified activity이라고 보았다.Dewey, 1913: 160 흥미는 객관적 대상과 무관한 개인의 특성도 아니고, 자아의 활동과 무관한 객관적 대상의 특성도 아니다. 한편으로 흥미란 지각되었거나 상상 속에 떠올려진 대상들이 어떤 사람의 경험 안에서 그를 움직이는 힘이다. 다른 한편으로 흥미란 자아가 어떤 객관적 대상들을 포함하는 일련의 활동과 자신을 일체화하고 그것에 온 마음을 다하여 몰입되어 있음을 뜻한다. 이와 같이 진정한 흥미란 자아와 대상이 일체가 되는 활동으로서 일련의 연속적 과정으로 나타난다. 그 과정에서 대상 세계의 에너지와 조화로운 통합을 이루기 위해 줄곧 온 마음을 기울여 사유하고 탐구하는 지적 노력이 자연적으로 일어난다.

　이와 같이 듀이 실험학교에서 중요하게 고려한 '흥미'의 원리란 일상적 개념에서 연상시키는 즉흥적이거나 순간적으로 자극되는 정서적 흥분 상태와 구별된다. 당시의 심리학적 연구에 근거하여 실험학교에서는 전형적인 발달의 질서를 보이는 네 가지 본성적 충동과 흥미를 교육과정 실험의 기초로 삼았다. 주위 사람들과 자기의 경험을 공유하려는 사회적 충동the social impulse, 힘을 기울여 의도하는 대상을 만들고자 하는 구성-조작적 충동the constructive impulse, 어떻게 될지 알고자 하는 호기심에서 나오는 탐구-실험적 충동the impulse to investigate and experiment, 자연의 사물과 에너지를 매개로 생각과 정서를 구현하려는 표현적 충동the expressive impulse이 그것이다.Mayhew & Edwards, 1936: 40-41; Dewey, 1913 실험학교에서는 이러한 아동의 본래적 흥미에 대한 일반화된 이해와 그 발달의 질서를 계속적으로 탐구하면서 학생의 집단 편성과 교육과정 활동의 선정과 조직에 활용하였다.

공동 작업 중심 교육과정

듀이 실험학교에서는 전통적으로 가르쳐 온 교과 중심 교육과정에서 벗어나 협동과 지성적 의사소통을 필요로 하는 공동 작업을 중심으로 학교교육과정을 구성하였다. "공동 작업"을 교육활동의 중핵에 두는 통합 교육과정 구성이 전통적 학교와 구별되는 듀이 실험학교의 또 한 가지 중요한 특징을 이룬다. 실험학교의 공동 작업 활동 사례는 정원 가꾸기, 요리, 직물 작업, 목공 활동, 인쇄와 제본, 연극, 이야기 구성하기, 탐방 등으로 다양하다. 이것은 노작교육이나 협동학습 등과 개념적으로 관련되어 있다. 그렇지만 듀이 실험학교에서 공동 작업 중심 교육과정 구성의 기본 의도는 지적, 도덕적, 사회적 목적을 포괄하려는 점에서 독특하다.

공동 작업 활동을 교육과정의 중핵에 두는 까닭은 우선 무엇보다 인지 발달에 관한 심리학적 이해에 근거한 것이다. 인간의 지성이란 유목적적 행위의 필요로부터 발달하며, 사회·도덕적 성향은 경험을 공유하는 과정에서 형성된다고 보기 때문이다. 다시 말해, 능동적으로 탐구하며 필요한 지식과 정보를 얻는 지적 성향은 "얼마간 지속적·연속적으로 행해야 하는 작업 활동"의 자연적 소산이며, 아동의 마음의 정상적인 발달은 물리적 세계만이 아니라 다른 마음들, 사회적 기관들, 사회적으로 구성된 인류의 축적된 지적 유산과의 접촉을 필요로 한다는 이해에 입각한 것이다. 또 다른 한편으로 사회적인 측면에서 활동적 공동 작업은 인류의 문화가 역동적으로 발달해 온 과정에 대한 공부의 길을 여는 자연적 통로를 제공할 뿐 아니라 아이들에게 또래 친구들과 함께 뭔가를 만드는 과정에서 느낄 수 있는 더없는 기쁨의 기회를 제공하기 때문이다.Mayhew & Edwards, 1936: 474

요컨대, 공동 작업 활동을 통한 교육의 궁극적인 의미와 취지는 어떤 지적, 정서적, 도덕적 성향이 형성되는가에 있다고 보았다. 즉, 아이들이 충분히 오랜 시간 동안 몰입하여 예견하고, 계획하고, 반성적으로 성찰하고, 더 많은 정보에 대한 필요를 느끼고, 관계의 원리에 대한 통찰력을 얻는 등의 지적인 성향 형성으로 인도되는가, 또한 인위적으로 규율을 가르쳐서가 아니라 진정한 내적 성향으로서 인내, 끈기, 철저한 책임의식 등이 부수적으로 형성되는가에 달려 있다. 따라서 학생들의 흥미와 관심에 부합하여 몰입하게 하는 활동이면서 이러한 교육적 목적에 이르기 위해서는 공동 작업 활동의 선별이 매우 중요한 과제로 된다.

공동 작업 중심 교육과정의 복합적 의미와 가치는 실험학교에서 요리 활동을 교육적으로 활용한 방식의 사례를 통하여 구체적으로 제시된다.Mayhew & Edwards, 1936: 296-308 저학년에서부터 실험학교 아이들은 자기들의 점심 식사 요리를 돌아가면서 책임 맡아 만들었는데, 그것은 단지 식사 준비라는 실용적 필요를 위한 기능 훈련 과정이 아니었다. 요리 활동을 통해 아이들은 요리 재료가 되는 곡물, 채소, 육류 등에 대해 탄수화물, 단백질, 지방, 기타 성분을 분석할 수 있게 된다. 또한 물과 불을 활용한 요리 과정이 어떻게 소화 과정을 돕도록 기능하는가를 확인한다. 이런 식으로 은연중에 그들은 주방이 곧 실험실이며 요리하는 동안에 화학 공부를 하게 되는 것을 깨닫게 된다. 또한 요리 활동에 내포된 다양한 측정과 계산 활동은 수에 대한 관념을 견고하게 해 주었고, 아주 어린 아이들도 분수를 자연수만큼 지성적으로 사용할 수 있게 되었다. 이러한 지적인 이해와 사회적 성향의 발달은 저절로 이루어지는 것이 아니며, 공동 작업 활동을 교육적으로 가치 있게 운용하는 교사의 축적된 경험과 지성적 관여를 통해 가능한 것이었다.

이렇게 볼 때, 듀이 실험학교에서의 공동 작업 중심 교육과정이란 단순한 활동적 경험으로 전통적 교과 공부를 대신하려는 것이 아니었음을 알 수 있다. 또한 실제 삶의 관심과 맞닿아 있는 활동을 강조하면서 궁극적으로 목표하는 바는 개개인을 기존의 사회제도에 "적응시키기"가 아니었다. 적응이 현재의 사회적 배열과 조건에 알맞도록 준비시키는 것을 의미하는 것이라면, 현재의 사회 조건은 충분히 안정적이지도 않고 그러한 절차를 정당화하기에 충분히 좋은 상태에 있지도 않다고 보았다. 결국 실험학교에서 공동 작업의 원리는 '어떻게 하면 학생들에게 학교 밖 삶에서처럼 능동적인 태도와 탐구 관심을 유지할 수 있을까, 또한 역사, 과학, 예술과 같이 본질적으로 중요한 교육적 가치를 갖는 교과 내용이 학생들의 현재 경험에 살아 있는 의미를 주도록 하려면 어떻게 도입되어야 할까'라는 과제를 실험적으로 해결하려는 지성적 대안이었던 것이다.Mayhew & Edwards, 1936: 24-25

도구적 기능의 간접적 교수-학습

듀이 실험학교의 또 다른 특징은 단순 반복과 직접적 주입 위주의 전통적 교수-학습 방법에 대한 대안을 모색한 점이다. 실험학교에서는 기본 기능과 지식과 태도의 학습이 물리적·사회적 환경과의 상호작용에서 활동적 필요에 따른 자연적 결과로서 발달하도록 하는 간접적 교수 원리를 구현하였다. 즉, 필요한 지식의 학습과 기능적 숙달의 과정을 그 자체가 좋아 목적을 품고 임하는 자기주도적 활동의 자연적인 부산물로 형성되도록 하는 방법을 고안하였다.

간접적 교수-학습 원리를 듀이는 직접적 흥미와 간접적 흥미의 개념 구분을 통해 제안한다. 먼저 직접적 흥미란 놀이하는 아이나 음악에 심취한 사람의 경우처럼 즉각적으로 그 자체가 좋고 순전한 목적이 되는 활동의 특징이다. 이렇게 자신이 좋아서 즐기며 전심을 다하는 활동에는 추구하는 목적과 수단적 과정이 분리되지 않는다. 반면에, 간접적 흥미란 그 자체로 좋은 것은 아니지만 직접적 흥미의 대상을 위해 필요한 수단이 되는 활동의 특징이다. 어떤 사물이 그 자체로는 가치가 없지만 직접적 흥미의 대상과의 관련성을 인지할 때 후자의 가치가 전이될 수 있다. 예컨대, "아이에게 음악의 악보와 운지법이, 그 자체로 제시될 때는 아무 흥미를 불러일으키지 못하는 것이지만, 노래를 좋아하는 그 아이의 열망을 더 좋고 풍부하게 만들도록 도움이 되는 수단적 의미를 깨닫게 될 때 그것에 몰입하게 된다".Dewey, 1913: 163 이렇게 간접적 흥미란 그 너머의 목적을 위해서 하는 활동이기에 결과와 수단적 과정이 구분되며, 목적에 대한 흥미가 수단에 대한 흥미로 전이되는 경우를 가리킨다. 따라서 간접적 교수-학습 방법이란 아동의 직접적 흥미의 대상이 되는 활동과의 관련성 속에서 도구적 기능의 학습이 이루어지는 교육적 상황을 구성하는 것이다.

듀이는 독·서·산과 같은 형식적 상징을 다루는 기본 기능, 역사·지리·과학과 같은 의미 있는 지식, 공동체적 삶의 가치와 규범을 직접적인 주입, 기계적인 반복, 단순한 암기, 외적 규율의 강제 등의 방식으로 가르치는 것이 전통적 학교의 문제로 지적한다. 이를 통해 기본 기능과 지식과 가치의 중요성을 간과한 것이 아니라, 학생들에게 계속적 성장의 동력을 가로막는 성향이 부수적으로 뿌리 깊게 형성될 가능성을 우려한 것이다. 예컨대, 셈하기를 배우는 아이가 단지 정답을 맞히면 사탕을 받고 틀리면 매를 맞기 때문에 기계적으로 연산 기능을 숙달하게 되었다면, 외적 행동만이 변화된 것일 뿐이다. "더하기 부호가 하나의 숫자를 다른 것 아래에 쓰고 그 둘을 더하는 행위를 수행하라는 (물리적) 자극으로 받아들여질 뿐 자기 행위의 의미를 실감하지 못하며 수행하는 경우라면, 마치 자동 기계가 작동하는 것이나 다를 바 없다".Dewey, 1916: 20 그때 덧셈 기능 학습의 결과로 그에 동반되는 새로운 지적인 의미와 느낌이 없으며, 처음과 마찬가지로 연산은 즉각적으로 불쾌하거나 무감한 대상으로 고착되어 있을 것이다.

반면에, 실험학교에서는 어떤 순서와 절차에 따라 수의 연산을 행해야 하는지를 무조건 기능적으로 훈련하는 경우와 질적으로 다른 종류의 교육적 경험이 가능하다고 본다. 예컨대 자신이 필요로 하는 활동을 잘 수행하기 위해 필요하고 유용한 방법임을 지각할 때 반복적으로 연산 과정을 연습하는 일이 의미를 갖게 된다. 더 나아가 어떤 열정 어린 수학 선생님을 통하여 아이가 수의 연산을 왜 그렇게 하는 것인지 그 행위의 의미를 깨닫고 그 연습 과정에서 점차 더 능동적이고 의식적이 될 뿐 아니라, 더 나아가 어렴풋하게라도 '수'라는 것에 담겨 있는 아름다운 질서를 감동적으로 경험하게 될 수가 있다. 이와 같이 아이들이 학습하는 내용과 관련하여 생각하고 느끼는 방식이 근원적으로 변화될 수 있으며, 그러한 경우라야 '교육적 가르침'이라고 본다. 요컨대 실험학교에서는 어떻게 하면 형식적 상징의 학습이, 그 자체로는 반복된 훈련을 요하는 지루한 과정이지만, 다른 공동 작업 활동을 배경으로 자발적으로 이루어지게 할 수 있을지를 궁리했던 것이다.

실험학교의 시간 구성: 균형과 변화

이상에서 살펴본 바와 같이 아동의 성장과 교육과정의 통합적 연결성을 추구하며 실험학교를 시작한 초기에는 다양한 활동 주제의 프로그램 개발을 위한 실험적 모색을 거듭하였다. 관심을 갖고 참여하는 학부모와 전문가의 의견을 참조하며 실험학교 교사들은 듀이와 함께 주례회의를 통해 성장 단계별 프로그램 내용과 시간 비중 등을 체계화하며 정착시켜 나갔다.Mayhew & Edwards, 1936: 382-390

평균적으로 실험학교에서 1단계(4~6세)의 아동들은 하루에 3시간, 이행기(6~8세)의 아동들은 4시간, 2단계(8~10세)의 아동들은 4시간 30분 정도의 수업 활동을 하였다. 프로그램은 의식주와 관련한 공동 작업 영역, 역사와 지리, 과학 등의 교과 영역, 읽기, 쓰기, 셈하기 등의 기능적 교과 영역, 음악, 미술, 체육 등의 예술과 체육 영역으로 구성된다. 일반적으로 6세부터 9세 아동들의 일과는 매일 공동 작업 1~1.5시간, 체육 30분, 음악이나 미술 30분이 포함되고 기타 요리, 재봉, 목공작업 등이 주별로 짜여 있다. 2단계의 아동은 오후까지 학교 수업 활동이 연장되었다. 특히 성장의 2단계로 접어든 아동들은 집중 가능 시간이 증대되었기 때문에 미술, 재봉 등과 같은 예술이나 실과 영역은 반 학기 단위로 집중 수업 후에 교차하는 방식으로 운영되었다.

초기의 실험적인 프로그램 운영 과정에서는 특히 몸으로 하는 활동과 지적인 활동과의 균형, 요리·재봉·목공작업 등과 같은 실제적 목적의 활동과 순수하게 예술적 표현으로서의 활동과의 균형점을 찾는 일, 또한 아동의 성숙과 흥미 발달에 관한 이해를 반영하여 점진적으로 지적인 활동의 비중을 높여 가는 일이 중요한 과제였다. 실제 프로그램 운영상에서 미술, 음악, 언어 표현의 경우 시간제 교사 활용에 따르는 실질적 제약과 같은 외적인 변수도 고려해야 했다. 듀이 실험학교의 시간 구성에서 가장 큰 특징은 무엇보다 프로그램을 입안하고 운영해 보고 아동의 경험에 비추어 판단하고 재구성하는 방식으로 교육적 성장을 위해 최적의 조건을 실험적으로 찾아 나간 점이다. 또한 구체적인 상황에서의 교사의 자율적인 판단에 따라 수업 활동을 재구성하고 견학, 소풍이나 특별활동 등을 연계할 수 있도록 전체적인 프로그램의 시간 구성에서 융통성을 살렸다.

실험학교의 공간 구성: 사회적 삶과의 유기적 통합

듀이 실험학교의 건물 구조는 공동 작업 중심의 통합적 교육과정의 특성과 긴밀히 연계되어 있다. 또한 학교 시스템은 학교 밖의 가정, 자연환경, 산업 부문, 대학과 유기적으로 상호 연계되어야 한다고 보았다. 실험학교 운영 초기에 발표한 『학교와 사회』에서 듀이는 사회적 삶과 유기적으로 통합된 학교라는 아이디어를 토대로, 실험학교의 물리적인 건물 평면도로서가 아니라 학교의 공간적 의미를 표상하는 도해를 제시하고 있다.Dewey, 1901: 45

우선 실험학교 건물 1층의 아이디어에 따르면, 네 모퉁이에는 각각 의식주와 연계된 공동 작업 공간으로 위쪽에는 목공 작업실과 의류직물 작업실이, 아래쪽에는 주방과 식당이 배치된다. 그 사방의 활동이 연결되는 가운데에 도서실이 놓임으로써 모든 지적인 이론적 자원들이 실제적 활동에 방향성을 주도록 기능하게 된다. 또한 의식주의 기본 생활과 관련된 활동 공간은 학교 외부의 가정, 정원이나 공원과 같은 자연환경, 경제 산업 부문, 그리고 실험적 연구를 포괄하는 대학과 밀접하게 상호작용하는 상태를 상징적으로 나타낸다. 예컨대 실험학교에서 요리 활동은 단지 실제적 기능 훈련의 목적이 아니라 요리 재료들에 대한 과학적 탐구로 안내하는 경험의 배경으로, 또한 학교 밖의 자연환경에 대한 이해의 계기로 다루어진다. 따라서 주방 공간은 내부적으로는 도서관과 위층의 과학 실험실 공간과 외부적으로는 자연환경과 유기적으로 연결되어 있다.

실험학교 건물 2층의 아이디어로는 위쪽 코너에 물리-화학 실험실과 생물학 실험실이 있고, 아래쪽 코너에는 미술 작업실과 음악실이 있고 그 한가운데에는 박물관과 같은 전시공간이 배치된다. 좀 더 본격화된 과학과 예술 교육을 위한 공간 구조이면서, 또한 위에서 살펴본 것처럼 의식주 활동과의 유기적인 연결성이 고려되었다. 전통적 학교는 단지 교과의 학습만을 위한 공간으로서 일상 삶에서 분리된 채 고립되어 있다. 따라서 아동이 학교에서 배우는 것은 교실 지식에 그치며 학교 밖의 일상적인 세계 경험 속에서 그 연결성을 찾지 못한다. 이를 문제시하며, 듀이는 사회적 삶을 구성하는 각 부분과 유기적으로 통합된 학교 체제를 구상했던 것이다.

실험학교의 예술적 교사

학교가 사회적 삶과 유기적으로 통합된 교육공동체를 이루려면 교사의 역할이 전통적 교사상으로부터 크게 달라져야 한다. 전통적인 권위주의에서 벗어나 학생의 흥미와 필요를 중요시하는 점에서 흔히 진보주의 교육은 교사의 의미를 축소시키는 것으로 오해되곤 한다. 그러나 듀이는 진보적인 학교에서 교사의 역할을 전통적인 학교의 경우보다 가벼운 것으로 보지 않으며, 아무리 잘 짜인 새로운 교육과정이라 하더라도 그것을 활용하는 교사의 질을 넘지 못한다는 것을 분명히 한다.Dewey, 1933: 153 실험학교가 전통적인 학교와 가장 달랐던 점은 교사들의 지성적·예술적 실천의 힘이었다. 그 바탕에는 듀이의 교사에 대한 철저한 신뢰가 자리해 있었다. 듀이는 교사의 일을 정해진 처방에 따르는 기술적 과정으로 보는 견해에 반대하며, 예술가의 열정과 상상력, 감수성, 비판적 지성 등을 요하는 예술적 과정으로 보았다.

우선 듀이 실험학교 교사들은 아동의 발달 단계를 이해하고 해석하고 방향을 안내해 주는 방식으로 교육적 성장의 경험에 적극적으로 참여하는 예술적 실천가이다. 실험학교에서는 이러한 교사의 역할을 연극 공연에서의 연출가의 역할에 비유하였다. "교사는 아동의 삶의 살아 움직이는 드라마를 위한 무대를 마련해 주고, 필요할 때 적절한 소품을 제공해 주고, 아동의 즉각적인 목표를 향한 그리고 더 나아가 교사의 마음에는 분명하지만 아직 아이들에게는 잘 보이지 않는 멀리 있는 목적을 향한 아동의 행위를 방향 잡아 주어야 한다."Mayhew & Edwards, 1936: 253 최종적으로 완성된 연극을 무대 위에서 펼치며 박수갈채를 받는 배우는 아동 자신이며, 그에 이르는 과정에서 필요한 조건들을 전체적으로 조율하는 연출가로서 교사의 역할이 매우 중요하다. 시카고대학교 실험학교에 직간접적으로 참여했던 이들에 따르면, 교실에서 아동이 무엇을 할 수 있고 해야 하는지에 관한 교사의 판단에 대해 듀이보다 더 깊은 신뢰를 보였던 교육자는 없을 것이라고 증언한다.Mayhew & Edwards, 1936: 366 교사는 아동이 매일매일 자신의 경험을 다시 시도하고 재발견하고 재구성해 가는 과정에서 지혜로운 해석자interpreter이고 안내인guide이 되어야 한다고 보았다.

또한 듀이 실험학교에서 교사는 정해진 교육과정을 그대로 실행하는 대행자가 아니라, 자유와 책임의식을 지니고 교과 내용과 방법을 재구성해 가면서 교육에 대한 지적인 이해를 확장하는 전문가이다. 특히 학생들의 내적 성장의 동력을 신뢰하면서 그것이 적절히 발달할 수 있는 교육적 상황 조건을 찾기 위해 교사 자신의 풍부한 경험을 토대로 한 실천적 탐구를 수행하였다. 듀이 실험학교에 참여한 교사들이 30여 년이 지난 후에 남긴 다음과 같은 회고적 고백이 암시하듯이, 학생의 경험과 통합되는 교육과정을 만들어 가는 도전적 과제를 놓고 교사들은 실험적 실천가이며 전문적인 연구자였다.

> (학생의 현재 경험과 교과 내용을 관련짓는) 그 문제의 해결책은 극도로 어려운 일이다. 우리가 실험학교에서 그 해결점에 이르지 못했고, 아직 그 어느 곳에서도 그렇게 하지 못하였다고 보이며, 아마도 그 완전한 해결점을 찾기란 결코 이룰 수 없는 과제일지 모르겠다. 그러나 어떻게 해서든 우리는 그러한 당면 과제가 제기하는 문제와 난관에 접근하고자 시도했다. … (전통적 교과를 그대로 따르거나 아동의 흥미에 그저 내맡기거나 하는 식이 아닌) 다른 대안이란 진정으로 학생들 자신의 경험personal experiences이 되면서도 미래의 더욱 폭넓고 잘 조율된 흥미와 목적으로 인도해 낼 대상을 발견하는 일이다. 이것이 실험학교가 헌신하였던 교과 내용의 문제였다.Mayhew & Edwards, 1936: 469

마지막으로 실험적인 실천 연구를 수행하면서 교사들 간에는 상당한 수준의 협동적 관계가 형성되었다. 듀이 실험학교에서는 교사들 간의 협동적이고 친밀한 조직성이 중시되었는데, 여기서의 협동은 단순히 실제적 행위의 수준이 아니라 지적인 수준에서 추구되었다. 특히 실험학교에 관심을 갖고 지적·사회적 자원을 제공하는 학교 밖의 전문가들이나 지역사회 구성원들과도 다양한 방식으로 협력하였다. 이렇게 민주적인 탐구공동체에서 교사들 간의 자발적인 모임과 교류는 장학, 교수 평가, 수업기법 훈련 등의 관료적인 통제 중심 관념들을 대체하면서 듀이 실험학교 조직과 행정의 독특한 특징으로 자리 잡았다.

6. 듀이: 경험의 철학자, 사유하는 교육자

듀이는 개인과 사회의 일상 경험 속에 담긴 풍요로운 의미와 새로운 변화 가능성에 주목한 경험의 철학자이다. 듀이의 관심은 언제나 일상에서 무수한 삶의 문제 상황에 직면하고 이를 풀어내며 살아가는 보통 사람들과 그런 대다수 보통 사람들의 삶에 영향을 미치는 사회적 조건을 향해 있었다. 듀이는 "나에게 크게 영향을 미친 힘은 책보다 내가 만난 사람들과 상황에서 나왔다"라고 고백한다.^{Dewey, 1930} 그에게 철학적인 글이 사유의 기술을 배우게 했다면, 의도했든 그렇지 않았든 얽혀 들게 된 경험은 스스로 사유하지 않을 수 없게 만들었다. 그의 제자 후크의 말처럼, "듀이의 흥미를 끈 것은 바로 경험의 진실성이었으며, 그는 아주 드물게도 경험의 진실성에 대해 특별히 민감한 감수성을 지닌 사람이었다."

또한 철학과 교육이 본질적으로 연계된 것으로 보고 경험의 철학에 기초한 교육의 이념과 방법을 실험적으로 모색했던 듀이는 경험 안에서 사유하는 교육자였다. 단조롭고 느린 어조로 철학 수업을 했던 그의 강의에 대해서는 상반된 평가가 전해진다. 하지만 대학에서 학생들에게 듀이는 항상 고무적이고, 비판을 삼가고, 지나칠 정도로 관대한 선생님이었다고 한다. 이러한 일관된 자세는 '성급한 비판이 창조적 사고의 싹을 시들게 한다는 것', '사람들이 진정으로 의미 있는 무언가를 만들 수 있으려면 우선 먼저 뭔가를 만들어야 한다는 것', '훌륭한 성취는 성장의 과정을 통해 무르익는 것이지 처음부터 완전한 산물이 창조되지는 않는다는 것' 등의 교육적 예지에 충실한 것이었다. 제자 후크에 의하면 스승 듀이는 "겉으로 짐짓 겸양을 가장함이 전혀 없이도, 학생들이 자기 스스로를 신뢰하게 만들고, 자기 생각을 발전시켜 가는 것을 당당하게 해 주며, 지성적으로 실천하기 위해 열심히 배우고 깊이 생각하려는 열망을 강화시켜 주는 데 아주 드문 재능을 타고난 사람"이었다.

종합해 보면, 듀이 철학과 교육론의 핵심 화두는 자연과 인간 경험의 연속성, 실천적으로 발달하는 창조적 지성, 구성원의 다양한 개성과 자유로운 소통의 힘이 확보되는 민주 사회 등으로 요약될 수 있다. 듀이는 산업자본주의와 기계문명의 영향 아래서 인간 경험이 생명성을 상실하며 황폐해지고 사회공동체적 삶이 소외와 대립으로 치닫는 현실을 문제로 의식했다. 특히 분업화가 가속화되고 계층적 구분이 심화되면서 자신이 하는 일의 기술적, 지적, 사회적 의미를 깨닫지 못한 채 기계적으로 행하거나 변덕스럽게 목적 없이 떠도는 습성이 형성되는 것을 문제삼았다. 기계적이고 무감각하게 굳어진 현대인은 이 세계 안에서 제대로 교감하고 소통하지 못한다. 보고 들어도 그 깊은 의미를 실감하지 못하며, 일상 삶에서 생각과 느낌과 행위가 서로 엇갈리고 분열되어 있다. 이러한 문제의식에서 출발해 민주적 공동체로서 학교에서 교육적 경험을 통해 자연과 인간을 향한 기본적인 지적, 정서적 기질을 형성하는 교육적 대안을 모색했던 것이다. 듀이의 문제의식과 그로부터 모색된 교육적 대안은 사회적 삶과 교육의 근본적 전환이 요청되는 오늘의 우리에게 더욱 크게 되울리는 듯하다.

참고문헌

Dewey, J.(1897). My Pedagogic Creed. *The Early Works* vol. 5. Carbondale and Edwardswille: Southern Illinois Univ. Press. 마틴 드워킨 엮음·황정숙 옮김 (2013). 『존 듀이 교육론: 존 듀이가 쓴 교육에 관한 기록들』. 씨아이알.

_____(1901). *The School and Society. The Middle Works* vol. 1, 1-109. 마틴 드워킨 엮음·황정숙 옮김(2013). 『존 듀이 교육론: 존 듀이가 쓴 교육에 관한 기록들』. 씨아이알.

_____(1902). *The Child and the Curriculum. The Middle Works* vol. 2, 271-291. 엄태동 옮김(2019). 『존 듀이의 경험과 교육』. 박영스토리.

_____(1910a). The Influence of Darwinism on Philosophy. *The Middle Works* vol. 4, 1-109.

_____(1910b). *How We Think. The Middle Works* vol. 6, 177-356. 정회욱 옮김(2010). 『하우 위 싱크』. 학이시습.

_____(1913). *Interest and Efforts in Education. The Middle Works* vol. 7, 151-197. 조용기 옮김(2010). 『흥미와 노력 그 교육적 의의』. 교우사.

_____(1916). *Democracy and Education. The Middle Works* vol. 9. 이홍우 옮김(2007). 『민주주의와 교육』. 교육과학사.

_____(1920). *Reconstruction in Philosophy. The Middle Works* vol. 12, 77-201.

_____(1922). *Human Nature and Conduct. The Middle Works* vol. 14. 최용철 옮김(2020). 『인간 본성과 행위 1, 2』. 도서출판봄.

_____(1925). *Experience and Nature. The Later Works* vol. 1.

_____(1927). *The Public and Its Problems. The Later Works* vol. 2, 235-381. 정창호·이유선 옮김(2014). 『공공성과 그 문제들』. 한국문화사.

_____(1929). The Sources of a Science of Education. *The Later Works* vol. 5, 1-40.

_____(1930). From Absolutism and Experimentalism. *The Later Works* vol. 5, 147-160.

_____(1933). Why have Progressive Schools. *The Later Works* vol. 9, 147-157.

_____(1934). *Art as Experience. The Later Works* vol. 10. 박철홍 옮김(2016).

『경험으로서 예술 1, 2』. 나남출판사.

_____(1938a). *Logic: The Theory of Inquiry. The Later Works* vol. 12.

_____(1938b). *Eperience and Education. The Later Works* vol. 13, 1-60. 엄태동 옮김(2019).『경험과 교육』. 박영스토리.

_____(1952). Introduction to *The Use of Resources in Education* by Elsie Ripley Clapp. In *Dewey on education*, Martin S. Dworkin (ed.), 127-134. NY: Teachers College Press. 마틴 드워킨 엮음·황정숙 옮김(2013).『존 듀이 교육론: 존 듀이가 쓴 교육에 관한 기록들』. 씨아이알.

Mayhew, K. & Edwards, A.(1936). *The Dewey School: The Laboratory School of the University of Chicago, 1896-1903*. NY: Appleton-Century.

양은주(2006).「존 듀이-경험의 철학자, 사유하는 교육자」.『초등우리교육』, 2006년 6월호, 88-94.

양은주(2007).「듀이의 진보주의 교육사상과 실험학교」.『교사를 일깨우는 사유』. 문음사, 289-322.

양은주(2016).「세월호 참사 이후를 위한『민주주의와 교육』읽기」.『교육사상연구』. 30(4), 135-162.

양은주(2021).「교육의 생태적 전환을 위한 듀이 교육철학의 재조명」.『초등교육연구』, 34(1), 265-290.

6장

게오르크 케르셴슈타이너:
노작학교론과 실천적 교육개혁

송순재

1. 왜 노작교육인가?: 문제제기와 역사적 전개 상황

게오르크 케르셴슈타이너Georg Kerschensteiner, 1854~1932는 19세기 말에서 20세기 초에 이르는 시기 독일 개혁교육운동의 개화 과정에서 결정적 역할을 한 교육실천가이자 교육학자로 알려져 있다. 학자이기 이전에 현장 교사로, 김나지움의 수학과 물리학 교수로, 이론을 말하기에 앞서 실천적 행동으로 살아갔던 그의 치열했던 모색과 추구는 독일 국경을 넘어서 당시 서구 세계는 물론 이후 동양권(중국과 일본 등지)에까지 전파되었을 정도로 강력했다. '노작학교론'은 그가 평생에 걸쳐 주력했던 핵심 문제로서, 이를 중심으로 그는 종래 독일의 학교들을 새로운 틀에서 실질적으로 광범위하게 개혁해 내고자 했다.

이 글은 케르셴슈타이너 교육의 이론과 실천의 전모를 밝히기보다는, 노작학교 개념을 해명하고 이를 축으로 하여 그의 주요 관심 영역이었던 초등학교와 계속교육학교 그리고 국가시민교육 영역에서 일구어 낸 의미 있는 교육개혁 성과의 대강을 짚어 보기 위한 것이다. 먼저 노작교육을 둘러싼 서구 교육의 역사적 발전 과정을 일견하고 이를 배경으로 케르셴슈타이너의 생애와 주요 업적을 간략히 살핀 후, 주제로 들어가 보겠다.

정신과 육체는 분리할 수 없으며, 삶은 이 분리할 수 없는 전체성 안에 자리 잡고 있다. 정신과 육체, 양 차원은 상호의존적 구조에서 비로소 존립 가능하다. 정신이 없이 육체가 없듯이, 육체가 없는 정신도 없다. 현대 인간학적 연구에 의하면, 양 차원은 스스로 존립하기 위해 서로를 필요로 할 뿐 아니라 나아가 서로를 지지하고 촉진한다. 생기 있고 올바른 정신활동은 육체를 활력 넘치게 하며, 활력 넘치는 육체는 맑고 통찰력 있는 정신을 가능케 한다.

원칙적으로 보아 노동활동이 정신활동보다 저열하게 평가받아야 할 이유는 없음에도 인류 역사에서 노동과 수공활동은 그 정당한 가치를 인정받지 못했다. 그 의미와 가치가 왜곡된 이유의 대부분은 사회정치적 지배구조와 특히 근대적 산업생산체제에 기인한다.^{퀄레, 1987: 1장의 주요 논지} 이는 다음 두 가지를 뜻한다. 첫째는 노동과 정신의 분리, 둘째는 정신활동에 초점을 맞춘 귀족 교육에 대비하여 노동활동에 초점을 맞춘 서민과 노동자 교육이라는 구조. 근대기 이래 국가 공교육의 구조는 상당 부분 이 왜곡된 구조 위에 기초해 왔다. 그 결과 정신활동과 육체활동이 이원화된 학교 형태나, 정신 다시 말해서 이성을 위주로 한, 즉 책을 중심으로 한 학교 형태가 발전되었는가 하면 이에 비해 산업노동자 양성을 주 과제로 삼는 학교들이 나타났다.

이러한 식의 교육이 필연적으로 인간 삶의 소외를 낳는다는 비판이 그간 꾸준히 제기되어 왔다. 산업노동 인력 양성을 위한 학교 체제에 대한 비판은 잘 알려져 있다. 그런가 하면 정신 발달을 위주로 한 교육 역시 독자적으로 고고한 길을 추구함으로써 아이러니하게도 역시 여러 문제에 봉착했는데, 그럼에도 이 문제점은 오랫동안 제대로 인식되지 않았다. 이 상황 전체가 필연적으로 인간 삶의 정당한 발달, 전개와 구현에 치명적 장애를 초래한다는 사실 역시 제대로 인식되지 않았다. 하지만 이 과정에서 철학과 교육학에서 노동과 정신의 분리를 극복하고, 인간의 삶을 노동과 정신이 하나로 어우러진 역동적 전체성 안에서 전개시키고자 하는 노력이 나타나기 시작했다. 그것은 17세기 말을 기점으로 경건주의와 계몽주의 시대에 의미 있는 단초를 형성하며 출현했으며, 18세기에서 20세기 초엽에 이르러 결정적 국면을 이루게 되었다.

그 획기적 전환점은 페스탈로치Johann H. Pestalozzi, 1746~1827의 삼육론 三育論, 즉 "머리와 가슴과 손"의 조화로운 발달이라는 명제김정환, 2008: 136ff. 를 통해 마련되었다. 오늘날 어법으로 표현해 보자면 한마디로 손의 교육 인간학적 의미가 발견된 것이다. 하지만 독일 학교에서는 신인문주의[1]의 영향하에 인문 영역이 교육의 주축을 이루게 되었기 때문에 이 문제에 관한 시각은 다시금 간과되었다.

이에 비해 북유럽에서 주목할 만한 새로운 흐름이 형성되었는데, 핀란드의 목사이자 초등학교 교장이었으며 핀란드 공립학교의 아버지로 일컬어지는 우노 시그네우스Uno Cygnäus, 1810~1888가 1865년 수공활동을 위해 처음 도입한 교육체제가 그 대표적 사례 중 하나이다.[2] 이 시도는 좀 더 정교한 형태로 발전하면서 이웃 나라인 스웨덴, 덴마크, 노르웨이 등지로 전파되었다. 덴마크에서는 교육자이자 기업가인 아돌프 폰 클라우손-카아스Adolf von Clauson-Kaas, 1826~1906[3]가, 스웨덴에서는 교육자이자 저명한 작가인 오토 살로몬Otto A. Salomon, 1849~1907이 그 첫발을 내디뎠다.[4] 이 활동은 '슬로이Sloyd'라는 말로 지칭되기 시작했으며 외부 세계에도 그 이름으로 알려졌다. 이는 우선은 목공을 일컬었지만 동시에 재봉, 수예, 뜨개질 등을 포괄하는 활동을 뜻하게 되었다.[5] 살로몬은 이후 슬로이를 위한 교사교육기관을 설립하고 그 발전을 꾀했는데, 유학생들도 많이 찾는 곳이 되었다. 이 과정에서 슬로이는 일반교육에서 도덕적 품성과

---

1. 18세기 후반, 괴테, 훔볼트, 헤르더, 하이네 등에 의해 일어난 문예사조로 고대 그리스와 르네상스의 이상을 다시 불러일으키며 인성의 조화로운 형성을 추구하고자 했던 사상.
2. https://de.wikipedia.org/wiki/Uno_Cygnaeus
3. https://www.deutsche-biographie.de/pnd117691186.html
4. https://en.wikipedia.org/wiki/Otto_Salomon

지성과 부지런함 등을 촉진하고 고무함으로써 아동의 인격을 형성하는 데 기여했으며, 이는 결과적으로 수공활동 훈련, 수공 예술, 산업교육, 공업교육 등의 초기 발달 과정에 큰 영향을 끼쳤다.[5] 핀란드에 기원을 둔 이 학교 형태는 차츰 세계 여러 나라에 널리 알려져 미국에까지 영향을 끼쳤다. 핀란드의 메리 또뻴리우스Meri Toppelius라는 여성이 큰 역할을 했고 수백 개의 학교가 설립되었다.

이러한 상황에서 독일에도 위와 흡사한 흐름이 형성되었다. 의학적, 예술적 관점을 고려한 교육적 동기와 경제적 동기가 결합하여 학교에 공작실과 정원 등의 시설을 위한 요구가 분출했고, 이를 위한 단체도 결성되어 여러 학교에 그런 공간들이 마련되었다. '베를린 가내공업협회'(1876년 설립), '수공과 가내공업을 위한 중앙위원회'(1881년 설립), '생업교육을 위한 독일협회'(에밀 폰 솅켄도르프Emil von Schenkendorf, 1886년 설립) 등이 그것이다. 이 교육기관들에는 영국의 학교들과 미국의 존 듀이John Dewey 사상이 유입되기도 했다. 듀이는 실용적 관점에서 교육과 교수를 위한 수공활동의 원리를 발전시켰다. 그 핵심은 '실제 삶에 터 잡은 학습', '행함으로 배우기', '자기 힘으로 스스로 탐구하고 행동하기' 등에 있었다.[7]

바로 이 시대적 정황에 케르셴슈타이너가 위치한다. 그는 '노작학교' 개념을 기초했으며, 이를 통해 직업교육의 구조를 튼실하게 만들었을 뿐 아니라, 일반 학교에 '노작수업'이라는 특수한 과목을 보편적 수업 형태로 도입·발전시키는 데 결정적으로 기여하는 동시에, 이를 통해 학교교육과 교육제도 전반에 새 기틀을 마련함으로써 독일의 경계를 넘어 세계 여러 나라에도 커다란 영향을 끼쳤다. 접근 방식은 서로 상이하지만 이 방향에서 독일과 세계 교육계에서 중요한 역할을 한 교육자로서 후고 가우

---

5. http://dspace.ut.ee/handle/10062/73502
6. https://en.wikipedia.org/wiki/Sloyd
7. 이상의 논지에 관해서는 레블레의 일목요연한 기술 참조(2002: 378-379).

디히Hugo Gaudig, 1860~1923, 존 듀이John Dewey, 1859~1952, 루돌프 슈타이너Rudolf Steiner, 1861~1925, 크룹스카야Nadeshda Konstantinowna Krupskaja, 1869~1939, 셀레스탱 프레네Célestin Freinet, 1896~1966, 에두아르트 슈프랑거Eduard Spranger, 1882~1963 등을 들 수 있다. 특히 아시아에서는 인도의 비노바 바베Vinoba Bhave, 1895~1982가 주목할 만한 사례를 남겼다. 이상의 고찰을 배경으로 케르셴슈타이너에 관해 살펴보자.[8]

2. 게오르크 케르셴슈타이너의 생애와 교육개혁 활동의 주요 국면

사상사적으로 보아, 케르셴슈타이너는 유럽의 오래된 전통, 즉 루소와 괴테 그리고 무엇보다 페스탈로치 사상의 맥을 잇는 동시에, 당대 하인리히 리케르트Heinrich Rickert의 가치철학과 에두아르트 슈프랑거Eduard Spranger의 문화교육학이라는 풍부한 자산에 연관되어 있었다. 아울러 영국의 학교들과 미국의 프래그머티즘의 주창자인 존 듀이로부터 몇몇 중요한 착상을 얻었으며,[9] 그렇게 형성해 낸 사상을 통해 다시금 거꾸로 영국과 미국에 영향을 끼쳤고, 그 파장은 세계 여러 나라로 퍼져 나갔다.

독일 남부 바이에른의 중심지 뮌헨이 그의 고향이다. 상인 가문에서 태어나 자랐으며 여러 곳에서 공부도 하고 활동도 했지만 결국 그곳에서 전성기를 맞았고 생을 마쳤다.

그가 교직의 길을 걷게 된 것은 6살에 입학한 성직학교 주임신부의 안

---

8. 케르셴슈타이너, 듀이, 슈타이너의 관점에 관해서는 전일균(2004)의 상세한 연구가 있다.
9. 케르셴슈타이너와 듀이의 연관성은 의미심장하다. 짐 개리슨, 슈테판 노이베르트, 케르스텐 라이히(2021)가 함께 쓴 듀이에 관한 최근 연구서는 전체 맥락을 파악하는 데 도움을 줄 것이다.

내에 귀를 기울인 덕분이다. 어린 시절부터 그림과 데생, 성악과 피아노 같은 예술 분야에 빠져들었는데, 교직 생활을 시작했을 무렵에는 이 활동 자체가 교육의 내용을 풍부하게 확장시킬 만큼 높은 수준에 이르렀다. 이는 천분이기도 했지만 교육의 혜택 때문이기도 했다.

11살 때 프라이징Freising에 있는 교원양성소수험예비학교에 처음 입학했고 아울러 그곳 성당의 성가대에 참여했다. 3년 뒤에는 초등학교 교원양성소에 들어가 16살에 최우수 성적으로 공부를 마친 후, 1871년 포어스티닝Forstinning 마을 초등학교의 보조교사직을 맡아 일을 시작했다. 이 시기에 그는 매우 유용한 실습 경험을 쌓는 동시에 지도교사와 학생들에게 탁월한 능력을 나타내 보였다. 이후 여러 곳을 거친 끝에 1872년 아우크스부르크Augsburg 인근의 레히하우젠Lechhausen에 있는 한 초등학교의 교사가 되었는데, 그곳 학생들과의 교감은 그리 만족스럽지 않았다. 학생들의 질적인 상태가 좋지 않았기 때문에 그랬던 것 같다. 1873년 아우크스부르크로 옮겨 간 그는 거기서 마침내 원하던 공부와 마땅한 일터를 만나게 된다. 훌륭한 도서관과 학문적 교류의 기회가 주어졌기 때문이다. 이 교사직은 1874년까지만 이어진다. 대학에 진학하기로 마음먹었기에 준비가 필요했다. 그 결심은 인문계 김나지움 진학으로 이어졌다. 1877년 학교를 마친 후 뮌헨 소재 공업전문대학에서 수학을 전공으로 학문에 전념했다. 예술뿐 아니라 체육도 즐겨 했으며 수학 서클에도 가입하여 활동했다.

1880년에는 공업전문대학을 그만두고 대학의 '아카데미 시민civis academicus'이 되었다. 1881년 대학졸업시험을 통과하고 3년 뒤인 1883년 가을, 뉘른베르크 소재 멜란히톤 김나지움의 수학과 물리학 조교수로 부임한다. 20대 후반의 일이다. 김나지움 수업에서 그는 자기 교과 영역을 직관적으로 생생하게 가르치되, 유머를 섞어 탁월하게 해냈을 뿐 아니라 학생의 천분을 찾아 개별적으로 도움을 주려 했기에 학생들의 사랑을 받았다. 이 모두는 그가 당시로서는 흔치 않았던 교육학적 시각과 능력을 지녔음을 말해 준다. 1883년, 뮌헨대학교에서 박사학위를 취득했다.

1885년 말 뉘른베르크 시립 상업학교 수학 교사로 부임했고, 1890년 9월부터는 슈바인푸르트 소재 구스타프 아돌프 김나지움으로 자리를 옮겨 수학과 물리, 자연 교과를 가르쳤다. 그곳에서 그는 백과사전식으로 일관된 교육과정을 거부하고 자기 나름대로 조직한 수업을 했는데, 이는 직관적이며 모든 구애로부터 자유로운 자연 안에서 살아 있는 사물을 가지고 하는 방식이었다. 1893년에는 다시 자리를 옮겨 뮌헨의 루트비히 김나지움에서 수학, 물리학, 자연 교과를 가르쳤다. 수학은 그가 가장 즐겨 했던 교과였는데, 이때 발전시켰던 수학 수업 방법은 의미심장한 것으로 이후 노작교육을 위한 방법에도 동일한 원리가 적용되었다.

그러던 중 좀 색다른 변화가 찾아오는데, 그것은 정치가요 교육행정가로서의 활동이다. 1885년에 그는 한 초등학교와 직업학교의 교장으로 부임했지만, 같은 해에 뮌헨시 교육청의 고위 장학관직Stadtschulrat에 선출되었으며 아울러 왕립학교위원회 위원으로도 활동을 시작하게 되었다. 이 직임은 1919년까지 지속되었다. 이 직임이 중요했던 이유는, 추후 이를 통해 자신의 사상을 일터에서 구현하는 것을 넘어서서 그가 속한 지역 전체는 물론 독일 전역과 세계 여러 나라에 전파할 수 있는 교두보를 확보한 셈이었기 때문이다. 3년이라는 짧은 기간에 그는 뮌헨시 초등학교 교육과정 개혁이라는 첫 번째 과제를 성공적으로 수행했고, 그 결과는 지역 정부에 의해 받아들여졌다. 이 과제를 그는 「교육과정론의 관찰 Betrachtungen zur Theorie des Lehrplans」[1899]이라는 글에서 심도 있게 다루었다. 이후 그에 관한 찬반 논의가 뜨겁게 일어났다.

초등학교와 김나지움에서의 교직 생활을 뒤로하고 새로 시작한 이 활동과 아울러, 이 무렵 그의 생애에서 결정적인 국면이 전개되었다. 그것은 바로 '초등학교'와 '계속교육학교Fortbildungsschule'('직업학교'의 옛 이름)의 개혁 문제였다. '계속교육학교'의 개혁에 관한 그의 제안은 1900년 뮌헨에 받아들여졌고, 1901년에는 바이에른주 밖의 공예교육기관들을 관찰하고 비교하는 작업을 수행했다.

1895년에서 1906년에 이르기까지 그는 초등학교의 노작수업 도입과 계속교육학교의 조직이 어떠해야 할지에 관한 물음에 거의 전적으로 몰두했다. 이 맥락에서 뮌헨시를 위한 거대한 조직개편안이 만들어졌다.

초등학교는 8년간 국민에게 제공되는 의무제 보통교육기관이었다. 그는 이 학교를 노작교육에 관한 자신의 평소 관점에 따라 개혁하고자 했는데, 초등학교가 전인교육의 이상에 부합하기보다는 단지 지식 습득 교육에 매몰되어 있다고 보았기 때문이다.

또 당시에는 초등학교를 졸업한 14~18세 청소년을 위한 계속교육학교 가 있었는데, 여기에서도 몇 가지 문제를 찾아냈다. 이론을 주로 하여 실제가 없고 따라서 추상적이며 공허한 구조라는 점이 그 하나요, 전문 직업을 중심으로 짜여 있어 단지 기술 관련 직업인을 양성할 뿐 인간교육은 간과되어 있었다는 점이 그 둘이요, 나아가서 직업인은 단지 어떤 산업 분야에 종사할 뿐 아니라 사회공동체와 국가시민의 일원으로 살아가야 함에도 그러한 요구에 부응하는 '국가시민교육'이 부재하다는 점이 바로 그것이었다. 이 한계를 극복하기 위해 그는 온 힘을 쏟았다. 이후 12년 동안 학교 조직은 그의 구상에 따라 변화를 거듭했다.

1901년은 그에게 하나의 분기점을 이루는 시기로, 에르푸르트 소재 공익과학왕립학회가 "초등학교 졸업 후 입대 전까지 어떻게 하면 우리의 남성 청소년들에게 가장 합목적적인 국민의 사회화 교육을 할 수 있는가?" 라는 제목으로 내건 공모에 제출한 그의 논문이 수상을 하게 되었기 때문이다. 여기서 그는 이 문제를 "도제들의 현실을 어떻게 해야 다수의 국민들이 국가와 사회를 긍정적으로 바라보도록 할 수 있을까"라는 풀리지 않는 물음과 연관 지어 다룸으로써 사회정치적 양심을 확실하게 자극했다. 그는 사회의 치부를 적나라하게 드러낼 수 있는 현실적 안목과 용기가 있었다. 이 '수상 작품Preisschrift'은 당시 뮌헨시 초등학교 교안 개정 작업으로 인해 심각한 논란에 휩싸였던 케르셴슈타이너의 입장을 확고부동하게 만들어 줄 만큼 대단한 파장을 불러왔고, 이를 통해 그는 당당히 사회 전면에 등장했다. 그 주요 논지는 10여 년 후 「국가시민교육의 개념 Begriff der staatsbürgerlichen Erziehung」이라는 좀 더 완숙한 형태의 글에서 상론되었다.빌헬름, 2004: 179-180

1903년 케르셴슈타이너는 바이마르공화국 예술교육학회의 제2대 회장이 되었다. 그의 개혁 작업을 둘러싸고 비판적 견해도 만만치 않았지만, 차츰 그 성과가 실효를 거두고 널리 알려짐에 따라 뮌헨은 독일 교육의 '메카'로 알려져 독일 내에서는 물론 유럽 여러 나라와 러시아, 미국 등 세계 각처의 교육자들이 즐겨 찾는 방문처가 되었다. 그 또한 세계 여러 나라에 가서 자신의 사상을 설파하곤 했다. 1908년에는 스코틀랜드, 영국, 스위스 취리히를 방문했고, 1909년에는 '영국학회British Association' 초청으로 다시 영국을 찾았다. 1910년에는 부다페스트, 스웨덴(정부 초청)으로 강연 여행을 떠났다. 1910년에는 산업교육의 증진을 위한 독일국립 학회를 대신하여 미국의 여러 곳(신시내티, 세인트루이스, 시카고, 보스턴, 뉴욕, 필라델피아)을 방문했으며 보수적 입장에서 그와 견해를 달리하는 이들과 격렬한 논쟁을 벌이기도 했다. 결국 그의 이원제 직업교육체제와 계속교육학교는 미국 교육제도의 모형으로 자리 잡게 되었다. 거기서 발명가 에디슨을 만나기도 했다. 스코틀랜드, 스웨덴에서도 뮌헨 모형이 도입되었으며, 영국, 스위스, 일본 등지에서도 그의 계속학교 개념과 관련하여 흡사한 개혁과 입법 과정이 이루어졌다. 그의 책은 터키어, 중국어, 일본어로도 번역되었다.Wehle, 1968: 134-135

1911년 3월 그는 '오버슈투디엔라트Oberstudienrat(정교사의 바로 위 등급)' 직함을 얻었고, 1912년에는 러시아로 연구 여행을 떠났다. 그해부터

1919년까지 제국의회에서 진보적 민족당의 대표로 활동했다. 1919년 9월 15일 그는 건강상의 이유로 25년 수행했던 뮌헨시 교육청의 장학관직을 사임했다. 1918년 11월 22일, 뮌헨대학교의 교육학 객원교수로 부름을 받았고(담당 분야는 학교조직, 학교행정, 교육과정), 같은 해에 뮌헨공업기술전문대학에서 문화학 명예박사학위를 받았다. 1921년에는 뮌헨독일박물관Deutsches Museum in München 관장으로 위촉받았다. 이듬해인 1922년에는 문부성(교육과 학술을 주무로 하는 정부 기관)의 자문위원으로 활동했고, 1925년에는 독일 교육제도에서의 직업교육 확장 문제에 관해 연구·발표했다. 1926년에는 바이마르공화국 교육회의의 좌장을 맡았으며, 1928년에는 드레스덴공업기술전문대학에서 명예박사학위를 받았다.

이렇게 볼 때, 두 가지 상이한 정치적 환경이 그의 삶과 활동의 배경을 이루었음을 알 수 있다. 그의 실천적 개혁 활동이 독일제국기(1871~1918), 즉 빌헬름 1세(1861~1888)와 빌헬름 2세(1888~1918) 통치기에 전개되었다면, 그의 교수 생활은 바이마르공화국(독일혁명으로 인한 군주제의 붕괴 이후 1919년 들어선 공화정)이 출발하기 1년 전인 1918년에 시작되었다.

케르셴슈타이너는 학교교육 현장에서, 교육행정가와 정치적 자리에서, 다양한 강연장에서 실천적 탁월성을 드러냈다. 그는 청중을 특정한 방향으로 매혹시키며 추동해 내는 열정적인 강연자였다. 하지만 그 과정에서 실천을 바탕으로 한 이론화 작업에도 꾸준히 힘을 쏟았다. 그러한 작업은 대학교수직 부임 이후에 좀 더 체계적으로, 밀도 있게 이루어졌다.

만년에 들어서는 숙환으로 어려움을 겪다가 1932년 78세로 생을 마감했다. 무덤에는 "어린이들의 친구"라는 글씨를 새긴 화환이 놓여 있었다. 어떤 교사는 "세상의 모든 아이들로부터Von allen Kindern der Welt"라는 글씨가 쓰인 화환을 내려놓기도 했다.[10]

3. 케르셴슈타이너의 노작학교론과 실천적 교육개혁

노작학교란 무엇인가?

'노작학교'란 케르셴슈타이너가 개발하여 사용한 독일어 'Arbeitsschule (아르바이츠슐레)'의 우리말 번역어로, 노작을 뜻하는 아르바이트Arbeit와 학교를 뜻하는 슐레Schule의 합성어이다. 우리말로 '노작勞作'이란 힘쓸 노勞, 지을 작作의 합성어로, 우리의 학교와 산업현장에서는 노작 대신 수공이나 작업 혹은 노동으로 표현하는 것이 더 적절한 때도 있다. 케르셴슈타이너가 말하는 아르바이트란 '손'으로 대표되는 창조적 신체활동 내지 노동을 뜻하는 교육학 개념으로, 이것을 일반 교육활동의 기본 도구이자 중추로 삼아 정신과 신체가 하나로 엮인 삶 전체의 성장과 발현을 촉진하거나 혹은 직업교육의 핵심을 지칭하기 위한 활동을 뜻하며, 이를 위한 학교를 Arbeitsschule, 즉 노작학교라 한다.

케르셴슈타이너는 이 노작학교를 교육개혁을 위한 화두로 내세웠는데, 이는 당시 학교의 병폐에 대한 문제의식 때문이었다. 그것은 다음 세 가지, 즉 학교는 정신활동에 초점을 맞추되 두드러진 지적 재능을 촉진하는 데만 초점을 맞추고 있고, 삶의 다른 차원과 영역들을 두루 향유할 기회를 거의 제공하지 않으며, 다른 사람은 무시한 채 개인적 성취에만 골몰하도록 한다는 것이었다.Wehle, 1968: 30-31 그는 이런 식의 재래식 학교를 '책 학교Buchschule'라고 비판하면서 여기에 자신의 노작학교 개념을 대비시켰다.윗글: 26, 131 이 점에서 그는 북미의 존 듀이가 시카고에서 실험학

---

10. 이상 생애는 Wehle(1968: 232-243) 중 주요 부분을 기조로 하고, 아울러 다음 인터넷 자료를 참조하여 간추려 정리한 것이다(단 특기할 만한 부분에 한해서만 인용하고 출처를 밝힘).
https://archivschule.asprit.de/DE/forschung/kursprojekte/marburger-strassennamen/georg-kerschensteiner.html
https://www.britannica.com/biography/Georg-Kerschensteiner

교를 시도했을 때 강조했던 학교 수업에 대한 비판, 즉 "예전이나 지금이나 우리의 학교는 거의 다만 '듣기'에만 적용되어 있음"을 지적하면서윗글: 27, "아이는 태양이 되고 학교가 아이를 중심으로 돌아가는 식으로, 그리고 이 구도에서 아이가 교육 구조의 중심점이 되게 하기 위한" 의도와 같은 맥락에서 학교의 근본적 변혁을 시도하고자 했다.윗글: 37-38

케르셴슈타이너는 이 과제를 초등학교에서부터 상위 학교 단계에 이르기까지 두루 구현코자 했으며, 이를 위한 기본 의도 세 가지를 다음과 같이 제시했다.

첫째, 인간 삶의 전체성 문제, 즉 정신이 신체적 소여성과 한데 엮여 성장한다는 점에 대한 학교의 무지에 관하여: 정신과 신체, 이 두 차원이 학교교육의 기본이 되어야 한다는 것이다. 이 관점은 기본적으로 페스탈로치의 인간교육론에서 유래한 것으로, 페스탈로치가 "인간의 정신적 발달의 기초인 자연법칙을 찾아내고자 했으며, 이 과제가 신체적-감각적 본성과 결합되어 있어야 한다는 것을 알고 있었음"을 지적했다.윗글: 26

단 그는 신체와 정신의 성장과 발달에서 손의 의미에 초점을 맞추었는데, 손이 놀이와 운동과 작업을 가능케 하는 신체적 차원의 요체라는 점 때문이었다. 적절한 손의 활동은 신체 발달을 촉진시킨다는 것이다. 다른 한편 그는 손의 활동과 정신이 하나로 엮여 있다는 인간학적 통찰에 유의했는데, 그러한 수공활동에는 정신적 차원을 촉발시키는 단서가 있기 때문이라는 것이었다. (예컨대 3~4세에서 14세까지) 아이들에게서 어떤 탁월한 경우에 정신은 수공활동 없이도 발달할 수 있지만 대부분의 경우는 그렇지 못한데, 이때 구체적 사물을 가지고 작업한다면 정신도 아울러 작용하게 되고, 이를 토대로 더 높은 정신적 차원으로 넘어갈 수도 있게 된다는 것이었다. 이를테면 자연 안으로 들어가 자연 사물을 가지고 하는 놀이나 만들기 활동은 자연 자체의 의미에 대한 관심을 불러일으킬 수 있으며, 이는 점차 자연과학 공부로 이어질 수 있다는 뜻이다.Flitner &

둘째, 대부분의 아이들이 장차 손을 주로 사용하는 직업에 종사한다는 점에 관하여: 초등학교에서의 수공활동은 장래의 삶의 일터를 위한 폭넓은 기초, 즉 기본 능력을 제공할 수 있다는 것이다. 하지만 이 경우, 본격적인 수공활동이 아니라 기존의 책걸상을 이용해서 하는 정도의 기초적 수업 정도만을 생각했고, 상급 학년에서 (이를테면 상급반인 8학년 수준에서) 비로소 보다 난이도가 있는 노작활동을 부여했다.윗글: 225

셋째, 각자는 국가의 현재 상태에 기여해야 할 뿐 아니라 국가가 지향하는 공동체적 이상에도 부응해야 하는바, 따라서 직업노동은 그러한 국가적 이상 실현에 상응하는 의미를 가져야 한다는 문제에 관하여: 케르셴슈타이너는 초등학교의 노작교육을 이 과제를 의미 있게 준비할 수 있는 기초적 단위로 보았는데, 그것은 노작활동이 개인적 차원뿐 아니라 종종 공동체적 차원의 협력을 요구하기 때문이라는 이유에서였다. 나아가서 그는 이 과제를 촉진하기 위해서는 노작활동에 종교, 역사, 문학 같은 정신적 차원의 교과 수업이 필수적으로 병행되어야 할 것이라 보았다. 이는 '국가시민교육'이라는 과제를 뜻하는 과제였다.윗글: 222-224

이 세 가지 문제에 대해서는 좀 더 자세한 고찰이 필요하다.

당시 발흥했던 개혁교육운동이라는 새로운 시대정신에서 주창되었던 대표적 명제는 자발성 혹은 자기활동성이라는 문제였는데, 케르셴슈타이너는 바로 이 명제를 '구체적 사물과의 교류' 문제와 연관 지어 다루고자 했다. 아이들은 그들 눈에 잘 들어오고 또한 자기들 힘으로 잘 다룰 수 있는 사물과의 관계에서(추상적 문제와의 관계를 통해서가 아니라) 가장 잘 발달할 수 있기 때문이라는 이유에서였다. 동시에 이것은 '자기 삶의 표현'을 위한 활동 문제를 뜻하기도 했다. "삶은 (무엇을) 구체적으로 만들어 내는 창조적 행위 안에서 스스로를 표현(한다)"는 것이다.Wehle, 1968: 28-

29; Flitner & Kudritzki, 1984: 227 신체와 정신 간의 이 관계는 다음과 같이 상호 관계적으로 명제화할 수 있다. 정신은 손을 매개로 형성되는가 하면, 손은 정신을 표현하는 수단이다. 이것이 바로 그가 노작교육을 요청한 이유였다.

케르셴슈타이너는 이것을 장인 수업이나 직업교육과는 별도로 학교교육 전반에 걸쳐서 필수적으로 도입해야 할 것을 요구했다. 노작교육은 "별도로 분리된 특정 과목이 아니라, (초등학교 단계에서) 모든 학교생활을 결속력 있게 지지해 주는 하나의 원리"로 도입해야 할 과제였다.Flitner & Kudritzki, 1984: 227 단 그것이 자발성에 기초한 활동인 한, 전통적 학교나 장인의 작업장에서 통용되었던 옛 수업 형태, 즉 외적 통제나 단순한 답습이나 모방 혹은 강제나 노예노동이 기조를 이루었으며 따라서 즐거움이나 진정한 의미의 성취감은 기대조차 할 수 없었던 방식과는 철저히 다른 것이어야 했다.Wehle, 1968: 46

이와 동시에 케르셴슈타이너는 또 하나의 태도를 요구했다. 손으로 하는 일의 목적은 단지 자발성으로 또한 즐거움으로 시작해서 임의적 즐거움을 향유하는 것으로 끝나서는 안 되고, 사물을 철저하게 완성도 있게 만들어 내는 데까지 이르러야 한다는 것이다. 만일 학교가 아동을 본격적인 과제 앞에 이르도록 하기 위해서는, '불완전한 것, 결점투성이인 것, 불만족스러운 것' 따위는 그대로 내버려 둘 수 없다는 말이다. 완성도란 지향성에 따라 형성하고자 하는 사물의 속성 즉 자하리히카이트 Sachlichkeit, 우리말로는 즉물성卽物性, 혹은 客觀性이나 事理에 부합하게 작업해 낸 상태를 말한다. 그는 가치철학적 논법에 따라, 이 즉물성을 향한 태도를 "객관적 타당성을 지닌 가치에 대한 일체의 입장 설정"이라 정의했는데, 이는 초시간적 의미를 '현실성과의 상호관계' 속에서 타당하게 드러내려는(무한한 것의 단순한 발현이 아니라) 것을 뜻했다(이는 일정 부분 후설 E. Husserl의 현상학Phänomenologie에서 개진된 본질직관Wesensschau 개념과

도 비교, 논의해 볼 수 있는 문제이기도 하다). 그것은 무시간적 가치, 진리의 가치, 도덕적 가치, 아름다움의 가치, 구원의 가치, 요컨대 내면의 질서와 통일성의 가치 그 자체를 노작활동이라는 유한한 조건 속에서 발현시킴을 뜻하는 것으로, 다시 풀어 말하자면 만일 어떤 사물에 관한 관심이 생겼을 경우, 그 지향성에 따라 사물에 귀속되어 있는 속성을 파악하되 자신의 유쾌함이나 불쾌함 등으로부터 일체 초연한 태도를 취하여 제작하는 행위를 뜻한다. 다시 말해서 개인의 주관적 성향이나 욕구나 소원 등은 배제된다. 이 점에서 그에게 즉물성은 '비인격주의Impersonalismus'나 '탈인격화Entpersonalismus'를 의미했으며, 여기서 최종적으로 중시된 것은 이 과정에 내포된 도덕적 태도였다. 노작활동은 그 정당한 수행 과정에서 반드시 도덕적 힘을 요구하며, 이에 따라 학생들은 그러한 힘을 닦을 기회를 얻게 된다는 것이다.윗글: 55-56 이는 케르셴슈타이너의 노작교육론의 핵심이자 백미에 해당한다.

이것이 아이들에게 어떻게 경험될 수 있는지 그리고 교사는 어떠한 태도를 취해야 하는지 다음 장면을 통해서 이해해 보자. 그것은 놀이 단계에서 본격적 작업 단계로 접어들면서 나타나는 현상에서 포착할 수 있다고 한다. 발달 단계로 볼 때, 아이들이 손으로 하는 작업은 처음에는 본능적으로, 자발적으로, 놀이 형태로 시작되지만, 2세가 되면 자기 행위가 낳는 작용을 의식하게 되고, 차츰 자기 행위의 원인과 결과, 또 자기 행위의 목적과 수단을 구분할 줄 알게 된다. 이러한 구분 행위는 발달 과정에서 하나의 커다란 전환점을 뜻한다. 놀이가 특정한 현실적 목적이 없는 상상적 활동이라면, 이제는 차츰 규칙을 가지고 놀고 싶어 하거나 목표를 가지고 몰두하려는 의지가 나타난다. 이를테면 운동을 하거나 일을 하려는 의지가 그것이다. 이 과정에서 아이에게 점차 나타나는 중요한 표지가 있는데 그것은 '긴장'과 '자기 극복'의 현상이다. 바로 이 지점에서 교사에게 상응하는 역할이 주어진다. 즉 처음에는 아이들이 어떠한 사물이든 직접 다가가 더듬어 보게 하고, 이어서 자유로운 놀이 형태로 다루게 하고, 차츰 사물 자체의 성격이 요구하는 바에 따라 자신 안에 내재된 활동충동을 연습하게 하고, 이어서 탐구하며 실험해 보도록 하고, 그다음에는 나름 실제로 특정하게 집약된 의도를 가지고 최선을 다해 고비마다 나타나는 한계 상황 앞에서 물러서지 않고, 즉 자기 극복의 체험을 통해서 마침내 최종적 형상을 만들어 내는 수준에 이르도록 격려하는 것이다.Flitner & Kudritzki, 1984: 228-229

이렇게 즉물성의 요구에 마주선다 함은, 작업의 처음 단계에서 참여자의 자기중심적-임의적 태도가 서서히 작품 자체가 요구하는 사리에 따르려는 내면적 자세를 취하게 됨을 일컫는다. 그리고 만일 그것이 공동의 노력에 의한 과제라면 학생들은 공동체적 협동심이라는 도덕성을 연마하는 기회에 참여하는 셈이다. 이것은 완성도와 그 난이도에 따라 상승하는 작업 수준과 결부된 문제를 뜻한다. 즐거움의 정도가 깊을수록 이후 난이도 높은 노작활동을 위한 기회에 더 많이 참여하게 될 것이기에 그만큼 도야 가치의 정도도 높아질 것이고, 작품의 완성도도 기대할 수 있게 된다. 그러한 난이도를 요하는 과제로 케르셴슈타이너는 정교한 사물의 제작뿐 아니라 수준 높은 정신적 차원에서의 활동, 즉 이론적, 미적, 도덕적-사회적, 기술공학적, 종교적, 정치적 영역 같은 다양한 문화적 산출 행위도 들었다. 이는 물리적 사물에 관한 노작활동이 정신적 차원으로 전이되어 나타나는 결과라 한다. 이렇게 하여 노작활동이 그 가장 심원한 차원에서 목표로 하는 '정신적 차원'의 의미가 드러나게 된다.윗글: 227-231

노작활동은 단순한 신체활동만으로 성립하지 않으며, 일정한 정신활동을 동반한다. 따라서 단순한 기계적 활동과는 다르다. 이를테면 어떤 사물을 이용한 작품이든 각자 구상에 따라 계획을 세워야 하고, 제작 과정에 들어가서도 그것이 그 구상과 일치하는지 혹 비껴가는 부분은 없는지 살펴야 하며, 또 완성품이 산출되었을 때도 그것이 최초의 구상을 제대로 구현했는지를 살펴야 한다는 것이다. 이는 신체활동에 정신활동이 선행하기도 하고 동행하기도 하며 후행하기도 하는 등, 정신과 신체 간에 일정한 협응 과정이 존재한다는 점을 말해 준다. 하지만 이러한 정신활동은 순수한 정신활동과는 일정한 차이를 보인다고 한다. 이를테면 문학작품 같은 예술적 창작 행위에서는, 설정된 사전 계획이 있고 이어서 구현 과정이 뒤따르지만 그 과정에서 서로 자주 불일치하거나 충돌하는 현상이 나타나, 최초의 구상을 보완하거나 혹은 다시 구상하거나 혹은 새것으로 대치하는 일이 자주 발생한다는 것이다. 이에 비해 물리적 사물과 관련된 수공활동의 구현 과정은 대개의 경우 최초의 계획을 수정 없이 그대로 따르게 된다고 한다. 사물 그 자체가 요구하는 성격은 처음부터 끝까지 명료하게 설정되어 나타나 있기에, 설계도에 따라 충실히 작업해 내는 것이 관건이기 때문이라는 것이다. 하지만 그는 노작활동이 그러한 순수한 정신활동의 차원으로 나아가기 위한 전 단계를 형성한다는 점에 주의를 환기시켰다.윗글: 228[11]

여하튼 기술공학적 노동이나 정신노동의 영역을 막론하고 양자 모두에게 요구되는 수준, 즉 완성도가 있다. 불완전하거나 피상적인 결과는 즉물성의 결여를 의미하며 그것은 도덕성의 결여를 뜻하는 것이라는 말이다. 이런 식으로 즉물성을 도덕성과 연관 지으려는 시도는 갈수록 심화되어 갔다.윗글: 223 그리하여 즉물성은 시간이 지날수록 그에게 도덕성 그 자체를 (거의) 뜻하는 정도까지 되었다.

---

11. 이 맥락과 연관 지어 신체활동과 정신활동 사이에 놓여 있는 유기적 역학관계에 관한 매우 흥미로운 논의를 살펴보자. 크리스티안 리텔마이어(Christian Rittelmeyer, 2010)는 『벼랑에 내몰린 아동기: 문화산업과 기술만능주의 교육개혁 사이에서(Kindheit in Bedrängnis: Zwischen Kulturindustrie und technokratischer Bildungsreform)』 중 4장 특히 194-196에서 손과 말초신경의 활발한 움직임이 뇌의 발달을 촉진한다는 현대 뇌과학적 연구를 소개하면서, 이를 통해서 케르셴슈타이너를 비롯한 기존의 여러 교육철학적 관점들을 새로운 차원에서 강력히 뒷받침하고자 했다.

즉물성의 요구를 충족하고자 하는 데서 발현되는 힘에 관한 문제도 고려했는데, 그것을 그는 '의지'라고 보았고 여기에 수동적 형식과 능동적 형식의 두 차원을 들었다. 수동적 형식은 인내, 지속력, 세심함, 철저함 등으로 특정한 긴장 상태를 나타낸다고 한다. 한편, 능동적 형식으로는 강한 의지, 의기意氣, 담대함, 주도성 등을 들고 이러한 내적 상태를 견지하기 위한 기반으로 의지활동의 복합성과 자유를 꼽았다.Wehle, 1968: 43; Flitner & Kudritzki, 1984: 229 의지와 아울러 필수적인 것으로 도구를 다루는 기술과 그에 관한 지식 문제도 제시했다. 처음 작업은 경험과 습관에 의해 이루어지겠지만, 수준 높은 작업에는 반드시 그 이상의 전문적 능력이 필요할 것이기에 그 점에서 명료한 판단, 논리적 사유, 과학적 사유 등이 중요하다는 것이다.Wehle, 1968: 57

노작 과정의 마지막 단계에서 중요한 것으로 케르셴슈타이너는 '자기검토' 과정을 제시했다. 이는 최종 산출된 작품이 즉물성의 요구를 얼마나 충족하느냐 하는 물음에 대한 자기 성찰적 비판 행위라 할 수 있다. 여기서 비로소 도덕성을 위한 요구가 마침표를 찍게 된다.Flitner & Kudritzki, 1984: 230

이상 노작활동의 과정 전체를 예를 들어 일람해 보면 다음과 같다. 즉 찌르레기 상자 집을 제작할 경우, 우리는 작품 제작을 위한 사전 준비 행위, 상자에 내재된 원리에 부합하게 즉 즉물성에 부합하게 일하고자 하는 도덕적 태도, 노작의 결과에 이르기까지 자기를 통제하기, 마지막으로 완성의 체험 및 자기 검토와 같은 과정을 통과해야 한다. 그는 이 과정을 통해서 산출되는 작품의 교육적 가치에 영원성을 부여하고자 했다.Wehle, 1968: 49f., 60-62

즉물성을 통한 자기 극복과 비판적 자기 검토 문제야말로 케르셴슈타이너가 노작활동에서 갈파하고자 한 핵심이었다. 다시 말해서 개혁교육운동에서 종종 전면에 내세웠던바, 흥미나 관심, 자기 활동이나 외적 강제로부터 자유로운 자발적 산출 행위만으로는 노작활동의 의미 전체를 충족시킬 수 없다는 것이었다.Flitner & Kudritzki, 1984: 229-231; Wehle, 1968: 57 이 맥락에서 케르셴슈타이너는 독일 학교의 개혁이 외피적으로만 이루어지고 그 내적 깊이에서 철저하게 이루어지지 않고 있음을 신랄하게 지적했다 "교육이란 불굴의 엄격한 정신적, 도덕적 훈련과 결합된 온기, 열정, 무시간적인 것과 영원한 가치의 도취로서, 이는 각자가 진실로 그 자신의 것으로부터 혹독한 노동을 통해서 체험할 수 있는 정신의 좁은 영역의 깊이를 파고 들어감으로써 얻어질 수 있다."Wehle, 1968: 149

그렇다면 그 구현 과정은 실제 어떠해야 하는가?

첫째는 공간의 재구성이다. 케르셴슈타이너가 보기에, 전통적 학교에는 책을 위주로 한 수업과 추상적 사고 활동을 위주로 한 수업 구조나 그러한 교실 구조가 있을 뿐, 이 새로운 요구에는 전혀 적합하지 않았다. 그렇다면 어떻게 바꾸어 내야 할까? 그는 두 가지 차원을 짚었는데, 하나는 수공활동을 위한 합리적 공간을 새로 만들고, 이것이 정신활동을 위한 공간과 하나로 이어지도록 하자는 것이었다. 다른 하나는 부모의 경제생활과 가정의 노동현장을 아이들이 일상에서 공유하며 따라서 함께 일하면서 배울 수 있는 공간이 되도록 바꾸어 내자는 것이었다. 그런 의미에서 집과 학교는 노작교육을 위한 기본적 공간을 이루게 된다. 어린 시절 아이들은 모래밭과 놀이터가 필요할 것이요, 좀 더 큰 아이들에게는 작업실, 부엌, 정원, 들판, 외양간, 낚싯배 등이 필요할 것이다. 거기서 비로소 아이들은 파고, 짓고, 만드는 등의 생산적 창조 활동을 펼칠 수 있으리라는 이유 때문이었다.윗글: 28-30

그리하여 옛 공간과 새로운 공간 안에서의 행동양식의 차이가 이를테면 다음과 같이 대비되었다.

"모래더미, 제작상자, 가위, 망치 등 | 칠판, 석필, 연필, 자; 재미있는 재잘거림과 제멋대로 이야기를 지어내기 | 침묵과 경청하기; 실제 세계 안에서 생각을 이리저리 자유롭게 펼쳐내기 | 주의집중, 정신을 곧추세우기; 발견, 시도, 시험 삼아 해 보기, 산출 | 모방하기; 거리와 골목에서 우스꽝스레 소란을 피우기 | 조용히 앉아 있기와 부동자세를 취하기; 선출된 지도자와 함께 일을 도모하기 | 고독하게 혼자서 지침에 따라 공부하기; 연약한 친구를 가까이 돕는 것 | 혼자서 지내거나 타인을 거절하는 것."

케르셴슈타이너는 그가 교장으로 부임해 갔던 초등학교에 이 의도를 구현했다. 실습실을 마련하고, 주방과 정원과 자연과학실험실, 수족관, 양서류와 파충류 사육을 위한 상자, 목재와 금속을 다루기 위한 작업장을 설치했는데, 이 모두 노작교육을 위한 구체적 시설물이었다.Wehle, 1968: 129-131

둘째는 수업 과정의 변화이다. 이 원리는 케르셴슈타이너가 「자연과학 수업의 본질과 가치에 관한 연구」에서 밝힌 바와 같다. 김나지움의 기하학 수업을 예로 들면서 그는 (삼각의 적합성, 횡단선론, 면적, 원, 닮은꼴, 다각형 같은 문제를 다룰 때) 교과서식의 정리定理에 의거한 문제 풀이 방식을 거절하고, 대신 명제로 만들어 제시할 수 있는 '현상'(직선과 직선, 직선과 원, 원과 원 등을 결합한 결과)을 학생의 눈앞에 직관적으로 제시한 후, 학생들이 그러한 원초적 현상 앞에서 문득 '멈추어 서서 놀라워하며, 물음에 봉착하는 단계를 출발점으로 하여, 난점을 분석하고, 해결책을 위해 추론하고, 추론에서 결론을 도출하고, 도출된 해법을 최초의 추정치와 비교하여 검증하는 식의 여러 단계로 구성·진행되는 사유 방식을 활용했고, 이것을 노작수업에도 그대로 적용할 수 있다고 보았다. 이 과정은 물음에 부딪힘 → 해결을 위한 추론 → 추론의 비판적 시험 → 검증의 순으로 구성·제시되었다. 바로 이 수학 교수법적 사유의 과정을 그는 '노작 수업 과정'에 그대로 활용하고자 했는데, 이같이 양자를 전적으로 등치시길 수 있었던 것은 훨씬 후대의 일로서, 그는 그것이 1907년 토마스 헉슬리의 수필 「과학과 교육」과 특히 미국 체류 시 읽게 된 존 듀이의 철학과 교육학, 심리학적 저서들에서, 대표적으로는 『우리는 어떻게 생각하는가 How we think』[1910]에 제시된 '사유의 단계'론과 그의 실험학교 실천에서 자기 생각을 밀고 나가 발전시키는 데 힘입은 바 크다고 했다. 듀이의 널리 알려진 방법론적 명제 "Trial and Error"는 바로 이 맥락에서 중심적 의미를 지닌다 할 것이다.

나아가서 그는 이 사유 방식을 교육학 전반으로 일반화시켜 다루고자 했는데, 교사의 언어가 지배하던 학교교육의 상황은 이런 방식으로 분석되고 더 나은 해결책을 위해 새로이 추동되었다. 그리하여 권위주의적 학습은 폐기되었고 그 대신 실험적 학습 방식이 도입되었다. 학습은 어느 것이든 (자기) 생산적이어야 하고 그런 점에서 스스로 터득하도록 하는 방식을 취해야 한다고 보았다.윗글: 119, 135-136 이는 답을 정해 놓고 유도하는 식의 당시 과학 교과서에 의지한 방법론과의 결별을 의미했다. 이는 과학의 길에서 학교의 새로운 길을 찾고자 한 것으로, 학교개혁을 위한 구체적 방안을 뜻했다.

이상과 같은 케르셴슈타이너의 논지는 존 듀이에 힘입은 바 컸지만, 그에 앞서 페스탈로치와 괴테의 영향에 의한 것이기도 했다. 그는 대표작 『노작학교의 개념Der Begriff der Arbeitsschule』(1911, 당시 6판, 유럽과 아시아의 여러 언어로 번역)의 핵심 단서가 페스탈로치에게서 온 것임을 밝혔다.

> "우리는 올바르게 알아야 하는 시기에 너무 이르게 너무 박학에 이끌린다. 올바른 지식은 그 자신의 것과 행동에 친근한 상태에서 시작하지 않으면 결코 획득될 수 없다."윗글: 148-149

사유와 행동 간의 유기적 일체성에 관한 단서는 괴테의 교육소설 『빌헬름 마이스터』에서 온 것이기도 했다. 이 맥락에서 그가 이 두 사상가를 알게 된 것은 페스탈로치와 괴테 전문가인 바이마르공화국의 카를 무테시우스Karl Muthesius의 글 「직업교육을 위한 쾰른 문서Kölner Blätter für Berufserziehung」를 통해서였다. 그는 이를 배경으로 자기 사상을 "사유와 행동, 행동과 사유"라는 한마디로 표현하고자 했다.윗글: 148

케르셴슈타이너는 이상과 같은 논지에서 노작교육의 목적과 방법의 기본 성격을 '인격 개념과 인격교육Charakterbegriff und Charakterbildung'1912으로 개념화시켰다. 그는 이를 모든 교육의 단계들에서 그리고 직업교육과 국가시민교육이라는 영역에서 주어지는 과제와 결부해 다루고자 했다. 하지만 그가 보기에 이 전체적 연계성은 흔히 간과되기 일쑤였다. 이를테면 영국과 미국은 대부분 이 학교를 실용주의나 공리주의적으로 쓸모 있는 유능한 노동자 양성이라는 시각에서 보았을 뿐 그러한 '노동을 통해서 기르고자 하는 인간상'에 대한 관점은 갖지 못했다는 것이다.윗글: 134-135 이를테면 미국의 루스벨트 대통령이 워싱턴의 국회에서 행한 연설에서 피력한 관점, 즉 당시 미국의 교육에서 순수 인문교육은 촉진하고 농장과 노동을 위한 기회를 빼앗는 것은 커다란 오류라 한 것에 많은 의미를 부여하기는 했으나, 그 이상의 차원을 담아내지 못한 점에 대해서는 비판적이었다. 그는 노작교육의 진정한 목적과 의도는 노동의 기술을 익히고 실천적 활동을 진작시키는 데 그쳐서는 안 되고 근본적으로 인간교육을 위한 것이어야 한다고 여겼다.윗글: 31-32 이 대목에서 그는 심지어 조국인 독일에서도 상황이 다르지 않았고, 어떤 경우에는 자기가 종종 '학교를 수공 기술자 양성 학교'로 만들려 한다는 비판마저 들어야 했다는 점을 개탄해 마지않았다.윗글: 134-135

계속교육학교와 직업학교 개혁

케르셴슈타이너는 종래의 직업인 양성기관을 새로운 의미의 직업학교로 새로 설계·건축했다는 점에서, 현대적인 의미에서의 '직업학교'의 건설자이자, 아울러 이원제 직업교육체제Duales System, a dual education system(산업현장과 직업학교를 하나의 교육과정으로 통합한 교육 구조, 다시 말해서 학생들이 학교와 삶의 현장 사이를 오가며 수업을 받을 수 있도록 하는 직업교육체제)의 기초를 놓은 교육자로 평가받는다. 독일에서 직업학교Berufsschule라는 명칭은 1871년부터 1920년까지 '계속교육학교Fortbildungsschule, Continuation School'라는 이름으로 불렸다.

19세기까지 직업인 양성은 직업 계층에 국한되어 있었으며, 이들을 위한 규범도 존재했는데, 특히 수공 관련 직업이 그러했다. 그러다가 차츰 산업 구조의 필요에 따라 직업학교와 전문학교에서 변화가 일어나기 시작했는데, 전문 인력과 경영자와 아울러 졸업장이나 공인 자격증도 필요하게 되었기 때문이다. 여기서 체계적인 '도제교육'이 시작되었고, 점차 공업과 상업 영역에서 중급과 고급 단계의 자격을 갖춘 기술자의 필요가 크게 증대했다. 이것은 종래와는 다른 새로운 상황 전개를 뜻했다.

변화는 1870년대 들어서 시작되었다. 먼저 개혁을 위한 준비 단계가 형성되었다. 이 시기에 인력 양성을 위한 계속교육학교가 새로 생겨났다. 이 학교 형태는 이후 의무직업학교로 발전했으며, 수공과 산업(제조업), 상업(교역, 경영 등), 농업을 위한 학교 등으로 분화된 구조를 갖추게 되었다.

그러다가 1890년대 중반을 기점으로 본격적 변화 국면이 찾아오는데, 그 견인차 역할을 한 이가 케르셴슈타이너이다. 이 공적 개혁 작업은 1920년경까지 이어졌다.윗글: 125-126

그는 당시 뮌헨시에서 초등학교를 마치고 산업체(제과제빵, 포도주 통 제조, 목수 등)에 취업하는 청소년들이나 직업인 양성을 위한 계속교육학교에 다니는 예비 직업인들에게(18세 이전) 주어진 노동현장에서 수많은 비교육적 상황을 목도했다. 그곳은 너무나 폭력적이었고, 이론만 있을 뿐 실천적 차원도 부재했으며 있다 해도 진정성을 찾아보기 어려웠다. 상황은 산업현장에서 장인들의 노동현장에 이르기까지 대동소이했다. 진정성이 없었다 함은, 해내야 할 일만 있었을 뿐 그것을 해내야 하는 학습자 개개의 성향과 능력과 가능성에 대한 고려도 없었고, 그들이 일에 임하여 다면적으로 숙고하며 견실한 태도로 일하는 법을 익히도록 이끌지도 못했음을 뜻한다. 그곳에서 주어지는 일들은 대체로 기계적이고, 획일적이며, 심지어는 혐오스럽기까지 한, 교육적으로 보아 매우 저급한 수준의 노동으로, 그런 곳에서 노동이 선사하는 창작의 기쁨을 맛볼 수 있으리라고는 결코 기대할 수 없었다.

케르셴슈타이너는 이 문제의식을 바탕으로 기존의 초등학교 상급반(8학년)의 경우, 진학을 목표로 하지 않는 대다수의 학생에게 직업생활을 준비하기 위한 좀 더 정교한 형태의 실천적 수공활동 수업의 기회를 제공하고자 했으며, 이를 위해 (앞서 언급한 바와 같이) 공간의 재구성을 필수적 과제로 제시했다. 또 여기에 나란히 물리와 화학 교과도 배치했다. 이 예비 단계를 발판 삼아 초등학교 졸업생들을 위해 설치된 '계속교육학교'에 자신이 생각하는 직업교육의 원리를 도입하여, 이 학교 형태에서 이후 근대적 형태의 '일반직업학교Allgemeine Berufsschule'가 발전할 수 있는 기틀을 만들어 냈다.

먼저, 그는 당시 새롭게 대두된 아동·청소년 심리학의 연구 성과를 교육과정에 반영하고자 했다. 이는 한편으로는 괴테의 『빌헬름 마이스터의 수업시대』와 『방랑시대』에서 얻은 통찰에 의한 것이었다. 학생들은 단순한 전수나 모방 과정을 통해서가 아니라 자신에게 맞는 방식으로, 즉 자발성과 성숙도에 따라 자신의 통찰과 힘으로 분야를 선택하고 자신을 형성해 나갈 기회를 새로 제공받았다. 자유가 직업을 위한 근본 전제를 이루게 된 것이다. 노작은 자기창작활동이어야 하고 창작의 기쁨은 그 자연스러운 발로여야 한다는 것이었다. 이 기쁨은 실천의 진성성을 가늠하는 기준을 뜻했다.Flitner & Kudritzki, 1984: 209-211 박학다식은 무의미한 것이라 평가절하하는 대신에 학생 개인이 하나의 분야에 깊이 있게 파 들어가 자기 자신만의 세계를 구축하도록 했다. 단 이는 완전성을 향한 도덕적 요구를 충족시키는 방향에서 이루어져야 했다.Flitner & Kudritzki, 1984: 223-224; Wehle, 1968: 149

케르셴슈타이너는 초기에는 생물학적-자연주의적 시각에서 노동에 관한 개인의 소명에 대해서 말했지만, 후에는 특정한 사회적 직업노동에 '내적으로 부름받도록' 준비시켜야 할 것을 요청했다. 이는 개인의 내적 성향과 사회적 직업 간의 일치와 조화를 뜻하는 것이자, 나아가 사회적 직업과 노동을 향한 개인적 노동 소명을 위한 교육이 '일반 교육의 근본 전제'를 이루도록 해야 함을 뜻했다. 이는 "모든 일반 교육은, 개인이 그 독자적 생존자라는 위치에서뿐 아니라 공동체의 일원으로서 개인이 내적 으로 부름받을 수 있는 곳에서 혹은 소질에 따른 노동에 부름받을 수 있는 곳을 출발점으로 삼아 이루어져야 함"을 말한다. 일반 교육은 "도덕적 으로 자율적인 개인에 대한 요구와 더불어 도덕적으로 자율적인 공동체 를 요구한다는 점에서뿐 아니라 이중적인 내적 소명, 즉 노동에 관한 개 인적 노동 소명과 사회적 직업이라는 의미에서의 내적으로 부름받음이라 는 이중적 과제를 시야에 두어야 한다"는 것이다. 그는 교육이라 하면 그 어떤 것이든 이 이중적 목적을 염두에 두어야 할 것이라 했다. 그런 뜻에 서 개인적 교육과 사회적 (직업)교육을 구분하는 시도를 인위적이고 무의 미한 것으로 보면서, 교육이라면 단 '하나의' 교육학만이 존재할 뿐이라 는 주장을 폈다. 이는 모든 진정한 교육이 직업교육의 한 양태를 이루어 야 함을 뜻했다.Wehle, 1968: 142, 146 여기서 특이한 관점이 도드라지는데, 일 반 교육의 입구를 직업교육이 형성해야 한다는 주장이 그것이다. 그 최종 지향점은 페스탈로치가 말한 의미에서의 '인간교육Menschenbildung'에 두어졌다. 이 점에서 그는 직업교육의 목적을 단지 '실용적인 일에 종사하는 숙련된 노동자'가 아니라 '견실한 노동을 의미 있게 수행하는 인간 형성'에 있음을 분명히 하고자 했다.Wehle, 1968: 135; 빌헬름, 2004: 190 이렇게 볼 때 케르셴슈타이너에게 관건이 되었던 문제는 기능적 의미에서의 직업이 아니라, 직업에 관한 의미 물음, 즉 "이 직업이 나의 삶에 어떤 내용으로 말을 걸어오는지"에 관한 노동의 형이상학적 함의였을 것이라 하겠다. 그는 이 직업학교에 '일반 교육을 수행하는 학교'와 같은 위상을 부여하고자 했다. 서로 다른 개인의 욕구와 조건을 각기 다르게 반영하는 별개의 학교가 있을 뿐, 양자는 그 위상이 서로 더하거나 덜하지 않다는 뜻이다.빌헬름, 2004: 194

케르셴슈타이너가 직업교육의 출발점을 개인의 선천적 재능과 관심사를 기초로 한 자연주의적 표상에 두었던 것은 그가 귀속되어 있었던 '자유주의적 법치 국가' 이념과 관련이 있다. 이는 소련이나 동독 같은 사회주의 국가에서 그 출발점을 개인이 아니라 전체 사회에 두는 것과는 정반대 입장에 선 것이었다. 이를테면 동독에서는 개인과 생산 간의 완전한 동일화를 시도했으며, 직업 선택의 적절성을 개인이 아니라 당 고위직이 정했다. 하지만 케르셴슈타이너에게는, 산업 체제가 아동·청소년의 내면과 늘 상호 합치하지는 않으며 또 어떤 면에서는 산업과 국가의 필요가 아동을 압도하기 일쑤인 현실적 정황이 존재한다는 문제가 있고, 따라서 이런 식의 개인과 현실성 사이의 괴리는 어떤 식으로든 해소되어야 함에도 이 문제를 충분히 파헤치지 못한 문제가 있다.윗글: 190-193[12]

이를 위해 두 가지 방향이 설정되었는데, 하나는 직업교육에서 노작수

---

12. 이 논쟁점은 또 다른 차원에서 즉, 러시아 혁명 후 블론스키(Pavel P. Blonskij, 1884~1941)가 마르크스주의 교육학적 시각에서 발전시킨 '노작학교'(udovaja skola)론과의 비교를 통해서 좀 더 상론할 수 있을 것이나, 자세한 논의는 지면상 다른 자리로 돌린다. 소련의 노작교육론에 관한 송순재의 기술 참조(2000: 72-73).

업을 하나의 독자적 교과로서 그 실제와 이론을 조직적으로 심화시키는 것이었다. 실제에서는 노작활동을 위한 수업 공간을 마련했고 이론에서는 직업교육을 세분화해서 그 경로를 확충하는 동시에 자연과학과 기술과학 수업을 통해 이론적 기반을 마련했다. 다른 하나는 기존의 직업교육 과정에 일반 교과를 보완하여 보편적 세계이해능력을 습득시키고자 한 것으로, 즉 정신적, 도덕적, 국가시민교육적 차원을 더하고, 나아가서 이 둘을 최대한 긴밀하게 엮어내는 것이었다. 다시 말해서 그것은 읽기, 쓰기, 셈하기, 그리기와 같은 기초적 능력 습득에서 시작한 후 나아가서는 여기에 일반적 상업, 기술, 회계 교과에 독일어를 더하고 직업노동의 역사 교과를 출발점으로 삼아 조국의 역사에서 영향력 있는 사건들이나 위대한 도덕적 인물들을 강조하는 국가시민교육 교과를 덧붙이는 식으로 이루어졌다.Flitner & Kudritzki, 1984: 227; 빌헬름, 2004: 189 이로써 일반교육과 직업교육 양자는 서로 간극을 줄이고 친숙한 관계를 맺을 수 있는 길을 마련했다.

아울러 그는 장인의 기예 전수 과정과 기업의 생산 현장을 기존의 학교교육 울타리 안에서 이루어지던 교육과는 다른 독자적 가치가 있는 곳으로 평가하고 그 실현을 적극 도모했는데, 이 관점은 후에 '이원제' 직업교육의 구축 과정을 위한 결정적 기반을 조성했다.빌헬름, 2004: 194

이 관점은 생애 만년에 '삶을 위한 학교Lebensschule, School for Life' 혹은 '체험하는 학교', '행동하는 학교', '공동체학교'라는 맥락에서 다시 전개되기도 했다. 그것은 반쪽짜리가 아니라 전인全人, 정신만이 아니라 몸, 지식주의가 아니라 정서와 의지와 행동과 실천이 함께 있는, 과거만이 아니라 현재, 주입당함이 아니라 능동적인 자기 추구, 박식한 사람이 아니라 정통한 사람, 사유만이 아니라 현실성, 개인주의가 아니라 공동체주의 그리고 도덕성과 종교성 등의 주제들을 포괄하는 문제를 뜻했으며, 여기서는 특히 학교 밖 실제 삶의 공간을 학교교육과 병행시켰을 때 나타나는 교육적 의미와 효과에 관한 문제라 할 수 있다. 이 점에서 그는 당시 독일의 개혁교육운동뿐 아니라, 영국과 미국에서 이루어졌거나 이루어지고 있었던 사례들을 천착했는데, 그에게 앵글로색슨 문화에서 볼 수 있었던 '현실성'에 대한 감각과 감수성 그리고 그 방향에서 실제 구현된 교육적 시도와 사례들은 분명 사유와 시를 추구했던 독일 문화와는 다른 차원의 풍부한 함의를 지닌 것으로 평가되었던 것으로 보인다.Wehle, 1968: 80-94

제도적 측면에서 또 하나 중요한 점이 있는데 그것은 케르셴슈타이너가 종래의 김나지움 체제(언어, 자연과학, 음악 김나지움)에 '기술 김나지움'을 새로 설치하고자 힘을 기울였다는 것이다. 이후 독일교육위원회가 그 연장선상에서 직업 김나지움을 제시했는데 이는 케르셴슈타이너의 생각을 반영한 것이었다. 오늘날 직업교육이 독일 사회와 교육체제에서 차지하는 위상의 역사적 이유이다.빌헬름, 2004: 193

국가시민교육

노작교육은 국가시민교육(오늘날의 '민주시민교육'에 상응하는 개념)이라는 또 다른 영역에서 의미를 지닌다. 국가시민교육은 학생들이 특정한 의미에서 '국가의식Staatsgesinnung'에 고취되고 공동체 전체에 기여하게끔 하려는 것으로, 당시 좀 더 자유로운 정치체제로 움직여 가던 독일의 정치 상황을 염두에 둔 것이었다.

케르셴슈타이너는 민주화된 국가 체제 형성을 위해서는 일정한 전제가 있음을 말했는데, 그것은 수준 높은 문화였다. 문화 수준이 높을수록 국가 정치체제가 덜 중앙집권적이라는 것이었다. 이 점에서 영국을 러시아에 비해 높이 천거할 만한 사례로 평가했다. 수준 높은 문화 형성은 마땅한 교육적 과제를 요구한다. 그는 그 초석을 의지로 보았다. 의지란 국가적 이념에 의해 고취된 정신적 상태이자 이를 실천해 내고자 하는 정신적 준비성으로서 '국가의식'과 같은 맥락에 서 있는 개념이라 할 수 있다.Flitner & Kudritzki, 1984: 203, 214-215

그에 따르면, 개인이 자유롭고 활동적이며 도덕적 인격체가 되어야 한다면 개인들의 총합체인 국가 역시 그렇게 되어야 하며, 국가 편에서는 국민 각자가 그렇게 존재하고 활동할 수 있도록 형성해 낼 책임이 부여되어 있다. 이는 일종의 도덕국가에 관한 상으로, 이 과제를 풀어낼 요로가 바로 노작교육에 있음을 밝혔다. 단 이 도덕적 수준은 규범으로서 위에서부터 주어지는 것이 아니라, 개개인의 단계적 성숙 과정을 통해 성취되어야 할 이상적 과제로 보았다. 그 과정은 물질 차원에서 시작해 점차 정신 차원으로 진행되고, 나아가서는 전체적으로 문화의 상승이라는 단계로 이어지며 그에 따라 인간의 삶의 목적도 상승하고, 또 국가의 과제가 밝혀지게 되는 식으로 이루어지는 것이라 했다. 그것은 한마디로 '국가의식'을 고취시키는 것, 즉 국가 구성원으로 하여금 '도덕적으로 자유로운 인격의 형성'을 통해서 국가를 도덕적으로 법적으로 또한 문화적으로 완성시키고자 하는 내면적 자세를 갖추게 하는 것과 그에 상응하는 실제 능력을 갖추게 하는 것이라 간추려 말할 수 있다.윗글: 203, 215-217

그 목표는 먼저 민족에 관한 학습에, 그다음에는 국가에 대한 봉사에 두어졌으며, 이를 위한 교육의 자리로 가정과 학교라는 두 배움터를 설정했다.Wehle, 1968: 30, 38 가정은 모든 학교교육에 앞서 교육의 원천적 자리로, 고도의 지적, 도덕적, 기술공학적 발전의 기초가 바로 여기에 있기 때문이라는 것이었다. 언설에 의한 교훈이 아니라 아이들이 부모의 삶과 생업의 현장에서 함께하는 조력, 봉사, 헌신, 조언 등이 그 주요 통로가 되어야 한다는 것이다. 이 자리에 노작교육이 위치한다. 학교교육은 바로 이 가정적 경험을 기반으로 확장시키면서Flitner & Kudritzki, 1984: 203, 205ff., 217-218, 그 목표를 전체 공동체를 위한 "가치 있고, 실용적이고, 쓸모 있게 일할 수 있는 국가의 일원"을 형성하는 데 두도록 했다.Wehle, 1968: 96, 205; Reble, 2002: 113-118

하지만 케르셴슈타이너가 보기에 당시 학교들은 이 과제를 중시하지 않고 또 제대로 해내지도 못했다. 이를 위해서 그는 이론적 차원에서, 국가론 정립이라는 의미에서 국가시민으로서의 통찰력, 즉 국가 이해와 조국애 함양을 도모하되, 이를 위해 역사, 경제, 법, 제도 등과 관련된 교과 수업을 배정했으며, 아울러 사회윤리의식도 필수적으로 요청했다. 단 재래의 교사 중심의 수업 구조가 아니라 가능한 한 학생들의 특정한 경제, 사회적 직업적 관심사를 연계시켰다.Flitner & Kudritzki, 1984: 220

이론 공부와 더불어 더욱 강조했던 것은 일상생활과 노동공동체적 차원에서의 실천적인 직접 경험이었다. 그 까닭은 그동안 학교 수업이 이론적 지식중심주의(책으로, 쓰기로, 강의 위주로만)에 함몰되어 있었기 때문이다. 그 원인을 그는 고대로부터 내려오는 플라톤주의의 영향에서 찾았다. 책걸상이 아니라 현장에서 야외에서 자기 경험을 쌓아 가야 한다는 것이었다. "모든 지식은 오로지 행동이라는 도구로써만 가능하다."윗글: 205-206, 217 바로 이 지점에 노작교육이 자리 잡도록 했다. 이를 위해 학교실험실, 작업장, 식당, 정원 등에서 손을 써서 일하는 실용적인 일 등이 주요한 의미를 갖게 된다. 다만 그 실천적 행위는 노작 공동체적 삶의 방식을 조건으로 할 때 온전한 의미를 지니게 됨을 밝혔다. 노작활동은 공동체 구성원들 간의 협동작업을 요구함과 동시에 그러한 공동체성을 촉진시킬 수 있다는 것이다. 그의 노작사상은 이렇게 늘 사회교육학적 의미를 동반했다.윗글: 210-211

단 그러한 공동체는 사람들의 단순한 집합체가 아니라 내적으로 분화된 단위들의 의미 있는 결합체를 의미하는 것이어야 했다. 이 점에서 그는 민족의 부흥을 위한 교육기관을 구상한 피히테Johann Gottlieb Fichte를 상기하는 동시에, 당대에서는 정신과학적 교육학의 에두아르트 슈프랑거Eduard Spranger의 '총체성'의 개념이나 신칸트학파의 하인리히 리케르트Heinrich Rickert의 '조화'에 관한 사상을 자신의 이론적 근거로 삼았다. 하나의 사회는 단순한 조직으로는 안 되고 내적으로 분화된 영역들이 의미 있게 결합된 공동체여야 한다는 것이다. "모든 활동은 정신적으로 분화된 구조로서의 존재들의 총체성을 어느 정도까지 일구어 내느냐에 따라 그 도야 가치를 갖는다."Wehle, 1968: 72 한 나라의 정치적 수준도 이에 따라 가늠해 보고자 했는데, 그것은 개인과 사회적 차원의 상호 간 내적 결합도의 질이 어떠한가에 따라 좌우된다고 보았다. 이 맥락에서 존 듀이가 『*The School and Society*』와 『*The School and the Social Progress*』에서 설파한바, 도덕성과 사회성, 학습과 노동을 하나로 통합시킨 교육 구조로서의 '배아胚芽 공동체적 삶Embryonic community life'-여기서는 개별자가 전체에 의거하여 존재하는, 즉 개별자가 전체와 함께 존재하고 그와 더불어 자기 삶의 전망을 지닐 수 있게 되어 있다-은 그를 특히 매료시켰다. 자국에서 실제로 이루어진 일 중 그가 눈여겨본 것은 독일 튀링겐Thüringen에서 시도된 헤르만 리이츠의 공동체적 '전원기숙학교Landerziehungsheim'였다. 이 공동체학교 생활의 핵심은 학생들 개개인이 공동체 안에서 누려야 할 자주권, 즉 '자기 통제의 권리'에 있었다. 이 모두 실천적 참여를 전제했다. 언설로는 불가하다는 것이다. 이 맥락에서 그는 이들이 가능케 하는 '공동의 노력에서 산출되는 창작의 기쁨'이 얼마나 소중한 것인지에 대해 역설했다.Flitner & Kudritzki, 1984: 207-208

학교 영역에서뿐 아니라 사회 영역에서 이루어졌던 다음 두 가지 시도에 대해서도 호평하였는데, 체조, 체조놀이, 도보여행 서클, 대학생 도보여행 서클 등이 그 하나였고, 다른 하나는 사회봉사기관이었다. 이 두 가지 시도에 비추어 보았을 때 그는 1907년 함부르크 시민들이 발의하고 일반적 요청에 따라 수행되고 있었던 국가시민교육의 내용을 앞에서 든 이유로 평가 절하했다. 그에 비해 영국의 유수한 사립학교Great Public School(사립학교 중 이튼이나 윈체스터 등 명망 있는 학교들)나 옥스퍼드와 케임브리지대학교에서 이루어지고 있던 교육 사례에 대해서는 많은 의미를 부여했다.윗글: 206

이 관점에 의거해 케르셴슈타이너는 학교의 운영 체제를 '조직적으로' 개편할 것을 요청했다. 요지는 "개인적 차원의 이기적 경쟁을 부추기는 자리를 사회적인 자리로 바꾸어 내기, 이론적 일면성의 자리를 실천적인 동시에 인간적인 다면성의 자리로 바꾸어 내기, 올바른 지식 획득의 자리를 지식을 활용하는 자리로 바꾸어 내기"에 있었다. 이를 위해 그는 학생들 개개인이 국가 정치에 참여하기에 앞서 정치적 삶의 요체를 학교라는 보호된 공간에서 축소된 형태로 경험하도록 했다. 그곳은 자기 통제에 의한 공동체적 정치체제를 연습하기 위한 자리로 이해되었으며, 그에 따라 교무실에서 다루어지던 행정과 규율은 학급으로 이전되었고, 도덕은 그 기초이자 목표로 설정되었다.윗글: 205-206, 219

이상 이론과 실천이라는 이 두 가지 차원에서 주어지는 과제 수행을 통해 그는 시민 됨의 덕목의 바탕이 되는 정신적, 도덕적, 신체적 힘과 공동체적인 힘(이를테면 의무감, 책임의식, 세심함, 엄밀함, 양심 혹은 협력적인 사회적 태도 등)을 단련하고자 했는바, 단 이 모든 객관적 목표에 따른 요구들은 사회적 발달 과정에 있는 개인의 정황을 조건으로 하고 이를 결코 간과해서는 안 되리라고 보았다.윗글: 205, 218-219

그가 다시금 주의를 환기시키고자 한 것은 전체에 의해 해소되지 않으며, 사회적 발달 과정에 있는 아동 개인이라는 출발점이었다. "창작의 기쁨은 자신의 충동, 성향, 재능, 삶의 희망에 부합하는 선에서 성장할 수 있다. 자기중심성은 아이들에게 원천적이다."윗글: 208 그가 말한 공동체는 전체주의적 체제와는 무관하며 그러한 의미의 개인과 공동체 간의 긴장 관계야말로 국가시민교육이 필요로 하는 기본 토대였다.

그런데 국가시민교육에 관한 케르셴슈타이너의 관점과 시도는 그 의미 깊은 기여에도 불구하고 일정한 시대적 한계가 있었다. 그 하나는 듀이가 자신의 학교에 태아적 공동체 생활을 통해서 자치 원칙을 실현하고자 했던 듀이의 시도에 그가 상당한 공감을 표시하기는 했지만 독일제국이라는 체제하에서 일정한 제한이 불가피했던바 학교의 '행정과 훈육에 관한 일'에서 자치를 제외했던 문제이다. 나중에 가서 좀 더 개방적인 쪽으로 시각이 열리긴 했지만, 결국 형식적인 모의 의회만이 남았고 학교 정책적 갈등의 표출 같은 문제에서는 교사들이 결정권을 가지도록 했다. 다른 하나는 국가형이상학적 관점에서 국가시민교육론을 편 것으로, 여기에 사회현실성(정치적 시대 상황이나 다양한 사회계층 간의 갈등, 혹은 근대적 산업생산 과정의 부정적 영향 등)에 대한 실제적 분석은 제대로 담아내지 못했으며, 또 실제 학교에서도 그러한 현실성을 반영하지 않았기 때문에 그 이상의 성과에 이르지는 못한 한계가 지적되기도 한다. 하지만 그가 앵글로색슨의 정치교육 이념들을 받아들여 학교정치교육을 위한 새로운 이정표를 제시한 것은 커다란 업적이라 할 수 있다.빌헬름, 2004: 179, 187

독일제국 시대에 설파되었던 이 사상, 즉 국가시민교육에서 도덕과 정치를 상호 연관시켜 파악하고자 했던 이 관점은 바이마르공화국 시대로 이어져 헌법에 공식적으로 반영되었다. 하지만 그것은 국가사회주의 시대를 거치며 소멸했다가 1945년 새로 들어선 민주정부에 의해 다시 한번 새로운 국가시민교육의 출발점으로 설정된다. 새로운 시대, 그가 강조했던 자발성, 능동적 활동, 이타주의, 헌신적 도덕성 등과 같은 가치 지향점이 정치교육을 위한 하나의 의미 깊은 가능성으로 받아들여졌던 것으로 보인다.

4. 노작학교가 우리에게 말하는 것

케르셴슈타이너는 현장 교사이자 김나지움과 대학의 교수로서, 또한 교육정책가이자 정치가로서, 인문학과 자연과학의 주요 부문을 섭렵하며 실천 현장과 학문 이론 양 영역에서 통합적 사유틀을 바탕으로 자신의 세계를 구축해 나갔다는 점에서 당시나 이제나 매우 이례적인 인물이라 할 수 있다. 독일 내에서 물론 앵글로색슨 문화권과도 활발한 교류와 대화를 추구함으로써 상호 배움의 기회를 증진하고자 했을 만큼 그의 사고는 매우 유연했다. 그가 주 과제로 삼았던 '노작학교'는 독일 교육체제와 직업교육체제 형성 과정에서 결정적 의미를 지닌다 하겠다.

오늘날 독일 사회는 전문성과 다양성 그리고 안정성과 미래지향적이라는 점에서 탁월한 면모를 보인다. 직업 세계는 대체로 평등하게 이루어져 있으며 직업인들의 사회적 위치 역시 잘 보장되어 있다. 그중에서 장인은 소위 지식 엘리트 계층과도 어깨를 나란히 할 정도로 사회에서 존경받는 위치에 있다.

독일 사회를 잘 들여다보면 눈에 들어오는 장면들이 몇 있다. 집안에 문제가 있으면 누구나 공구를 집어 들고 직접 고치거나 필요한 일이 있으면 되도록 직접 해결한다는 것이다. 청소년이나 대학생, 남학생이나 여학생 간에 차이가 있을 리 없다. 정신과 몸을 하나로 아우르는 생활인으로 교육받은 덕분이다. 독일에서 생산된 각종 제품은 그 어떤 것이든, 일상생활 용품과 자그마한 공구에서부터 대형 기계와 기물들이 보여 주는 독특성과 완성도가 깊은 인상을 주기에 충분하다.

여기에 우리나라 어린이와 청소년 그리고 성인들의 일상생활을 견주어 보자면, 노작활동과 관련된 기초적 기술과 기예를 가진 이들을 찾아보기는 어려울뿐더러, 그것이 신체 발달에 차지하는 근본적 의미는 물론 도덕적 차원과 여기서 좀 더 확장된 의미에서의 정신적 차원에서도 의미심장한 가치를 지닌다는 점에 대한 교육학적인 통찰은 제대로 찾아보기 어렵다. 이렇게 볼 때 그러한 통찰의 결여가 오늘날과 같은 4차 산업혁명과 인공지능의 시대에 초래될 수 있는 몸 활동의 축소라는 상황 앞에서, 교육의 방향을 어떻게 올바르게 가늠할 수 있을지 하는 물음 또한 불가피하다. 그런가 하면 중등과 고등교육 단계에서 전문계 학교 자체의 질과 사회적 인식의 정도가 취약하다는 점에 대해서도 새삼 지적할 필요가 있다. 전문계 학교에서 인간교육을 위한 가능성이 얼마나 주어져 있는지 확신할 수 없다. 독일식 이원제가 부분적으로 도입되기는 했으나 아직도 산업현장은 기피 현장이 되고 있고 실습생들은 자주 허다한 위험에 처해 있다. 이를 해결하기 위한 문제의식은 우리 국가와 사회에서 절박하지 않아보인다. 대학 진학에 온갖 힘을 집중하는 사회 분위기가 모든 것을 잠식하고 있는 상황에 대해서는 구구한 설명이 필요치 않을 것이다.

다만 이러한 풍조와는 달리 대안학교와 혁신학교의 색다른 교육과정이나 다양성을 추구하려는 시민사회의 분위기 혹은 젊은 세대들의 자기 계발을 위한 참신한 노력, 이를테면 목공이나 도자기 혹은 집짓기 혹은 농업이나 임업 영역에서 몸을 써서 하는 개성적인 직업 활동 등이 새로운변화를 예고하고 있음은 고무적이다. 이 다양한 시도들은 대폭 촉진해야할 것이다. 그것은 다른 교과나 생활 영역과의 연계구조 속에서(이를테면자연과학, 미술, 문학, 철학, 종교 등에서) 더 의미 있게 활성화할 수 있을것이다. 그 본격적 논의는 다른 자리를 요한다.

전인교육 혹은 인간교육이라는 점에서, 정신적 발달을 위한 새로운 통로라는 점에서, 직업교육의 개혁을 위해서, 인간 개인과 사회의 도덕화를위한 실질적 경로라는 점에서, 개별화 교육의 구현을 위해서, 나아가서 대학입시경쟁교육의 타파와 사회의 균형발전이라는 과제를 위해서, 노작학교를 축으로 시도된 케르셴슈타이너의 교육개혁 사상과 실천을 오늘날우리 현장에서 곱씹어 볼 만한 이유는 충분하다.

참고문헌

1차 문헌

케르셴슈타이너의 글은 Gerhard Wehle와 Wilhelm Flitner & Gerhard Kudritzki 이 각각 편집한 다음의 두 책에 의거하였다. 이 글에서 전거로 삼은 1차 문헌들은 위의 책 아랫부분에 제시하되, 최초 출간 연도와 제명(우리말과 원어), 책에 수록된 쪽수를 밝혀 표시하였다. 본문 주에서 인용은 책의 편집자와 출간 연도 및 수록된 글의 쪽수를 표시하는 것으로 그친다.

Flitner, Wilhelm & Kudritzki, Gerhard([4]1984). *Die deutsche Reformpädagogik. Die Pioniere der pädagogischen Bewegung* (Stuttgart: Klett-Cotta).
(1908) 국민교육의 문제(Das Problem der Volkserziehung), 199-213.
(1911) 노작의 개념(Begriff der Arbeit), 222-227.
(1912/[16]1965) 노작의 교육학적 개념(Der pädagogische Begriff der Arbeit), 227-231.
(1920) 국가시민교육(Staatsbürgerliche Erziehung), 213-222.
Wehle, Gerhard(1968). *Georg Keschensteiner. Texte zum pädagogischen Begriff der Arbeit und zur Arbeitsschule. Ausgewählte Pädagogische Schriften*. Bd. II. (Paderborn: Ferdinand Schöningh).
(1906) 생산적 노작과 교육적 가치(Produktive Arbeit und ihr Erziehungswert), 5-25.
(1908) 미래의 학교인 노작학교(Die Schule der Zukunft eine Arbeitsschule), 26-38.
(1911) 노작학교의 개념(Der Begriff der Arbeitsschule), 39-45.
(1923) 교육학적 개념으로서의 노작(Der pädagogische Begriff der Arbeit), 46-62.
(1925) 교육의 과정에서 가치의 운반자로서의 풍속, 관행, 의례(Sitten, Gebräuche, Kulte als Wertträger im Bildungsverfahren), 63-69.
(1926) 교육의 과정으로서의 정신활동(Die geistige Arbeit als Bildungsverfahren), 70-79.
(1926) 자서전(Georg Kerschensteiner–Selbstdarstellung), 110-149.
(1930) 우리 학교에서의 삶의 친근성 문제(Das Problem der Lebensnähe unserer

Schulen), 80-94.

(1931/1933) 교육제도론을 위한 사유과정과 경구 요약(Zusam menfassende Gedankengänge und Aphorismen zur Theorie der Bildungsorganisation), 95-109.

2차 문헌

김정환(2008). 『전인교육 어떻게 할 것인가』. 내일을여는책.

송순재(2000). 『유럽의 아름다운 학교와 교육개혁운동』. 내일을여는책.

전일균(2004). 『노작교육론』. 내일을여는책.

정훈(2009). 「노작교육의 내재적 정당화에 관한 탐색」. 『교육문제연구』, 제30호, 55-76.

개리슨, 짐·노이베르트, 슈테판·라이히, 케르스텐(2021). 『존 듀이와 교육: 듀이 철학 입문과 이 시대를 위한 현대적 재구성』. 한국교육연구네트워크 옮김. 살림터. 원제 Jim Garrison/Stefan Neubert/Kersten Reich(2012). *John Dewey's Philosophy of Education: An Introduction and Recontextualization for Our Times.* London: Palgrave Macmillan.

리텔마이어, 크리스티안(2010). 『아이들이 위험하다: 문화산업과 기술만능주의 교육 사이에서』. 송순재·권순주 옮김. 이매진. 원제 Christian Rittelmeyer(2007). *Kindheit in Bedrängnis. Zwischen Kulturindustrie und technokratischer Bildungsreform.* Stuttgart: Kohlhammer Verlag.

레블레, 알버트(2002). 『서양교육사』. 정영근 옮김. 문음사. 원제 Albert Reble(1999). *Geschichte der Pädagogik.* Stuttgart: Klett-Cotta.

빌헬름, 테오도르(2004). 「케르센슈타이너」. 이민희 옮김. 『교육학의 거장들 2』. 정영근 외 옮김. 한길사, 173-206. 원제 Theodor Wilhelm(1979). "Georg Kerschensteiner". In: Hans Scheuerl(Hg.). *Klassiker der Pädagogik.* München: Beck, 103-126.

시몬스, 다이앤(Simons, Diane)(1966)(Ed.). *Georg Kerschensteiner.* London: Methuen & Co Ltd.

죌레, 도로테(1987). 『사랑과 노동』. 박재순 옮김. 한국신학연구소. 원제 Dorothe Sölle(1984). *Lieben und Arbeiten. Eine Theologie der Schöpfung.* Freiburg: Kreuz Verlag.

하만, 브루노(Hamann, Bruno)(1986). *Geschichte des Schulwesens.* Bad Heilbrunn/Obb: Verlag Julius Klinkhardt.

인터넷 자료

https://archivschule.asprit.de/DE/forschung/kursprojekte/marburger-strassennamen/georg-kerschensteiner.html

https://www.britannica.com/biography/Georg-Kerschensteiner
https://de.wikipedia.org/wiki/Uno_Cygnaeus
https://www.deutsche-biographie.de/pnd117691186.html
https://en.wikipedia.org/wiki/Otto_Salomon
https://en.wikipedia.org/wiki/Sloyd
http://dspace.ut.ee/handle/10062/73502

7장

셀레스탱 프레네의 실천교육학: 아동을 위한 학교는 어떻게 가능한가?[1]

정훈

1. 프레네 실천교육학, 국경을 넘어선 관심

프레네 실천교육학pédagogie Freinet[2]은 20세기 초 프랑스 남부의 초등학교에서 시작된 교육개혁운동으로, 오늘날 발도르프 실천교육학, 몬테소리 실천교육학 등과 함께 대표적인 학교개혁 모델로 거론된다. 이런 대표성을 갖는 데는 프레네의 교육 실천이 그 시초부터 협력적인 교육운동의 길을 택했던 점이 크게 작용했다. 프레네는 공유된 자료의 준비, 생각과 정보의 교환 등 다른 교사들과의 협력이 무엇보다 효과적일 수 있음을 깨달았다. 이에 그는 '프레네'라는 이름을 내세우며 자신의 실천에 일종의

---

1. 이 글은 아래와 같은 필자의 연구물에 기초하여 본 글의 주제에 맞게 발췌·종합하고 수정·보완한 것이다. 정훈(2022), 「프레네 실천교육학이 통합교육(Inclusive education) 실천에 주는 함의」, 『특수교육재활과학연구』, 61(3), 249-253(4절), 253-255(5절); 정훈(2020), 『프레네 실천교육학』, 살림터, 21-47, 135-137, 154-184, 185-190, 284-289, 340-345; 정훈(2019), 「프레네 실천교육학의 실제」, 『새교육』, 71(1), 70-75(5절, 6절); 정훈(2018), 「프레네 실천교육학의 이론 토대」, 『새교육』, 70(12), 62-64(4절).

2. 전술 이론이나 의학 이론이 전투에서의 행동과 의료 행위를 이끄는 실천 이론인 것처럼(Durkheim, 2005: 79), 프레네에게 'pédagogie'는 아이들을 위한 최적의 교육을 위해 교실의 교사들을 안내하는(지도하는) 이론 또는 학문(science)을 뜻한다(Freinet, 1980: 12). 교육학이 한편으로 "교수(teaching)와 학생의 통제 및 지도의 원리와 방법에 관한 체계화된 이론이나 교설(敎說)"(김정환·강선보, 2011: 26)을 뜻하기도 한다는 점에서 프레네 교육학이나 프레네 교육 이론이라는 번역어도 가능하겠다. 여기서는 그의 'pédagogie'에 담긴 '교사의 교육 실천에서 출발하는 학문'이자 '교실과 학교에서의 교육 실천을 안내하는 학문'의 의미를 강조한다는 측면에서 잠정적으로 '실천교육학'으로 옮겼다.

특허권을 부여하거나 정형화하지 않았다. 대신 그는 시초부터 교사들 간의 협력과 교류를 위한 협동조합을 구성했다.Freinet, 1980: 16 그의 협동조직은 초창기 공립학교교사협동조합을 거쳐 현재는 현대학교협회(1947년 설립)와 국제현대학교연맹(1957년 설립) 두 개가 활동 중이다. 또한 초창기 실천부터 그는 국제 학술대회를 통해 국내외 교사들과 교류하려 했고, 주말을 이용해 프랑스 전역으로 쉼 없이 강연을 다녔다. 다른 지역의 학교와 필연적으로 교류하게 하는 학교 간 통신교류 같은 대표 기술을 실천하기도 했다. 이러한 요소들은 프랑스 남부의 작은 초등학교에서 시작된 교육 실천을 전 세계적으로 확산시키는 데 크게 기여했다.

2009년 이후 이른바 혁신학교 운동이 유행하면서 국내에서 한동안 프레네 실천교육학에 대한 관심이 늘기도 했다. 그가 표방했던 민주주의와 협동, 개인의 자발성, 삶과 소통하는 교육 등의 측면이 한국의 학교를 혁신하려는 교사들의 관심사와 맞아떨어진 부분이 있었던 듯하다. 프레네의 이름을 내세운 새로운 학교 설립을 통해서가 아니라 오늘날 주로 공립학교 교사들을 중심으로 프레네 실천교육학이 실천되고 있다는 점도 혁신학교를 실천하려는 교사들에게 매력으로 다가왔던 것 같다. 교사들 간의 협동조합뿐만 아니라 그가 마을과 학교 협동조합을 실험하고, 그것을 학교 운영의 원리로 삼았던 점으로 인해 오늘날 학교 협동조합운동가들이 그의 실천교육학에 관심을 보이기도 한다. 여기서는 프레네 실천교육학의 세부 실천 하나하나에 집중하거나 교육 이론적 쟁점을 다루기보다는 그것의 전반적인 면모와 의미를 소개하는 데 집중하겠다.

2. 자신의 삶에서 길어 올린 실천교육학

본격적인 이야기를 하기 전에 우선 프레네Célestin Freinet, 1896~1966의 삶을 간략히 살펴보겠다. 프레네 실천교육학 형성에는 그가 살아온 삶의 궤적이 큰 영향을 미쳤기 때문이다.

첫 번째는 농촌에서의 삶의 경험이다. 프레네는 1896년 프랑스 남부 니스Nice와 이탈리아 국경에 인접한 시골 마을 가르Gars에서 태어났다. 알프스 고지에서 농부들과 함께 생활한 성장 배경은 다음의 사항들이 교육의 중요한 요소여야 한다는 생각을 심어 주었다. 창조적이고 유용한 노동, 인간과 자연에 대한 세심한 관찰, 협동, 차이의 존중, 양식良識, 공동체 정신, 사회정의의 가치가 바로 그것이다. 이는 학교가 행복하고 낙천적인 아동을 길러 내는 터전이어야 한다는 생각으로 이어졌다.Clandfield & Sivell, 1990: 1

두 번째는 전쟁의 경험이다. 1914년 1차 세계대전이 발발하면서 그는 교사 양성 과정을 제대로 끝마칠 수 없었다. 1917년 슈맹 데 담Chemin des Dames 전투에서 그는 폐에 심한 부상을 당하면서 호흡기관에 문제가 생겼다. 이 때문에 그는 당시의 교사들처럼 권위적이고 호통치는 방식으로 가르치기가 어려웠다. 호흡기를 크게 다치지 않았더라면 자신 역시 전통 방식을 고집하는 교사들과 다르지 않았을 거라고 고백했을 정도로 전쟁에서의 부상은 그에게 인생의 큰 전환점이 되었다. 그는 호흡이 불편했던 자신의 신체적 제약에 잘 맞는 가르치는 기술과 새로운 해결책을 찾아 나섰다. 전쟁터에서 겪은 잔혹함과 고통, 참호에서의 비참함도 중요한 영향을 미쳤다. 전쟁의 경험을 통해 그는 개인과 시민 측면 모두에서 권리의식을 갖춘 시민으로 아이들을 교육하는 일이 무엇보다 중요하다는 사실을 깨달았다.Lee & Sivell, 2000: 63 그것이 아이들을 비인간적인 전쟁터로 또다시 몰아넣지 않게 하는 하나의 방법이라고 생각했던 것이다. 전쟁의 경험 때문인지 몰라도 그의 글에는 군대, 병사, 대포 같은 예들이 종종 등장한다.

세 번째는 당시 신교육(또는 진보주의 교육)과의 만남이다. 20세기 초반의 학교들이 보였던 전통적인 방식과 다르게 교육할 수밖에 없었던 프레네는 당시 진행 중이던 신교육Éducation Nouvelle을 중요하게 참고했다. 당시 신교육자들이 비판했던 구old교육은 대체로 교과서와 교사 중심, 기계적 학습과 엄격한 규율과 처벌 등을 특징으로 한다. 이는 프레네가 '스콜라적 형식주의'라는 용어로 비판했던 것과 다르지 않다. 삶과 유리되고 아동의 필요를 반영하지 않고, 추상 이론과 언어적 설명에 몰두했던 전통적인 학교의 모습이 바로 구교육이자 스콜라적 형식주의를 대표한다. 프레네는 이러한 스콜라적 형식주의를 혁신하기 위해 새로운 교육의 탐색에 나섰다. 그는 몬테소리와 루소, 페스탈로치의 문헌뿐 아니라 당시 능동(활동) 학교Activity school의 대표자였던 페리에르와 드크롤리의 문헌들도 탐독했다. 특히 드크롤리의 '삶을 통하고, 삶을 위하고, 일을 통하는 학교'[3]라는 모토는 그의 본질적인 관심을 요약하는 것이었다.Freinet, 1994a: 282 책 읽기에만 머물지도 않았다. 그는 대안적인 실험을 전개했던 여러 학교를 탐방하면서 그들의 실천을 직접 살폈다. 그것은 당시의 구교육과 달리 일(경험)과 아동 중심, 실험적 모색과 자연스러운 학습, 협동하는 일을 통해 자연스럽게 형성되는 규율, 자치를 강조하는 것으로 구현되었다. 신교육의 유산은 다음과 같은 현대학교협회의 홍보 팸플릿에 여전히 반영되어 있다.

① 각 아동은 자신의 리듬에 따라 배운다.
② 학생들은 그룹에서 자신의 힘으로 지식을 발견한다.
③ 이상의 과정은 생동감이 있고, 세상(삶)과 연결되어 있다.
④ 우리 학생들은 배움의 틀 속에서 다른 아이들뿐 아니라 어른들과의 관계 속에 존재한다.

---

3. 그의 주저 중 하나인 『일을 통한 교육(L'éducation du travail)』 역시 이 말로 끝을 맺는다.

그는 이러한 방향의 신교육에 공감하기는 했지만, 당시 신교육의 실천이 일부 특별한 조건을 갖춘 학교에서만 가능하고, 실천으로 옮기기가 어려운 이론 수준에 머물렀다는 점에는 불만이 있었다. "몬테소리와 드크롤리는 의사였고, 스위스의 심리학자들은 사상가였으며, 듀이는 철학자였다"라는 그의 말이 신교육에 내재한 실천상의 결함을 대변한다.Freinet, 1980: 13, 16 이에 프레네는 신교육과의 차별화를 꾀하면서 독창성 있는 실천 기술(테크닉)과 도구[4]들을 창조하는 길에 나섰다. 대표적인 시발점은 1924년 6월 그가 작은 인쇄기 하나를 구입해서, 학생들과 함께 각색한 달팽이 경주에 관한 '자유 글쓰기' 작품을 인쇄한 것이었다. 이를 계기로 그는 학교인쇄출판작업, 학교 신문 같은 새로운 교육원리와 기술(테크닉)을 차례로 시작했다. 1926년 브르타뉴 지방에 위치한 트레겅 생 필리베르Trégunc-St-Philibert의 교사 다니엘René Daniel이 인쇄기를 구입한 것을 계기로 그는 다니엘의 학급과 정기적인 학교 간 통신교류를 시작했다. 학교 간 통신교류는 협동과 협력을 학교 밖으로 확장하고 다른 삶과 교류하는 것을 가능하게 했다.Acker, 2000; Clandfield & Sivell, 1990 등 자유 글쓰기, 인쇄출판작업, 학교 신문, 학교 간 통신교류 등과 같은 풍부한 기술과 도구는 오늘날까지 프레네 실천교육학에 주목하게 하는 주된 이유가 되고 있다. 그는 당시의 사회정치적 환경에서 신교육이 보여 주었던 정치적 순진함에도 불만이 있었다. 학교를 둘러싼 사회정치적 조건에 무감각했던 신교육의 한계를 인식했던 것이다. 이에 그는 자신의 교육 실천을 신교육과 구분하기 위해 '현대 학교'라고 달리 명명하며 독자적인 교육운동의 길을 걸었다.Freinet, 1980: 9-10 1920년 그라스Grasse 인근의 바쉬르루Bar-Sur-Loup에서 교직 생활을 다시 시작하면서, 프레네는 교육혁신에 힘쓰는 일과 별개로 지역 생산물을 판매하는 마을 협동조합의 설립을 돕기도 했

---

4. 여기서 도구(outil)는 프레네가 고안하고 실천했던 온갖 종류의 학습 자료를 포괄하는 용어이다.

다.Sivell, 1990: xi 협동조합을 조직해 본 경험은 그가 협동 원리에 기초한 일종의 협동체로 학교를 운영하게 한 중요한 계기가 되었다.

네 번째는 정치적 사건의 연루이다. 프레네는 몇 차례 정치적 어려움을 겪었는데, '생폴Saint-Paul 사건'이 대표적이다. 1932년에서 1934년까지 프레네는 혁신적인 교수 방법을 둘러싼 비판과 공산주의 성향에 반대하는 선동가, 정치가, 공무원이 제기하는 많은 비판에 시달렸다. 공립학교교사 협동조합이 반反자본주의적 성격의 단편 영화 〈가격과 이윤Prix et Profit〉 상영을 지원한 직후 생폴의 악명 높은 보수주의자들이 프레네를 몰아내기 위해 음모를 꾸몄고, 그는 결국 희생양이 되었다.Peyronie, 2000: 216; Acker, 2000 생폴 사건이 불러온 갈등으로 인해 1934년 그는 결국 생폴의 공교육체제에서 쫓겨나, 1935년 인근 지역인 방스Vence에 '프레네 학교L'École Freinet'라고 명명한 새 학교를 열었다. 프레네 학교는 프레네의 딸과 이웃의 아이들뿐 아니라, 파리 지역에서 사회적 어려움을 겪는 아이들, 일 년 뒤 스페인 전쟁을 피해 온 고아들까지 받아들였다. 주간 일(학습활동) 계획, 공동생활을 조정하고 갈등을 관리하는 전체 회의, 벽신문, 자가수정 카드, 그리고 자연스러운 읽기 방법 같은 새로운 기술(테크닉)을 프레네는 이곳에서 창안하고 실천했다.Peyronie, 2000: 217 파시즘 체제가 등장하면서 유럽은 다시 전쟁의 소용돌이에 휘말렸고, 페탱Maréchal Pétain의 비시 정권 아래서 프레네는 정치 선동가로 낙인찍혀 쉬브롱 노동수용소에 수감되었다가 1941년 10월 건강이 악화된 채로 풀려났다. 출소 후 가택 연금당한 상황에서도 그는 1944년 레지스탕스 운동에 가담했다. 2차 세계대전 동안 방스의 프레네 학교는 침략당하고 약탈당했으나 1946년 말 다시 문을 열었고, 1964년에 실험학교로, 1991년에는 공립학교로 지정되었다. 1952년에서 1954년 사이 프랑스 공산당의 일원이던 코뉘오Georges Cogniot와 스니데르스Georges Snyders가 제기한 신랄한 비판도 그를 힘들게 했다. 프레네의 실천교육학이 시대에 뒤떨어진 농촌의 이상에 기초한 학교 개념을 조장하고, 교사의 역할을 중시하지 않고, 내용보다 과정을 더 중시하면서 아동의 자발적 행동을 지나치게 미화했다는 게 비판의 주된 이유였다. 그것이 부르주아적 개인주의의 원리를 강화했다는 것이다.Acker, 2000: 4, 6, 12 이 일로 인해 프레네와 프랑스 공산당 사이는 크게 벌어졌다. 프레네는 결국 1966년 10월 방스에서 숨을 거두고 고향인 갸르에 묻히는 것으로 끝을 맺었다.

3. 프레네의 문제의식과 새로운 교육의 방향

프레네의 문제의식

프레네가 어떤 문제의식에서 새로운 교육 실천에 나서게 되었는지를 살펴보겠다. 프레네와 독자들의 문제의식이 유사하다면 그의 실천교육학이 좀 더 현실감 있게 다가올지도 모르겠다.

첫째, 프레네는 권위주의적인 교육을 당연한 것으로 받아들였던 당대의 교육 풍토를 문제로 인식했다. 프레네 실천교육학의 핵심은 권위주의적인 교사상을 거부하는 데 있다. 왜냐하면 '어른과 마찬가지로 아동도 권위적으로 명령받는 것을, 어떤 일을 하도록 강요받는 것을 좋아하지 않는다'고 보았기 때문이다.Freinet, 1994b: 391-393 그는 권위주의적 교사들의 모습을 당시의 전체주의 사회체제를 반영한 것이자, 권위주의적이고 병영화된 사회의 반영이라 생각했다. 이에 프레네는 교사의 권위주의를 상징하는 교단을 제거하여 아이들과 같은 눈높이에서 그들을 바라보려고 했다. 이처럼 프레네 실천교육학의 핵심은 '교사는 독재자가 아니고, 권위적인 명령은 언제나 잘못이며, 그 잘못을 피하는 것이 언제나 유익할 것'이라는 데 있다.Freinet, 1994b: 176 따라서 프레네뿐 아니라 오늘날의 프레네 교사들은 권위주의적인 교육에서 탈피하여 자발적이고 협동(협력)적인 방식으로 교육을 혁신하려고 한다.

둘째, 프레네는 아동을 조작과 길들임의 대상으로 보는 교육을 비판했다. 길들이기 교육에 대한 비판을 위해 프레네는 당나귀를 한 예로 끌어들인다.Freinet, 1994b: 156-157 우리가 당나귀를 그가 가고 싶어 하지 않는 방향으로 끌면 끌수록, 그 당나귀는 반대 방향으로 달아나려고 한다. 또한 몇 발자국 가며 순종한다는 인상을 주다가도 갑자기 정말로 가고 싶은 방향으로 전속력으로 달아날 수 있다. 이와 마찬가지로 교사들이 학생들을 강제로 끌어당기거나 밀친다면 그들이 심지어 폭력적으로까지 저항할 수 있다고 프레네는 생각했다. 우리가 힘이나 속임수로 학생들을 제압하는 데 성공하더라도 그들이 이후에 당나귀들처럼 전속력으로 달아날 수 있다는 것이다. 그는 '어느 누구도 수동적으로 순종하는 것을 좋아하지 않는다는 것은 자연의 질서'라고 이야기하며, 동물 길들이기처럼 우리를 기꺼이 순종하게 만드는 교육을 거부한다. 이에 프레네뿐 아니라 오늘날의 프레네 교사들은 아동을 길들이기나 조작의 대상으로 보는 교육에서 벗어나 그들의 자연적 성향을 보장하고 그것을 존중하는 교육으로의 변경을 꾀한다.

셋째, 프레네는 설명에 의존하는 교육의 방식을 문제삼았다. 전통적 교육은 최대한 많은 지식을 아이의 머릿속에 집어넣는 것이 그 아이를 사회의 유용한 성원으로 기르는 것이라고 생각한다. 그래서 교육의 방식은 대체로 최대한 많은 지식을 아이들 머릿속에 집어넣는 방식을 택하게 된다. 그러나 프레네는 '아이들은 설교 단상에서 위압적으로 전해지는 수업을 귀담아듣고 싶어 하지 않는다'고 보았다.Freinet, 1994b: 402 그런 방식의 위압적 설명이 아이들을 수업에 복종하도록 만드는 인위적인 장치에 불과하다고 생각한 것이다.Freinet, 1994b: 402 이에 프레네와 오늘날의 프레네 교사들은 설명의 방식 대신 아이들이 동기와 목적이 있는 행위(일), 경험, 삶에 기초해 자발적으로 학습할 수 있게 돕는 장치(도구)들의 개발에 중요한 관심을 두고 있다.

넷째, 프레네는 통계적·과학적 이론에 대한 맹신을 문제삼았다. 그는 측정과 산술적 계산들이 중요한 세부 사항들, 측정에서 벗어나는 활동들, 실제 삶과의 접촉 등을 배제할 수 있다고 보았기 때문이다.Freinet, 1994b: 177 그는 명증한 과학적 개념으로 제시하기 어려운 노련한 양치기, 정원사, 목축업자가 보여 주는 삶의 지혜이자 통찰이며 예지력인 현자들이 지닌 양식良識을 자기 교육 실천의 근거로 삼았다.Freinet, 1994a; Freinet, 1994b 과학의 문화와 양식의 문화라는 두 문화를 이야기하면서 실험실 과학 이론과 전문가 의견에 지나치게 경도되어 평가절하되어 온 양식에 주목한 것이다.

다섯째, 프레네는 당대의 전통적인 학교가 대다수를 차지하는 노동자 계급의 아이들을 위한 교육이 아니라 중간 계급의 이익에 초점이 맞춰진 교육을 한다고 비판했다. 이에 그는 권위주의적 강제나 순종의 교의에 반대하면서 노동자 계급 아이들의 삶에서 출발하고 그들의 삶을 위하고 그들의 삶을 통하는 교육을 추구하고자 했다.

이상의 권위주의 교육, 조작과 길들임의 교육, 설명의 교육, 삶과 유리된 교육의 문제들은 결국 아이들이 배움과 지식에 목말라하지 않게 되는 데 큰 영향을 미쳤다. 이에 프레네는 '알파파와 물통을 향해 질주하는 말馬의 교육 실천', 즉 아이들이 배움과 지식(앎)을 향해 질주하게 하는 교육 실천을 중요한 과제로 삼았다.Freinet, 1994b: 113-115 이는 '자신의 방식대로, 그리고 자신이 할 수 있는 바대로 자신의 갈증을 해소하는 데 아이들 스스로가 관심을 갖도록 하는 것'이기도 하다.Freinet, 1994a: 295

새로운 교육의 방향

프레네의 교육 실천에 대한 구상은 이상의 당대 교육에 대한 문제의식에서 출발했다. 이에 기초해 그는 다음과 같은 방향으로 자신의 실천교육

학을 정립하고자 했다.Freinet, 1969

① 개인의 창조적 힘에 최대한 호소하는 협동에 기초한 일 공동체 학교
② 개인의 필요besoin에 더욱 잘 부응하고 개인이 지닌 생명의 힘(=생명력)의 가능성을 강화하는 교육 실천
③ 삶 속에서 이뤄지고 삶을 통해 이뤄지는 교육
④ 개인이 어떤 교의나 지침의 명령을 기다리지 않고 스스로 방향을 설정하는 날카로운 비판의식을 소유한 자유 존재로 성장하게 하는 교육

첫 번째와 두 번째 사항을 위해 그는 개인에 내재한 창조적·능동적 힘을 지속시키고 그 힘을 최대한 실현하기 위해 언제나 전진하려는 아동의 본성을 교육의 출발점으로 삼았다. 그리고 아동에 내재한 생명의 힘을 발현하게 하는 학교 시설(환경) 구축과 그 시설(환경)에서 생동감 있고 완성된 교육을 가능하게 하는 실질적인 일(학습활동)의 도구와 기술을 창조했다. 동기와 목적이 있는 능동적 활동인 일은 힘이라 부르는 생명의 잠재력을 외부로 최대한 발현(표출)하게 하는 활동으로 무엇보다 중요했다.

교육 실천에 대한 이러한 프레네의 구상 전반을 1) 교육의 출발점으로서 아동에 대한 이해, 2) 그러한 아동 이해에 적합한 학교 시설(환경)의 조직과 구축, 3) 그러한 학교 시설(환경)에서 생동감 있고 완성된 교육 실천을 가능하게 하는 기술(테크닉)과 도구의 개발로 나누어 차례로 살펴보겠다. 이는 필자가 프레네 실천교육학의 전체 구조를 이해하는 한 방식이기도 하다.

4. 아동의 본질 욕구(필요)와 성향

첫째, 프레네는 소용돌이치고 들끓는 운동 속에 있는 총체적 존재로 아동을 바라보았다. 『감각심리학에 관한 시론*Essai de Psychologie Sensible*』 Freinet, 1994a: 323-588에서 프레네는 "생명이 있고, 생명은 상태가 아니라 생성(변화)이다"라는 제1법칙을 제시했다. "생명이 있다"라는 말은 모든 인간 존재가 이용하는 '생명의 잠재력'이 있다는, 즉 그것이 근본적으로 내재해 있다는 말로 해석된다. 생명의 잠재력은 인간 능력을 끊임없이 고양하게 만드는 것으로 측정할 수 없을 만큼 무한한 것이다. 생명(삶)이 생성이라는 말은 탄생하고, 성장하고 번식하고, 쇠퇴하고, 소멸하는 운동 속에서 프레네가 생명을 이해한다는 것이다. 아동의 발달을 교실 안에서만이 아니라 생명(삶)의 전 과정을 통틀어서 보는 것이기도 하다. 반면 기존 학문의 틀은 가만히 못 있고, 탐구하려는 아동의 활력에 민감하지 않았고, 아동을 요소나 사물의 한 단면처럼 쪼개서 총체적 존재로 보지 못하게 해왔다는 것이다. 그가 우리 인간이 생명의 최대 잠재력을 실현하려는 동력인 '힘'(힘에의 의식)을 강조한다는 점에 또한 주목할 필요가 있다. 그는 이 힘에의 욕구를 보존하고 충족하는 일을 학교가 도와주어야 한다고 생각했다. 교육을 포함한 적절한 행위에 따라 생명의 잠재력이 축소되거나 향상될 수 있기 때문이다. 그것은 일과 예술을 학교교육과정의 중요한 요소로 삼는 것으로 구체화되었다. 개인의 인격과 생명의 힘이 일과 예술을 거쳐 밖으로 표출되고 고양된다고 보았기 때문이다. 그러나 이 과정을 통해 발달하지 못하면, 아동은 생명의 규칙 대신 '사이비 생명 규칙'을 발달시키게 된다. 프레네는 생명(인간)의 불균형에서 파생되는 성적性的 콤플렉스, 신경증 등을 사이비 생명 규칙의 대표 사례로 들었다. 이에 생명의 힘을 쇠하게 만드는 것은 열등감과 무능감이라는 고통을 아동에게 불러일으키는 원인이 된다. 성장기 아이들에 내재한 생명의 잠재력을 우리가 억

누를 때 그 힘이 왜곡된 방향으로 폭발할 수 있음을 프레네가 경고했다고 할 수 있겠다.

둘째, 그는 아동을 일의 필요를 지닌 존재로 이해한다. 『일을 통한 교육 *L'éducation du travail*』Freinet, 1994a: 23-322은 우리 인간의 본성이 일하기를 좋아한다는 점과 그 일이 무엇이고 학교에서 그 활동을 어떻게 조직(화)할 수 있을 것인지를 체계적으로 구명했다. 프레네는 20세기 초 신교육자들이 우리 '힘'의 탁월한 생산성(풍부함)을 일깨우고 자양분을 주고 자극하는 것이 일travail이라는 사실을 망각하고 그 가치를 낮게 평가했다는 점을 문제삼았다. 그는 일을 개인의 자연스러운 필요를 충족하고, 그 자체로 만족감을 주는 신체활동이나 정신활동으로 정의했다. 또한 일은 구성적이고 목적지향적인 활동으로 숙련이 요구되고, 창조적이며 만족감이 있는 노력을 포함한다. 아이들이 학교에서 하는 일(학습활동을 포함하여)이 자신을 위해서가 아니라 다른 누군가를 위해서 하는 것이라면 그것은 그가 의미하는 일이 아니다. 그것은 소외된 어떤 것, 저주 같은 것으로 자신을 고통스럽게 하는 노동일 뿐이다. 우리가 상정한 신체활동이나 지적 활동이 우리의 자연스러운 필요를 충족하고 그 결과 만족감을 줄 때 그게 바로 프레네가 말하는 일이 된다. 반면 주어진 일이 우리의 필요와 상관없이 강제되어 완수해야 하는 것이라면 그것은 일과 구분된 임무나 과업, 고역이 된다. 이에 우리가 학교에서 아이들에게 동일한 학습활동을 제공하더라도, 그것이 어떤 상황에서 행해지고 어떤 성질을 띠느냐에 따라 그것은 프레네가 말하는 일일 수도, 아니면 과업이나 고역일 수도 있다. 프레네는 이러한 동기와 목적이 있고 만족감을 주는 일의 성격을 갖는 활동을 학교 활동의 핵심으로 삼았다. 프레네가 말하는 일 개념의 독특함은 그가 그것을 '일-놀이'와 '놀이-일'로 구체화해 제시한 데 있다. 그는 일과 놀이가 원리상 대립하지 않고 서로가 서로의 요소를 포함한다는 명제를 제시했다. 어린 시절에 하는 놀이들이 원리상 일과 대립되지 않는다는 점에서 그러하다. 놀이가 곧 일이며 그 놀이에는 일의 본질 특성이 들어 있다는 것이다. 프레네는 그러한 성격의 놀이를 '놀이-일'이라고 불렀다. 학교생활을 제대로 조직하기 위해서는 우선 아동이 지닌 '일-놀이' 필요를 중요하게 고려해야 한다. 그러나 아이들이 실제 일인 '일-놀이'를 할 수 없는 상황이 있을 수 있겠다. 그럴 때 프레네는 속성상 어른들이 실현한 것을 꾸미거나 모방한 '놀이-일'로 실제 일을 대체할 수 있다고 생각했다. '놀이-일'이 '일-놀이'를 대체한 활동이라 하더라도 프레네는 그것이 실제 일과 마찬가지로 아동이 지닌 가장 강력한 자연적 필요들 모두를 충족할 수 있다고 보았다. '지성, 본성과의 깊은 통합, 신체적 가능성과 정신적 가능성에의 적응, 창조와 지배를 향한 힘에의 의식, 기술 효과 바로 확인하기, 가정과 사회 측면에서 확실한 유용성, 고통과 피곤, 괴로움을 비롯한 폭넓은 범위의 정서'가 그러한 자연적 필요들에 해당한다. 그리고 그는 아이들이 이를 제대로 충족하지 못할 때 자신이 "이익을 추구하는 일"이라 부르는 비인간적인 놀이나 보상 차원에서 행하는 기분 풀이, 중독성 놀이에 아이들이 빠져들 수 있다고 경고했다. 현재의 아이들이 학교에서나 가정에서 놀이의 기회를 점점 더 빼앗기고 컴퓨터 게임 같은 중독성 놀이에 많이 빠져드는 현실에서 참고할 만한 대목이겠다.

세 번째로 『실천교육학의 불변법칙*Invariants Pédagogiques*』[Freinet, 1994b: 381-413]에 담긴 몇 가지 법칙들도 그의 아동 이해를 이해하는 데 도움이 된다. 우선 프레네는 아동의 본성과 어른의 본성이 크게 다르지 않음을 첫 번째 법칙으로 천명한다. 다음으로 그는 우리가 아이들보다 좀 더 몸집이 크다고 느껴 언제나 아이들 위에 존재한다는 생각을 하고 있다는 점을 이야기한다. 그는 또한 한 아동이 평소와 다른 어떤 이상 행동을 보인다면 그 아동이 어떤 신체상의 문제나 좌절의 경험을 하지 않았는지를 살펴볼 필요가 있음을 이야기한다. 다음의 몇 가지 법칙들은 프레네가 권위주의적인 교육을 반대하는 이유와 관련이 있다. 그는 아이들이 권위적으로 명령받는 것을 좋아하지 않고, 어떤 일을 강요받는 것도 좋아하지 않고, 자기의 일을 선택하는 것을 좋아한다고 말한다. 일곱 번째 법칙은 아이들의 배우고자 하는 필요를 불러일으키기 위해서는 우리가 언제나 그들의 삶과 연결되고 그들의 필요를 충족시켜 주는 학습활동을 제공해야 한다는 점을 이야기한다. 여덟 번째 법칙은 모든 아이들이 성공하기를 바란다는 점인데, 이를 위해 프레네는 인지적 성공만 중요한 것이 아니라 그림이나 음악, 운동, 등산, 학급의 리더, 글쓰기 등등 아이들이 성공의 경험을 할 수 있는 다양한 분야를 이야기한다.

이상의 아동 이해에 기초해 그는 아동을 위한 학교의 필요성을 주장했다. 그러나 그는 이러한 역사적 방향 전환이 유익하기는 하지만 여전히 그 개념과 구체성이 불충분하다고 보았다. 어른을 위한 학교에 맹목적으로 반발하는 것만으로는 문제가 있다면서 말이다.^{Freinet, 1994a: 282} 이에 그는 아동을 위한 학교가 어떻게 실현될 수 있는지를 『일을 통한 교육』 후반부에서 상세히 제시했다. 그것은 일을 통한 교육을 위한 학교 시설(환경)의 조직과 구축, 기술(테크닉)과 도구를 마련하는 것이었다. 이어지는 절에서는 이를 차례로 소개하겠다. 그에 앞서 아동을 위한 학교에서의 학습 원리를 간략히 소개하면 다음과 같다.

[참고] 아동 이해에 기초한 주요 학습 원리(Oppl, 2017)

1. 실험적 모색(Tâtonnement expérimental)
: 학습의 제1원리. 스스로 행동하고, 실험하고, 조사하고, 읽고, 참고자료를 선택하고 분류하면서 자신의 일(학습활동)을 시작한다. 암중모색을 통한 경험(실험)에 기반해 해법을 탐구한다.

2. 자연스러운 방법(Méthode naturelle)
: 학습은 경험(실험)에 기초한 귀납적이고, 전체적인 접근(globale, 전체에서 부분으로 진행할 때 가장 자연스럽게 학습)에 기반한다.

3. 일을 통한 교육(Pédagogie du travail)
: 학습은 이론이 아니라 실천적 활동인 일에 기반한다. 학생들은 유용한 성과물을 만들거나(일종의 생산적인 노동이며 성공의 경험 제공) 다른 사람들에게 유용한 서비스를 제공하는 것으로 학습한다. 일은 신체적이고 지적인 활동 모두를 포괄한다(둘은 분리되지 않는다).

4. 협동학습(Travail coopératif)
: 학습은 협력적(collaborative)인 맥락에서 발생한다. 학습은 학생들 간의 상호작용과 교사와의 상호작용에서 발생하고, 개별 학습의 도구는 협동 집단에서 소통하고 교제하면서 실천된다.

5. 아동을 위한 학교 시설(환경)의 조직과 구축

"당신의 교육적 관심에서, 잘 파악해야 하는 것은 가르치는 교과목도, 교과서의 내용도, 형식적인 학습의 테크닉도, 당신의 의무와 당신의 행동을 탁상공론에 기초해 명령하는 것도 아닙니다. 그것은 새로운 일travail에 걸맞은 건물(공간)을 준비하고, 우리 작업장을 체계적으로 조직하고, 필수적인 도구들outils을 개발하고 필요하다면 그것을 제작하고, 세세하게 협력의 조건을 탐구하는 것입니다. 그리고 그렇게 갖춰진 조직을 최소한의 불화로 운영하는 것입니다."Freinet, 1994a: 320-321

프레네가 구상하고 실천하려고 했던 학교의 형태는 일종의 건설현장이자 마을공동체를 닮은 학교 환경이다.Freinet, 1994a: 288-290 학교 공간은 아이들이 관심사에 따라 자기의 일에 몰두할 수 있게 하는 ① '기본이 되는 일'(밭일, 동물 기르기; 실 잣기, 베 짜기, 바느질, 요리; 대장일과 목공; 건설, 기계 다루기, 상거래)과 ② '상급 과정에 해당하는 사회적이고 지적인 일'을 위한 특성화된 작업장(탐구와 앎, 자료조사 활동; 실험; 그래픽 창조와 표현, 소통; 예술적 창조와 표현, 소통)으로 조직(화)된다. 여기서 중요한 공간은 마을의 광장과 유사한 역할을 하는 거실(공용실)을 건물 중앙에 계획하는 것이다. 이 공간에서 학생들은 작업장의 형태를 띤 각 교실들, 자료조사활동실과 실험실 등으로 자유롭게 오갈 수 있고 작업장을 나서면 이 공간에서 계속 오가며 만날 수 있게 된다. 그리고 이 거실 공간은 집회集會나 자유연구 발표회, 전시展示 등 다목적으로 활용된다. 또한 외부 활동 구역으로 건물 뒤쪽에는 암염소와 토끼 등 지역의 동물을 기르는 현대식 축사를 조성하고 학교 건물의 사방으로는 개인별로 책임을 맡거나 공동으로 책임을 맡게 되는 작은 정원(텃밭)들을 조성한다. 이 외 가능하다면 개울을 조성하거나 물고기가 있는 분수, 모래더미 등을 설치하기도 한다. 이는 프레네가 자신의 책에서 제시한 하나의 사례일 뿐이고 우리는 각자의 필요에 따라 얼마든지 변형하여 사용할 수 있겠다.[그림 1] 참조

 여기서 중요한 것은 그가 주로 수공적 활동이나 신체활동에 해당하는 '기본이 되는 일'에 만족하지 않는다는 점이다. 그러한 일은 분화되는 사유를 향한 개인의 장엄한 등정(향상)에 필수적인 첫 단계이자Freinet, 1994a: 293-294, 정점이 되는 교양과 이상화, 인간다움humanisme으로 이어지는 첫 단계일 뿐이다.Ibid., 303 우리가 신체활동에서 시작해 증대하는 지적이고 논리적인 사고의 지위로 천천히 상승하기 때문이다.Ibid., 267 기본적인 일은 알고, 실험하고, 창조하기라는 세 가지 기능Ibid., 272을 포함하는 지적·도덕적·사회적인 '상급 과정의(고등한) 일'로 반드시 이동되어야 한다. 이에 필수적인 초기 활동의 실행에 신경 쓰고, 조화롭게 발현되는 것인 상급의(고등한) 활동들을 가능하게 하고 자극해야 한다.Ibid., 270

 아동은 초기의(기본이 되는) 일에서 분화된 활동activité

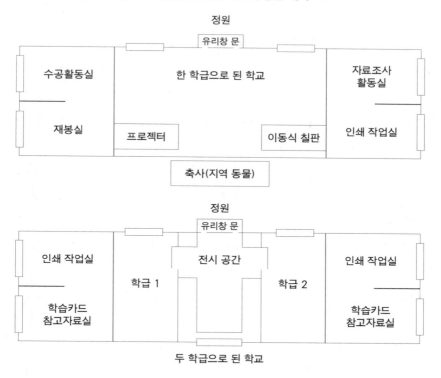

[그림 1] 일을 통한 교육을 실천하는 학교의 공간 계획Freinet, 1994a: 288

정원

| 유리창 문 |

| 수공활동실 | 한 학급으로 된 학교 | 자료조사 활동실 |

| 재봉실 | 프로젝터 | 이동식 칠판 | 인쇄 작업실 |

축사(지역 동물)

정원

| 유리창 문 |

| 인쇄 작업실 | 전시 공간 | 인쇄 작업실 |

| 학습카드 참고자료실 | 학급 1 | 학급 2 | 학습카드 참고자료실 |

두 학급으로 된 학교

différenciée으로 자연스럽게 등정하려는(향상되려는) 경향이 있습니다. 지적인 앎과 철학적 교양, 그리고 도덕적인 삶에 대한 이해에까지 이르기 위해서 말이죠. 아동이 그러한 등정을 한층 더 일찍 훌륭하게 행하는 만큼, 아동은 더욱 잘 형성될 것입니다.Freinet, 1994a: 270-271

일을 통한 교육이 가능한 시설이 마련되었다면, 다음으로 필요한 것은 거기서 능동적이고 생동감 있게 일할 수 있게 하는 기술(테크닉)과 도구를 마련하는 것이다.

6. 교육 실천을 용이하게 하는 기술과 도구

교실을 분주히 일하는 곳으로 변형시키는 기술과 도구를 창조하고 실험하고 확산시켰다는 데 프레네 실천교육학의 독창성과 강점이 있다.Freinet, 1994b: 398 프레네의 의도는 자신의 교실에서 어려움을 겪고 있는 교사들에게 그들의 교육 실천을 용이하게 돕는 오랫동안 실험한 일(학습활동)의 기술과 도구를 제공하는 것이었다.Freinet, 1980: 36 여기서는 이를 '학생들은 학습의 과정에서 어떻게 능동적일 수 있을까?', '삶과 교육과정을 어떻게 연결할 수 있을까?', '학생들은 다른 사람과의 관계 속에서 어떻게 자신의 리듬에 따라 학습할 수 있을까?', '학교를 어떻게 민주적 공간이 되게 할 수 있을까?'라는 네 가지 질문과 관련해 소개하겠다.

학생들은 학습의 과정에서 어떻게 능동적일 수 있을까?

이 질문과 관련해 프레네는 자유 표현과 소통을 위한 도구와 기술을 고안했다. 프레네는 아이들의 기본 필요를 전달과 의사소통의 필요로 보면서 자유로운 표현의 기회, 교류와 소통의 기회를 보장해 주는 것이Baillet, 1995: 29 아이들에게 동기부여이자 자연스러운 배움의 길을 열어 준다고 보았다. 여기서 자유 표현은 각 개인이 자신의 느낌, 감정, 인상, 성찰, 의심들을 표현할 수 있게 하는 것으로, 그는 이를 위해 자유 글쓰기를 포함한 자유로운 형상화, 학급인쇄출판활동, 학급 신문, 학교 간 통신교류라는 대표적인 수업 기술과 도구들을 고안하고 실천했다.

자유 글쓰기는 아동이 글을 쓰고 싶은 마음이 들 때, 자신에게 감명을 준 주제들에 대해 자유롭게 표현하는 짧은 형태의 글쓰기를 말한다.Freinet, 1980: 51 자유 글쓰기의 특성은 세 가지 핵심 원리에 의해 그 개념이 좀 더 분명하게 드러난다.Freinet, 1960a

자유 글쓰기의 첫 번째 원리는 "자유 글쓰기가 진정으로 자유롭게 이

뤄져야 한다"이다. 말 그대로, 형식도 글감도 주어지지 않는 글쓰기를 말한다. 주어진 형식과 글감에 따라 억지로 쓰는 글쓰기가 아이들의 표현 욕구를 가로막기 때문이다. 또한 자유 글쓰기에서 중요한 것은 일단 글을 쓰게 만드는 것이다. 예컨대 한 아이가 '나는 산책을 갔다. 나는 새한마리를 보았다'라는 문장의 철자를 잘못 썼다면, 전통적인 교사라면 대체로 "도저히 읽을 수가 없구나. 너는 글쓰기 전에 철자법부터 배워야겠구나"라고 말할 듯하다. 그러면 아이들은 더 이상 글로 자기 자신을 표현하려고 하지 않을 것이다. 대신 프레네는 다음과 같이 이야기해야 한다고 말한다. "나는 그것을 이해했단다. 이제 너는 어떻게 글을 써야 하는지를 알았단다. 인내심을 갖고 글을 써 보자. 그러면 너는 작가들처럼 위대한 작품을 쓸 수 있을 거야"라고.Freinet, 1980: 53 이처럼 자유 글쓰기는 아기가 말을 배울 때 옆에서 어머니들이 도움을 주는 것처럼, 아이들이 표현하고 싶어 하는 것들을 글로 표현하도록 돕는 것이다.

자유 글쓰기의 두 번째 원리는 "동기부여하는 글쓰기여야 한다"이다. 글쓰기에 동기를 부여하기 위해 프레네가 고안한 것이 바로 학급인쇄출판활동이다. 인쇄출판활동은 아이들의 마음을 사로잡는 동기부여의 장치로 프레네 교육 실천에서 생략할 수 없는 핵심 기술이다. 아이들은 공개적이고 멋들어진 영속적인 문서가 자신들의 손으로 창조된다는 데서 어떤 흥분과 만족감을 느낀다. 또한 공개 출판은 아이들이 문법 자체를 위해 문법을 강조할 때와 달리, 교정하고 편집하고 다시 고쳐 쓰게 하는 주된 동기원이 되기도 한다.

자유 글쓰기의 세 번째 원리는 "그것이 우리 학교 활동의 출발점이자 핵심이어야 한다"이다. 이는 자유 글쓰기를 하나의 완결된 활동으로 보지 말고, 교육적으로 활용해야 한다는 것이다. 학교 신문이나 문집으로 만들거나, 글쓰기 한 것을 칠판에 적고 단어 찾기나 이어 쓰기, 완성된 글쓰기 작품의 문법을 살피고 연습하기, 글쓰기 주제에 따라 마을에서의 조사연구나 자유연구발표 등으로 최대한 활용하게 해야 한다는 것이다.

학급(또는 학교) 신문은 자유 글쓰기에 따라 그날그날 쓰고 인쇄한 것을 구독자와 통신교류하는 친구들을 위해 월말에 특별한 표지로 제본하는 일종의 자유 글쓰기 작품집이다. 그런데 12~13세 이상의 아이들은 진짜 신문의 형식으로 만들기도 한다. 학급 신문이나 문집에 실릴 글들을 선별하는 데 교사는 직접 관여하지 않는다. 그것은 아이들의 합법적인 투표를 통해 정해진다. 이 학급 신문에 대한 어른 독자의 반응이나 비평의 편지, 그리고 통신하는 친구들의 요청은 이 신문에 창조적인 노력을 북돋는 동기의 원천으로 작용한다. 그래서 프레네가 이어지는 활동으로 고안한 것이 학교(학급) 간 통신교류이다. 이 신문은 다른 학교 학급의 아이들과 편지, 지역 특산물 등과 함께 우편으로 주고받게 된다. 이상 설명한 바처럼 자유 글쓰기, 학급인쇄출판활동, 학교 신문, 학교 간 통신교류는 순환적으로 이어지는 활동이다.

이와 같은 유의미한 일하기(학습활동)에 아이들이 참여하게 되면 그들은 자신의 역량과 독립성을 지각하게 됨으로써 동기부여가 된다고 평가된다. 이는 어떤 일을 완수할 수 있다고 자신의 능력을 믿는 자기효능감이나 자기충족예언, 자기존중감을 갖게 하여, 결국 개별 아동들이 자긍심을 느끼게 하는 가치 있는 무언가를 성취할 기회를 갖게 한다.Sternberg & Williams, 2002: 273-274

삶과 교육과정을 어떻게 연결할 수 있을까?

이 질문과 관련해 프레네는 삶과 연결된 교육을 위한 기술과 도구를 고안했다. 프레네가 삶과 연결된 교육을 위해 고안한 대표 기술에는 쿠와 드 네프, 지역의 작업장, 공장, 농장, 자연과 교류하게 하는 나들이(소풍), 주변 환경에 대한 앙케트 조사, 과학연구, 경제현상연구와 같은 실천이 있다. 이 중 쿠와 드 네프(뭐 새로운 것 없니?)는 수업 시간 전, 아이들이 교실에 들어오기 전에 어떤 일들을 경험했는지 이야기를 나누는 것이다. 그것을 통해 아이들이 교실에 들어오기 전에 했던 경험을 수업의 출발점이나 수업 내용과 연결시킬 수 있다. 현장 견학, 소풍 등으로 번역되기도 하는 나들이는 지역의 작업장, 공장, 농장, 자연을 이해하고 교류하게 하는 기회를 제공하는 활동이다. 나들이를 통해 교실은 고립된 공간이 아니라 학교 밖 세계와 상호 연결되고, 상호의존적이며, 상호작용하는 세계로 인식된다. 이는 지역의 삶과 교류하고, 연대하고, 동료애를 쌓게 하는 좋은 기회가 되고, 배움의 장소를 학교 밖으로 확장한다는 데 의미가 있다.

삶과 연결된 교육의 또 다른 예는 지역사회 구성원들을 학교 안으로 모시고 오거나 나들이의 경우처럼 아이들을 학교 밖으로 데리고 나가는 것이다.Freinet, 1977: 113 교사가 학교에서 텃밭을 가꾸거나 가구를 만들려고 할 때, 교사가 그 능력을 갖추고 있으면 좋겠지만 모든 교사가 그럴 수는 없을 것이다. 그러면 그때 교사는 지역의 구성원들에게 도움을 청하게 된다. 지역의 농부나 목수를 우리의 교실로 끌어들이는 것이다. 그것이 여의치 않으면 아이들을 데리고 농부나 목수를 찾아가 그들의 작업을 지켜보고 따라 하게 하면 된다. 또한 아이들의 관심사에 따라 할머니나 지역의 요리사, 이민자들을 찾아가 조사연구를 진행하게 할 수 있다. 이렇게된다면 학교는 학교 밖의 사회적 삶을 향할 수 있게 된다.

이러한 삶과 연결된 교육은 아이들의 일상생활에서 나오는 지식 욕구와 호기심을 충족시킬 수 있다는 점에서 의미가 있다. 또한 아이들 행위의 출발과 흥미 유발이 스스로의 삶의 체험과 질문에서 비롯된다는 점에서도 의미가 있다. 아이들의 동기부여가 삶과 연결된 교육이 지향하는 바처럼 삶의 체험과 교육을 연결시키는 데서 나온다고 할 수 있겠다.

학생들은 다른 사람과의 관계 속에서 어떻게 자신의 리듬에 따라 학습할 수 있을까?

이 질문과 관련해 프레네는 협동의 틀 속에서 자기 리듬에 따르는 학습, 선택과 책임의 학습을 위한 기술과 도구를 고안했다. 그는 모든 학생이 동시에 똑같은 일(학습활동)에 몰두해야 한다고 고려하는 습관을 그만두게 해야 하며, 그러한 일제식 방식을 권위주의적인 개념이자 아이들의 본성을 거스르는 것으로 평가했다. 이에 그는 스스로 선택한 기준에

[그림 2] 방스 프레네 학교의 주간 학습활동 계획(표)Freinet, 1980: 70

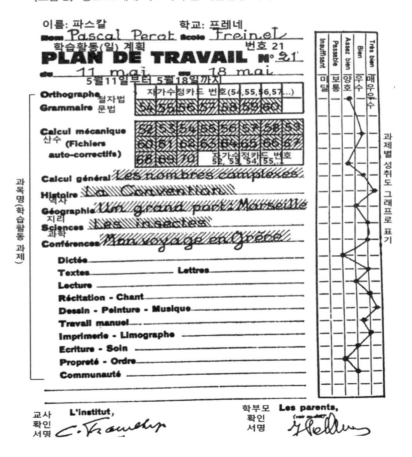

따라 자신의 학습을 기획하고 비판적으로 평가하는 기회를 제공함으로써 아이들의 동기를 유발할 수 있다고 생각했다. 이러한 생각은 교사와의 협의 아래 자기 리듬에 따라 학습할 수 있게 하는 주간 학습활동 계획, 자가수정카드, 학습활동총서 등으로 구체화되었다.

주간 학습활동(일) 계획은 고정된 시간표 대신 월요일 아침 교사가 아이들과 함께 일주일 동안의 학습활동을 계획하게 하는 것으로, 아이들 각자가 자기 리듬에 따라 학습을 계획하는 것을 가능하게 하는 기술이다. 교사가 수립하는 연간 학습활동 계획이나 월간 학습활동 계획과 달리 이는 교사와 학생 각자가 함께 협의하여 수립하는 것이 그 특징이다. 교사와 협의하여 작성된 계획은 반드시 완수해야 할 책임이 있다. 주간 학습활동 계획에서는 계획과 평가가 동시에 이뤄지는 것이 또 하나의 특징이다. 학생들에게 자기 학습을 계획하고 선택할 기회를 준다는 데서 우리는 주간 학습활동 계획의 의미를 우선적으로 찾을 수 있다.

다음으로 아이들이 자기 리듬에 따라 학습활동을 전개하려면 그에 필요한 도구(자료)가 있어야 한다. 이를 위해 프레네는 자가수정카드를 고안했다. 이것은 아이들이 자신의 진전 상태와 개별적인 요구에 따라, 기초적인 내용을 스스로 습득하도록 활용할 수 있게 하는 도구이다.

아이들이 자기 리듬이나 선택에 기초해 공부하기 위해서는 스스로 공부할 수 있는 참고자료를 찾아볼 수 있어야 한다. 이를 위해 구상한 것이 갱신 가능한 학급용 학습카드와 그것의 발전된 형태인 학습활동총서이다. 갱신 가능한 학급용 학습카드는 아이들이 관심 있는 주제에 따라 조사활동을 벌이고 그것을 참고자료로 학급에 비치하는 것이다. 그러면 후일 같은 관심사를 가진 학생이 그 자료를 계속해서 수정하고, 보충하고, 충실하게 만들 수 있다. 이는 아이들이 함께 만들어 가는 일종의 교과서와 같은 것이다. 학습활동총서는 이처럼 아이들이 열중해서 새로운 참고자료를 수집하고, 가공하고, 분류하며 풍성하게 만든 학급용 학습카드를 발전시킨 것이다. 학습활동총서는 학습카드에 다 담을 수 없는 내용을 더욱 깊이 다루고 있는 일종의 완성된 형태의 백과사전이다. 이는 아이들의 학습을 돕는 참고자료를 제공하기 위해 고안된 풍부한 시리즈로 오늘날까지 계속해서 제작·간행되고 있다. 학습활동총서의 가장 중요한 특징은 이것의 출발점이 연구자가 아니라 아이들의 교실이라는 점이다.

이러한 자기 리듬과 선택에 기초한 교육 실천은 아이들 각자가 스스로 선택한 기준에 따라 자신의 학습을 기획하고 비판적으로 평가하는 기회를 제공해 그들의 동기를 유발할 수 있게 한다는 데 의미가 있다. 아이들의 자기 결정의 욕구를 발달시키기 위해 자율성을 허용함으로써 우리는 그들을 동기화할 수 있다.Sternberg & Williams, 2002: 269-270

학교를 어떻게 민주적 공간이 되게 할 수 있을까?

이 질문과 관련해 프레네는 협동적이고 민주적인 학교 조직과 운영을 위한 기술과 도구를 고안했다. 프레네 실천교육학은 학교를 하나의 공동체이자 공동생활의 장으로 여기면서 학교 조직과 설계에 아이들이 참여할 수 있게 한다. 그러나 이처럼 민주적으로 학교를 운영한다는 것이 어른으로서 우리 교사의 역할을 포기하는 것은 아니다. 그것은 아이들에게 사회적 책임의 몫을 나눠 갖게 함으로써 그들이 사회적이고 개인적인 삶을 준비하게 하는 것이다.Collectif I.C.E.M. Pédagogie Freinet, 1979: 107

프레네가 민주적 학교 운영을 위해 실천한 첫 번째 도구는 벽신문이다.[5] 벽신문은 '나는 비판한다', '나는 칭찬한다', '나는 소망한다', '나는 성취했다'는 제목이 달린 네 칸의 세로줄이 그어진 전지 크기의 종이를 매주 월요일마다 벽에 붙이는 것이다. 아이들은 각각의 칸에 자기가 말하고 싶은 것을 자유롭게 적고, 그 내용은 매주 열리는 학급회의 시간에 구성

---

5. 벽신문과 집회에 대한 설명은 "Freinet(1960b), *Éducation morale et civique*, BEM No. 5"에 기초했다.

원들과 함께 논의된다. 예를 들어 '저는 교실 창문을 통해 지나가려는 자노를 비판해요', '저는 전시회가 더욱 잘 조직되기를 바라요'라는 내용을 해당 칸에 적는 것이다. 여기서 특히 중요한 것은 서명을 하는 것이다. 이는 이유 없이 친구를 음해하지 못하게 하고, 자신의 발언에 책임을 지게 하기 위한 것으로 프레네가 매우 중요하게 생각한 것이다.

다음으로 프레네가 중요하게 실천한 것은 매주 개최하는 집회(전체 회의)이다. 이 집회를 통해 학생들은 공동의 생활문제를 함께 논의하고 해결해 간다. 집회에서 학교의 모든 구성원은 서로 동등한 자격으로 참여해 학교와 학급 생활의 문제를 논의하고 해결한다. 오늘날에는 학교위원회, 도서관위원회, 식당위원회 등 다양한 위원회가 조직되어 학교 운영에 학생들을 한 명의 의사결정권자로 참여시키고 있다.

이처럼 프레네 실천교육학은 아동이 참여하는 교육과 민주적 학교 조직을 그 특징으로 한다. 교실에서의 금지사항을 줄이면서 아이들에게 민주적인 참여의 기회를 제공하는 것이다. 그러면 아이들은 자유의 광대함과 절실함을 발견할 수 있게 되고, 스스로에 대한 자신감과 확신을 체험할 수 있게 된다. 그리고 그러한 참여는 곧 자기 확신으로 이어져 다양한 차원에서 스스로 진보하고 있음을 느끼게 한다.Acker, 2000: 9 결국 이를 통해 아이들은 학교의 민주주의를 거쳐 미래의 민주주의를 준비해 갈 수 있을 것이다. 학교의 권위주의적인 통치를 통해서는 결코 민주적인 시민을 양성할 수 없을 것이기 때문이다. 실제로 프레네 실천교육학은 "공동체와 협동(그리고 협력)을 통해 자유를 강조하는 것으로 시민성의 발달과 민주주의 혁신에 의미 있는 기여를 한다"Starkey, 1997라고 평가받기도 한다.

이상의 일들이 가능한 학교에서 교사의 역할은 더 이상 명령하고, 지시하고, 제재하는 데 집착하는 엄한 감독자가 아니다. 그것은 다음과 같은 역할로 재정의된다.Freinet, 1994a: 315

- 개별적이고 협동적으로, 또한 학생들과의 협력으로, 시설의 조직화와 자기 학교의 공동(체) 생활을 끊임없이 완성한다.
- 학생들 각자가 자신의 성향tendances과 생명의 필요besoins vitaux에 최대한 부응하는 일-놀이에 전념할 수 있게 한다.
- 곤경에 처한 어린 작업자에게 화내거나 그 작업자를 쓸데없이 질책하지 않고, 경우에 따라 지도하고, 효과적으로 돕는다.
- 결국 자신의 학교에서 가장 효력 있고 조화로운 일travail의 절대적인 영향력을 확고하게 한다.

7. 지금 여기, 프레네 실천교육학이 주는 의미

지금까지 프레네 실천교육학에 담긴 아동 이해, 교육환경 구축, 교육 실천의 기술과 도구를 중심으로 아동을 위한 학교가 어떻게 가능할 수 있는지를 간략히 소개했다. 끝으로 프레네 실천교육학과 관련하여 필자가 여전히 의미가 있다고 생각하는 몇 가지를 소개하면 다음과 같다.

첫째, 학습자인 아동을 생명 원리인 일의 필요로 가득 찬 능동적 존재이자 타고난 학습자로 이해해야 한다는 점이다. 프레네의 말대로 아동은 '채워야 하는 포대'가 아니다. 아동은 생명력과 실험하고 싶은 필요, 알고 싶은 필요, 소통하고 싶은 필요, 표현하고 싶은 필요, 더 높이 올라서고 (향상되고) 싶은 필요들로 가득 차 있는 존재이다. 그러나 프레네는 능동적 존재로서의 아동이 언제나 학급 집단에 속하는 아동이자, 사회문화적 공동체에 속하는 사회적 주체로서의 아동이라는 점도 함께 이야기한다. 아동이 왕처럼 군림하는 존재가 아니어야 한다는 이유에서다. 아동의 필요는 사회의 필요와 연결되어야 하고 아동은 교사의 도움으로 자신의 인격을 스스로 구축해야 한다. "아이들이 합리적 공동체 안에서 자신의 인격을 최대한 발달시킬 수 있어야 한다"라는 그의 말도 이러한 맥락에서 그 의미를 곱씹어 볼 수 있겠다.

둘째, 따라서 개인의 필요 충족만을 요구하는 것을 학생 중심의 본래적 의미로 이해해서는 안 된다는 점이다. 학생 당사자의 주관적인 필요는 주간 학습활동 계획 같은 기술을 활용해서라도 학교 및 공동체의 필요와 협의(교섭)되어야 한다. 최근 하나의 트렌드로 이야기되는 학생 중심 교육은 학생들을 그들의 변덕과 공상에 따라 우왕좌왕하게 하는 것이 결코 아니다. 그것은 학습활동의 방향을 안내하는 협의 당사자로서의 교사 역할을 중요하게 고려해야 한다. 학생과 교사 사이에 이루어지는 인격적 교섭이 학생들의 필요를 확인하는 가장 직접적이고 의존할 만한 가치 있는 자료를 제공해 줄 수 있기 때문이다. 프레네는 개인의 필요besoin가 결국은 사회적 필요nécessité와의 결합으로 이어져야(올라가야) 한다는 점을 여러 차례 강조했다. 예컨대 우리는 다음과 같은 말을 중요한 참고점으로 받아들일 필요가 있겠다.

> "이것이 일반적인 모습입니다. 사전에 마무리된 시설의 설치에 뒤이어, 당신의 모든 활동을 더 상세히 조직하는 것으로 충분합니다. 학생들의 새로운 필요besoins와 커리큘럼의 의무obligations, 시간표, 사회적 서비스 전체를 동시에 고려하면서 말이죠. 그것이 당신 행동의 자유를 필연적으로 제한하겠지만, 그것이 언제나 나쁜 건 아닙니다."Freinet, 1994a: 314

최고의 미덕인 일을 통해 이러한 개인과 사회적인 측면이 서로 조화를 이루게 하는 교육이 필요하다는 것이 프레네의 기본 입장이다. 잘 조직된 개인적인 일과 그룹에서 하는 일에서 나오는 내적 규율을 통해 합리적인 규율의 형성도 가능해야 한다. 그렇지만 그는 그룹이나 공동체에서 일한다는 것이 항상 각 구성원이 동일한 일을 동시에 한다는 것으로 이해되어서는 안 된다는 점을 강조했다. 그는 협동교육이나 공동체를 강조하는 교육이 집단주의나 획일주의로 변질될 위험성이 있다는 점을 분명히 인식했다. 동시에 학생 주도의 학습 역시 동료들과 하는 협동적인 일을 통해 완성된다는 말로 둘 간의 균형을 강조한다.

셋째, 아이들이 지닌 생명의 잠재력을 보존하고 향상시키는 동시에 그들이 지닌 생명적 힘의 가능성을 강화하고 유익한 방향으로 폭발하게 하는 데 교육의 목적이 있다는 점이다. 아동이 자신의 인격을 최대한 발달시킬 수 있게 돕는 데 교육 행위의 이유가 있다. 이는 아이들을 지성인, 탐구자, 창조자, 작가, 수학자, 예술가의 능력을 갖춘 전인적 인간이자 스스로 방향을 설정하는 자유 존재로 성장하게 하는 일이다. 4차 산업혁명 시대에 필요하다는 지식이나 기술, 쓸모가 교육현장을 압도하는 현실에서 아이들이 자신의 인격을 최대한 꽃피우게 도우면서 전인적 인간으로 성장하게 돕는 것을 교육의 일차적인 목적으로 삼는 것은 여전히 타당하다.

넷째, 우리가 교육에서 일의 요소를 배제하고 보상 차원에서 하는 다양한 기분 풀이(오락)만을 제공한다면 아이들의 삶의 균형을 깨뜨릴 수 있다는 점이다. 이에 괴로움이나 고통, 불편 또한 교육적으로 이득이 되는 요소로 간주할 필요가 있다. 그것이 제거된 교육은 전혀 교육적이지 않을 수 있기 때문이다. 아이들에게 제공해야 하는 교육적 놀이는 "세찬 감정의 동요, 고통, 충격, 승리에 기여하기 위한 극단의 긴장" 같은 일의 요소들을 자주 수반한다. 전통 교육의 반대 축으로 활동(능동) 학교를 고려하면서 일의 요소를 배제하고 놀이가 주는 재미의 요소만을 강조하는 것은 문제일 수 있다.

다섯째, 개인의 지성 형성이 엄격한 성취기준의 설정과 그것의 도달 여부를 검사하기 위한 표준화된 시험, 시험 결과에 대한 차별화된 보상이나 책무성의 강조 같은 전통적 방식을 통해 이뤄지는 게 아닐 수 있다는 점이다. 지성은 개인이 자신의 삶과 관련된 일을 하고, 자신의 힘으로 지식을 발견하고, 그것을 자신의 것으로 만드는 과정에서 형성될 수 있다. 삶과 행위(일)를 통한 지성 형성, 실험적인 모색, 자연스러운 방법, 자유 표현, 협동의 방법으로 우리는 지성을 형성하고 학습에 대한 자발적 흥미를 불러일으킬 수 있다. 교과 지식은 그 자체로 가치가 있는 게 아닐 수도 있다. 그것은 우리의 삶과 관심과 만날 때(또는 관련성이 있을 때) 비로소 가치를 갖는다. 이와 상관없이 표준화 검사 같은 시험을 목적으로 하는 지식의 축적이나 암기는 지성 형성의 올바른 방법이 아닐 수 있다. 프레네 학교에서 학생들이 '자가수정카드'나 '학습활동총서' 등을 활용해 자신의 리듬에 따라 배우고, 서로 협동하며 자신의 힘으로 지성을 형성하는 모습을 지성 형성의 한 방법으로 참고할 수 있겠다.

여섯째, 우리가 학교에서의 민주주의를 통해 미래의 민주시민을 양성할 수 있다는 점이다. 이는 학교 자체가 민주주의를 체험하는 공간이어야 하는 이유이자 민주주의와 교육이 상호의존적일 수밖에 없다는 점을 말한다.

일곱째, 학교 공간이 아이들의 원활한 성장을 돕는 일종의 '준비된 환경'이어야 한다는 점이다. 교육의 성공을 위해서 원활한 학습활동에 필요한 물적 조건인 시설과 공간, 각종 도구를 충분히 갖추는 일은 무엇보다 중요하다.

프레네 자신이 여러 꽃에서 꿀을 따 '자신만의 벌꿀'을 만들려고 했던 것처럼, 이상의 내용이 우리 교육을 성찰하고, 새로운 교육을 모색하기 위한 아이디어와 교육 실천의 동력을 얻기 위한 하나의 꽃으로(재료로) 조금이나마 도움이 되었으면 좋겠다.

참고문헌

김정환·강선보(2011). 『교육학개론』. 박영사.

정훈(2022). 「프레네 실천교육학이 통합교육(Inclusive education) 실천에 주는 함의」. 『특수교육재활과학연구』, 61(3), 245-270.

정훈(2020). 『프레네 실천교육학』. 살림터.

정훈(2019). 「프레네 실천교육학의 실제」. 『새교육』, 71(1), 70-75.

정훈(2018). 「프레네 실천교육학의 이론 토대」. 『새교육』, 70(12), 62-67.

황성원(2016). 『프레네 교육학: 표현 소통 협력의 교육』. 창지사.

Acker, V.(2000). *Célestin Freinet*. Westport & Connecticut: Greenwood Press.

Baillet, D.(1995). *Freinet-praktisch: Beispiele und Berichte aus Grundschule und Sekundarstufe*. 송순재·권순주 옮김(2003). 『프레네 교육학에 기초한 학교 만들기』. 내일을여는책.

Clandfield, D., & Sivell, J.(1990). Who was Célestin Freinet? In C. Freinet(1990). *Cooperative learning & social change*(D. Clandfield, & J. Sivell Eds., & Trans.). Toronto: Our School/OurSelves OISE.

Collectif I.C.E.M. Pédagogie Freinet(1979). *Perspectives d'éducation populaire*. Paris: PCM.

Durkheim, É.(2005). *Éducation et sociologie*(9th.). Paris; Quadrige/PUF.

Freinet. C.(1960a). *Le texte libre*. BEM No. 3.(http://www.icem-pedagogie-freinet.org/node/18123에서 인출)

_____(1960b). *Éducation morale et civique*. BEM No. 5.(https://www.icem-pedagogie-freinet.org/bibliotheque-de-l-ecole-moderne-n-5-l-education-morale-et-civique에서 인출)

_____(1969). *Appel aux parents*. BEM No. 56-57-58.(http://www.icem-pedagogie-freinet.org/node/18364에서 인출)

_____(1977). *Pour l'école du peuple*. Paris: Maspéro.

_____(1980). *Les Techniques Freinet de l'École moderne*, Paris: Armand Colin.

_____(1990). *Cooperative learning and social change: selected writings of Célestin Freinet*. David Clandfield and John Sivell(Eds. & Trans.). Toronto: Our School/OurSelves OISE.

_____(1994a). *œuvres pédagogiques*. tome Ⅰ. Paris: Seuil.

_____(1994b). *œuvres pédagogiques*. tome Ⅱ. Paris: Seuil.

Lee, William B. & Sivell, J.(2000). *French elementary education and the Ecole Moderne*. Bloomington: Phi Delta Kappa Educational Foundation.

Oppl, S.(2017). Adopting principles of Freinet Pedagogy for research skill development in higher education. *Zeitschrift für Sozialen Fortschritt,* 6(4), 230-251.

Peyronie, H.(2000). Célestin Freinet. In Jean Houssaye de. *Quinze pédagogiques: Leur influence aujourd'hui*. Paris: Bordas, 212-226.

Sivell, J.(1990). Translator's Introduction. In C. Freinet. *The wisdom of Matthew: an essay in contemporary French educational theory*. J. Sivell (Trans.). Lewiston, Queenston, Lampeter: The Edwin Mellen Press.

Starkey, H.(1997). Freinet and citizenship education(http://ecolesdifferentes. free.fr/STARKEY.htm에서 인출).

Sternberg, R. J., & Williams, W. M.(2002). *Educational psychology*. 전윤식·허승희·정명화·황희숙·강영심·유순화·신경숙·강승희·김정섭 편역(2003). 『교육심리학』. 시그마프레스.

8장

넬 나딩스:
학교의 위기와 민주주의 완성을 위한 교육

심성보

1. 나딩스의 지적 여정

나딩스는 누구인가

넬 나딩스Nel Noddings, 1929~ 는 미국 뉴저지의 몽클레어 주립대학을 졸업하고 수학 교사로서 자신의 전문적 경력을 시작했다. 그녀는 처음에 초등학교 6학년 학생들을 가르쳤고, 이어서 고등학교로 옮겨 12년 동안 수학 교사로 일했다. 1949년부터 1972년까지 23년 동안 뉴저지 초·중등 현장에서 학생들을 가르쳤고, 한 학교 및 교육청에서 교육행정직을 맡았다. 나딩스 자신의 학창 시절의 경험과 핵심적 역할도 그녀의 교육 이력과 학문적 여정에 영향을 미쳤다. 어렸을 때부터 배려심 깊은 교사들을 만났다는 사실은 학생-교사 관계에 대해 평생 관심을 유지하는 데 크게 기여했다. 나딩스는 자신이 가르친 수학에서 시작하여 수학적 문제 해결, 논리학, 비판적 사고에 대한 관심이 많았다. 나아가 철학, 특히 교육철학으로 옮겨진 그녀의 학문에 대한 쉼 없는 열정 역시 자신이 배웠던 교사에 대한 존경에서 비롯되었다.

나딩스는 미국 럿거스대학교Rutgers University에서 수학 분야 석사학위를 받았고, 이어서 스탠퍼드대학교에서 대학원 과정을 밟았다. 교육철학과 교육 이론 영역에서 박사학위를 받은 후 1975년에 시카고대학교의 실험학교 교장으로 임명되었고, 이 실험학교에서 진보주의 교육철학을 펼쳤다. 나딩스의 연구 활동에 지속적 영향을 미친 사람은 단연 미국의 탁월한 실용주의자인 존 듀이다. 시카고대학교의 실험학교를 이끌었던 듀이와의 오랜 인연이 나딩스가 실험학교 교장 제안을 수락하는 것으로 이어졌으며, 그녀의 교육적 실천과 학문적 연구는 계속되었다.

1977년에 스탠퍼드대학교의 교수진으로 합류한 나딩스는 이곳에서 스탠퍼드대학교 교사교육 프로그램의 팀장과 학장보 등 교수로서의 모든 직위 활동을 수행했다. 학교수업, 학교행정, 교육과정 개발 과목을 가르쳤고, 교육철학 및 교육 이론을 전문적으로 탐구했다. 그녀의 관심 분야는 돌봄윤리, 도덕교육, 지역기반교육, 글로벌 시민교육 등이다. 나딩스의 초기 연구 중 많은 부분은 수학교육에 관한 것이고, 전 생애를 통해 이에 대한 연구를 계속했다. 나딩스의 수학교육론은 구성주의constructivism에 바탕을 두고 있다.Noddings, 2010: 106-172 그런데 시간이 흐를수록 철학과 윤리학 연구가 그녀의 학문적 활동에 중심으로 자리를 잡아 갔다. 활발한 연구 활동과 강의로 스탠퍼드대학교에서 여러 차례 교육상을 수상했다.

주요 관심 주제

『배려: 윤리와 도덕교육에 대한 여성주의 접근』1984은 도덕교육의 기초가 무엇인가라는 일상적 질문을 제기함으로써 시작된다. 다른 많은 윤리학자들도 같은 질문을 제기해 왔지만, 나딩스의 접근법은 과거의 철학적 전통과는 사뭇 다른 것이다. 교육의 영역에서 돌봄 행위의 철학적 이론화 작업이 본격적으로 이루어진 것은 나딩스로부터 시작되었다고 해도 과언이 아니다. 교육과정과 교수 설계 및 교직 등 각각의 영역에 대한 나딩스의 주요 관심은 『학교 안에서 돌봄을 위한 과제들』1992 속에 잘 녹아 있다. 나딩스의 연구는 돌봄에 대한 윤리학, 돌봄의 관계를 촉진시키는 학교 구조의 발달, 여성의 관점에 입각하여 악을 개념화하려는 노력, 그리고 도덕교육을 수행하는 데 모성적 관심을 활용하는 것 등을 중심으로 이루어지고 있다. 나딩스[1992]는 '돌봄/배려 윤리'를 도덕교육에 포함시키고 있다. 배려의 도덕적 지향을 지닌 교육의 목적은 돌봄의 보존과 증진에 두고 있다.[Noddings, 1984] 교사는 학생을 객체가 아니라 돌봄을 받는 주체로 대우한다. 교사의 초점은 학생에 대해 수용적이고 포용적이다. 돌봄 윤리를 도덕교육에 처음 적용한 나딩스는 도덕교육의 구성 요소로 모범, 대화, 실천, 긍정을 든다.[Noddings, 2010: 292-301]

우리에게 돌봄과 배려의 윤리학 및 도덕교육론자로 잘 알려진 저명한 교육철학자인 나딩스는 콜버그의 인지적 도덕성 이론에 반기를 든, 관계에 기반을 둔 돌봄(배려)의 윤리학이나 도덕교육을 제창한 여성주의 학자로도 유명하다. 나딩스는 칸트나 롤스, 콜버그 등의 합리주의(이성주의)를 넘어선 관계론적 인식론을 제창한 윤리학자로서, 도덕적 추리와 가치 및 신념에 대해 그녀는 풍부한 개념화를 하였고, 교육에 대한 현대적 논의에 결정적으로 중요한 기여를 했다.

돌봄(배려) 윤리는 개인은 하나의 개체로서가 아니라 자아가 놓여 있는 관계들에 의해 실제로 정의된다는 점에서 '공동체주의 communitarianism'와 유사함을 보인다. 돌봄 윤리 옹호자들은 공동체주의자로 불리는 이들과 근대 도덕철학을 비판한다는 점에서 의견을 같이한다. 이들에 따르면 근대 자유주의 도덕철학은 논리적으로 결정될 수 있는 도덕적 문제에 혼자 고립되어 매달린 개별적 도덕 주체, 즉 '무연고적 자아'를 지나치게 강조한다고 비판한다. 돌봄 윤리 옹호자들은 공동체주의자들이 사회적 역할이나 기능을 강조하는 것에 대해서도 우려를 표한다. 사회적 역할이나 기능이 덕목의 위계화나 교화 혹은 국가에 대한 흔들리지 않는 충성의 요구로 나아갈 가능성이 있기 때문이다.[Noddings, 2010: 303] 그래서 돌봄 윤리 옹호자들은 특정 가치나 덕목에 관해 공동체가 합의에 도달할 수 있을 것이라고 가정하는 경향에 대하여 경계심을 갖고 있다. 공동체주의의 억압 가능성이나 전체주의화를 우려하는 것이다.

이러한 우려는 인성교육(인격교육)에도 해당한다. 따라서 학교에서의 돌봄적 도덕교육은 인격교육이나 덕목교육론자들처럼 단순하게 개별적인 덕만을 독립적으로 가르쳐서는 안 되고, 관계적 만남 속에서 관계성을 유지하고 강화시켜 줄 수 있도록 이끌어져야 한다. 나딩스는 덕 윤리가 '관계적'이지 않다는 입장을 취한다. 관계 윤리적 관점에서 볼 때 모든 덕은 개별적으로 독자적 의미를 지니지 못하고, 관계 속에서만 의미를 지니기 때문이다. 즉, 덕들은 반드시 돌봄의 상황 안에서 조명되고 평가되어야 한다는 것이다. 돌봄 행위는 개인적인 특성이나 덕이라기보다 '관계적 과정'으로 보아야 한다. 돌봄 윤리의 특징은 돌봄을 개인적 특성이나 하나의 개인적 덕목이 아니라 '관계 상태' 또는 '관계의 질'로 규정하고 있다는 점에서 나딩스의 돌봄 윤리는 덕 윤리와 구별되어야 한다는 것이다. 덕 윤리가 중요한 윤리적 사안에 대해 관계와 필요의 충족이라는 관심에서 출발하고 있지 않고, 단지 미덕을 지닌 개인의 완성에서 출발하기 때문이다. 나딩스는 칸트가 도덕원리에 일치하려는 '의무감'에서 나온 행위/냉정한 이성적 의무만을 중시하는 도덕적 행위보다 사랑과 자연적 성향에서 나온 행위를 도덕적 행위로 보는 '관계 윤리'를 더 중시했다. 관계성에 바탕을 둔 돌봄 윤리는 여성의 특수한 처지/정체성을 구체적으로 다루는 것이 아니라, 여성들이 돌봄의 제공자로서 수행하는 역할의 강점이 윤리학과 교육을 위해 어떤 의미가 있는지를 중시한다.Noddings, 1984 돌봄 윤리는 행위자 중심적이라기보다는 관계 중심적이며, 미덕으로서의 돌봄과 관계로서의 돌봄을 모두 중시하지만 미덕으로서의 배려보다는 돌보는 관계 자체에 더 관심을 두고 있다고 할 수 있다.

지성적 신념을 길러 주는 교육을 강조한 나딩스는 여러 교과목과 청소년 자신의 삶, 죽음, 자연 그리고 종교 등에 관한 정신적 질문들 간의 연관성을 면밀히 검토했다. 학생과 청소년의 광범위한 관심에 대한 탐구를 촉발하는 접근 방식으로 학교교육과정을 위한 기초로 적용될 수 있는 풍부한 사례를 제시한다. 이러한 제시들은 교육과정 문제와 관련하여 철학이 교육에 어떻게 기여할 수 있는지를 잘 보여 준다.

스탠퍼드대학교에서 퇴임한 이후 나딩스는 2000년까지 컬럼비아대학교 사범대학에서 교육철학을 가르쳤다. 고령임에도 지금도 왕성한 연구와 저술 학술을 계속하고 있다. 그녀는 광범위한 영역에 걸친 다양한 주제를 원로 교육철학자의 원숙한 세계관과 교육철학으로 녹여 낸다.『교육철학』2007은 고전과 현대 교육철학자들을 망라할 뿐 아니라 교사에게 철학적 문젯거리를 던져 성찰할 계기를 준 탁월한 교육철학 개론서인데, 교육철학의 표준 텍스트로서 높이 평가받고 있다. 교육철학은 '왜 우리는 교육을 하는가?', '누구를 교육시켜야 하는가?' '무슨 목적으로 교육하는가?', '교육을 한다는 것은 무엇을 의미하는가?' 등 보편적인 문제를 다룬다. 이 물음들은 보편적이지만, 그에 대한 답은 우리가 살고 있는 문화와 시대의 영향을 받는다. 교육철학은 교육과 교육 문제에 관한 철학 연구이다. 그리고 나딩스의 교육철학은 인식론, 사회정책, 그리고 윤리학에 관한 페미니스트 사상가들의 철학적 견해를 끌어왔는데, 돌봄(배려) 윤리를 포함시켰다. 교육철학에 여성주의가 포함된 것은 사회에서 여성의 역할이 실질적으로 변화한 결과이기도 하다.

나딩스는『행복과 교육』2003에서 무조건 따라야 하는 순응적이고 강압적인 교육 현실을 외면하는 교육 이론에 대해서 '왜'라는 질문을 강하게 던지며, 우리의 교육이 행복한 삶으로부터 너무나 멀리 떨어져 있음을 개탄한다. 또한『비판적 수업: 우리 학교가 무엇을 가르칠 것인가』2006,『학교개혁이 잘못되어 갈 때』2007 등 미국의 학교개혁에 대한 비판적 담론을 잇달아 제기한다. 이후『평화교육』2012,『21세기 교육과 민주주의』2013,『대안학교의 국제적 동향 핸드북』2016을 출간하는 등 왕성한 연구 활동을 계속하고 있다.

필자가 번역한『21세기 교육과 민주주의』는 나딩스의 교육사상을 집대성한 책이다. 여기서 그녀는 오늘날 세계화 시대에 민주주의의 의미에 관한, 그리고 원치 않는 사람들에게 민주주의를 강요하지 않고 장려하는 방법에 관한 광범위한 방법에 관한 논쟁(교육과정의 표준과 획일성의 지위)을 소개한다. 이 책은 우리의 교육 문제를 민주주의 관점에서 바라보게 하는 중요한 나침반 역할을 한다. 나딩스가 설파한 민주주의 교육론은 교육 문제를 더욱 근원적으로 바라보게 한다. 듀이가 100여 년 전에 『민주주의와 교육』1916을 출간한 이래, 이토록 민주주의와 교육의 문제를 연계시켜 포괄적으로 논의한 저서가 없었는데, 이 책의 출판으로 듀이 이래 제2의 민주주의 교육론을 보는 것 같다. 나딩스의 책을 끝까지 읽으면 듀이의 『민주주의와 교육』 후속편을 보는 것 같기도 하고, 듀이의 미완성된 논의를 나딩스가 계승하는 것처럼 보이기도 한다. 나딩스는 21세기를 맞이하여 우리가 현재 어디에 있으며, 어떤 방향으로 가야 하는지 교육과정, 교수 방법, 그리고 학교의 사회조직 등에 관해 재검토해 볼 것을 촉구한다. 그리고 교과 사이를 지나치게 분리시키는 국가교육정책이나 관료주의에 대해 비판적 질문을 던지면서 학습자의 흥미, 적성, 꿈을 소중하게 여기는 교육 세상을 희망한다.

학교는 나딩스에게 제2의 집이었다. 그녀는 과거에 풍부한 인간적 상호작용을 지원해 주었던 작은 공동체들의 재건을 염원했다. 나딩스의 학문적 활동에는 '변혁주의적transformationistic'이라는 이름을 붙일 수 있다.Flinders, 2002: 411-412 이런 명명은 가르치는 일과 학교교육 구조의 관계, 그리고 돌보는 관계들과 개개인의 성장을 촉진하는 방식을 동시에 변혁시켜야 하는 목표를 분명히 밝히고 있기 때문이다. 사회가 가진 최상의 잠재력을 활용할 수 있다면, 학교가 보다 나은 것을 위해 그 사회를 변화시키는 데 있어 적어도 학교와 사회의 벌어진 간격을 더 좁힐 수 있는 가능성이 있다고 보았다. 나딩스는 보다 민주적이고 지속가능하며 정의로운 사회를 이끌 수 있는 학교교육의 변화 가능성을 희망하면서 그것에 영향을 미칠 수 있는 교사들의 실천에 희망을 걸었다. 이것은 인간이 환경에 수동적으로 적응만 하는 객체가 아니라, 그 환경을 변화시킬 수 있는 주체적 잠재력을 가진 존재로 본 것이다.

나딩스는 플라톤도 아니고 루소도 아닌, 두 사람을 넘어서는 듀이의 관점을 따르고 있다. 듀이는 개인주의나 공동체주의의 극단을 보여 주는 사회 및 교육을 거부한다. 듀이에게 있어 국가는 일차적으로 개인의 권리를 보호하기 위해 존재하는 것도 아니며, 개인 또한 국가의 기능적 구성 요소로서만 존재하는 것도 아니다. 민주적 국가와 개인 사이의 관계는 균형 있고 자연스럽게 상호의존적이어야 한다. 이러한 생각을 민주적인 교실에 적용해 본 듀이는 학교가 개인들 사이에 경쟁을 지나치게 권장해서도 안 되지만, 학생 또한 얼굴 없는 학습의 구성원으로 대우해서도 안 된다는 문제의식을 지녔다고 나딩스는 해석한다.

나딩스는 『21세기 교육과 민주주의』에서 그동안 가정 살림과 아동 양육을 사적 영역의 일로서 여성들의 몫이라고 여겨 왔던 인습적 사고에 대한 남성들의 편견과 무지, 무책임을 질타했는데 이런 지적에 남성인 나의 얼굴이 화끈거렸다. 이런 생각을 학창 시절에 알았다면 현재의 가정생활이나 사회생활이 좀 더 나아지지 않았을까 하는 성찰과 반성을 하게 되었다. 나딩스는 오늘날 가정생활이 차지하는 비중이 매우 높음에도 불구하고, 학생들이 그에 대해 거의 준비하지 않고 있다는 점에 우려를 표명한다. 이제 자녀 양육 문제를 여성에게만 맡길 것이 아니라, 남성도 가족의 구성원이므로 남학생을 위한 교육과정을 만들어야 한다고 본다. 자녀 양육은 가정의 보존, 성장의 촉진, 도덕적·사회적 수용을 하도록 안내하는 데 중요한 역할을 한다. 학교에서 가정 꾸리기와 자녀 양육을 가르치지 않는 것은 시대착오적이다. 이런 결과는 고대 그리스 시대부터 내려온 교육과정이 공적 삶을 준비하는 남자들을 위한 것이었기 때문이고, 그것도 남성들에 의해 만들어졌기 때문이다. 이것은 사적인 삶과 공적인 삶의 분리를 지속적으로 강조하면서 강화되었다. 자녀 양육과 가정 꾸리기가 기하학이나 영문학보다 가치가 덜한 것이 아님에도 불구하고, 사적 삶은 여성들의 일로 집에서 가르치고 공적 삶은 남성들의 일로 학교에서 가르치는 것으로 오랫동안 계속되어 온 이 분리는 여성 불평등을 조장하고 있다.

나딩스는 최근 애국심과 전쟁의 위험성을 우려하는 평화주의자 또는 세계시민주의자의 면모를 보인다. 바닷가 가까이에서 살면서 지구로서의 '집'의 의미를 복원하고자 하는 등 생태주의자의 모습도 보인다. 오늘날 많은 사람이 모든 인간의 행복, 비인간적인 삶의 문제, 삶의 안식처로서 지구의 보존, 다양성과 일치 사이에서 오는 갈등의 증대, 그리고 화합에 대한 열망에 관심을 나타낸다. 또한 도덕적인 통제력을 훨씬 넘어서는 기술력에도 관심을 기울이고 있다. 우리는 전쟁의 위협 속에 놓인 세상에 살면서 끊임없이 평화를 꿈꾼다. 이 같은 관심사에 대한 한 가지 해답은 '글로벌 시민의식global citizenship'의 증진이다.Noddings, 2009: 13 이는 전 세계를 시민성에 초점에 두고 바라보는 세계적 시민성world citizenship이라고 할 수 있다.Noddings, 2016: 247 이러한 관점을 지지하는 세계시민주의cosmopolitanism는 민족주의적 애국심—이를 고무시키기 위해 음악, 깃발, 퍼레이드, 유니폼, 영웅 이야기, 기념행사 등의 다양한 지원을 받는다—처럼 우리를 단순히 감정적으로 '사로잡지' 않는다Noddings, 2016: 248

나딩스는 국가에 대한 민족주의적 애국심과 자주 연관되는 적개심을 순화시킬 수 있는 '생태적 애국심ecological patriotism'을 요청한다. 우리는 기후 위기와 코로나19 사태로 생명 그 자체를 보존하기 위해 '우리의 집 지구'를 적극적으로 보호해야 함을 깨닫기 시작했다. '생태적 세계시민주의ecological cosmopolitanism'에 따르면, 국가적 애국심이라는 전통적 생각을 고수하려는 사람들의 분노를 자극하지 않으면서 세계적 시민성을 논의하는 것이 좀 더 쉬울 수 있다.Noddings, 2016: 221 궁극적으로 자연 파괴로부터 비롯된 코로나 팬데믹 사태로 말미암아 땅과 자연에 대한 생태적 애국심은 이 개념의 필요성이 긴박함을 더하고 있다. 교육 내용을 인간 중심적 보존으로부터 생태적 삶으로 전환해야 한다. 이를 위해 전통적 교과 내용을 다소 줄이면서 기존의 내용에 생태에 관한 새로운 주제를 추가해야 한다. 21세기 교육과정은 가르친 과목들 사이의 연계, 그리고 교과목과 실제 삶 사이의 연계가 중요하다. 우리는 국제적인/세계적인 문제에 대해 계속 관심을 가져야 한다. 일상적으로 보여 주는 애국심을 경멸하거나 무시하지 않으면서, 여러 가지 의식과 행사가 어떻게 정서적으로 영향을 미치는지를 학생들이 이해하도록 학교가 도와주어야 한다.

세계시민교육은 좁은 국가적 이해를 넘어서는 21세기 교육을 요구한다. 애국심, 군사적 영웅, 파시즘 같은 주제에 어떻게 접근해야 하는가? 학생들이 애국심과 국가에 대한 자부심에 대해 비판적 안목을 갖추는 것은 쉬운 일이 아니지만, 21세기에는 지구적 책임과 다문화주의 관점을 가져야 한다. 그래야 파시즘이나 나치즘의 출현을 막을 수 있다. 그리고 전체주의 경향을 보이는 국가의 역사를 덜 강조하면서 자연환경과 인류의 삶을 더 강조하는 방향으로 나아가야 한다. 자연환경은 우리를 만들고, 우리는 그것을 만들기 때문이다. 우리가 도시와 마을을 만들듯, 새로운 환경은 우리를 만들고, 그리고 우리는 그것을 계속 변형시킨다. 생태적 세계시민주의자들은 지속가능성sustainability의 관점에서 생각해 보라고 조언한다.

나딩스는 미국교육철학회 회장과 듀이학회 회장을 지냈다. 듀이의 민주주의 교육론은 이론적이고 난해한 데 반해, 나딩스의 논변은 이론적이면서도 매우 실천적이다. 나딩스는 듀이에게서 잘 보이지 않는 지구적이고 생태학적인 관점, 그리고 여성주의 관점을 더욱 두드러지게 보여 준다. 나딩스가 듀이의 논의에 상당히 의존하면서도 인종, 계급, 젠더 문제 등 듀이가 조금 덜 관심을 보인 영역을 보완하며 새로운 아이디어와 교육 이론을 개진하고 있다. 이러한 발전된 관점은 아마 시대적 상황의 변화와 환경 위기가 반영된 것이기도 하고, 여성이라는 고유성이 독특한 젠더관을 형성하는 데 큰 자양분이 되었을 것이다. 그리고 다섯 명의 입양아를 포함하여 열 명의 자녀를 둔 어머니로서의 경험과 실천적 삶은 교육 이론과 실천을 통합해 내는 최고의 탁월성을 보여 주고 있다. 이러한 이력은 나딩스를 50인의 현대교육사상가Palmer, 2001와 30명의 교육철학지도자Waks, 2008의 반열에 들게 했다.

2. 학교는 무엇을 가르쳐야 하는가?

나딩스는 진지하게 근원적인 질문을 던진다. 학교는 무엇을 가르쳐야 하는가? 왜 나는 배워야 하는가? 교사나 전문가가 알려 준 모든 것을 배워야 하는가? 학교에서 왜 열심히 공부해야 하는가? 가르침은 언제 일어나는가? 학교현장에서, 직장에서, 사회에서 배운다는 것은 무엇인가? 이 질문들은 가르침과 배움을 둘러싼 수많은 논쟁을 불러온다. 가르치고 배우는 공간인 학교에 대한 근본적 질문을 하고 있기 때문이다. 가르침과 배움이라는 개념은 수많은 환경 속에서 일어나며 모두 변신을 거듭해 온 것들이다. 가르침은 일방적으로 이루어지는 것이 아니며, 배움 또한 수동적이고 기계적인 과정이 아닐 것이다.

또한 무엇이 우리에게 배우도록 동기[1]를 부여하는가? 어떤 습관이 도움이 되는가? 왜 어떤 것은 기억하고, 다른 것은 많이 잊어버리는가? 배움(학습)의 대상들이 그 과정에 능동적으로 참여하는가? 이런 물음에 대해 나딩스는 어떤 대답을 하고 있는가? 학교교육의 가장 기본적인 목적

---

1. 나딩스는 동기의 의미에 대해 철학자와 심리학자들의 이론(허친스, 아들러, 듀이, 닐, 일리치, 매슬로, 로저스, 놀스, 융, 크롱바흐 등)을 동원하여 심도 있게 설명한다.

은 학생들이 배운다는 것이다. 아이들이 마음을 잘 사용하는 법을 배우게 하려면 마음이 어떻게 작동하는지, 어떻게, 왜 배우는지를 이해하도록 돕는 것이 마땅하다.Noddings, 2006: 10 가르쳐지는 것이 배워지지 않는다면 가르치고 배우는 과정에서 문제가 발생한 것이다. 마치 팔려고 내놓은 물건들이 팔리지 않는 것이나 다름없기 때문이다. 이렇게 된 이유에는 수많은 원인이 있을 것이다.

교육의 목적이란?

이 지점에서 나딩스는 근원적으로 가르침과 배움의 관계, 교육의 목적 논의로부터 시작한다. 교육은 마땅히 '목적'을 가져야 한다. 목적aim 없는 목표goal만 가져서는 안 된다. 목표는 달성했더라도 그것은 허망하고 무의미할 것이기 때문이다. 이런 경우는 성공한 마라톤 선수에게서 흔히 볼 수 있다. 그래서 나딩스는 적어도 교육자가 '목적'에 대한 근본적 질문을 할 수 있어야 한다고 역설한다. 목적이란 우리가 어떤 일을 왜 하고 있는지를 질문하거나 스스로에게 물을 때 관심을 기울이는 일반적 진술이라고 할 수 있다.Noddings, 2016: 134 '왜'라는 목적에 대한 근원적 질문을 하고, '목표' 및 '지표'와 관련시켜 실천을 해야 한다.Noddings, 2016: 125 목적은 일반적이고 이상적인 수준, 즉 모든 학생을 위한 철저하고 효능이 있는 교육에 맞게 진술되어야 하는 반면, 목표는 배우는 과목, 학생들의 흥미와 재능, 이용 가능한 자료, 그리고 더 큰 공동체의 사회적이고 경제적인 필요를 세심하게 분석한 것에 의존한다. 목표는 달성되어야 하고, 그 목표는 우리가 헌신하고 있는 목적에 맞게 협동적으로 정립되어야 한다. 그런데 오늘날 시도되는 많은 교육개혁이 목적과 목표를 혼동하고 있다.

그래서 나딩스는 듀이의 견해에 따라 '예견된 결과ends-in-view'에 비추어 해석된 목적을 설정할 것을 요청한다. 우리가 예견하는 여러 대상은 활동을 '지도하는' 수단이다. '예견된 결과'로서의 목적은 활동의 방향을 지시한다.Dewey, 1916: 105 마치 총을 쏠 때 겨냥하는 과녁을 분명히 하는 것과 같다. '표적을 맞히는 것'은 바로 '예견되는 결과'라고 할 수 있다. 만약 꿀벌이 그 활동의 결과를 예견한다면, 만약 꿀벌이 머릿속으로 그 결과를 그려 본다면, 꿀벌은 목적의 초보적 형태를 가지고 있는 셈이다. 따라서 각각의 활동은 목적에 선행하고, 그것을 지속시키는 활동과 어느 정도의 연계성을 보여야 한다. 그리고 이러한 활동은 크고 광범위하며, 주요한 목적과 분명 연결되어야 한다. 듀이는 교육의 목적을 문화와 자연 사이에 얽혀 있는 복잡하고 다양한 긴장으로부터 발생하는 과정으로서 상호작용, 연속성, 의사소통에 두었다.Garrison, Neubert & Reich, 2016: 75 교육과 경험 그리고 민주주의의 관계는 겪는 것과 해 보는 것, 살아 있는 관계, 그리고 문화적 다양성 및 사회적 성장의 변증법적 관계에 있다. 그러므로 교실 현장에서 이런저런 수많은 교육 행위/실천을 할 때 그 '궁극적 목적'[2]이 설정되어 있지 않으면 방향이 뒤틀릴 것이다.

학교교육의 목표

나딩스는 학교교육을 위한 전통적 조직은 지적으로 그리고 도덕적으로 현대 사회에 부적절하다고 지적한다.Noddings, 2002: 203 『교육의 목적』1929이라는 책을 낸 수학자인 화이트헤드 또한 가르침과 배움에 대한 전통적 개념[3]을 비판하면서 대안적(구성주의적) 개념을 제시한다. 그는 교육의 목

---

2. 물론 궁극목적(telos)은 사회체제(교육체제를 포함한)에 따라 달라질 것이다. 서로 다른 목적지, 말하자면 이상 사회(유토피아)를 다르게 설정하고 있기 때문이다. 플라톤과 달리 듀이는 목적이란 언제나 활동을 구속하지 않고 자유롭게 하는 것이어야 한다고 했는데, 이 점에서 교화의 입장을 지지한 사회적 재건주의자인 카운츠와 관점을 달리한다.

3. 화이트헤드는 '무력한 앎'이라고 비판하는 전통적 가르침과 배움의 결합으로 일관되게 발전한다고 하는 고정된 교과이론, 너무 멀리 떨어진 신비로운 교육목적, 교과의 칸막이, 너무 많은 교과, 행동주의적(기계론적) 학습, 옳고 그름에 대해 자유롭게 사고하지 못하는 학습, 삶의 본질에 도움이 되지 않는 난해한 교과, 필수 불가결하다는 우선순위 등을 든다.

적을 '온갖 모습을 드러내는 삶'이라고 했다.Noddings, 2016: 128 나딩스는 화이트헤드의 의견을 통해 젊은이들이 너무나 자주 쓸모없는 점수나 학위를 따는 것으로 내몰리면서 인생을 어떻게 살 것인지, 어떤 종류의 사람이 되고자 하는지를 망각하게 되는 교육 현실을 비판적으로 성찰할 것을 요청한다. 화이트헤드는 '무기력한 관념inert ideas'으로 학습된 사물의 관행적 목록을 열거한다.Whitehead, 1927: 1 나딩스는 무기력한 관념의 위험성을 인식한 사람으로 저명한 생물학자인 윌슨Wilson, 2006의 생각을 끌어들인다. 나딩스는 듀이가 추구했던 '연속성'을 견지하면서도 화이트헤드가 혐오했듯이 '무기력한 관념'을 피하고자 했다. "일반적인 것에서 시작하여 특수한 것에 이르기까지 각각의 주제들을 가르치는 것이다"라며 교사가 이끌어 가는 수업 과정에서 학생들이 따라야 할 세부 사항을 배우는 것에 대한 동기와 이유를 부여한다. 윌슨은 교육이 "훈육 지향적인 것은 적게 하고, 문제 지향은 많게 하는" 것을 강조했다.Noddings, 2016: 129 윌슨의 제안은 21세기 교육이 요구하는 사고에 잘 부응하고 있다. 우리가 이용할 수 있는 테크놀로지 덕분에 우리는 사실(데이터 정보)과 상세한 내용들을 쉽게 찾을 수 있다. 우리는 그 오래되고 난해한 목적을 암기할 필요가 없다. 그렇지만 우리가 세부 사항들을 추동하는 이유, 즉 문제, 개념, 이슈를 갖고 있지 않으면 안 된다는 점을 나딩스는 강조한다.

그런데 유감스럽게도 지금 우리 사회에서 교육 목표와 지표 설정을 할 때 '왜'라는 질문이 결여되어 있다. 중앙정부로부터 일방적 지시만 있을 뿐이다. 이런 상황 인식 때문에 교사가 지식 생산자로서 전문성을 구현하는 직업이라기보다는 권력이 만들어 낸 지식을 단순히 소비하는 말단 공무원으로 전락하고 있다. 정해진 수업 시간에 자신이 가르치는 학습 자료를 보다 큰 목표와 연계시키지 못하면 창의적 사고나 비판적 사고가 생길 리가 없다. 그렇기에 행동 목표 운동과 이에 따른 역량 운동으로 좁게 전문화되어서는 안 된다.Noddings, 2016: 351 보다 포괄적 목적을 설정하여 질문을 제기하고, 그리고 필요하다면 이슈를 논의하고, 공론화하고, 사회적 합의를 이끌어 내야 한다.

나딩스는 교육 목적으로 삶의 포괄적 영역인 개인적 삶, 직업적 삶, 시민적 삶을 매우 중요하게 생각하고, 이들 목적을 가진 다목적 공간으로서의 학교를 설정한다.Noddings, 2016 나딩스는 현재의 교육 현실에 대한 비판적 평가뿐 아니라 미래의 상상적·협동적 탐구를 해야 함을 촉구하면서 21세기가 지향해야 할 학교교육의 이상과 비전을 제시한다. 교육은 이윤만을 좇는 비즈니스가 아니라, 다양한 목적을 지닌 교육 사업이 이루어지는 활동이다. 이 사업은 인간의 개인적 삶, 직업적 삶, 시민으로서의 삶 각각에 놓인 큰 목표들의 논의와 함께 착수하지 않으면 안 된다. 이런 활동은 사적 활동이지만 모두 국가적이며 세계적인 일이기도 하다. 삶의 세 차원은 학생들 서로에게, 교육과정으로, 그리고 일상의 삶으로 연계되어 실천되어야 한다. 현대적 삶을 살아가는 데 있어 학교는 세 가지 큰 차원에서 삶을 충족시키기 위해 학생들의 요구를 다루지 않으면 안 된다. 가장 중요하다고 할 수 있는 것은 학교가 젊은이들의 경제적 영역을 넘어 개인적, 직업적, 시민적 영역에서 충분하고 만족스러운 삶을 준비하는 과제를 진지하게 이행하는 일이다. 교육이란 삶의 세 가지 커다란 영역에서 전인적 인간을 위한 삶의 방식을 충족시키는 일이기도 하다.Noddings, 2010: 275

21세기 교육의 목적

21세기 교육의 핵심적 목적은 개인의 성장과 세계시민성에 관심을 갖는 것과 동시에 협력과 비판적 사고, 문제해결능력, 창의성을 중시해야 한다. 특히 비판적 사고는 오늘날 거의 모든 학교에서 강조하는 보편적 교육 목표다. 학교의 역할은 부모들이 정확히 무엇을 해야 하는지를 규정하는 것이 아니라, 탐구의 기회를 제공하고 미래의 부모로서 자신의 역할에 대해 비판적 사고critical thinking를 적용하도록 돕는 것이다.Noddings & Brooks, 2016: 358 나딩스는 우리나라의 일제고사와 같은 표준화 시험은 창의성을 말살할 뿐 아니라, 협력과 민주주의의 근간을 흔든다고 본다. 그것은 근본적으로 '비판적 사고'를 위축시키기 때문이다. 비판적 사고란 "믿을 것 혹은 행동할 것을 정할 때 전념하는 합리적이고 성찰적인 사고" 이다.Noddings, 2010: 130 비판적 사고의 정의는 합당성, 성찰, 회의, 이성과 성찰을 하기 위해 자신의 능력을 사용하는 약속의 강조로 수렴되었다. 비판적 사고는 일상생활의 문제에 유용해야 하고, 성향이나 덕을 포함해야 하며, 성찰적, 다시 말해서 자기 자신을 살피는 사고여야 한다.Noddings, 2010: 130 비판적으로 사고하는 사람은 '방관자 증후군' 때문에 괴로워할 수 있다. 즉, 무엇이 옳고 그른지 알고 어떻게 해야 할지 알지만, 아무것도 하지 않고 괴로워할 수 있다.Noddings & Brooks, 2016: 101

나딩스는 비판적 사고의 개념적·인식론적 구성 요소도 필요하지만, 가장 기본적인 요소로 도덕적 요소를 포함할 것을 요청한다. 마틴이 강조한 것처럼 '따뜻한 세계를 위한 비판적 사고'를 요구하고, 폴의 주장처럼 '대화'[4]를 요구한다.Noddings, 2010: 132-133 강한 비판적 사고의 목적은 최고의 논증을 만드는 것이 아니라, 세계를 분명하게 더 좋게, 다시 말해 덜 폭력적이고, 덜 잔인하게, 그리고 우리 주위의 고통에 덜 무감각해지도록 해서 다른 이들과 관계하는 것이다.Noddings, 2010: 134 나딩스에게서 그러한 탐구의 목표는 비판적 사고 그 자체이거나 혹은 반대하는 자를 무력화하고자 하는 소크라테스식 논증법에 있지 않다. 이보다 모든 참여자가 '끊

---

4. 나딩스는 '대화'가 비판적 사고를 위한 기본으로 21세기 교육을 위한 중요한 가치라고 본다. 의사소통을 위한 대화는 타인과의 대화를 통해, 그리고 때때로 자신과의 대화를 통해 아이디어를 탐구하고, 논쟁점을 드러내고, 질문을 제기하고, 탐구를 계속하기 위한 결단에 참여하도록 한다. 그리고 다른 사람들과의 시민적 대화에 참여하는 것을 배움으로써 자신의 신념과 행동에 따라 성찰하는 것에 대한 두려움을 줄일 수 있게 한다. 대화로 유도하는 참여는 숙의를 학습하기 위한 수단이다.

임없는 대화'에 참가할 기회를 제공하는 그런 형태의 탐구를 진행할 것을 주장한다. 그러한 대화 속에서 믿는 자와 믿지 않는 자 모두 서로에게 한 발 더 가까이 가게 된다는 것이다. 인간적 관계에 목적을 둔 비판적 사고를 통해서 교육받은 사람이 서로를 혐오하거나 해치거나, 그리고 무언가 위대한 원리의 이름으로 서로를 잔인하게 다루지 않도록 한다.Noddings, 2010: 136-137 여기에서 숙의민주주의deliberative democracy의 가능성을 보게 된다. 비판적 사고는 현재 효과적인 직업생활과 각성된 시민의식을 위해 중요하다고 널리 인식되고 있다. 사람들은 의미 없는 일터에서 일하기를 강제할수록 역설적으로 개인적, 시민적 삶에서 의미를 더 많이 찾으려고 한다.

인간 삶에서 세 가지 영역—개인, 직업, 시민—이 분리되기란 불가능하다. 그런데 오늘날의 교육에서 시민성citizenship 문제와 주제들이 정기적으로 다뤄지거나 혹은 무시되고 있다. 이 지점에서 나딩스는 민주 사회는 함께 사는 삶의 양식으로 생각되어야 한다는 존 듀이의 생각을 끌어들이며 우리의 학교생활, 양육, 글로벌 문제, 지구에 대한 관심, 직업 그리고 도덕교육에서 배려와 신뢰의 관계를 유지하고 확장시킬 필요가 있다고 주장한다. 가정, 직업, 시민 영역에서의 참여를 충족시키기 위한 교육을 함으로써 이러한 영역에서 돌아다니는 존재가 사람이라는 것을, 그리고 사람으로서 우리는 자신과 함께 인격, 인성, 영혼을 수행하고 있음을 항상 알고 있어야 한다. 또한 삶의 세 영역은 전인교육에서 도덕적, 영성적 발달 등 사람의 인성과 인격과 관련되어 중시된다.

따라서 비판적 사고는 효과적인 직업생활과 각성된 '시민의식'을 위해 중요하다고 할 수 있다. 민주주의 사회에서 학교교육의 기본적 목적은 숙고할 수 있고 현명한 선택을 할 수 있는 사려 깊은 시민을 기르는 것이다. 사려 깊은 시민이 되는 핵심적 요소는 '비판적 사고'이다. 이것은 주제를 형식적으로 도입하는 수업이 아니라, 프레이리가 선호하듯 '문제제기식'이어야 한다.Noddings, 2016: 144 읽고 쓰는 능력이 있는 사람도 비판할 수 있는 능력과 힘이 없다면, 사람은 단지 지배 문화가 주는 메시지만을 받아들일 것이다.Noddings, 2010: 98 교사-중심적 방법이나 학생-중심적 방법 어느 하나를 선택하는 이분법은 바람직하지 않다. 교사-중심적이지도 않고 학생-중심적이지도 않은, '학급' 전체를 중심으로 두는 방법이 적절하다.

인문교육과 직업교육의 융합

나딩스는 학교교육이 학생들에게 어떤 직업을 갖고 싶은지 찾아내도록 도와주어야 한다고 본다. 그리고 교양교육의 한계를 극복하기 위해 '직업교육'에 관심을 가질 것을 요청한다. 오늘날 미국의 직업교육 논의는 그렇게 활발하지 않다. 부분적으로 좋은 의도로 시작되었지만, 이러한 무관심은 평등에 대한 의지가 부족하기 때문이다. 정말 좋은 직업교육 프로그램을 구축하는 데 필요한 상당한 금액의 지출을 꺼리고 있기 때문이다. 또 하나 중등학교 단계에서 직업교육을 반대했던 요인으로는 국가가 엔지니어, 과학자, 그리고 수학자가 더 많이 필요하다고 보고 있기 때문이다. 이러한 흐름에 대해 나딩스는 다른 의견을 제시한다. 공급이 부족하다는 기술자 모두가 학사나 석사학위 같은 대학 졸업 자격을 갖춘 엔지니어들이 아니기 때문이다. 오히려 엔지니어들은 대체로 건강한 후기-중등교육 2년이라는 기간에 직업 준비를 잘한 사람들이다. 이런 직업 준비를 한 좋은 출발점은 중등 단계에서도 가능할 것이다. 하나의 중등교육 형태로, 모든 학생에게 앞으로 다가올 모든 것들(대학이나 직장 진입 등)을 준비시키는 것은 시대에 뒤떨어진 생각으로서 매우 비민주적이다. 순조롭게 가동되고 있는 기계, 튼튼한 캐비닛, 먹음직스러운 식사, 옷에 아주 잘 어울리는 머리 모양에는 아름다운 그 무엇이 있다. 또한 일 속에 정신이 있는 것이므로 일의 탁월성, 때로는 미적 탁월성을 찾을 것을 촉구한다. 직업교육에서 탁월성—때로는 미적 탁월성—의 실천적 비전은 교육적 노력으로 통합되어야 한다.

따라서 모든 사람을 대학으로 보내려는 우리들의 현재적 바람은 이제 재고되어야 한다. 직업적 공부와 학문적 공부는 분리되는 것이 아니라 통합적으로 운영되어야 한다. 적절히 지적이고, 도덕적으로 예의 바르고, 창의적인 사람들 다수는 수학을 잘하지 못한다. 우리가 교육자로서 해야 할 일은 상호의존적 사회에서 학생들이 잘하는 것을 찾아 주고, 그들이 소중하게 여겨지는지를 확인하도록 도와주는 것이다. 나딩스는 인문교육과 직업교육을 분리시키는 전통적 이원론을 거부하면서 학생의 거의 절반이 직업학교, 즉 실업계 고등학교에 다니는 핀란드 교육을 칭송한다.Noddings, 2016: 278 그리고 이를 위한 종합고등학교comprehensive high school를 제창한다.

학교가 제공하는 모든 것이 교육적 목적과 의미를 담고 있어야 한다는 듀이의 생각은 단순한 직업 훈련에 있지 않았다. 우리가 하고 있는 교육의 많은 부분은 미래를 위해 반드시 필요한, 그 무엇을 위한 준비일 것이다. 때로 그 준비는 중요한 문제나 개념 해결에 필요한 기술의 습득을 목표로 한다. 즉, 준비는 때때로 직업—생계를 유지하는 방법—을 목표로 하고 있다. 그런데 이런 종류의 준비는 큰 목적의 탐구를 통해 진행되어야 한다. 어떤 '가상의 미래'를 위해 현재의 노력을 지연시키면서 유용성에 한정하여 목표를 설정해서는 안 된다. 직업교육은 탁월성, 때로는 미적 탁월성을 위한 실천적 비전에 통합되어야 한다. 실용적 활동 또는 현장실습을 포함한 직업에 대한 어떤 준비도 단순히 육체노동만을 요구하지 않는다. 생각과 행동이란 상호보완적이고 긴밀하게 연결된 활동이다. 작업장의 토론은 특정의 '행위'를 넘어 시민의식과 상호 존중, 개인적 생활을 만족시키는 전망의 문제로 나아갈 수 있다. 그래서 나딩스는 지식중심주의와 직업중심주의, 인문계 코스와 실업계 코스가 융합되는 것을 대안으로 주장한다. 그래서 그는 핀란드 교육에 남다른 관심을 보인다.

사람들이 '일터'에서 좋아하지 않거나 관심이 없는 일을 하는 것은 확실히 불행한 일이나, 삶에는 직업보다 더 많은 것들이 있다. 따라서 나딩스는 학교가 개인적·시민적 삶에 맞추어진 목적을 진지하게 받아들이지 않으면 안 된다고 강조한다. 학교는 아무런 생각을 요구하지 않는 일터, 아무런 목적의 지속성이 없는―다른 사람들에 의해 기획된 제품을 만드는 것이 유일한 목표인― 학생들을 일자리를 준비시키는 데 연루시켜서는 안 된다고 말하는 듀이의 주장은 지금도 여전히 타당성을 갖는다. 학교는 삶의 모든 영역에서 목적의식을 갖고, 도덕적으로 행동하는 사람을 기르는 방향으로 노력을 기울여야 한다. 사람들은 의미 없는 일터에서 일하도록 강제할수록 역설적으로 개인적·시민적 삶에서 더 많은 의미를 찾으려고 할 것이다.

오늘날 자유인문교육liberal education은 찬사와 염려를 동시에 받고 있다. 찬사는 실존적 문제와 불멸의 대화에 근거를 두고 있다면, 염려는 그것이 때때로 수반하는 확실성 그리고 고상한 척하는 태도를 겨냥하고 있다.Noddings, 2016: 175 이러한 점을 듀이는 지적했는데, 허친스는 이 지적을 거부했다. 자유인문교육의 열렬한 제창자인 허친스와 아들러는 현 사회의 문제를 해결하는 데 과거 사회의 사상가와 지도자로부터 많은 것을 배울 수 있다고 믿었다. 듀이는 이 방식에 동의하지 않았다. 허친스는 과거에 비중을 둔 지식을 가르치는 것을 강조하며 종종 '가장 좋은' 교육을 제창하는데, 나딩스는 그것을 두고 삶의 구체적 문제로부터 교육을 분리시킬 가능성이 있을 뿐 아니라 권력의 존속을 위한 '특권적 지식'으로 타락할 가능성이 있다고 비판했다. 아무리 최고의 선이라 하더라도 그것이 누구의 것이며, 누구를 위한 최고선인지를 물어야 한다.

나딩스는 아들러의 '파이데이아 제안Paideia Proposal'에 대한 자신의 비판을 확장하면서 자유인문교육의 표준적인 교과들은 인간 합리성에 대한 과도하게 협소한 개념, 즉 온전히 잘 훈련된 지성에만 기초하는 개념을 받아들이고 있다고 주장한다. 그녀의 이러한 주장은 단지 모든 학생이 수학과 과학, 언어 등에서 동일한 강좌를 수강해야 한다고 하는 점에만 반대하는 것이 아니라, 학생이 발달시키는 넓은 범위의 흥미와 재능을 무시하는 그 어떤 교육과정에 대해서도 반대하고 있다. 학생들 사이에서 나타나는 그 절실한 차이점들을 고려해 볼 때, 모든 학생에게 똑같은 교육과정을 처방하는 것은 교사가 오로지 강압에 의거하도록 할 뿐이며, 그리하여 학습과 개별적 성장을 이룩하는 데 그토록 핵심적인 요소인 관계 형성에 손상이 발생하게 된다는 것이다.

자유인문교육의 강력한 힘은 지성, 인격, 미적 감각, 영혼의 평안을 가져오도록 돕는 교육활동을 보존하는 데 있다. 이를 통해 '불멸의 대화 immortal conversation'를 고취시킨다.^{Noddings, 2016: 160} 그런데 불멸의 대화[5]가 교화indoctrination 방식이어서는 안 된다. 나딩스는 조지 카운츠가 제안한 '올바른 교화righteous indoctrination'라는 방식을 거부한다.^{Noddings, 2016: 248-249} 왜냐하면 이 방식은 기억되고 상기시키는 데 유익하지만, 비민주적 목적으로 사용될 가능성이 있기 때문이다.

그런데 교화의 경향이 있다고 하여 교양과목에 의해 안내된 불멸의 대화에 참여하는 것 자체를 거부하는 극단적 방향으로 나아가는 것도 부적절하다. 위대한 질문들은 다음과 같이 우리의 관심을 이끌어 내고 있기 때문이다. 삶의 의미는 무엇인가? 진리란 무엇이며 그것을 어떻게 찾을 수 있는가? 아름다움이란 무엇인가? 선이란 무엇인가? 신은 존재하는가? 사랑은 무엇인가? 어떻게 살아야 하는가? 내가 다른 사람에게 무엇을 신세 지고 있는가? 환경오염의 시대에 우리는 지구를 보전하기 위해

---

5. 허친스를 비롯한 항존주의자들이 주장하듯, 진리의 영원성을 믿고, 과거의 위대한 정신이 담겨 있는 고전 읽기를 통한 비판적/지성적 논의를 '불멸의 대화'라고 칭한다.

서 무엇을 해야 하는가? 우리는 하나의 세계 또는 세계정부를 향한 정치 운동을 진지하게 고민해야 하는가? 이러한 질문들이 모든 인간 삶의 세 가지 영역(가정적 삶, 직업적 삶, 시민적 삶)에 관련되어 있다는 점을 주목한다면, 교양과목liberal arts의 위대한 선물은 이러한 대화를 살아 있도록 해 주기 때문이다.

이러한 차원에서 자유인문교육은 어떤 형태의 교육보다도 훌륭한 장점을 갖고 있다. 다만 '위대한 고전Great Books', 그리고 위대한 문학작품이 매우 훌륭한 자료를 포함하고 있음에도 불구하고, 세상의 변화를 따라가지 못할 가능성도 있음을 유념해야 한다. 위대한 고전이 그리스·로마 사회로 회귀하는 것이어서는 안 되기 때문이다. 듀이는 일찍이 인문교육이 과거의 문화에 집착하여 회고적인 사회적 정신을 기를 위험을 안고 있다고 경고한 바 있다. 과거를 황금시대로 그리며, 거기서 정신의 도피와 위안을 구하면서 오늘날의 문제에 관심을 가지는 것은 시대 역행적일 수 있다. 듀이는 전통적 관점에서 인문교육이 인간의 수월성 성취를 지향해야 한다는 데는 동의하지만, 일상적으로 유용한 교육과 대립되는 것이 아니라 삶과 괴리된 고정된 지식의 전수를 의미하지는 않았다. 타운town과 가운gown의 분리, 사회와 학문의 분리, 사회와 격리된 학문의 양산을 낳기 때문이다. 이렇게 되면 학습의 필요성을 부여하고 보람을 안겨 주는 사회적 환경의 결여를 낳기 쉽다. 이것은 학교가 고립되는 가장 중요한 이유이다. 그리고 이런 고립으로 말미암아 학교에서 배우는 지식은 삶에 적용할 수 없게 되고, 따라서 인간성 형성에 아무런 영향을 미칠 수 없을 것이다. 따라서 책을 읽으면서 얻는 지혜는 봉사활동[6] 등 사회적 실천으

---

6. 공동체 생활에 적극 참여하는 것은 행복의 직접적 근원이 될 수 있다. 학교는 다양한 방식으로 공동체 참여와 봉사를 촉진시킬 수 있다. 참여와 봉사가 개인의 행복에 직접적으로 기여할 수 있는 길이 마련되려면 학교의 기본 구조가 변해야 한다(Noddings, 2008: 389-393). 최근 관심을 끌고 있는 봉사학습(service learning)은 이런 문제의식에서 지식(학문)과 삶(지역사회)의 교량 역할을 시도하고 있다.

로 이어져야 한다.

그래서 나딩스는 사회재건주의자들social reconstructivists이 새로운 사회의 건설을 위해 불가피하게 요청하는 교화가 지배, 권위주의, 심지어 전체주의로 이끌리기 쉽기에 '지성의 방법'을 따라야 한다고 주장한다. 배움의 내용보다 '탐구의 방법'이 더 중요하다는 것이다. 그것도 매우 논쟁적 주제를 논의할 수 있는 '열린 대화의 기회'로 삼아야 한다는 것이다. 그러기에 위대한 책을 읽으면서 학생들 간의 활발한 토의를 고무하지 않으면 안 된다. 인문교육은 책, 말, 사실의 목록으로 축소시키지 않으면서 깊이 그리고 넓게 사고하도록 유도해야 한다. 이를 위해 좋은 선생님들은 불멸의 영원한 대화를 가능하게 하는 '함께 읽기common reading'를 권장한다.Noddings, 2016: 166 책을 읽어 가면서 책에 등장하는 전기적 종류의 인물을 두루 살피면서 정의를 위한 캠페인을 하도록 학생들을 격려하는 것은 마음을 여는 하나의 경험이 될 것이다. 이건K. Egan이 암시한 것처럼, 어느 정도의 시간을 들여 좀 깊이 있고 폭이 있는 문제를 탐구해야 한다. 이런 방식의 공부를 하면 교육이란 관련이 없는 사실을 학생들의 갈피를 못 잡는 머리에 단순히 집어넣는 문제가 아님을 깨닫게 될 것이다. 따라서 인문교육의 매우 풍부한 생각들은 학교에서 제공되는 모든 과정에 통합을 시키면서 학교교육과정과 프로그램을 다양화해야 한다. 좋은 선생님들은 학생들이 가까이에서 만나는 주제의 깊은 심연으로 들어가는 지성적 여행을 하도록 자극하고, 다른 주제와 많은 연관을 맺도록 하는 수평적 방식으로 지도를 해야 한다.

핼버스탬의 『가장 훌륭하고 똑똑한 사람들』[7]을 읽으면 국가정책 계획

---

7. 베트남 전쟁(1960~1965)의 기원을 다룬 데이비드 핼버스탬(David Halberstam) 기자의 책이다. 기자는 자신의 베트남 전쟁 참전 기자의 체험을 바탕으로 역사를 무시하고 계량적인 목표에 집착하는 맹목적 반공주의자/매카시주의자인 미국의 당대 최고의 인재들—가장 훌륭하고 똑똑한 사람들—이 베트남 전쟁에 끼어든 여러 가지 정황들을 속속들이 파헤치고 있다.

을 정반대 방향으로 구상한 '머리 좋은 사람들eggheads'[8]이 끼친 실제적 공포 때문에 고통스러울 수도 있음을 알아야 한다.Noddings, 2016: 160 이 점은 최근 출판된 마이클 샌델의 『능력주의 폭군』2021에서 승자의 오만을 지적하는 대목에 잘 나타나 있다. 그러기에 나딩스는 비판의식을 고양하는 『억압받는 사람들의 교육학』1970의 일부분이라도 읽어야 한다고 역설한다.Noddings, 2016: 272 따라서 고전이 급변하는 현실 세계의 변화와 함께 현대의 모순을 지적하는 강한 메시지에 대해 적절한 처방을 내놓지 않는다면, 그 의미는 박제된 지식에 지나지 않을 것이다.

테크놀로지가 발전함에 따라 더 적은 사람으로 더 많은 것을 생산할 수 있게 되었는데, 이때 적절한 직업교육이 단지 반복적인 일을 위한 준비로 구성되어서는 안 된다고 하는 듀이의 의견에 나딩스는 동의를 표한다.Noddings, 2016: 259 사실 학교가 제공하는 모든 것이 교육의 목적과 의미를 담고 있어야 한다는 듀이의 생각은 단순한 기능적 직업훈련에 있지 않다. 지붕에 물이 새는 것을 수리하기 위해 육체적으로 일하고 있는 사람과 도서관 책상에서 공부하는 사람 중 누가 더 우수한지를 되묻는다. 육체노동body work을 하는 배관공이나 미용사, 목수, 운전사 등도 인지, 판단, 기억, 지식 등을 이용하여 정신노동mind work을 한다는 것이다. 즉 '일터에서의 정신mind at work'을 요구한다.Noddings, 2016: 112 더 발전된 민주 사회를 위해서는 학문적인 것과 직업적인 것의 이분화를 넘어서야 한다는 생각이다. 생각과 행동이란 상호보완적이고 긴밀하게 연결된 활동이다. 어떤 실용적 활동도, 또는 현장실습도 단순히 육체노동만을 요구하지 않는다. 그러한 일은 지적으로 가르치고 배울 수 있으며, 작업장의 토론은 특정의 행위를 넘어 시민의식과 상호존중, 개인적 생활과 연관되어 있다.

---

8. '머리 좋은 사람들'은 베트남 전쟁 참전을 결정한 케네디 대통령을 돕기 위해 정계에 뛰어든 하버드대학교의 교수들을 역설적으로 상징한 말이다.

따라서 직업적 준비에 대한 질문과 더불어 시민정신과 개인의 충실한 삶과 같은 더 큰 목적에 기여할 수 있는 목표를 포함할 수 있는 방안을 찾아야 한다. 사실 인문교육과 결합된 위대한 목적이라는 것이 일부 학자가 주장하는 '문화적 소양'—실제 세계의 이용으로부터 그리고 서로에게서 격리되어 분절된 사실들과 교수 기법들의 총합이라고 호칭되는 것—에 너무나 자주 희생되어 왔기 때문이다.Noddings, 2016: 138 나딩스는 아들러와 베스터, 허쉬, 그리고 초기 가드너의 입장(지적 수월성 강조)에 반대하면서도, 학교는 단순히 지적 발달만이 아니라, 보다 많은 목표를 인정하고 추구해야 한다고 주장한다.

3. 실패할 수밖에 없는 학교개혁의 시도들

실패할 수밖에 없는 교육개혁

오늘날 학교교육이 실패하고 있다는 목소리가 점점 크게 들려온다. 학교가 실패하고 있다고 할 때, 광범위하게 보편적인 혁신을 시도하는 '학교개혁운동'이 일어난다. 한 세기에 걸친 진보주의 교육운동이나 개혁교육학 운동도 그 가운데 한 흐름이다. 이 지점에서 나딩스는 학교교육 실패의 요인으로 '시험 성적'에 사로잡혀 있는 것과 '경쟁'에 대한 강조를 든다. 이로 인해 지배의 습관, 일등을 향한 집착, 그리고 제국의 시대로 되돌아가려는 경향을 보인다고 지적한다. 이런 경향은 세계 권력의 등장을 수반하는 전쟁을 불러오는 분위기를 형성한다고 경고한다. 나딩스는 미국 교육의 반교육성과 세계정신 상실을 비판하면서 미국 학교와 아이들이 위험의 낭떠러지로 줄달음치고 있다고 경고한다. 이에 나딩스는 21세기 정신으로서 협력/협동, 의사소통(진정한 소통), 비판적 사고와 열린 마음을 요청한다.Noddings, 2016: 37-39 그래야 사람들은 지구를 보존하고, 지구에 사는 거주민들의 복지를 촉진하기 위해 반드시 함께 일할 수 있다는 것이다.

오늘날 교육에 관한 또 다른 견해는 학업성취기준의 전문적 필요성이다. 이 기준에 의하면 많은 학교는 실패한 것처럼 보인다. 이런 진단은 모든 학교가 동일한 상위의 학업성취 표준을 가지고 있다면, 모두가 높은 성적을 낼 수 있을 것이라고 전제한다. 그런데 표준 교육과정에 강조점을 두는 것이 학교개혁에 기여하지 못함은 말할 것도 없거니와 사실상 학생들에게 더 큰 소외감과 불행을 야기할 수도 있다.Noddings, 2002: 20-21 다이안 래비치는『미국 공교육 개혁, 그 빛과 그림자』Ravitch, 2010에서 "학업성취기준은 교육혁신에 있어 본질적이다"라고 역설하였다. 학교개혁 운동은 우리 학교에 막대한 위해를 끼치는 학업성취기준과 시험을 기반으로 하고 있다고 주장한 이래, 그녀의 명성은 더욱 치솟았다.Noddings, 2016: 39 래비치는 당시 개혁적 화법으로 내세웠던 표준화된 교육과정, 더 많은 일제고사, 학생 성적에 따른 교사 평가 및 인센티브를 통한 교사 동기부여, 차터스쿨 및 학교 선택제를 통한 교육 민영화에 줄곧 찬성하는 입장이었다. 그렇게 신자유주의적 교육개혁의 최선봉에 섰던 신보수주의적 학자 래비치가 최근『골리앗 무찌르기: 미국의 교육개혁과 그 적들』2019에서 교육개혁에 대해 자기 입장을 전면적으로 바꾼다. 일종의 사상전향자가 된 85세의 래비치는 나딩스 진영으로 돌아와 책을 내고 연구하는 일을 통한 저항뿐만 아니라, 교육 민영화와 표준화 시험체제에 반대하는 시위를 찾아다니며 직접 피켓을 들고 거리 시위를 한다.

비교적 현실주의적이고 중도적인 입장을 취하는 나딩스는 모든 수준의 학교교육에서 자신의 광범위한 경험을 활용하여 「낙오아동방지법NCLB」[9]을 비판한다. 나딩스는 「낙오아동방지법」의 기저에 깔린 아이디어, 그것을 형성한 교육개혁 운동, 그리고 그것이 수행된 과정을 비판적으로 생각하도록 안내한다. 그녀는 다음과 같은 심각한 질문을 던진다. 돈이 시험 점수를 높이는 답인가? 낙제 학교에는 주로 가난한 집 아이들이 다니는가, 아니면 우리 학교 모두가 낙제인가? 모든 학생에게 고급 수학, 물리학 및 화학 과정이 필요한가? 특수교육 학생은 일반 학생과 동일한 기준을 충족해야 하는가? 하나의 표준 교육과정이 모든 학생의 필요와 관심을 충족하는가? 우리의 현재 교육 시스템은 그것이 지원해야 하는 민주주의를 훼손하는가?

나딩스는 평등, 책임, 표준, 테스트 및 선택에 대한 교육적으로 정당한 해석을 주장한다. 모든 학생의 요구를 충족시키기 위해 풍부한 탐색을 가능하게 하는 교육적·도덕적으로 수용 가능한 방법을 제창한다. 그리고 우리 아이들, 학교, 민주주의를 위해 무엇이 문제인지 고려하면서 근원적 질문을 한다.

교육에서 평등이 왜 중요한가

정의와 평등 문제는 사회정치철학의 주요한 주제이다. 나딩스는 듀이는 크게 강조하지 않은 '평등'을 부각시킨다. 평등은 민주주의의 핵심적 개념이다. 오늘날 평등은 법 앞에 평등하게 대우를 받을 권리를 의미한다. 평등은 정치적 권리/자격에 적용되는 것은 물론이고 경제적 권리/자격에도 해당된다. 경제적 성공을 위해 평등한 기회를 제공하는 것은 물론이고, 이와 상관없이 모든 아이가 지적으로 발달할 기회를 가져야 하는 것도 평등의 개념에 포함시켜야 한다. 또한 불평등은 정의의 불이행이라기보다는 '실천의 불이행'이 문제이다.Noddings, 2010: 260

나딩스는 교육에서의 평등을 말하며 물적 자원의 불평등, 관계의 불

---

9. 2001년에 취임한 조지 부시는 취임 직후인 2002년에 「낙오아동방지법(No Child Left Behind)」을 공포하면서 이전 정부에서부터 추진하여 정립된 주 차원의 학업성취기준을 중심으로 한 교육개혁을 더 강도 있게 추진했다. 특히 NCLB는 그 이전보다 시험 및 시험 결과에 대한 책무성을 한층 강조했다.

평등, 교육과정의 불평등을 거론한다.Noddings, 2010: 239-257 첫째, 교육에서 물적 자원의 불평등을 거론할 수 있다. 그 예로 물리적 장치, 도구, 지도, 책, 그 밖의 교육 용품을 들 수 있다. 나딩스는 코졸의 '야만적 불평등'[10]을 통해 모든 어린이에게는 적절하고 좋은 학교 시설이 마련되어야 한다고 주장한다. 우리 학교는 그동안 가난한 아동을 무시해 왔고, 평등하게 교육받을 기회뿐 아니라 안전하게 살 권리, 좋은 학교 건물, 양육되는 것, 건강관리나 오락을 할 수 있는 지역으로 이사할 기회를 얼마나 박탈해 왔는가? 정의로운 돌봄의 공동체는 단지 학습을 위해 밥을 먹이지 않고, 아이들이 배가 고프기에 밥을 먹인다.Noddings, 2016: 45 무엇을 우선할 것인지를 잘 판단해야만 한다. 이런 관찰은 20세기 사고에 대한 또 다른 우려를 드러나게 했다. 그동안 많은 정책 입안자들이 관료주의의 이론적 개념에 지나치게 의존했다. 일반적으로 제도와 기관은 특정한 문제와 과제를 관리하기 위해 설립되는데, 사회 문제가 발생하면 적합한 제도(기관이나 행위자)는 그것을 분석하고 해결하는 것과 함께 정당화되며 책임을 떠맡게 된다. 많은 이들이 인간에게 생긴 문제들이 여러 기관의 협동적 작업을 필요로 한다는 것을 자각하기 시작했다. 이제 학교에서 관찰되는 문제들은 학교나 어떤 기관도 단독으로 해결할 수 없는 심각한 사회 문제가 되었다.

둘째, 교육에서 기본적 관계의 불평등을 거론할 수 있다. 공동체는 관계성의 근본적 개념에 기초해서 세워지고 지속적인 성찰로 인도될 때 파시즘으로의 타락으로부터 안전할 수 있다. 공동의 믿음과 목적에 기초한 공동체는 좋을 수도 나쁠 수도 있고, 현명할 수도 어리석을 수도 있기에 다음의 두 가지 악을 막아야 한다. 이는 주어진 공동체 밖에 있는 사람들에게 반응하지 않는 잘못을 막아야 하는 것, 또 정당이나 종교로부터

---

10. 『야만적 불평등』은 조너선 코졸이 1988년부터 1990년까지 미국의 도심 빈민가 30여 곳을 돌아다니며 취재한 열악한 교육현장의 보고서이다.

탈퇴할 생각이 없거나 탈퇴를 위협하는 공동체 내부의 사람들에게 저질러지는 잔악한 행동을 막아야 하는 것이다.Noddings, 2010: 252 학문적으로 능력은 없지만, 자신의 삶에서는 성실한 어른이 될 어린이를 위해 우리는 학교가 할 수 있거나 해야 할 일이 무엇인지를 찾아야 한다.

셋째, 교육에서 교육과정의 불평등을 거론할 수 있다. '평등' 교육이 모두에게 동일한 교육과정을 요구하지 않는다는 점에 동의하더라도, 여전히 우리는 학생들이 어떤 주제, 방법, 개념, 기술을 배워야 할지에 관한 질문에 직면한다.Noddings & Brooks, 2016: 306 모든 어린이가 같은 교육과정을 배워야 하는가, 아니면 자신의 관심에 따라 충분히 설명된 선택지를 선택하도록 허용되어야 하는가? 아들러는 『파이데이아 제안』에서 모든 학생이 12학년 동안 적어도 같은 교육과정을 배워야 한다는 권고를 언급했다. 나딩스는 아들러의 제안에서 모든 아이들이 지녔으면 했던 지식이 오랫동안 특권계급의 지식이었다고 지적한다. 아들러가 제안한 교육과정이 일부 학생들에게는 호소력이 있고, 내용 면에서 부인할 수 없을 정도로 풍성한 것이지만, 많은 다른 학생들은 좋아하지 않았고, 차별을 받았다. 오늘날 표준화 시험에 나올 수 있는 특정 내용만을 강조하는 학교에서는 모든 아이가 차별받고 있다고 할 수 있다. 따라서 학교가 할 수 있는 최고의 일은 모든 어린이에게 적절한 시설과 지적인 발달을 지원하는 장기간의 돌봄 관계, 비위계적으로 계획된 학업성취 수준을 고려한 개별화된 교육과정을 제공하는 것이다.Noddings, 2010: 253-257

오늘날 평등에 대한 이야기는 학교교육을 둘러싼 논의에 널리 퍼져 있다. 예를 들어 바우처 옹호자들은 부유한 부모들이 그것을 이용한 것처럼, 가난한 부모들도 이들을 위해 학교를 선택할 수 있다고 주장한다. 그런데 이러한 주장은 거의 속임수에 가깝다. 교육의 자유시장 체제를 부정하지 않지만, 학교란 구석진 곳에 있는 주유소나 편의점과는 다르다고 본다. 한 아이가 '실패하고 있는' 학교를 떠날 때마다 그 학교는 더 취약해지고, 아이들은 뒤처져 더욱 고생하게 된다. 책임감 있는 실험을 위에서 제 안된 대로 프로젝트 위원회가 이끌 수 있다. 대체로 바우처 옹호자나 차 터스쿨 옹호자는 시장이 기업적으로 실패하고 있는 학교(일반적으로는 공 립학교)를 퇴출시켜야 한다고 주장한다.

이와 반대로 나딩스는 모든 아이가 평등한 기회를 갖게 하려면 공립학 교를 보호하고 강화해야 한다고 주장한다. 바우처나 차터스쿨로 교육 문 제를 복잡하게 만들기보다 재정과 노력을 공립학교에 집중해야 한다는 것이다.Noddings, 2010: 116 따라서 실패하고 있는 공립학교에 대한 유일한 합 리적 대답은 공립학교를 없애는 것이 능사가 아니라, 혁신하는 방안이 더 현실적이라고 판단한다. 이런 의미에서 최근 우리나라에서 부상하고 있는 '공교육 안의 혁신학교 운동'은 매우 중요한 의미가 있다.

기회의 평등을 제공하지 않으면서 결과의 평등을 추구하는 것은 불가 능하다. 물론 결과의 평등과 기회의 평등 가운데 어느 하나를 선택하는 것은 아마 힘들 것이다. 이 두 가지는 서로 얽혀 있다. '적극적 우대 조치 affirmative action'를 옹호하는 사람은 부모의 경제적, 교육적 수준이 자녀의 교육 성공으로 이어질 것이기 때문이라고 볼 것이다. 이는 경쟁하는 개인 들 사이에 엄격한 공정성의 규칙을 강조하는 것이 아니라, 일반적으로 집 단과 사회의 복지를 더 강조하는 강력한 논증이다.Noddings, 2010: 264-265

많은 환경 요인이 학교에서의 어린이 성공에 영향을 미친다. 정의로운 사회는 최악의 불평등을 제거하는 어떤 일을 할 것이다.Noddings, 2010: 205 이는 어린이들이 더 잘 배울 수 있도록 하기 위해서일 뿐 아니라, 그것 자 체가 해야 할 옳은 일이기 때문이다. 마땅히 옳은 일이기 때문에 우리는 모든 어린이에게 안전하고 건강하며, 지적으로 풍요로운 환경을 제공해야 한다. 학교는 안전과 지원의 장소, 우정, 즐거움, 지적 자극, 협력, 음식, 식 물과 동물, 그리고 대화와 민주주의의 가치 등 수많은 것이 융합된 복합 적 장소라고 이해해야 한다.

책무성과 책임성 사이의 긴장

나딩스는 경쟁과 효율성 그리고 비즈니스에 바탕을 둔 책무성account-ability보다 만남과 돌봄 그리고 협력에 바탕을 둔 책임성responsibility을 더 중시한다.Noddings, 2016: 48-49 21세기의 민주주의와 지구적 삶의 현실은 사람들에게 경쟁보다 협력을 더욱 요청하고 있다. 21세기에 필요한 교육은 관계를 맺는 최우선의 형태인 협력, 상호의존의 정신에 바탕을 두어야 한다. 경쟁, 책무성, 규모 확장, 등급, 효율성, 무관용 원칙, 그리고 비즈니스 원리는 실제로 공교육을 망가뜨릴 것이기 때문이다. 경쟁을 포기해서는 안 되지만, 지구적 이념이 고양되는 시대를 맞이해 협력과 대화를 위한 의사소통, 그리고 비판적 사고를 위해 열린 마음을 갖는 교육을 해야 한다. 시험 성적을 올리기 위한 경쟁이 전혀 필요 없는 것은 아니지만, 이것이 과도한 경쟁으로 인해 학습/공부[11]의 의미는 물론이고 지구적 공동체에서 살아갈 수 있는 가치인 협력, 대화, 상호의존, 창의성의 정신을 실종시킬 가능성도 있음을 유념해야 한다.

오늘날 '개혁이라는 이름으로 전개되는 교육과정에서 여성들의 경험은 여전히 무시되고 있다. 교육의 평등을 위한 투쟁이 계속되었지만, 그로 인해 오히려 자녀 양육과 가정 꾸리기가 사라지는 결과를 초래했다. 물론 가난한 사람들의 경우는 더 심각하다. 그러므로 자기 자녀가 만족하는 삶을 향유할 수 있도록 지도할 자녀 양육 기술을 습득하게 해야 한다. 오늘날 이 문제가 학교의 저항에 부딪힐 수도 있지만, 학교는 자녀 양육과 가정 꾸리기에 대해 가르쳐야 한다. 교육이라는 사업이 학생들을 온전하고 만족스러운 삶을 위해 준비시키는 일이라고 한다면, 가정 꾸리기와 자녀 양육은 분명 형식 교육의 한 부분이 되어야 한다. 교육과정에 집의 의미나 가정 꾸리기의 역사뿐만 아니라 아동기와 아동 양육의 역사도 포함

---

11. '공부(工夫, study)'는 원래 어렵다. 'study'의 라틴어 어원은 'studium'이고 동사형은 'studeo'인데, 'to do effort(노력하다)'라는 뜻을 담고 있다.

시켜야 한다.

나딩스는 학교를 좀 더 나은 돌봄의 공간으로 만들기 위해 교육에 '양육nurture'이라는 페미니즘의 개념을 적용해야 한다고 제안한다. 그녀는 돌봄, 평등, 책임성, 행복 등의 개념을 통해 학교의 변화를 모색하는 담론을 제창함으로써 새로운 관심을 끌었다. 그리고 돌봄의 관점을 학교 운영과 리더십, 우정, 교수법 등에 적용시키기도 하고, 학교개혁과 도덕이론에 적용시켰다. 나딩스는 실패하고 있는 공립학교를 개혁할 수 있는 유일하게 합리적인 대답은 공립학교 혁신에 있다고 역설한다. 어떻게 공립학교를 개선할 수 있을까? 나딩스는 그 해답이 폐교나 규모 확장이 아니라 아래로부터의 상향식 개혁을 할 수 있는 현장의 교사와 학부모, 그리고 민주적 관리자에게 맡겨져야 한다고 제안한다. 나딩스는 지배적 교육체제나 교육과정을 완전히 폐기 처분하거나, 아니면 모든 것을 처음부터 다시 시작하는 양자택일의 선택 문제가 아니라며, 주어진 현실 속에서 대안적 활동이 실현 가능한 실천 지점과 공간을 찾아야 한다고 주장한다. 기존의 교육과정이 열거하는 학습 자료 모두를 불필요한 것으로 보면서 그것을 분별없이 폐기하는 방식이 아니라, 그 자료가 무엇을 제공하고 있는지, 그리고 그것이 학생의 현재적 삶에 기여할 수 있는지를 면밀하게 재검토해야 한다고 보았다. 그러기에 교육과정은 학생의 요구, 교과의 본질, 그리고 사회로부터의 더 큰 요구를 모두 고려하여 세심하게 작성되어야 한다.

오늘날 돌봄의 윤리는 우리나라 '혁신학교 운동'에서 학교 혁신을 위한 공동체 윤리로 많이 거론되고 있다. 돌봄을 상실한 학교문화의 갱신을 위한 대안적 윤리인 이것을 '돌봄의 교육학'이라고 명명할 수 있을 것이다. 그런데 학교개혁의 노력에서 아이들의 지적, 도덕적, 정서적 발달을 위해 필요한 관계의 질을 중심에 두려고 하지 않는 경향이 있다. 게다가 정의가 부재한 돌봄은 온정주의로 흐를 가능성도 있다. 또한 돌봄이 부재한 정의는 엄격주의로 흐를 가능성이 있다. 따라서 돌봄 윤리는 정의의 관점과 연합을 통해 양자를 적대적으로 반대하거나 순서적 발달 단계로 설정하기보다는 '보완적' 위상을 가질 필요가 있다. '정의로운 돌봄just caring'이나 '돌봄적 정의caring justice'가 학교문화로 자리 잡을 필요가 있다는 말이다. 이것은 학교의 운영이나 학교문화에서 학생부와 상담부의 아름다운 공존을 모색하는 일이기도 하다.

현실에 바탕을 둔 학교개혁

나딩스는 사회재생산 이론가들과 비판적 이론가들처럼 지배 문화가 학교를 통제하고 그것의 재생산을 위해 학교를 이용하고 있다고 강력하게 비판한다. 그러면서 나딩스는 이들 입장과는 좀 다르게, 학교교육의 사회재생산 기능이 막강하다고 하여 저항의 틈새가 전혀 없는 것이 아니라는 입장을 취한다. 학교가 더 큰 사회구조 속에 파묻혀 있기 때문에 새로운 사회질서를 만들 수 없다는 비관론적 입장보다는, 민주적·공동체적 삶을 체험하면서 더불어 살아가는 학교생활이 의미하는 바를 더 명확하게 이해해야 한다. 그렇기 때문에 학교는 사회가 좀 더 책임감 있는 개인을 길러 내는 데 도움을 줄 수 있을 것이다. 나딩스는 새로운 사회질서를 만들기 위해서 학교를 비판했던 사회재건주의자들social reconstructivists의 급진적 관점보다 더 현실주의적이고 중도적인 관점을 취한다. 나딩스는 비판이론가들critical theorists처럼 사회가 훨씬 더 강력해지면 학교에 더 많은 영향력을 행사하리라고 판단하면서도Noddings, 2016: 262, 새로운 사회질서를 창출하기 위해 학교를 비판했던 사회재건주의자들의 급진적 관점보다는 온건한 관점을 취했다Noddings, 2010: 54

나딩스는 듀이처럼 사회주의의 변형인 공산주의자와 파시스트에 반대한다. 그는 경제에 지나치게 경도된 사회주의에 대해서는 비판적 입장을 취하면서도, 듀이와 카운츠처럼 민주적 사회주의democratic socialism를 옹호한다. 다만 듀이는 카운츠의 민주적 사회주의 관점에 크게 동의하지만, '교화'나 '주입'의 방식을 옹호하지 않는다. 말하자면 지향하는 사회의 내용에는 찬동하지만 그것에 이르는 방식에는 찬동하지 않는다. 교화 indoctrination가 최고의 선을 추구하더라도 너무나 쉽게 권위주의나 전체주의로 유도될 위험이 있기 때문이다. 그래서 나딩스는 권위와 전통의 방식이 아니라 지성의 방법, 배움의 내용보다 탐구의 방법이 더 중요하다는 듀이의 노선을 따른다. 민주주의에 대한 듀이의 시각이 학교에서 활성화될 수 있고 만일 활성화된다면, 더 큰 민주주의는 실제 학교 민주주의의 활성화에 적극적으로 영향을 받을 것이기 때문이다.Noddings, 2010: 54

나딩스는 유토피아를 꿈꾸는 이상주의자이면서도 현실을 아예 내버릴 수는 없다면서, 처음부터 다시 시작하는 급진주의가 대안은 아니라는 현실주의적realistic 입장을 취한다. 교육의 역사에서 훌륭한 사상들이 많이 등장했지만, 그 가운데 많은 이들이 너무 멀리까지 밀고 나감으로써 방향을 잃어버려 이상주의자들의 보편적 처방이 실패로 귀결되었다고 보았다. 나딩스는 교육개혁에 만병통치약이 있다고 보지 않는다. 교육철학과 이론은 거시적 차원에서 "무엇이 효과가 있는지"를 조언하는 데 기여하며, 현실의 터전 위에서 활동하지 않으면 안 된다는 입장을 취한다.Noddings, 2016: 368 이상적 공동체를 생각하는 것이 겉으로 건사한 것처럼 보이지만, 그러한 꿈을 늘 꾸면서도 있는 그대로의 현실 세계로 끊임없이 되돌아오게 하여 그 이상들이 상황을 지도하고 개선할 수 있는지를 신중하게 묻는다.

4. 민주주의 완성을 위한 교육을 향해

교육은 기본적으로 민주주의라는 관점 속에서 조망하고 실천해야 한다. 이러한 참여는 민주주의적 과업에 지적으로 참여할 수 있는 시민들의 발전에 필수적일 뿐만 아니라, 지적 발달을 유도할 것이다.Noddings, 2002: 298 나딩스는 사라슨의 말을 빌려 "학교와 교실을 정치적 조직체로 인정하지 못하기 때문에 학교개혁이 실패할 것"Sarason, 1990이라고 지적한다. 나딩스는『21세기 교육과 민주주의』2013에서 민주주의와 교육을 밀접하게 연관시켜 논의하고 있다. 민주주의는 하나의 과정이고, 그 규칙은 지속적인 탐구와 수정, 그리고 창조 아래에 두어야 한다.Noddings, 2010: 48 오히려 공유된 목표들, 열린 대화, 편견 없는 자기비판과 관련된 삶의 방식이다.Noddings & Brooks, 2016: 73

듀이1916는 민주주의 문제를 단순히 정치의 형태나 제도만의 문제로 보는 것이 아니라, 보다 근본적으로 공동생활의 형식이며, 경험을 전달하고 공유하는 방식이라고 본다. 학교는 더불어 살아가는 '함께 결합하여 사는 삶associated life'의 최고 형태를 실현하는 장으로서 민주적으로 조직되어야 한다.Noddings, 2010: 46 나딩스는 민주주의 정치철학자 구트만의 생각에 따라 교육의 잠재적 가치로서 교화와 억압이 없는 비억압과 비차별의 원칙을 제시한다. '숙의민주주의'의 교육적 분위기 속에서 개인과 집단이 자신의 합리적·도덕적 이상을 따르는 것이 가능하도록 해야 한다고 역설한다.

그런데 오늘날 우리 학교는 숙의적/숙고적 참여를 위한 교육을 하는 것을 매우 어렵게 하고 있다. 대충대충 결론을 내거나 다수결주의가 지나치게 활용되어 진지한 숙고를 불가능하게 해서는 안 된다. 그래서 먼저 교사들이 스스로 숙고적으로 생각하는 사람이 되기를 기대한다. 교사가 숙고적이지 않으면 아이들이 그럴 수 없기 때문이다. 숙고적 사고를 가능하게 하려면 먼저 의사소통의 통로를 여는 대화의 문을 열어야 한다. 나딩스의 민주적 교육에는 비판적 사고, 숙의 민주주의, 의사소통적 대화, 평등의식, 생태적 세계시민주의의 가치가 핵심에 자리하고 있다.

듀이의 생각에 따르면 참다운 민주주의는 어느 수준에서 직접 얼굴을 대하는 관계가 필요하다.Noddings, 2010: 237 민주적 공동체는 지속적인 자기 향상으로 이끈다. 민주주의가 가진 변화의 이상은 단지 변화하는 것이 아니라, 그 자체의 향상에 있다. 중요한 문제는 실제 존재하는 공동체 삶의 형태에서 바람직한 자질을 추출하고, 바람직하지 못한 특징을 비판하며, 더 나은 것을 제안하기 위해 민주주의를 적용하는 것이다.Noddings & Brooks, 2016: 73

교사들은 자신들의 성장뿐만 아니라 학생들의 성장에 대해서 서로 대화할 수 있는 시간을 가질 필요가 있다.Noddings, 2002: 299 학교는 학생들을 연령에 적절한 다양한 형태의 민주적 의사결정에 참여시킴으로써 배려적인 시민으로 성장하도록 도울 수 있다. 학교나 교실에서 문제가 발생했을 때 가능한 상황이라면 문제 해결을 위한 분석과 제안을 학생들이 자율적으로 할 수 있도록 해야 한다.Noddings & Brooks, 2016: 71-72 민주적인 생활에 참여하는 학습은 학생들이 공동의 문제를 해결하고, 학급이 따라야 할 규칙을 만들고, 교실의 삶과 학습을 증진시키기 위한 생각들을 평가하고, 학습 대상의 구성에 참여하는 것과 같은 민주적인 생활을 포함한다.

이 관점에서 말하면 민주적인 생활에 대한 학생의 참여는 그 자체가 목적임과 동시에 성인의 민주적인 생활을 이루기 위한 도구로서 기여한다. 그러한 참여로 학생들은 미래에 적용할 정보뿐만 아니라, 민주주의의 기술과 실제적 절차, 민주주의의 삶의 방식 또한 배울 수 있다.Noddings, 2010: 48 학교가 개인들 사이의 공정한 경쟁을 장려해서도 안 되지만, 얼굴 없는 학급의 구성원으로서 모두를 동일하게 대해서도 안 된다. 차라리 학교는 함께 살아가는 삶의 최고 형태를 실현하는 장으로서 민주적으로 조직되어야 한다. 그때 학교는 아이들이 자신과 타인, 전체 사회의 성장을 증진하는 방법을 실제로 배우는 작은 사회이다.Noddings, 2010: 50-51

학교는 아이들이 자신과 타인, 전체 사회의 성장을 증진시키는 방법을 실제로 배우고 실천하는 민주적 맹아를 잉태시키는 '작은 공동체'라고 할 수 있다. 사람들이 하나의 사회에서 함께 살아가는 것은 그들이 무엇인가를 공동으로 가지고 있기 때문이다. 그 공동의 것을 가지게 되는 과정이 공적 대화를 위한 의사소통이다. 그것은 민주주의의 이상을 구성하는 것으로서 젊은이들의 참여적 의사소통을 통해 유도되어야 한다. 민주주의는 사람들이 어울려 살아가는 삶의 방식을 드러내는 원리이기에 입으로 구호를 외친다고 해서 실현될 일이 아니다. 나딩스는 민주주의가 영원히 구성 중인 '협력적 작업'이기에 교육 또한 마찬가지의 성격을 띠는 일이라고 역설한다.

우리의 의사소통과 협력 상태를 근본적으로 다시 점검할 때가 되었다. 민주주의 토대가 취약하다. 듀이가 역설한 대로 공적인 대중인 '공중'이 두텁지 않다. 그래서 가짜뉴스에 쉽게 휘둘리는 우중이 많아지고 있다. 이리되면 민주주의의 위기를 불러온다. 소크라테스의 죽음도 그러했고 히틀러의 등장도 그러했다. 민주주의자를 많이 길러 내야 하는 교육자의 사명이 그 어느 때보다 중요한 시대가 되었다. 민주주의는 민주주의자에 의해 유지되기 때문이다.

참고문헌

심성보(2014). 「상호-돌봄을 위한 돌봄의 윤리」. 『민주시민을 위한 도덕교육』. 살림터.
심성보(2017). 「여성주의 교육 이론의 발전 과정과 최근의 연구 동향」. 부산여성사회
교육원. 『여성주의 교육, 시공을 묻다』. 신정.
Coffey, A. & Delamont, S.(2000). *Feminism and the Classroom Teacher*.
London & New York: Routledge · Falmer.
Daly, M.(1978). *Gyn/ecology: The Metaethics of Radical Feminism*. Boston:
Beacon.
Dewey, J.(1916). *Democracy and Education*. 이홍우 옮김(2007). 『민주주의와 교
육』. 교육과학사.
Enslin, P.(2006). Democracy, Social Justice and Education: Feminist Strategies
in a Globalising World. *Educational Philosophy and Theory*, 38/1: 57-67.
Flinders, D.(2002). 「넬 나딩스」. Joy A. Palmer 외 편. *Fifty Modern Thinkers on
Education: From Piaget to the Present*. 조현철 · 박혜숙 옮김(2009). 『50인의 현
대 교육사상가』. 학지사.
Gale, K.(2015). Feminisms, Philosophy and Education. Haynes, J. Gale, K. &
Parker, M. *Philosophy and Education: An Introduction to Key Question and
Themes*. Oxon: Routledge.
Garrison, J. Neubert, S. & Reich, K.(2016). *Democracy and Education
Reconsidered: Dewey After One Hundred Years*. Routledge.
Gore, J. M.(1993). *The Struggle for Pedagogies: Critical and Feminist
Discourses as Regimes of Truth*. New York/London: Routledge.
Jaggar, A. M.(1991). Feminist Ethics. Card, C.(ed.). *Feminist Ethics*. Lawrence:
University of Kansas Press.
_____(1992). Feminist Ethics. Becker, L. & Becker, C.(eds.). *Encyclopedia
of Ethics*. New York: Garland Press.
Jaggar, A. M. & Rothenberg, P. S.(1993). *Feminist Frameworks: Alternative
Theoretical Accounts fo the Relations between Women and Men*.
McGrawhill.
Luke, C. & Gore, J.(eds.)(1992). *Feminisms and Critical Pedagogy*. New York:
Routledge.

McLeod, J.(2012). Feminism. Arthur, J. & Peterson, A.(eds.). *The Routledge Companion to Education*. New York & London: Routledge.

Martin, J. R. 유현옥 옮김(2002). 『교육적 인간상과 여성』. 학지사.

Moore, N.(2007). Imagining Feminist Futures: The Third Wave, Postfeminism and Eco/Feminism. *Third Wave Feminism: A Critical Exploration*. New York: Palgrave Macmillan.

Noddings, N.(1984). 『배려교육론』. 추병완 옮김(2002). 다른우리.

_____(2003). 『행복과 교육』. 이지헌 옮김(2008a). 학이당.

_____(2006). *Critical Lessons: What our Schools Should Teach*. Cambridge University Press.

_____(2007). *When School Reform Goes Wrong*. Teachers College Press.

_____(2008b). A Way of Life. Waks, Leonard J.(ed.). *Leaders in Philosophy of Education: Intellectual Self Portraits*. Sense.

_____(2013). *Education and Democracy in the 21st Century*. 심성보 옮김(2016). 『21세기 교육과 민주주의: 개인적 삶, 직업적 삶, 시민적 삶을 위한 교육』. 살림터.

_____(2009a). 「글로벌 시민의식」. 연세기독교교육학포럼 옮김. 『세계시민의식과 글로벌 교육』. 학이당.

_____(2009b). 「우리가 배운 것은 무엇인가?」. 연세기독교교육학포럼 옮김. 『세계시민의식과 글로벌 교육』. 학이당.

_____(1992). 『배려: 윤리와 도덕교육에 대한 여성적 접근법』. 한평수 옮김(2009c). 천지.

_____(2010). 『넬 나딩스의 교육철학』. 박찬영 옮김. 아카데미프레스.

_____(2012). *Peace Education: How We Come to Love and Hate War*, Cambridge. 추병완 외 옮김(2019). 『평화교육』. 하우.

Noddings, N. & Brooks, L.(2016). *Teaching Controversial Issues: The Case for Critical Thinking and Moral Commitment in the Classroom*. 정창우·김윤경 옮김(2018). 『논쟁 수업으로 시작하는 민주시민교육』. 풀빛.

Ravitch, D.(2010). 『미국의 공교육 개혁, 그 빛과 그림자』. 윤재원 옮김(2011). 지식의 날개.

_____(2019). 『골리앗 무찌르기: 미국의 교육개혁과 그 적들』. 유성상 옮김(2022). 박영 story.

Riffert, F.(2005). Whitehead's Critique of Traditional Concepts of Learning and Instruction. Riffert, F.(ed.). *Alfred North Whitehead on Learning and Education: Theory and Application*. Cambridge Scholars Press.

Slote, M.(2007). *The Ethics of Care and Empathy.* New York: Routledge.

Thayer-Bacon, B. J.(1993). *Relational (e)pistemologies.* New York: Pete Lang.

_____(1998). *Philosophy Applied to Education: Nurturing a Democratic Community in the Classroom.* New Jersey & Ohio: Merill.

_____(2011). Feminist Theory and Moral Education. DeVitis, J. L. & Yu, T.(eds.). *Character and Moral Education.* New York: Peter Lang.

Tronto, J.(1993). *Moral Boundary: A Political Argument for an Ethics of Care.* New York: Routledge.

Tronto, J.(2013). *Caring Democracy: Markets, Equality, and Justice.* 김희강·나상원 옮김(2014). 『돌봄 민주주의: 시장, 평등, 정의』. 아포리아.

Walkerdine, V.(1992). 'Progressive Pedagogy and Political Struggle', Luke, C. & Gore, J.(eds.). *Feminisms and Critical Pedagogy.* New York: Routledge.

Weiler, K.(1996). Freire and a Feminist Pedagogy of Difference. Edwards, R., Hanson, A. & Raggatti, P.(eds.). *Boundaries of Adult Learning.* London: Routledge.

9장

악셀 호네트:
'인정 관계'의 확대를 위한 연대와 교육'

조나영

1. '능력주의' 시대, 왜 호네트인가?

활활 타오르는 모닥불 속에 썩은 통나무 한 개비를 집어 던졌다. 그러나 나는 미처 그 통나무 속에 개미집이 있다는 것을 몰랐다. 통나무가 우지직 타오르자 별안간 개미들이 떼를 지어 쏟아져 나오며 안간힘을 다해 도망치기 시작한다. 그들은 통나무 뒤로 달리더니 넘실거리는 불길에 휩싸여 경련을 일으키며 타죽어 갔다. 나는 황급히 통나무를 낚아채서 모닥불 밖으로 내어던졌다. 다행히 많은 개미들이 생명을 건질 수 있었다. 어떤 놈은 모래 위로 달리기도 하고, 어떤 놈은 솔가지 위로 기어오르기도 했다. 그러나 이상한 일이다. 개미들은 좀처럼 불길을 피해 달아나려고 하지 않는다. 가까스로 무서운 공포를 이겨 낸 개미들은 방향을 바꾸더니 다시 통나무 둘레를 빙글빙글 맴돌기 시작했다. 그 어떤 힘이 그들을 내버린 고향으로 다시 돌아오게 한 것일까? 많은 개미들이 활활 타오르는 통나무 위로 기

---

1. 이 글은 졸고 「인간 향상의 문제와 인간 존중을 위한 교육: '인정'에 관한 호네트와 후쿠야마의 논의 비교를 중심으로」[조나영(2021), 『교육철학연구』 43(4), 165–189]와 「'인정 관계'의 확대를 위한 연대와 교육: 악셀 호네트(A. Honneth)의 '사회적 가치 부여' 개념을 중심으로」[조나영(2022), 『교육문화연구』 28(3), 33–54]의 내용을 발췌 및 수정하여 작성하였다.

어 올라갔다. 그러고는 통나무를 붙잡고 바둥거리면서 그대로 거기서 죽어 가는 것이었다.Soljénitsyne, 1964: 219-220

『솔제니친 단편집』에 수록된 「모닥불과 개미」 전문이다. 구소련의 역사가이자 소설가인 솔제니친은 어느 날 개미집이 있던 통나무 한 개비를 모닥불로 던져 넣고 나서 불길 속에서 타들어 가던 개미들이 불길을 피해 달아나다 다시금 그 무시무시한 공포가 시작되었던 곳으로 되돌아가는 모습을 발견한다. 그는 무엇을 깨달았던 것일까? 구소련의 암담한 상황, 인권이 유린된 사회의 처참한 실상과 그 부당한 체제 속에서도 살아갈 수밖에 없는 민중들의 처절한 삶을 폭로하며 인간의 자유와 강인한 생명력 그리고 연대의 의미를 강조Soljénitsyne,1964: 288해 온 그가 「모닥불과 개미」를 통해 전하고자 했던 메시지는 무엇이었을까? 반세기가 훌쩍 넘은 지금까지도 그의 글은 '비장한' 여운을 준다.

세계 곳곳에는 여전히 모닥불을 향해 거침없이 자기 자신을 내던질 수밖에 없게 하는 일들이 난무하다. 2021년 초 미얀마에서는 민주화 운동을 주도해 온 민주주의민족동맹NLD이 총선에서 압승하자 이에 불복한 군부가 쿠데타를 일으켜 무고한 시민들을 무참히 진압하는 일이 벌어졌다. 잔학한 폭력으로 수많은 이들이 희생당하는 참상을 직접 목격한 가운데서도 미얀마인들이 '세손가락(선거, 민주주의, 자유)'을 들며 '함께' 저항하도록 한 힘은 무엇인가? 그 연대하는 힘의 원천은 어디에서 연유하는가? 그것은 더 근본적으로 인간 본성의 긍정적 차원, 곧 인간의 기본권리와 자유를 수호하며, 민주주의를 확립하고자 하는 '열망' 이상의 것이 있기에 가능했을 것이다. "만일 인간이 단순한 … 욕망 덩어리에 지나지 않는다면, 군사 정권 … 교활한 기술관료의 지배 … 혹은 급속한 경제성장에 … 빠진 … 나라에서 살더라도 충분히 만족했을 것이다. 그렇지만 이러한 나라에 살고 있는 이들은 욕망과 이성 이상의 … 존엄한 인간이라는 믿음"Fukuyama, 1992: 287을 지니고 있다.

불길인 줄 알면서도, 살아남고자 하는 욕망을 지니고 있음에도 마땅히 함께하기로 한 그 생명력의 근간에는 무엇보다 '인간의 존엄함'을 '인정'받고자 하는 바람이 있다. 그렇다면 우리 사회에서는 이러한 바람이 얼마나 잘 실현되고 있는가? 악셀 호네트Axel Honneth[2]는 현대 사회가 이전과 달리 견고한 민주주의적 법제하에서 '어느 정도' 잘 기능하는 부분들이 있지만, 아직 공동체의 상당수 구성원에게는 그들이 만족할 만한 안정적인 삶의 토대를 제공하지 못하는 무능력함을 보인다고 진단한다.Pongs, 2000;

---

2. 프랑크푸르트학파를 이끌었던 하버마스의 제자이자 사위인 악셀 호네트는 3세대 비판이론가로 알려져 있다. 그는 1949년 독일의 공업지역인 에센에서 태어났는데, 이곳은 2차 세계대전 이후 많은 외국인 노동자들이 독일 재건을 위해 중추적인 역할을 했던 지역이다. 호네트는 어렸을 때 의사인 아버지를 따라다니며 노동자들의 열악한 생활 환경을 자주 접하게 되는데, 훗날 그는 이런 경험이 인정 이론의 정립에 영향을 미쳤다고 토로했다. 그는 1969년부터 1974년까지 본대학교와 보훔루르대학교에서 철학, 사회학 등을 연구했으며, 1977년부터 1982년까지는 베를린자유대학교 사회학 연구소에서, 1983년부터 1989년까지 프랑크푸르트대학교 철학부에서 수학했다. 호네트는 베를린자유대학교 시절, 「권력에 대한 비판, 푸코와 비판이론」을 박사학위논문으로 제출하고, 이어 1990년 프랑크푸르트대학교의 하버마스 아래에서 「인정에 대한 투쟁(Kampf um Anerkennung)」으로 교수자격을 획득한 뒤 하버마스의 후임으로 프랑크푸르트대학교의 철학과 교수가 된다. 그는 프랑크푸르트대학교 철학과 교수와 사회연구소 소장직을 겸임하면서, 지난 1세대와 2세대 학파의 사회 비판이론에는 사회학적 결함이 있음을 지적하고, 사회의 내적인 갈등 요소를 극복할 수 있는 도덕적 규범과 기제를 구축하는 데 몰두하게 된다. 그의 이러한 관점을 여실히 드러내고 있는 저서가 바로 『인정투쟁: 사회적 갈등의 도덕적 형식론(The Struggle for Recognition: The Moral Grammar of Social Conflicts)』(1992)(이하 『인정투쟁』)이다. 이 외에도 그는 『정의의 타자(Das Andere der Gerechtigkeit)』(2000), 『비규정성의 고통(Leiden an Unbestimmtheit)』(2001), 『비가시성(Unsichtbarkeit)』(2003), 『분배냐, 인정이냐?: 정치철학적 논쟁(Redistribution or Recognition?: A Political-Philosophical Exchange)』(2003), 『물화: 인정이론적 탐구(Verdinglichung: Eine anerkennungstheoretische Studie)』(2005), 『무시: 비판이론의 규범적 기초(Disrespect: The Normative Foundations of Critical Theory)』(2007), 『자유의 권리(Das Recht der Freiheit)』(2011), 『우리 안의 나(The I in the We)』(2012), 『사회주의 재발명(Die Idee des Sozialismus)』(2016), 그리고 『인정: 하나의 유럽 사상사(Anerkennung: Eine europäische Ideengeschichte)』 등을 차례로 발표하면서 사회 철학과 비판이론 연구에 공헌해 오고 있다. 이와 관련된 호네트의 삶과 학문적 배경에 대한 자세한 사항은 『비판적 실천을 위한 교육학』[이윤미 외(2019), 살림터, pp. 193-199]을 통해서도 확인할 수 있다.

102 인간이라면 누구나 자신이 속한 공동체에서 자신만의 가치와 개성을 드러냄으로써 사람들에게 '인정'받고 그것이 사회적으로도 기여한다는 사실을 통해 스스로에 대한 존중감을 지닐 수 있어야 한다. 하지만 현실적으로 사회의 모든 이들이 서로를 존중하는 동등한 관계에서 자유롭게 그들이 원하는 바를 실현해 낼 기회를 갖는 것은 불가능하다. 사회가 나름의 규범과 가치 평가 기준을 통해 인간의 서로 '다름'을 재단하고 그 과정에서 사회적 기준에 부합하는 이와 그렇지 않은 이로 끊임없이 인간을 '구분'하고 차별화하는 방향으로 작동하기 때문이다. 이는 한 개인의 개성과 가치 그리고 능력이 사회 안에서 오롯이 현시되기는 쉽지 않을뿐더러, 이를 위해서는 무엇보다 자신이 어떤 존재이며 어떠한 삶을 지향하는지에 대한 긍정적 인식과 자기 관계에 대한 성찰이 전제되어야 함을 보여 준다. 근본적으로 자기 정체성을 형성하지 않은 채 어느 누구도 자신의 가치를 공동체에 드러낼, 곧 자신의 가치가 사회적으로 기여할 힘을 획득하기는 어렵다.

호네트는 이러한 사실에 주목하면서 인간이 자기 정체성을 형성하기 위해서는 다른 이들과의 인정 관계가 필요하며, '사랑', '권리', 그리고 '사회적 가치 부여'라는 인정 형식을 통해 자신을 신뢰하고 존중하며, 자신을 당당히 여길 수 있어야 한다고 보았다. 그러나 전술했듯이 우리 사회에는 폭력, 배제, 모욕 등과 같은 무시, 인정 유보의 상황에서 자신과 우호적으로 관계 맺을 수 없는 이들도 상당히 많다. 따라서 호네트는 우리가 이전보다 나은 공동체를 향해 불의적인 삶의 상황들을 극복함으로써 모든 이들이 주체적으로 자신의 미래를 희망적으로 구현할 수 있도록 정당한 도덕적 가치 체계와 규범이 필요하다고 역설한다.Honneth & Fraser, 2003: 281 이때 그가 강조하는 것이 바로 도덕적 삶의 형식인 '인정Recognition'이다. 호네트는 인정 이론을 통해 한 인간이 공동체에서 겪는 무시의 형태가 어떻게 정서적, 인지적, 사회적 차원에서 삶을 파괴하는지

면밀히 분석한다. 그러면서 그는 인간이 자기 훼손을 겪지 않고 사회의 자유로운 구성원으로 인정받기 위해서는 투쟁할 수밖에 없는데, 자본주의 경쟁 체제가 심화되면서 사회가 우리의 가치를 효율적이고 경제적인 논리와 기준에 따라 결정함으로써 인정투쟁을 위시한 사회운동(연대)의 동력을 잃어 가고 있다고 우려를 표한다.

호네트가 볼 때, 인간의 활동 가운데 어떤 측면은 사회적 가치 평가 기준에 부합하여 그에 따라 지위와 재화 등의 보상이 주어지는 데 반해, 다른 활동들은 가치 기준에서 배제되어 하등의 대가를 받지 못한다. 공동체 안에서 높게 가치 평가되는 인간 활동과 그렇지 않은 활동에 대한 사회적 합의, 혹은 더 나아가 공정한 가치 평가는 제대로 이루어지고 있는가? 우리는 누구나 자신의 능력과 가치에 따라 사회적으로 기여하고 그에 합당한 보상과 처우를 보장하는 사회적 규범의 정당함을 추구하고자한다. 그렇기 때문에 우리는 지속적으로 사회의 인정 질서와 가치 평가기준이 공동체의 구성원에게 수치심 없이 자신의 역량을 펼칠 기회를 제공하는지 비판적으로 사고하고, 더 나은 도덕적 규범을 제시하기 위한 사회운동, 인정을 둘러싼 투쟁에 참여할 수 있어야 한다. 그런데 호네트도 지적했듯이, 오늘날 능력 중심의 경쟁 체제하에서 자기도취적인 안락에 고립되어 있는 개인에게 모든 이가 사회적 정체성을 형성할 계기를 열어주자는 '인정투쟁'은 관심의 대상이 아니다. 더욱이 '능력'에 따른 차이와 구별을 통해 차별의 정당성을 내세우는 가운데 모두가 권리 주체가 되어 자신의 개성과 가치를 인정받는 일은 요원할 수밖에 없다.

일례로 우리는 자신보다 '월등'한 누군가의 능력에 따른 보상은 마땅하다 여기지만 자신보다 '열등'하다고 생각한 이들에게 혜택이 주어지면 이를 비합리적이고 불평등한 일로 치부하고 용납하려 하지 않는다. 최근 인천국제공항 비정규직 보안 요원의 정규직 전환, 서울교통공사 무기계약직의 정규직화, 유명 연예인과 스포츠 선수들의 군복무 면제, 입학 및 취업 관련 소외 지역 전형, 여성할당제, 청년 및 장애인 우대 정책, 수시 및 정시 확대 여부, 공공의대 설립, 본교와 분교 간 교환학생 허용, 대입 지역 할당과 소외 계층 우선 정책 등을 둘러싸고 벌어지는 논의들만 보더라도 개인들이 자신의 능력 유무에 따라 열등과 우월, 성공과 실패의 이분법적 세계에 어떻게 갇힐 수 있는지를 생각하게 된다. 개인에게 부여되는 가치와 보상이 오직 개인의 능력과 재능에 따라서만 결정되어야 한다고 믿는다. 이러한 관점이 평등하고 공정한 사회를 위해 합리적이고 효율적이라는 인식은 교육을 통해 공고해진다. 교육은 이제 인간이 타고난 자연적 차이가 아닌 능력에 따른 차별을 정당화하는 기제로 여겨진다. 이렇듯 근대 이후 세습과 특권을 타파하기 위한 기제로 작동한 '능력주의'는 오늘날 자유롭고 평등한 삶의 원천이자 그것을 지탱하게 해 주는 정당한 규범으로 기능하지 못하고 있다. 오히려 그것은 경쟁을 부추기며 혐오를 조장하고, 민주적 시민성은 물론 비판적 사유까지도 저해하는 등 연대를 위한 공동체적 정신을 약화시키는 주된 요인으로 작동하고 있다.

이제 공교육의 본래 이념에 따라 학교가 아이들에게 민주적 시민으로서의 정체성과 역량을 길러 주는 장이 되려면 능력주의의 한계를 인식하고 상호 간의 인정과 이해 그리고 평등과 우정의 정신에 따라 그들이 책임 있는 삶을 영위하게 하는 교육에 관심을 기울여야 한다는 주장이 힘을 얻고 있다.[3] 이러한 입장은 호네트가 인정 이론에서 내세우고 있는 자기 정체성과 사회적 정체성 형성 논의를 근거로 삼는다. 호네트는 '인정'

---

3. 이와 관련된 논의들은 다음과 같다. 권성민·정명선(2012), 「실력주의의 이해와 비판적 고찰」, 『인문학논총』 30, 439-468.; 박권일 외(2020), 『능력주의와 불평등』, 교육공동체 벗.; 성열관(2015), 「메리토크라시에서 데모크라시로: 마이클 영(Michael Young)의 논의를 중심으로」, 『교육학연구』 53(2), 55-79.; 장은주(2011), 「한국 사회에서 메리토크라시의 발흥과 교육 문제: 민주주의적 정의를 모색하며」, 『사회와 철학』 21, 71-106.; 장은주(2017), 「'형성적 기획'으로서의 민주시민교육: 한국 민주시민교육의 기본 방향과 초점」, 『한국학논집』 67, 7-36.; 장은주(2020), 『시민교육이 희망이다』, 피어나. 그리고 장은주(2021), 『공정의 배신』, 피어나 등이 있다.

개념의 다양한 영역과 그 대립적 등가물로서, 정서적 차원의 '사랑'과 '신체적 학대', 인지적 차원의 '권리'와 '사회적 배제' 그리고 사회적 차원에서의 '가치 부여'와 '인격 훼손'을 단계적으로 다룸으로써 인간의 자기 정체성 형성이 사회적 정체성으로 이행하는 과정을 설명한다. 그러면서 그는 능력주의와 관련된 사회적 가치 부여의 '인정' 유형이 지닌 이중적 의미를 통해 인간의 자유롭고 평화로운 삶의 문화 정착과 그 안에서 인간이 자신감, 자존감, 자부심을 획득하며 다른 이들과 공생할 수 있는 연대적 힘의 중요성을 강조한다. 이에 호네트의 인정 이론은 능력주의로 표방되는 이 시대에 우리가 점차 개인화, 고립화되어 가는 사람들 간의 갈등과 대립은 물론, 사회의 불화와 불의적 상황을 확인하고 상호 인정의 문화와 공동체적 연대를 위한 교육의 역할과 책임을 모색하는 데 중요한 토대가 된다.

2. 호네트의 '인정 이론': 인정 관계의 구조와 의미

자기 정체성 형성: 정서적 배려(사랑)와 인지적 존중(권리)

찰스 테일러C. Taylor는 『불안한 현대 사회』에서 삶의 의미 상실과 목적 상실 그리고 정치적 자유의 실종이라는 세 가지 불안이 우리 사회의 주된 특징이라고 주장했다. 그가 말하는 삶의 의미 상실은 토크빌A. Tocqueville이 "자질구레한 세속적 쾌락"Taylor, 1991: 12이라고 언급했던 것처럼 인간이 자기 자신에게만 관심을 두고 오직 자신의 사적인 취향과 개인적 안락에만 심취해 가는 심리학적, 윤리학적 이기주의와 관련이 있다. 이렇게 인간이 자기 자신만의 '행복'을 극대화하는 데 점철된 삶을 합당하고 바람직한 것으로 여기게 되면, 보다 나은 삶, 보다 좋은 삶, 보다 바람직한 삶을 향한 자기 삶의 그림을 그리지 못하고 '자기진정성'에 입각한 삶의 목적을 상실할 위험에 처하게 된다. 이제 이러한 개인적이고, 물질적이며, 도구적인 삶의 문화는 결국 인간이 자기 속에만 갇혀 '우리' 삶을 위협하는 문제들에 관심을 기울이고 참여할 능력을 잃게 한다. 곧 자기도취적 개인들은 각자의 삶에 고립되어 시민으로서 공동으로 대처하고 책임짐으로써 누릴 수 있는 "정치적 자유"를 스스로 마다하게 된다.Taylor, 1991: 10-23 정치적 자기 결정권의 상실은 우리가 시민으로서의 품위를 가지고 자신의 운명을 스스로 선택하고 결정할 수 있는 권한을 거대한 사회체제나 권력에 전적으로 위임하는 현상을 낳는다. 그렇게 될 때 우리는 사회 안에서 우리가 경험하는 불합리하고 불의적인 상황에 제대로 저항할 수 없게 되고, 권력 주체의 지배와 통제를 받게 된다.

그렇다면 우리가 사회의 권력 체제로부터 벗어나 자유로운 인격체로 스스로를 형성해 가려면 어떠한 노력이 필요한가? 사회가 발전하는 과정에서 최대한 희망적인 방향으로 우리가 사회에 함몰되지 않는 주체적인 인간으로 성장하기 위해서 요구되는 것은 무엇인가? 그리고 인간이 서로를 존중하는 가운데 공동체에서 함께 살아가기 위해서 우리는 무엇을 해야 할 것인가? 이러한 일련의 물음에 근거해서 테일러가 현대 사회의 불안을 극복하기 위해 제시했던 바와 마찬가지로 호네트 역시 인간이 주체로 성장하고 서로 공생할 수 있도록 하려면 상호 간의 '인정 관계'를 확대해야 한다고 보았다. 그가 주장한 '인정 관계'란 한 인간이 사회에서 획득하게 되는 정서적, 인지적, 사회적 지위는 다른 이들과의 상호적 인정을 통해 이루어진다는 사실을 전제로 한다. 그것은 개인의 자기 정체성이란 타인과의 상호작용에 기반할 때만 확고해질 수 있다는 것을 의미한다. 사회 안에서 만일 우리가 타인으로부터 자신을 보장받지 못한다면, 우리 자신의 정체성은 훼손될 수밖에 없다. 바로 이러한 사실에 주목하면서 호네트는 헤겔G. W. Hegel의 철학과 미드G. H. Mead의 사회심리학Honneth, 1992: 183을 토대로 인간의 주체적 자주성이 '상호 인정'의 여부에 따라 단계적으로 발달한다는 사실을 증명해 낸다.[4] 그리고 그는 자신의 『인정투쟁』을 통해 한 인간의 주체적 성장을 위한 '상호 인정' 방식의 각 단계를 아래와 같이 기술하고 있다.

[표 1] 각 사회적 인정 관계의 구조^{Honneth, 1992: 249}

인정 방식	정서적 배려	인지적 존중	사회적 가치 부여
개성의 차원	욕구 및 정서 본능	도덕적 판단 능력	능력, 속성
인정 형태	원초적 관계 (사랑, 우정)	권리 관계 (권리)	가치 공동체 (연대)
진행 방향	–	일반화, 실질화	개성화, 평등화
실천적 자기 관계	자기믿음 (자신감)	자기 존중 (자존감)	자기 가치 부여 (자부심)
무시의 형태	학대, 폭행	권리 부정, 제외시킴	존엄성 부정, 모욕
위협받는 개성 구성 요소	신체적 불가침성	사회적 불가침성	'명예', 존엄성

호네트에게서 사회 안의 자기 정체성 실현은 세 가지-정서적, 법적, 사회적- 차원에서 이루어진다. 그리고 이 중에 가장 원초적인 인정 형태는

---

4. 호네트에 따르면, 헤겔은 인간이 자기를 인식하고 정체성을 형성하는 데 가장 중요한 요소가 '인정'이라고 보고 있다. 하지만 사회 안에서 각 개인이 지니는 인정에 대한 욕구는 서로 상충할 수밖에 없기에 이를 극복할 때 비로소 그 또는 그녀가 자기와의 관계를 긍정적으로 정립할 수 있다고 했다. 헤겔은 이러한 인정 욕구와 그에 따른 자기 정체성 형성 과정을 사랑, 권리, 명예라는 형식을 통해 설명한다. 다만, 호네트가 볼 때 헤겔의 인정 논의는 경험적 토대를 제시하지 못하고 있다. 따라서 호네트는 미드의 사회 심리학적 접근을 통해 인정 형식과 자기 관계의 형성을 명확하게 규명해 내려고 시도한다. 미드는 한 인간의 행위가 다른 사람을 자극해서 그들의 반응이 자기에게 영향을 미칠 때 자기 행위의 상호주관적 의미를 가질 수 있을 뿐만 아니라 정체성도 형성할 수 있다고 본다. 그리고 이를 확인하기 위해 '주격 나(I)'와 '목적격 나(me)'라는 개념을 제시하는데, 여기서 '주격 나(I)'는 그 무엇으로도 규정할 수 없는, 개인의 창조성과 관련된 것으로 인간이 자신과 상호작용하는 타인이 자신을 의식하는 것에 앞서서 스스로를 인식하는 자아상이다. 반면, '목적격 나(me)'는 '다른 사람이 나를 어떻게 생각할까'라는 생각과 기대에 관한 것으로, 다른 사람이 자신을 의식할 때 경험하는 자아상이다. 이렇듯 미드는 인간의 경험하고 자각하는 일들은 모두 타인과의 상호작용을 통해 비롯된다는 점을 강조한다(Honneth, 1992: 150-152 참고). 호네트는 이러한 헤겔과 미드의 논의의 접점을 확인하고 이를 구체화함으로써 현대 사회에서 주체들이 자신의 정체성을 훼손당하지 않으면서 자기를 발전시킬 수 있는 '상호 인정'의 형태와 그것을 방해하는 요소에 대해 모색한다.

상호 간의 애정과 배려, 곧 '사랑'이다. 인간은 자연적 조건에서 서로 분리되는 과정에서 정서적 차원의 인정 관계인 사랑을 경험한다. 헤겔이 규정한 첫 번째 인정 관계로서 사랑은 보통 가정에서의 부모와 자식 간의 관계, 서로에게 호의적인 마음을 지니는 동성 및 이성 간의 관계 등을 통해 확인된다. 개인적인 차원에서 우리는 '사랑'을 통해 자신과 타인의 감정적 욕구를 고려하고 서로를 배려하고 친밀하게 마주하는 가운데 자기 자신과 긍정적인 관계를 형성하게 된다.

> 사랑은 첫 번째 상호 인정 관계이다. 왜냐하면 사랑의 실현 속에서 주체들은 서로를 구체적 욕구본능 속에서 확증하게 되고, 또한 이를 통해서 서로를 욕구를 가진 존재로 인정하게 되기 때문이다. 즉 충만한 사랑으로 서로에게 향하고 있다는 경험 속에서 두 주체가 동일하게 알게 되는 것은, 자신들이 욕구 속에서 각각 상대방에게 의존하고 있다는 사실이다. 또한 욕구나 정서는 어떤 점에서는 그것들이 충족되거나 거부되는 것을 통해서만 '확증'을 얻을 수 있기 때문에, 여기서 인정은 정서적 일치와 격려라는 성격을 갖는다. 이런 점에서 사랑이라는 인정 관계는 필연적으로 서로에게 특정한 가치 존중의 감정을 보이는 구체적 타인의 신체적 존재와 관련되어 있다. … 즉 사랑을 바로 '타자 속에서 자기 자신으로 존재함'으로 이해해야 한다는 것이다.Honneth, 1992: 189

호네트가 볼 때, 인간의 자기 정체성이 실현되는 토대는 바로 이 가장 기본적인 인정 관계를 어떻게, 얼마나 경험했는가에 따라 달라질 수 있다. 곧 '사랑'의 인정 관계들은 한 인간의 독립적인 성장 여부를 결정하는 데 중요한 요소이다. 그렇기 때문에 아이가 태어나서 어릴 적 자신을 양육하는 대상과 '어떠한 상호작용을 하느냐'에 따라, 다시 말해 타인과의 관계에서 '얼마나 정서적 일치와 격려를 받느냐'에 따라 인간의 독립성과 밀접하게 관련된 자기 자신에 대한 긍정, 믿음의 정도가 결정된다. 도널드 위니컷D. W. Winnicott은 이러한 '사랑' 관계를 심리학적 접근법을 통해 상호 인정 과정으로 분석해 낸다. 그는 자신의 대상관계이론을 토대로 엄마에게 전적으로 의존하던 아이가 성장하는 과정에서 자신이 보호받고 있다는 확신을 지속적으로 가지게 되면, 아이는 엄마와 떨어져 있는 동안에도—엄마의 부재 시에도 엄마가 '어김없이 곁에 있다'는 창의적 상상을 통해— 아무런 걱정 없이 홀로 있을 수 있다고 주장한다. 아이는 자신의 욕구를 충족시키며 자신을 지탱해 준 엄마의 '행위'를 통해 자신이 사랑하는 존재 역시 자신을 애정으로 보호해 주고 있다는 믿음을 지니게 된다. 이러한 신뢰가 엄마에 대한 아이의 '절대적 의존성'을 아이의 '창조적인 독립성'으로 이행하게 하며, 아이가 다른 존재들과 '우정'을 형성할 능력을 갖추도록 해 준다.Honneth, 1992: 193-206 이로써 아이는 타인과 감정적으로 유대하는 데서 비롯되는 긴장으로부터 벗어나 자신과 관계 맺는 기회를 얻게 된다.

호네트가 분석한 위니컷의 이러한 주장은 가정과 학교, 사회 안팎에서 일어나고 있는 아동학대, 체벌, 학교폭력, 폭행 등 비인간적인 사건들만 보더라도 설득력을 지닌다. 오랫동안 어긋난 인정 관계에 놓여 있던 이들은 자기 자신은 물론 타인, 더 나아가 자신을 둘러싼 세계 그 자체를 희망적으로 기대하기 어렵다. 인간이 지닌 가장 원초적인 욕구, 정서적으로 인정받고 싶은 욕구에 대해 제대로 만족을 느끼지 못한 사람은 스스로 자신이 구체적인 감정을 지닌 존재이며, 다른 이들 또한 그러한 감정을 지니고 있다는 사실을 깨닫지 못한 채 성장하게 된다. 인간으로서 자신이 다른 사람들로부터 자신의 욕구와 감정을 존중받고 그들과 함께 이를 나누며 살아가는 존재라는, 정서적 유대를 경험하지 못한 이들에게 자기 삶을 능동적으로 계획하고 꾸려 갈 동력이 형성될 여지는 없다. 이러한 관점에서 호네트는 한 인간의 정체성 형성을 위해 인정 관계를 확보하는 데 인정이 유보되는 실체를 확인할 필요가 있다고 했다. 인정 관계의 중요성은 상호 인정의 과정에서가 아니라 그것이 유보되었을 때 극명하게 드러나기 때문이다. 호네트는 '사랑'에 대립되는 인정 유보의 형태로 '신체적 불가침성의 훼손'을 제시한다.

> 한 인간에게서 자신의 신체를 자유롭게 사용할 수 있는 가능성을 폭력으로 빼앗는 실제적 학대의 형태들은 가장 기본적인 인격적 굴욕의 형태이다. 그 이유는, 어떤 의도를 가지고 한 개인의 의지에 반하여 그의 신체를 장악하려고 하는 시도는 다른 무시의 형태들보다 훨씬 파괴적으로 한 인간의 실천적 자기 관계를 해치는 굴욕감을 일으키기 때문이다. 고문이나 폭행 같은 신체의 훼손 방식이 갖는 특수성은 단순한 신체적 고통이 아니라, 이 신체적 고통이 아무런 보호 없이 현실에 대한 감각을 잃을 정도로 타인의 의지에 내맡겨져 버린다는 느낌과 연결되어 있다는 데 있다.Honneth, 1992: 252

인간에게 가장 기초적인 만큼 가장 파괴적일 수 있는 이 정서적 인정 관계의 훼손은 신체적 학대 경험을 통해 자행된다. 신체적 학대는 사랑이라는 인정 관계를 통해 형성되는 자기 몸에 대한 주체적 결정권이 누군가에 의해 유보되었다는 점에서 한 인간이 자기 신체를 자유롭게 움직일 수 있다는 스스로에 대한 믿음을 거둬들이게 만든다. 그 결과 인간은 자기에 대한 믿음은 물론, 자기를 둘러싼 세계—혹은 자신에게 학대를 가한—에 대한 믿음까지도 잃게 된다. 이렇듯 인간의 신체적 행위 능력의 상실은 실천적 자기 관계의 핵심 능력인 자신감의 지속적인 파괴로 이어진다.Honneth, 1992: 253 결국 신체적 불가침성의 훼손을 겪은 사람은 자신의 삶에서 그 어떤 것도 스스로 해낼 수 없는 정서적, 감정적 죽음을 맞게 될 수밖에 없다. 이에 우리는 일차적으로 한 인간이 근원적인 자기 관계를 형성하여 사회 안에서 다른 이들과 안정적인 관계를 맺고 동등한 존재로 사유하고 행위하며 살아갈 수 있도록 인정 관계의 토대를 마련하는 데 관심을 기울여야 할 것이다.

그런 후에야 사회 안에서 각 개인은 두 번째 인정 관계인 법적 '권리'를 획득할 수 있게 된다. 사랑과 구분되는 '권리'는 모든 인간이 한 사회의 구성원으로 취득하게 되는 법적인 권한, 곧 동등한 존재라는 인식을 통해 부여받게 되는 인정 유형이다. 전술한 것처럼 이 '권리'는 사회 내 모든 구성원이라면 마땅히 부여받아야 하는 정당한 권한이라는 점에서 예외나 특권이 허용될 수 없다. 역사 발전 초기의 정치 형태인 군주제, 귀족정과 과두정 그리고 민주 정치체제에 이르기까지 특정한 개인과 집단에게 국한되었던 '자유'를 모두를 위한 것으로 확대하는 과정에서 인간은 그 '자유'의 주체가 되기 위해 권력의 횡포와 억압에 맞서 저항해 왔다. 근대로 이행하면서 인류는 계급과 신분이라는 봉건적 삶의 질서를 극복하고 주체로서 자신의 권리를 인정받기 위해 투쟁해 왔으며, 그 결과 인간이라면 누구나 법적으로 자유롭고 평등한 존재라는 규범을 상호 간에 준수해 왔다. 공동체 내의 이러한 법과 규범의 원칙에 따라 지켜져야 하는 상호 간의 '권리'는 "가장 요구 수준이 높은"Honneth, 1992: 215 인정 관계에 속한다.

국가에서 … 인간은 이성적 존재로, 자유로운 인격체로 인정되고 취급된다. 그리고 각 개인이 이러한 인정을 통해 자신을 가치 있게 만드는 것은, 각 개인이 자기의식의 자연성을 극복함으로써 일반자, 즉자 대자적 의지, 법률에 복속하게 되기 때문이다. 따라서 각 개인은 타인에 대해 일반적으로 타당한 방식으로

행동하게 되며, 타인을 자기 자신이 인정되길 바라는 바대로 인
정하게 된다. 즉 자유로운 인격체로.Honneth, 1992: 212

그것은 권리 인격체들이 동일한 법의 구속력 안에서 다른 이들을 자신
과 동등한 권리 인격체로 존중하고 그들의 자율적 판단과 의지를 보장해
야 한다는 사실에 따른다. 다시 말해 한 인간이 '권리'를 지닌다는 것은
다른 사람에 대한 규범적 의무를 준수해야 함을 전제로 한다. 이때 규범
적 의무란 우리가 공동체에 속한 다른 이들을 권리 인격체로 인정한 것처
럼 그들에게 우리 또한 '권리 인격체'로서 여겨질 수 있다는 확신을 기대
할 수 있다는 의미도 내포한다. 규범적이고 도덕적인 차원에서 인간이 서
로를 공동체의 구성원으로 인정할 때 비로소 인간은 평등하고 자유로운
존재가 될 수 있다. 우리가 이렇게 공동체에 속한 누군가로부터 공동의
문제에 대해 함께 소통하고 논의할 수 있는 독립적이고 자율적인 존재로
인정받게 될 때, 우리는 자기 자신뿐만 아니라 우리를 둘러싼 세계에 대
해서도 인식할 수 있는 능력을 지닌 주체로 스스로를 긍정하게 된다.

하지만 오늘날 가장 발달한 정치체제라고 할 수 있는 민주정에서조차
누군가는 '다수의 횡포'나 '대중의 무관심'과 멸시라는 한계를 넘어서려
고 고군분투하고 있다. 사실 우리 사회는 민주주의적 법제 안에서 다수
의 시민에게는 비교적 안정적이고 인간적인 삶을 선사하지만, 소수의 사
회 구성원들에게는 여전히 불평등하고 불안한 '장소'일 뿐이다. 누군가는
비정규직 노동자이기에, 외국인이라서, 난민이기 때문에 그렇고, 또 다른
누군가는 장애가 있어서, 나이가 너무 많거나 적다는 이유로 그렇다. 때
론 여성이기에 사회 안에서 동등하게 자유롭고 행복한 삶을 누려야 할
권리를 빼앗긴 채 살아가기도 한다. 공동체에 속한 인간이라면 누구나 자
유로운 인격체로 서로를 지향해야 한다는 규범이 정당하다는 사실을 확
인받은 시대임에도 불구하고, 우리는 여전히 자신이 사회의 구성원임을

'인정'받고자 투쟁하는 이들을 마주하고 있다. 그들이 이렇게 끊임없이 '사회적 배제'로부터 벗어나고자 하는 이유는 무엇인가? 그것은 인간이라면 누구나 공동체의 다른 이들과 마찬가지로 동등한 권리를 지닌 인격체로 존중받으면서 자유롭고 평화롭게 살아가길 절실히 원하기 때문일 것이다.

> 권리의 부정이나 사회적 배제 속에 존재하는 무시 형태의 특수성은 단지 개인적인 자주성에 대한 폭력적인 제한에만 있는 것이 아니다. 그 특수성은 그것이 부족하다는 느낌, 즉 자신이 완전하면서도 도덕적으로 동등한 권리를 지니는 상호작용 상대자의 지위를 가지고 있지 못하다는 느낌에 있다. 사회적으로 타당한 권리 요구들이 각 개인에게 유보된다는 것은, 도덕적 판단 능력이 있는 주체로 인정받으려는 상호주관적 기대가 훼손된다는 것을 뜻한다. 이런 점에서 권리 부정에 대한 경험은 전형적으로, 모든 사회 구성원과 동등한 권리를 갖는 상호작용 상대자인 자기 자신과 관계할 수 있는 능력, 즉 자기 존중을 잃어버리게 한다.Honneth, 1992: 254

이러한 측면에서 호네트는 '권리'라는 인정 관계의 대립적 등가물로 '사회적 불가침성의 훼손'을 무시의 형태로 제시한다. 그는 첫 번째 형태의 인정 유보가 정서적인 차원에서 자신감을 파괴하는 신체적 불가침의 훼손과 관련이 있다면, 두 번째 무시는 인지적 차원에서 한 개인의 자존감을 무너뜨리는 굴욕적인 경험과 밀접하게 연결되어 있다고 주장한다. 이럴 경우, 한 인간은 자신이 다른 이들과 동등한 사회 구성원이라는 사실도, 그리고 그들과 마찬가지로 어떤 현안에 대해 도덕적 판단 능력을 내릴 수 있는 존재라는 사실도 잃게 된다. 그렇다면 도덕적 판단 능력이란 무엇인가? 역사적 흐름 속에서 사람들이 사유와 행위의 기준으로 삼는 '도덕'의 가치와 기준은 변모해 왔다. 따라서 한 인간이 자신의 도덕적 판단 능력 곧 인지적 존중을 받지 못한다는 사실은 그 사회에서 통용되는 도덕적 기준에 부합하지 못하는 존재로, 그 사회가 보장하는 보편적 권리를 부여받을 수 없는 존재라는 점을 뜻한다. 이는 한 개인에게는 '사회적 죽음'과 다름없다. 호네트적 관점에서 볼 때 이러한 사회적 죽음은 인간이 주체로서 스스로를 존중할 수 없게 만든다. 사회에서 자신이 존중받는 존재라는 사실을 느끼지 못한 이는 스스로를 긍정적으로 의식할 수 없다. 이런 이유로, 호네트가 볼 때 인간이 성장하는 과정에서 단계적으로 형성해 나가는 자기 정체성 역시 요원한 일이 될 수밖에 없다. 이는 우리가 스스로 자기 정체성을 확립해 가기 위해서 사회 내에서 우리가 처한 '지위'와 그에 따른 상호작용을 벗어날 수 없음을 말해 준다. 따라서 우리는 사회 안에서 그 누구도 배제되지 않은 채 저마다 개별적인 방식으로 자기 삶을 실현하기 위해서는 '사랑'에 이어 '권리'라는 인정 관계의 기회를 확대하는 데 주목해야 할 것이다.

사회적 정체성 형성: 공동체를 위한 기여(연대)

한 인간이 사회 안에서 '무사히' 정서적 배려와 인지적 존중으로서의 '인정'을 경험함으로써 '심리적 죽음'과 '사회적 죽음'을 모면하게 되면, 주체로서 그들은 이제 계속해서 자기 자신을 실현하는 방식에 골몰하게 된다. 근대 이전 모든 인간이 자유롭고 평등한 존재로 인식되기 전에 '인정' 투쟁은 인간의 보편적 권리를 확보하는 데 있었다. 근대 이후 누구나 인간다운 삶과 보편적 인권을 보장받을 수 있는 사회에서 인간은 이제 자신의 능력과 개성을 통해 자신이 다른 이들과 '구별'되는 특별한 존재임을 인정받는 데 힘쓰고 있다. 이때 인간은 '사랑'과 '권리'에 대한 경험을 넘어서는 '사회적 가치 부여'라는 인정 관계를 희망한다. 호네트에 따르면,

'사회적 가치 부여'란 우리가 속한 사회의 가치와 기준에 맞게 자신의 능력을 발현하여 독특한 개성을 표출함으로써 사회나 다른 이들로부터 특별한 존재임을 확인받게 될 때 우리 스스로 자신의 가치를 믿고 당당하게 여기는 마음을 지닐 수 있게 되는 인정 형식을 말한다. 인간은 누구나 자신이 살아가고 있는 공동체 안에서 다른 이들에 비해 더 나은, 더 행복한 삶을 영위하길 원하며, 그런 가운데 더 우월하고 탁월하게 보이고 싶은, 곧 지속적으로 다른 이들과 '구별'되길 바란다.[5]

> 인간 주체들은 중단 없는 자기 관계에 도달할 수 있기 위해 정서적 사랑과 권리 인정에 대한 경험을 넘어서 사회적 가치 부여를 필요로 한다. 이는 각각의 주체가 자신의 속성과 능력에 적극적으로 관계하는 것을 가능하게 한다. … 이런 식의 인정 유형을 적절하게 개념화하기 위해서는 상호주관적으로 공유된 가치의 지평이 그 전제로서 보충되어야 한다는 점이다. 왜냐하면 나와 타인이 개성화된 인격체로서 서로에게 가치 부여를 할 수 있는 것은, 각기 자신만의 개인적 속성이 타인의 삶에 대해 갖는 의미나 기여를 서로에게 표시해 주는 어떤 가치나 목적 지향을 공유할 경우이기 때문이다. … 권리 인정과는 달리 사회적 가치 부여를 통해 인정되는 것은 인간의 개인적 차이를 특징짓

---

5. 루소는 일찍이 여기서 언급한 호네트의 '사회적 가치 부여'라는 인정 형식에 대해 비판적 관점을 제시했다. 그는 인간이 자기가 속한 공동체에서 인정받기 위해 사회적 규범과 질서를 따르고, 타인의 관점을 자기 삶의 기준으로 삼는 그 자체만으로도 인간을 지극히 개인주의적이고 자기도취적으로 만든다고 경고한다. 루소에 의하면, 우리가 자신의 능력이나 가치를 사회 안에서 인정받으려면 그 인정의 기준이 되는 '비교 대상'이 존재하기 마련이며, 그렇게 될 때 개별 주체들은 다른 이들보다 자신을 더 나은 존재로 보이게 하고자 끊임없이 다른 이들과 자신의 '차이'에 집중하고 그들과 자신을 '구분'하려는 성향을 지닐 수밖에 없다는 것이다. 그리고 이는 종국에 사회적 지위와 재화를 얻은 이들과 그렇지 못한 이들을 차별하게 만드는 기준이 될 수 있다면서 '부정적 인정' 개념을 제시한다(Honneth, 2018: 55; Rousseau, 1755: 245, 285-286, 291-293).

는 특수한 속성들이다.Honneth, 1992: 234-235

　이처럼 자신의 가치를 공동체 안에서 인정받으려는 인간은 끊임없이 자신의 독특한 속성과 능력을 증명함으로써 다른 이들에 비해 높은 지위와 명예를 획득할 기회를 얻고자 한다. 그리고 모든 인간이 추구하는 사회적 명예와 위신은 법적으로 누구나 동등하게 보호받을 수 있다. 전통적 가치 체계가 해체되면서 특정한 가문과 집단의 신분, 지위에 부여되던 명성과 영광은 이제 각 개인이 자신을 가치 있는 존재로 여길 수 있는 새로운 가능성 아래에서 누구에게나 주어질 수 있는 것이 되었다. "사회적 가치 부여의 대상은 집단적 속성이 아니라 개인적 과정을 통해 형성된 각 개인의 능력"Honneth, 1992: 242이 된 셈이다. 이렇게 개인의 능력이 점차 사회적 가치의 기준이 되어 감에 따라 저마다의 역량이 발휘되고 그것을 인정하는 것이 중시되는 가치 다원주의가 우리 시대의 삶의 문화로 형성되었다. 하지만 오늘날 사회는 표면상 다원적 가치 체계를 옹호하는 것처럼 보이나, 자유 경쟁 체제가 심화하면서 획일적이고 표준화된 '능력', '업적', 그리고 '성취' 기준을 내세워 개별 인간의 서로 '다름'을 재단하고 서열화하고 있다.

　이른바 '능력주의' 시대에 우리는 '사회적 가치 부여'의 존재가 되지 못하고 자신의 능력을 부정당함으로써 스스로에 대한 존엄성을 상실하게 된다. 사회 안에서 자신의 가치를 인정받지 못한 이는 심리적 균열을 경험하게 되고, 수치심, 모욕, 그리고 분노와 같은 부정적인 정서 등을 갖게 된다. 그리고 이러한 '무시' 경험은 우리가 인정투쟁을 하게 되는 동기가 된다. 하지만 이때 한 인간이 겪은 불의가 인정투쟁으로 이어지기 위해서는 해결되어야 할 문제가 있다. 사회 안에서 자신의 가치를 무시당하고 인격적 불가침성의 훼손을 경험한 이가 자신의 명예를 회복하기 위해 어떻게 도덕적 결단을 내릴 수 있는지, 그리고 한 개인이 겪은 무시와 그로 인한 부정적 감정이 어떻게 공적 성격을 띠는 인정투쟁으로 확대되어 사회 구성원들이 참여하고 연대할 수 있도록 하는지이다. 이와 관련해서 호네트는 한 개인의 부정적 감정이 정당한 근거를 지니고 '저항'을 위한 토대가 되기 위해서는 '도덕적 인식'을 바탕으로 해야 한다고 보았다.Honneth, 1992: 262 한 개인이 겪은 불의가 오직 자신의 이익과 위신에 관련된 일로부터 비롯된 것이라면 그것은 모든 이에게 정서적 공감은 물론 인지적, 도덕적 저항의 계기를 열어 주지 못한다.

> 수치와 같은 감정 속에서 무시에 대한 경험은 바로 인정투쟁
> 을 동기 짓는 자극제가 될 수 있다. 왜냐하면 굴욕당함으로써
> 가질 수밖에 없는 정서적 흥분에서 벗어날 수 있는 길은, 각 개
> 인이 다시금 적극적 행위의 가능성을 되찾는 것이기 때문이다.
> … 사회적 수치나 무시당한 감정에 내포된 인지적 잠재력이 정
> 치적, 도덕적 신념으로 나아갈 수 있느냐 하는 점은, 경험적으
> 로 볼 때 무엇보다도 관련자들의 정치적, 문화적 외부 조건이 어
> 떤 상태에 있느냐에 달려 있다. 오직 사회운동을 강화할 수 있
> 는 수단이 존재할 때에만 무시에 대한 경험은 정치적 저항 행위
> 를 동기화하는 원천이 될 수 있다.Honneth, 1992: 262-263

그렇다면 무시에 대한 경험이 저항 행위, 곧 사회운동을 강화할 수 있는 원천은 어떻게 확보할 수 있는가? 호네트는 우리가 경험하는 모든 인격적 불가침성의 훼손이 도덕적 인식과 요구 그리고 저항을 위한 원천으로 환원될 수 없다고 주장한다.Honneth, 1992: 303 이러한 차원에서 그는 사회적 가치 부여와 관련된 인정 질서가 정당하게 여겨질 수 있는 도덕적 규범의 차원을 두 가지로 설명한다. 첫 번째 차원은 공동체 내에서 개인들이 다른 이들보다 더 높은 사회적 지위와 명성을 얻기 위해 많은 재화

와 자원을 쟁취할 목적으로 자신의 가치나 능력 그리고 개성을 인정해 주길 간곡히 알리는 것이다. 두 번째 차원은 개별 인간이 자기 '업적'만을 호소하는 것이 아니라, 인간으로 누구나 마땅히 누려야 할 인간다움의 가치, 다시 말해 공동체의 구성원 모두에게 요구되는 필수적인 최소한의 권리와 재화를 보장하려고 전력을 다하는 일이다.Honneth & Fraser, 2003: 235 이미 전술한 바와 같이, 첫 번째 차원은 자유주의 경쟁 체제에 입각해 우리가 지극히 개인적이고 자기도취적인 삶에 함몰되어 사적 이익에 국한해서 자신의 독특함을 인정받길 요구할 가능성이 농후하기 때문에 이런 경우 사회의 공적 사안에 관심을 기울이기 어렵다. 반면, 두 번째 차원에서 개별 주체로서 우리는 자신과 동등한 누군가가 겪은 인격적 불가침성의 훼손이 자신에게도 일어날 수 있는 일이라는 사실을 인식하고 기꺼이 공공의 문제에 참여하기 위해 '연대'할 수 있다.

> '연대'란 헤겔이 '상호직관'이라는 개념을 통해 묘사하려고 했던 상호주관적 관계에 대한 하나의 명칭일 수 있다. 헤겔에게 이러한 관계는 두 개의 서로 다른 인정 방식에 대한 종합명제이다. 왜냐하면 연대라는 상호주관적 관계는 '권리'라는 인정 방식과는 보편적 평등 대우라는 인지적 관점을 공유하고 있고, '사랑'이라는 인정 방식과는 정서적 결합과 배려라는 측면을 공유하기 때문이다. … 이것은 사랑이 권리라는 인지적 측면을 통해 공동체 구성원 사이의 보편적 연대로 정화될 때 등장하는 사회적 관계이다. 연대라는 관점에서 각 주체는 타자의 개인적인 특수성을 존중할 수 있기 때문에, 상호 인정의 최고 형태는 바로 이 속에서 실현된다.Honneth, 1992: 180-181

이러한 맥락에서 호네트는 다원적 가치 체계 속에서 한 인간이 지닌 고유한 개성이 온전히 현시될 수 있도록 두 번째 차원의 사회적 가치 부여로서의 '연대'하는 힘이 확대되어야 하며, 그때 비로소 도덕적 가치 질서와 인정 규범이 정당성을 지니게 된다고 보고 있다. 그에게 '연대'란 인간이 공동체 안에 살면서도 자신의 정체성을 훼손당하지 않으면서 상호 인정의 도덕적, 규범적 정당성 아래 자신의 인격을 보장받을 수 있는 기제라고 할 수 있다. 가령, 청소노동자와 관리인의 열악한 노동환경, 땅콩회항이나 하청업체 일감 몰아주기, 부하 직원에 대한 강요와 폭력 등의 직장 내 갑질 문화, 장애 학생에 대한 무시와 폭력, 성별, 인종 등에 따른 차별과 관련된 문제들은 인간으로서 우리가 누려야 할 인간다움의 권리를 부정함으로써 한 인간이 공동체 안에서 사회적 가치 부여를 통해 자신의 역량을 펼칠 기회를 상실하게 만든다.

이러한 경우에 한해 우리는 인간으로서의 최소한의 인격적 불가침성을 위해, 우리의 고유성을 인정받기 위해 공적 영역으로 나아가 공공의 문제에 참여하게 된다. 이것이 가능한 이유는 한 사람이 겪은 무시는 다른 이에게도 잠재적인 영향력을 지닐 수 있기 때문이다. 아울러, 공동체에 실망한 누군가가 자신과 동일한 좌절을 다른 누군가가 경험하고 그들과 고통을 나눌 수 있음을 알게 될 때 현실적인 힘을 얻기에 그러하다.Pongs, 2000: 102 이렇듯 사회적 가치 부여의 정당성이 위협받는 상황에 대해 사람들이 도덕적 인식과 공감을 공유하게 될 때 그들은 주체로서 연대하게 된다. 호네트는 우리 사회가 도덕적, 규범적으로 발전된 더 나은 공동체가 되기 위해서는 사회적 현실에 참여할 수 있을 만큼 '수치심' 없이 자유롭게 자신의 가치와 개성을 펼칠 수 있는 삶의 공간이 마련되어야 함을 역설한다. 특정한 집단이나 사회의 가치 평가 기준에 따라 사회적 가치 부여를 할 수 있는 기회, 곧 '사회적 기여'를 위한 자기 나름의 개성과 능력을 무시당할 경우, 인간은 더 나은 사회와 삶의 문화를 위해 힘쓸 동력을 잃게 된다. 따라서 우리는 개별 인간이 사회 안에서 자기 정체성을 바탕으로 사회적 기여를 할 수 있는 주체로 성장하도록 '인정 관계'를 통한 긍정적 경험의 기회를 확대해 나가야 할 것이다. '연대'의 힘은 이때 비로소 합당한 의미를 지닌다.

3. '인정 관계'의 확대와 연대를 위한 교육

자기도취적 안락에 대한 경계

전술한 호네트의 주장처럼 한 인간의 정체성이 인정 관계에 따라 순차적으로 영향을 받으며 발달해 가기에 아이들에게 긍정적인 인정 관계를 경험해 볼 기회를 확대할 필요가 있다. 이때 관건은 이러한 기회를 신자유주의 및 자본주의 경쟁 시스템을 옹호하는 교육에서 어떻게 확보할 수 있는가 하는 점이다. 인간은 자신이 속한 사회의 역사적·문화적 맥락 안에서 도덕적이고 규범적인 가치들을 습득함으로써 성장해 가는 존재다. 그런데 오늘날 우리 사회는 과도하게 경쟁을 부추기고 능력 여하에 따라 서로를 구분하고 차별을 정당화하는 '능력주의'가 삶의 기제로 작동하는 가운데 있다.[6] 능력주의는 우리 모두 교육을 통해 '공정한' 경쟁에 참여한 이상 우리가 열심히 노력해서 능력을 드러낸다면 다른 이들과 차별화되는 사회경제적 조건과 특권적 지위를 획득할 수 있다는 믿음을 심어 준다. 학력과 성적이 능력의 지표라고 여기는 교육은 이러한 능력주의 시스템을 강화하는 핵심 동력이 된다.장은주, 2021: 153 교육의 양과 질은 능력의 척도로 여겨지고, 그 결과에 대한 물질적 보상을 가늠하는 기준으로 여

---

6. 마이클 영(M. Young)은 "능력 있는 개인에게 일자리를 주는 것은 아무 문제가 없다. 그렇지만 특정한 종류의 능력이 있다고 판단되는 사람들이 새로운 사회 계급으로 굳어지고 나머지 사람들은 거기에 끼지 못한다면 문제가 된다"(Young, 1994: 314)라며, 능력주의가 인간을 서로 구분하고 배제하는 기제로 작동할 수 있음을 경고한다.

겨지기 때문이다.McNamee & Miller JR., 2015: 45 이러한 교육체제에서 아이들은 자신의 '능력'을 신장시키고, '업적'을 달성함으로써 '성공'하는 삶만이 가치 있다는 인식을 지니게 된다.

성공 지향적 삶은 우리 사회의 지배적 이데올로기[7]로, 성적, 학력 및 학벌, 업적과 성과, 물질적 재화와 지위 등을 획득한 이들과 그렇지 않은 이들을 끊임없이 '배제'하는 준거를 당연시한다.오욱환, 2011: 184 아이들은 경쟁과 배제의 프레임 속에서 안정적으로 자신을 더 나은 존재로, 더 나은 삶을 희망하는 존재로 그려 낼 수 없다. 이는 우리가 아리스토텔레스적인 공동체의 '탁월함'을 기대할 수 없는 이유가 된다. 아리스토텔레스에게 정의란 "타인을 위한 좋음으로 간주되는 유일한 미덕"Aristoteles, 1957: 180으로, 모든 이가 동등한 대우를 받고, 평등한 법적 권리와 의무 그리고 상호작용 등에 관여하는 것과 관련된다. 그러면서 아리스토텔레스는 우리가 지닌 능력에 합당한 인정과 배분이 이루어지는 것 또한 정의의 다른 측면이라고 보았는데, 이는 능력주의를 통해 개인들이 추구하는 사적 재화와 지위가 아니라 시민으로서의 미덕과 관련된다. 공동체를 위한 최고의 선, '행복'을 위해 인간은 훌륭한 개인이자, 탁월한 시민이어야 한다.

롤스 역시 개인의 자기 결정권을 강조하는 자유주의와 공동체적 규범과 가치를 우선하는 평등주의를 절충하면서, '공정' 개념으로 정의의 원칙을 정립했는데, 그는 인간이 자신의 이익만을 극대화하고 타인의 이익에는 무관심한 이기주의를 벗어나 정의를 세우기 위한 '원초적 입장'인 '무지의 베일veil of ignorance' 상태에 놓여야 함을 주장한다.Rawls, 1999: 164-165

---

7. 능력주의를 위시한 성취 본위의 삶이 아이들의 삶을 어떻게 파괴할 수 있는지에 대해서 페르하에허(2020)는 세 가지 측면을 제시한다. 그는 성공 지향적인 삶이 아이들을 개인주의자로 성장하게 할 수 있으며, 그런 과정에서 아이들은 단 한 번의 기회로 운 좋게 무언가를 성취할 욕심을 지니게 되고, 그 결과에 따라 계속해서 운 좋은 이와 그렇지 않은 이들을 구분하듯 사람들을 정상과 비정상으로 구별하는 데만 집중하게 된다고 주장한다(Verhaeghe, 2012: 200-201; 조나영, 2021: 181-182 참고).

롤스에게도 인간의 타고난 재능이나 소질 그리고 능력은 절대적 기본권이 될 수 없으며, 이로 인한 불평등은 사회에서 가장 불리한 위치에 있는 '최소 수혜자'들의 혜택을 증진시키는 범위 내에서만 허용되는 것이어야 한다. 아리스토텔레스, 롤스는 물론 호네트와 같은 철학자들은 왜 개인의 욕구와 능력이 공동체적 삶에 기반해야 한다고 주장하는 것인가? 마크 리들리M. Ridley는 다른 이들을 위해 기꺼이 희생할 준비가 되어 있는 이들이 많은 공동체는 그렇지 않은 곳에 비해 나은 미래를 가능하게 할 수 있다고 했다.Ridley, 2005: 109-111 인간은 홀로 살아갈 수 없으며, 공생하기 위해서는 무엇보다 모든 이들이 최소한의 권리와 인격을 보장받을 수 있어야 한다. 누군가 이를 인정받지 못한다는 것은 우리도 그러한 상황에 놓일 가능성이 있음을 의미한다.

우리가 자기 자신의 쾌락에만 안착할 수 없는 이유가 여기에 있다. 자기 자신에게만 천착하는 이는 타인의 삶에 광범위하게 마음을 쓰지 못하고, 편협하고 배타적인 가치관을 지닐 수 있다. 인간은 자기중심적 사고에서 벗어났을 때 다양한 삶의 가치와 개성을 위한 도덕적 지평을 확장함으로써 모두를 위한 '정의'를 실현해 낼 수 있다. 그렇다면 우리는 어떻게 아이들이 경쟁적 사고에서 벗어나 자신의 안락만을 추구하지 않도록 교육적 책임을 다할 수 있을 것인가? 호네트는 어린 시절 의사인 아버지를 따라 작센 공업지구 노동자들의 열악한 삶을 직접 목격하면서 자신의 인정 이론에 대한 토대를 세울 수 있었다.이윤미 외, 2019: 195 루소도 일찍이 '에밀'이 자신과 다르게 불평등하고 처참한 생활을 하는 이들을 마주했을 때 자기도취적인 삶에서 벗어나 인류애를 위한 바탕을 지닐 수 있다고 강조했다. 이처럼 교육은 아이들이 자기본위의 가치를 삶의 절대적인 기준으로 삼지 않도록 그들에게 다양한 삶의 상황들에 대한 지식과 경험의 장을 마련해 주어야 한다. 이로써 교육은 아이들이 경쟁 사회에서 자신의 능력과 성취만을 삶의 기준으로 여기고 이에 국한된 '인정'에만 몰두한 채, 그 이외의 삶과 문화를 부정하거나 배제함으로써 도덕적 지평을 축소해 가지 않도록 주의를 기울여야 한다. 그렇게 될 때 교육의 장은 획일적 성공을 위한 인정 기제가 아닌 모두의 개성과 역량이 발현되도록 하는 긍정적 '인정 관계'를 위한 '기회'가 될 수 있을 것이다.

공적 행위와 판단을 위한 토대

아울러, 교육은 우리가 주체적 결정을 내리고 이를 실현해 나갈 수 있는 토대를 마련하는 일에 주의를 기울일 필요가 있다. 앞서 테일러도 지적했듯이, 개인의 자기도취적 욕망에 근거해 모든 삶의 기준이 개별 인간의 가치와 규범에만 맞춰진 사회에서 인간은 다원화된 삶의 지표나 도덕적 지평을 넓혀 갈 수 없다. 이와 관련해서 고대 아테네의 페리클레스Pericles는 자기 삶에 갇혀 자기 일에만 몰두함으로써 세상에 무관심한 사람을 바보나 천치idiot로 표현했는데, '이디엇'은 자신의 능력을 공동체를 위해 쓰지 않는 평범한 사람을 뜻하는 이디오테스idiotes에서 유래한다. '이디오테스'는 공동체의 구성원으로서 자신의 '자유'를 보다 바람직하고 나은 사회를 위해 적극적으로 활용하지 못한다. 우리가 공적 차원에서 주체적 결정을 내리지 못한다면, 다시 말해 공적 사안에 참여하고 그것을 위해 행위를 하지 않는다면, 인간은 자기 세계에 고립되어 거대 권력을 홀로 마주한 채 저항할 수 없게 된다.

이런 관점에서 호네트의 인정 이론을 통해 추론할 수 있는 두 가지 교육적 핵심 내용은 아이들이 자기 정체성 형성 단계에서 자기중심적 삶의 문화에 집착하지 않도록 요청하는 것이며, 다른 하나는 공동체의 모든 구성원이 자유롭게 자기를 실현해 나갈 수 있는 삶의 토대를 마련하기 위해 공동체 안에서 '연대'할 수 있도록 그들을 준비시키는 일과 관련이 있다. 연대란 우리가 자신을 둘러싼 환경에 관심을 기울이고 함께 살아가는 이들의 맥락과 상황을 인식하고, 그들에게 공감하고, 그들의 삶에 참여하는 태도를 전제한다. 강수택[2020]은 우리가 교육을 통해 연대하는 인간, 곧 '호모 솔리다리우스homo solidarius'를 지향해야 한다고 역설한다. 그러면서 그는 프레이리 교육사상을 분석함으로써 연대 교육의 핵심 요소를 두 가지로 제시한다. 하나는 호네트가 자기 정체성 형성 단계에서 강조한 상호 인정에 해당하는 것으로, 서로에 대한—존엄성, 정체성, 자율성 등에 대한— 존중이 연대 교육을 위한 출발점이 되어야 한다는 것이며, 다른 하나는 '더 나은 존재가 되려는 지향성'으로 개인적 목표를 넘어 공동체가 추구하는 꿈과 희망이 연대 교육에서 강조되어야 한다는 점이다.강수택, 2020: 300-301

그렇다면 '더 나은 존재가 되려는 지향성'은 무엇을 의미하는가? 그것은 모두가 자신의 가치를 인정받고 다른 이들과의 공생을 위해 자신의 가치를 사회에 기여함으로써 이전보다 나은 공동체를 이루어 내고자 하는 꿈과 희망을 추구하는 것과 관련이 있다. 그러나 이러한 꿈과 희망을 그릴 수 있는 사람은 우선 자신이 누구인지, 자신의 삶을 통해 지향하고자 하는 바가 무엇인지, 그것을 통해 함께 이 세계에 살아가는 이들에게 어떤 영향력을 미치고자 하는지 등에 대해 답할 수 있는, 주체적으로 자신을 형성해 나가는 존재이다. 다만, 인정 질서하에서 인간이 자신의 정체성을 확립해 가는 일은 혼자서는 이루어 낼 수 없다. 이는 언제나 사회적 상호작용을 기반으로 하기에 개개인들이 처한 사회적 지위와 자기 존재에 대한 신뢰를 확보하는 일이 필요하다.Pongs, 2000: 113 호네트 이론을 통해 확인했듯이, 인간이 자기 삶을 주체적으로 이끌어 가기 위해서는 자기 이외의 누군가와의, 그리고 자신을 둘러싼 다양한 삶의 상황과의 상호작용이 이루어져야 한다. 그리고 그 상호작용의 장은 모두가 자유롭고 평등하게 인정 관계를 접할 수 있도록 조성되어야 할 것이다. 물론 현실적으로 모두의 자유를 보장하고 완전한 평등을 실현해 내는 것은 불가능하다. 하지만 완벽하진 않더라도 우리가 모두를 위한 공동체를 위해 각자가

'탁월함'—능력주의에서 말하는 개인의 사회적 지위, 재화와 재능이 아닌 공적인 것과 관련된 명예, 영광스러움 등—을 단련해 나간다면 자유롭고 평등한 사회의 실체는 이전에 비해 차츰 분명해질 것이다.

그렇다면 모두를 위한 공동체의 '탁월함'은 무엇을 통해 가능한가? 그 것은 공적 판단과 행위로부터 비롯된다. 민주주의가 확립되었다고 하는 현대 사회에서 우리는 자신의 의견을 자유롭게 개진할 수 있다. 물론 자 유가 보장된 만큼 서로가 지닌 의견의 차이도 상당해서 이를 조율하는 것이 공동체의 큰 난제가 되기도 한다. 그리고 그 과정에서 의견이 첨예 하게 대립할 경우 다수 간의 의견에 따라 의사결정이 진행됨으로써 소 수 의견을 지닌 이들에게 공동체는 전제 군주의 강제와 억압에 시달리 던 시대와 크게 다를 바 없이 느껴지기도 할 것이다. 사회의 도덕적 가치 와 규범의 정당성을 논하는 경우도 마찬가지다. 인간에게는 지각하고 판 단하며 행위할 수 있는 능력이 있다. 하지만 그 능력은 어디까지나 인간 이 의지를 지니고 삶을 선택하려고 할 때 발휘될 수 있으며, 가령 권위 있 는 누군가에 힘입어 혹은 기존 관습에 의존해서 행동할 경우에는 '선택' 이 기능할 여지가 없다. 우리가 공동체를 더 나은 방향으로, 곧 탁월해지 도록 변화시킬 의지가 있을 때만 도덕적 가치와 규범의 정당성을 논하기 로 선택할 수 있다. 그렇지 않을 경우, 루소가 탄식했듯이 우리가 공동체 에서 행위하고 판단할 주체로서 지녀야 할 시민으로서의 정체성은 '선거' 때만 잠시 쓰일 뿐이며, 우리의 삶은 거대 담론이나 다수의 논리에 휩쓸 릴 수밖에 없다.김만권, 2021: 220 이러한 관점에서 우리는 자신의 의견을 서 로 드러냄으로써 모두의 삶을 위한 사회적 기준과 가치의 정당성을 논할 수 있어야 할 것이다.

이를 위해서는 인간이 자신의 사적 삶이 아닌 공적 삶을 위해 판단하 고 행위할 능력이 요구된다. 그것은 인간의 상상력과 공감력에 기인한다. 인간이 '아름다움'을 느끼는 미적 감각은 저마다 다르다. 그렇기 때문에 세계를 받아들이고, 이해하는 방식 또한 상이하다. 공동체에서 함께 살아가는 이들이 최소한 지켜야 할 가치와 규범이 무엇인지를 규정하고 그 실천 원칙에 합의하기 위해서는 각기 다른 감각을 지닌 인간 간의 이 소통 불가능한 지점을 해결해야 한다. 이를 위해 우리는 다른 사람의 마음속에 자기 자신을 놓아 보는 일, 우리 안에서 다른 이들의 상황과 맥락을 헤아리는 일, 현재 일어나고 있지 않아 감각적으로 수용할 수 없는 일 등을 상상함으로써 우리는 아름답고 추함, 옳고 그름, 선과 악 등에 관한 공통감각을 지닐 수 있게 된다. 이러한 정신 능력을 지닐 때 인간은 자신의 안과 밖, 주관과 객관, 보편과 특수 사이에서 정당한 기준을 마련할 수 있을 것이다.Smith, 2001: 73-74 우리가 불편부당성을 근거로 세계에서 일어나는 일을 판단하고 그 해결을 위해 연대하게 될 때, 세계는 각 개인이 지닌 자유와 그들의 삶을 서로 존중할 수 있는 인정 관계의 기회를 우리에게 제시할 수 있을 것이다. 이런 이유로 교육은 아이들이 긍정적인 인정 관계의 기회를 접할 수 있는 장이 되어야 한다. 아이들이 교육적 차이로 인한 불평등과 무시로 점철된 삶의 상황에 놓이지 않도록 삶의 기준은 다원화되어야 하며, 서로를 인정하는 긍정적 관계를 경험할 기회 역시 그들에게 열려 있어야 할 것이다. 교육이 이러한 역할과 책임을 하게 될 때 우리 사회는 차츰 불합리하고 부조리하며 부정의한 상황을 끝내고 이후의 삶 속에서 우리는 훼손 없이 주체적으로 모두를 위한 삶을 희구할 수 있게 될 것이다.

4. 공동체적 연대를 위한 노력

민주화된 사회에서조차 다수에 의한 강압과 횡포 그리고 그에 대한 대중의 무관심을 피할 수 없기에 우리는 끊임없이 어떻게 살아가야 하는가에 대해 생각하고 판단하며 행위할 줄 알아야 한다. 앞선 논의에서 밝힌 바와 같이, 우리가 스스로 삶 속에서 이루어지는 일이 무엇이며, 그것이 다른 이들과의 관계에서 어떻게 나타나는지, 그리고 서로에게 어떤 영향을 미치고 있는지를 파악하고 그것에 관심을 기울임으로써 자신이 아닌 공동체를 위해 불편부당한 판단을 내리고 그에 따라 행위하게 될 때 보다 나은, 자유롭고 평등한 공동체를 마주하게 될 것이다. 이를 위해 누군가의 강요가 아니라 자발적인 힘을 발휘할 수 있도록 우리에게 요청되는 것은 정책적, 제도적, 법적 강제의 확대가 아니라 주체적인 의식 변화이다. 외적 강요와 제재를 목적으로 한 인간 이해와 자율적 의식 변화를 위한 인간 이해는 다르다. 사회 제도나 규범 등을 통해 인간 행위를 통제하고 관리할 수 있다는 생각은 인간이 스스로를 조율할 수 없는 대상이라는 점을 전제한다. 자율적 의식 변화를 중시하는 경우는 인간이 주체적으로 문제를 파악하고 행위의 오류를 바로잡기 위해 스스로를 개선할 의지가 있는 자율적인 존재임을 상정한다. 이러한 관점으로 인간을 이해하게 되면 즉각적이고 효율적인 '원칙'만을 내세워 인간을 통제하려는 기제들을 확대하려고 하지 않을 것이다.

물론 '원칙'은 사회의 안정적 질서와 체제 유지, 갈등과 혼란의 무력화를 위해 필요한 측면이 있을 수 있다. 하지만 그 원칙과 논리가 지켜 내고자 하는 것이 무엇인지에 대한 근본적인 성찰이 먼저 이루어져야 한다. 통제와 관리를 위한 원칙만을 고수하는 상황에서 현대판 '레미제라블'이 등장하는 것은 당연한 일일 것이며, 인간다운 존중을 보장받지 못하는 이들도 상당할 것이다. 그렇다면 우리가 지켜야 할 '원칙'이란 무엇인가? 호네트는 그것이 상호적인 '인정 관계'라고 했다. 그가 주장하는 인정 관계란 인간의 신체적(사랑), 사회적(권리), 인격적(능력) 불가침성이 훼손되지 않는 상호 간의 존중을 말한다. 교육은 인간과 인간 사이의 직접적인 활동이기에 이 상호 인정 관계를 경험할 기회 그 자체이다. 한 인간을 오롯이 성장하게 하는 교육을 위한 첩경은 없다. 가령, 하루도 빠짐없이 말썽을 일으키는 아이를 대할 때 교사가 그 아이의 맥락에서 대화를 통해 아이의 삶을 이해하고, 아이가 스스로 자신의 행위를 바로잡을 수 있도록 기다려 준다면, 아이는 교사와의 상호작용을 통해 무엇을 습득하겠는가?

교사와의 관계 속에서 아이는 자기 형성을 위한 긍정적인 경험을 쌓게 되고, 자신과 세상에 대해 신뢰하게 된다. 자신감을 얻은 아이는 이제 자신이 다른 사람들과 동등하게 교육활동에 임할 수 있는 구성원으로서 그들과 함께 말하고 행위할 수 있는 존재라는 사실에 스스로를 대견스럽게 여기기도 할 것이다. 자신을 긍정하는 힘은 다른 존재와의 호혜적인 상호작용 없이 이루어지지 않는다. 반대의 경우도 마찬가지다. 한 아이가 만일 교사나 다른 또래의 친구들과 상호적인 인정 관계에 놓이지 못하게 되면, 혹은 교사의 통제와 억압에 의해 자신의 존재를 지속적으로 부정당하거나 교육활동에서 배제되는 경험을 하게 되면, 그 아이는 자신에 대해서도 다른 이들에 대해서도 긍정하기 어려워진다. 아이들이 경험하게 되는 인정 혹은 무시의 형태는 아이들이 다른 이들이나 세상과 관계하는 방식을 체화하는 데 결정적인 영향을 미친다. 곧, 이렇게 습관화된 인정 관계의 양상에 따라 아이의 자기 정체성 형성은 물론 사회적 정체성의 발달과 그 이행 여부가 달라질 수 있다.

'습관'은 우리가 세상을 마주해서 현실적인 문제들을 확인하고 이를 해결해 나가는 과정에서 삶을 선택하고 결정하는 자신만의 방식을 의미한다. 이런 이유로 교육에서 아이들에게 어떤 습관을 길러 줄 것인가 하는 점은 매우 중요한 문제가 된다. 우리가 원하는 자유롭고 평등한 공동체를 구현하는 데 교육의 역할과 책임이 큰 이유가 여기에 있다. 아이들은 교육을 통해 사회체제나 규범에 무조건 순응하는 존재로 사회에서 요구하는 가치 기준을 절대적 삶의 방식으로 여기고 사적인 삶에만 몰두할 수도, 그렇지 않고 공동체에 협력적이면서도 주체적인 관계를 유지하며 더 나은 공동체를 위해 주도적으로 자신의 삶과 주변의 삶을 돌아보며 불의에 항거할 수도 있다. 이때 아이들이 어떠한 태도를 취할 것인지는 교육이 그들에게 무엇을 제시하고 있는지에 따라 달라질 것이다. 따라서 현실적으로 완전한 자유와 평등이 불가능하긴 하지만 이를 실현해 나가고자 하는 성찰을 포기하지 않음으로써 더 나은 공동체를 지향하기 위해서는 아이들에게 탁월한 개인이나 공동체를 통한 인정 관계의 기회를 열어주어야 할 것이다. 우리의 공동체를 그 누구도 배제되거나 훼손되지 않는 모두를 위한 공간으로 만들기 위해서는 공동체적 연대를 위한 교육이 절실하다. 호네트의 인정 이론이 자기중심적 능력주의 시대에 더욱 요청될 수밖에 없는 이유가 바로 이 때문이다.

참고문헌

강수택(2020). 『연대하는 인간, 호모 솔리다리우스』. 한국방송통신대학교출판문화원.

권성민·정명선(2012). 「실력주의의 이해와 비판적 고찰」. 『인문학논총』, 30, 439-468.

김만권(2021). 『호모 저스티스』. 여문책.

김철운(2012). 「강요된 교육경쟁과 물화된 자기실현: 책임·배려·실천의 민주적·도덕적 학교공동체의 형성」. 『인문과학연구』, 34, 287-313.

박권일 외(2020). 『능력주의와 불평등』. 교육공동체벗.

성열관(2015). 「메리토크라시에서 데모크라시로: 마이클 영(Michael Young)의 논의를 중심으로」. 『교육학연구』, 53(2), 55-79.

오욱환(2011). 「교육 공정성 성공도 체념도 불가능한 딜레마」. 『지식의 지평』, 11, 178-193.

이윤미 외(2019). 『비판적 실천을 위한 교육학』. 살림터.

장은주(2011). 「한국 사회에서 메리토크라시의 발흥과 교육 문제: 민주주의적 정의를 모색하며」. 『사회와 철학』, 21, 71-106.

장은주(2017). 「'형성적 기획'으로서의 민주시민교육: 한국 민주시민교육의 기본 방향과 초점」. 『한국학논집』, 67, 7-36.

장은주(2020). 『시민교육이 희망이다』. 피어나.

장은주(2021). 『공정의 배신』. 피어나.

전경원(2021). 『공정교육론』. 좋은땅.

조나영(2021). 「인간 향상의 문제와 인간 존중을 위한 교육: '인정'에 관한 호네트와 후쿠야마의 논의 비교를 중심으로」. 『교육철학연구』, 43(4), 165-189.

조나영(2022). 「'인정 관계'의 확대를 위한 연대와 교육: 악셀 호네트(A. Honneth)의 '사회적 가치 부여' 개념을 중심으로」. 『교육문화연구』, 28(3), 33-54.

최진(2021). 「능력주의 교육에서의 '자존감' 개념에 대한 비판적 고찰: '자기존중' 측면의 보완을 탐색하며」. 『교육학연구』, 59(4), 1-30.

Aristoteles. *Ethica Nicomachea*(Oxford Classical Texts, 1957). 천병희 옮김(2013). 『니코마코스 윤리학』. 숲.

Freire, P.(2002). *Pedagogy of the Oppressed*. 남경태 옮김(2017). 『페다고지』. 그린비.

Fukuyama, F.(1992). *The End of History and the Last Man*. 이상훈 옮김(2019). 『역사의 종말』. 한마음사.

Honneth, A.(1992). *Kampf um Anerkennung*. 문성훈·이현재 옮김(2015). 『인정투쟁: 사회적 갈등의 도덕적 형식론』. 사월의책.

Honneth, A. & Fraser, N.(2003). *Umverteilung oder Anerkennung? Eine politisch-philosophische Kontroverse*. 김원식·문성훈 옮김(2014). 『분배냐, 인정이냐? 정치철학적 논쟁』. 사월의책.

Honneth, A.(2018). *Anerkennung: Eine europäische Ideengeschichte*. 강병호 옮김(2021). 『인정: 하나의 유럽 사상사』. 나남.

McNamee, S., J. & Miller Jr. R., K.(2015). *The Meritocracy myth*(3rd Edition). 김현정 옮김(2016). 『능력주의는 허구다』. 사이.

Mill, J., S.(1859). *On Liberty*. 김형철 옮김(2015). 『자유론』. 서광사.

Pongs, A.(2000). *In welcher Gesellschaft leben wir eigentlich?*. 윤도현 옮김(2010). 『당신은 어떤 세계에 살고 있는가?』. 한울.

Rasmussen, D., C.(2018). *The Problems and Promise of Commercial Society: Adam Smith's Respones to Rousseau*. University Park: Pennsylvania State University Press.

Rawls, J.(1999). *A Theory of Justice*. 황경식 옮김(2003). 『정의론』. 이학사.

Ridley, M.(2005). *How to Read Darwin*. 김관선 옮김(2007). 『HOW TO READ 다윈』. 웅진지식하우스.

Rousseau, J., J.(1775). *Discours sur l'origine de l'inégalité parmi les hommes*. 이태일 외 옮김(2002). 『인간불평등기원론』. 범우사.

Schermer, M.(2015). *The Moral Arc*. 김명주 옮김(2018). 『도덕의 궤적』. 바다출판사.

Sennett, R.(2004). *Respect*. 유강은 옮김(2004). 『불평등 사회의 인간 존중』. 문예출판사.

Smith, S.(2001). Education for Judgement: An Arendtian Oxymoron?. Gordon, M.(ed.). *Hannah Arendt amd Education*. Colorado: Westview Press, 67-91.

Soares, J., A.(2017). Meritocracy dismissed. *Ethnic and Racial Studies*, 40(13), 2300-2307.

Soljénitsyne, A.(1964). 「костер и муравьи」. 김학수 옮김(1974). 「모닥불과 개미」. 『솔제니친 단편집』. 정음사.

Taylor, C.(1991). *The Malaise of Modernity*. 송영배 옮김(2018). 『불안한 현대 사회』. 이학사.

Verhaeghe, P.(2012). *Identiteit*. 장혜경 옮김(2020). 『우리는 어떻게 괴물이 되어가는가』. 반비.

Young, M.(1994). *The Rise of the Meritocracy*. 유강은 옮김(2020). 『능력주의』. 이매진.

10장

마이클 애플의 교육사상과 실천적 쟁점: 탈중심의 연대와 민주주의 교육

성열관

1. 마이클 애플은 누구인가?

이 글은 비판적 교육 이론가인 마이클 애플Michael W. Apple의 교육사상에 대해 살펴보고 오늘날 그의 통찰과 주장이 비판적 교육학과 그 실천에 어떤 함의를 지니고 있는지 알아보기 위한 것이다. 마이클 애플은 미국 위스콘신대학교의 명예교수이자 세계적인 교육학적 업적을 이룬 저명한 교육학자이다. 그는 20세기 가장 중요한 50명의 교육학자에 선정된 바 있다. 그가 위스콘신대학교에서 가르치기 시작한 것은 반전 시위가 한창이던 1968년이었다. 약 10년 후인 1979년에 그는 『이데올로기와 교육과정Ideology and Curriculum』을 출판하는데, 이 책은 20세기 교육학에 지대한 영향을 미친 역사적 저서 20권에 선정되었다. 또한 그는 미국교육학회 AERA로부터 평생업적상Lifetime Achievement Award을 받았다.

마이클 애플은 한국에 많은 관심을 기울이고 있으며, 사적으로는 한국이 제2의 고향the second home이라는 말도 사용한다. 최근인 2022년 6월에는 공정성 담론과 능력주의를 주제로 경향신문과 인터뷰를 했는데, 이 때 그는 중산층에게 유리한 대입제도를 비판하면서 어퍼머티브 액션 등 불평등을 보정할 수 있는 장치가 중요하다고 말했다. 그리고 이를 위해 예산 투입의 우선순위를 바꾸는 '자원의 재배치'를 주장하기도 했다. 애플 교수가 한국에 많은 애정을 갖게 된 이유는 처음 한국을 방문했던

1989년도에 군부독재에 저항하는 대학생들과 시민들의 시위를 지켜본 이후 30년 넘게 한국 민주주의의 발전에 큰 감명을 받았기 때문이다. 최근까지 그는 한국을 종종 방문하여 교사, 시민, 연구자들과 만나 한국 민주주의의 성과와 교육적 과제에 대해 다양한 논의를 해 왔다. 특히 10여 년의 역사를 지닌 혁신학교에 많은 관심을 보이고 있다.

필자가 마이클 애플의 교육사상에 대해 좀 더 깊이 살펴보고자 하는 동기는 그의 역작인 『교육은 사회를 바꿀 수 있을까?*Can Education Change Society?*』의 출판과 관련이 있다. 애플은 최근까지 미국 신자유주의, 신보수주의, 기독교 근본주의 헤게모니 블록이 어떻게 형성되어 왔는지 분석했다. 동시에 그는 이러한 이데올로기적 연합에 대항하기 위해서는 노동자, 시민, 유기적 지식인들의 연대를 통해 급진적 민주주의 또는 '급진적 민주 평등주의radical democratic egalitarianism'를 이룰 수 있어야 한다고 주장한다. 이 과정에서 경제적·정치적·문화적 불평등은 물론 사랑, 돌봄, 연대와 같은 정서적 측면의 불평등 문제까지 포괄하는 다양한 사회 평등 프로젝트가 필요함을 역설하고 있다. 이를 위해 물질적 불평등에 의한 소외 현상에 대한 직시, 사회적 약자들의 자녀에 대한 진심 어린 관심, 그리고 민주주의, 반인종주의, 다문화주의 등 역사적으로 이룩해 온 '집단적 기억'을 상기해야 함을 주장한다.[1]

어떤 학자의 학문적 특징은 생애사와 깊은 관련을 맺는다. 애플은 유년 시절 매우 가난했으며, 그 가난 때문에 낮에는 인쇄공으로 일하고 밤에는 야간대학을 다녔다고 회상한다. 당시 대도시(Paterson, New Jersey)의 낙후된 지역에는 교사가 부족했기 때문에 그는 19세 때부터 보조교사로 일하기 시작해서, 나중에 정식 교사가 된 이후에도 계속 유색인종 거주 지역에서 읽기literacy를 가르쳤다. 그 시기에 지역 교사 노조 위원장을

---

1. 애플은 이러한 역사가 교육 분야에서는 Dewey(1922), Counts(1932a; 1932b), Du Bois(1920), Woodson(1933)과 같은 학자들의 전통 위에서 이어져 왔다고 본다.

맡기도 했다.

이후 컬럼비아대학교에 진학하여 휴브너Heubner 교수의 지도로 교육과정 분야에서 박사학위를 받았으며, 미국 교육과정 역사가인 클리버드Kliebard 교수의 권유로 위스콘신대학교에서 교육과정과 교육사회학 전공을 지도하기 시작했다. 현상학적 연구자인 지도교수의 영향으로 애플은 마르크시즘과 현상학, 그리고 독일의 비판이론을 기초로 해서 자신의 연구 세계를 개척하기 시작했다. 개인적으로는 입양한 흑인 아들을 통해 인종주의가 얼마나 아이의 성장에 상처를 주는지 또 다른 유색인종 아이들이 처한 가난과 그것으로부터 파생하는 범죄, 마약, 가족 해체와 같은 문제들이 얼마나 해악한 것인지를 설명한다.

이러한 개인사로 그는 평생 두 가지 주요 과업에 천착하게 된다. 하나는 사람들이 '좋은' 교육에 대해 생각하는 방식은 무엇인지, 특히 부와 권력을 가진 사람들이 그렇지 않은 사람들에게 '좋은' 교육에 대한 관념을 어떤 식으로 갖게 하는지를 알아보는 것이었다. 이는 교육에 대한 지배적인 헤게모니와 이에 기초한 교육과정과 교육정책을 분석하는 과업이었다. 또 하나는 이렇게 해서 형성된 사람들의 '상식common sense'을 해체하고, 누구나 존엄성을 인정받고 평등하게 성장할 수 있도록 하는 교육적 대안을 제시하는 과업이었다.

이러한 두 과업은 이론적 분석과 실천적 대안으로 볼 수 있다. 이에 다음 절에서는 애플이 지난 30여 년 동안 교육의 현실을 이론적으로 분석한 방식과 그 성과를 살펴보고자 한다. 그다음 절에서는 민주적 교육의 상과 전략을 중심으로 한 실천적 대안에 대해 알아볼 것이다. 그런 다음 애플이 제공한 이론적 분석과 실천적 대안에도 불구하고 여전히 쟁점이 될 수 있는 문제들에 대해 논의할 것이다. 특히 이러한 논의는 한국의 최근 교육 담론의 맥락에서 소재를 찾아 수행해 보고자 한다. 왜냐하면 어떠한 이론도 그것이 훌륭한 것이라면 지금 여기에 놓인 현실을 충분히 설명할 수 있어야 하며, 독자들 또한 자신이 놓인 현실을 떠나서는 이론을 온전히 이해할 수 없을 것이기 때문이다.

2. 이론적 분석

마이클 애플의 저작들을 한 문장으로 요약한다면 교육의 불평등 재생산 현실을 비판하고 교육의 해방적 가능성을 높이려는 노력이었다고 볼 수 있다. 모든 저작에서 이러한 흐름을 유지하고 있지만, 필자가 보기엔 교육 현실에 대한 비판적 관점은 크게 전기와 후기로 나누어 볼 수 있다. 먼저 전기는 마이클 애플의 가장 위대한 명저로 꼽히는 『이데올로기와 교육과정Ideology and Curriculum』의 시대로, 이 책이 발간된 1979년 이후부터 『공적 지식Official Knowledge』이 출간된 1993년 이전까지로 볼 수 있다. 이 글에서는 『공적 지식』의 출간 이전과 이후로 나누어 그의 교육 이론을 살펴보기로 한다.

『공적 지식』 이전: 교육과정의 가치중립성 해체

마이클 애플을 세계적인 학자로 만든 『이데올로기와 교육과정』은 그 자체만으로는 존재할 수 없고, 이보다 조금 먼저 세상에 나오게 된 다른 저작들과의 관계 속에서 이해될 수 있다. 그중에서 빼놓을 수 없는 저작들이 있는데, 이는 미국은 물론 유럽에서 1970년대에 생산된 이론들이다. 이 저작들은 다음과 같다.

- 1971년 마이클 영Michael F. D Young의 『지식과 통제: 교육사회학의 새 방향Knowledge and Control: New Directions for the Sociology of Education』

- 1976년 보울스Samuel Bowles와 긴티스Herbert Gintis의 『자본주의 미국에서의 학교교육Schooling in Capitalist America』
- 1977년 번스타인Basil Bernstein의 『계급, 코드, 통제 제3권: 교육적 전수이론에 대하여Class, Codes and Control, Volume 3: Toward a Theory of Educational Transmissions』
- 1977년 부르디외Pierre Bourdieu와 파서론Jean-Claude Passeron의 『교육, 사회, 문화에서의 재생산Reproduction in Education, Society and Culture』
- 1977년 윌리스Paul Willis의 『노동하는 법을 배우기Learning to Labour』

애플의 『이데올로기와 교육과정』은 1970년대 유럽에서의 지적 성과를 반영하는 동시에 보울스와 긴티스의 『자본주의 미국에서의 학교교육』1976을 지양하면서 나오게 된 것으로 볼 수 있다. 마이클 애플은 최근 한 인터뷰에서 "이 책의 60%는 동의하지 않지만, 이 책은 존중받을 가치가 있다."Weis, McCarthy & Dimitriadis, 2013: 223라고 이야기했다. 이는 각종 포스트 이론이 경제적 변수를 등한시하는 것을 비판하기 위한 말이었고, 1979년 당시에는 보울스와 긴티스의 경제적 재생산론에 대해 매우 비판적이었다.

애플은 자신의 이론의 정체성은 보울스와 긴티스의 경제적 재생산론과의 비교를 통해 정립된다고 본다. 보울스와 긴티스1976는 자본주의 미국하의 교육 시스템은 학생의 인지적 능력과 성인 세계의 계급 위치를 대응시키고 있다고 봄으로써 계급적 재생산론을 발전시켰다. 마이클 애플은 그람시1971의 헤게모니 이론과 독일의 비판이론을 수용하면서 인간 주체의 정체성이 경제적 모순에 의해서만 설명되는 것이 아니고 문화적으로 다층적 수준에서 결정된다고 보았다. 그뿐만 아니라 교육이 계급을 재생산하는 방식도 교실과 경제의 직접적 대응에 의해 설명되는 것이 아니라 공식적 또는 잠재적 교육과정에 의해 문화적으로 이루어지는 것으로 보았다.

이러한 주장은 번스타인[1975]과 마이클 영[1971]이 발전시킨 교육과정 사회학에 의해 더욱 뒷받침된다. 애플은 번스타인의 지나친 구조주의적 사유에 대해 항상 비판적이긴 하지만[Apple, 2002] 교육과정, 수업, 평가 활동에서 사용하게 되는 언어를 통해 사회적 의식이 문화적으로 전수되는 것을 밝힌 번스타인을 중시했다.[2] 특히 교실이라는 미시적 사회 조직체가 거시적 사회구조의 메시지를 어떻게 중계하는지에 대한 통찰력을 번스타인으로부터 얻음으로써 잠재적 교육과정 이론을 발전시키는 데 도움을 받았다.

『공적 지식』 이전 애플의 지적 과업은 당시 미국의 상황에서 교육과정의 정치적 중립성 신화를 해체하고 약자들의 역사와 문화를 승인하는 일이었다. 이 과정에서 영Young이 편집한 저서 『지식과 통제』는 교육과정이 중립적이라는 기존의 신화를 탈피하고 이를 극복하고자 하는 데에서 애플과 같은 입장이었다. 이 저서는 학교지식이 어떻게 지배 이데올로기와 관련되어 있는지를 보여 주었고, 특정 학교지식의 선택과 배제는 기존 질서의 문화적 반영임을 밝혀 주었다. 그리고 이 책은 교사들이 행하는 매일매일의 교수 활동은 불평등한 기존 질서의 유지와 어떤 관련이 있는지 보여 주었으며, 미진하나마 교육이 이러한 현상을 극복하기 위해서는 교육을 정치적으로 재개념화해야 한다는 주장으로 나아가도록 이끌었다. 이러한 방향 전환은 마이클 애플의 이후 저작 활동과 궤를 같이한다고 볼 수 있으며, 애플 자신도 이 책이 교육제도에 내재된 이데올로기적 중립성을 해체하고 평등과 민주주의를 위해 보다 실천적인 출발점이 되어야 한다고 주장했다.[Apple, 1979; 1982]

애플은 이러한 지배가 폭력이나 억압에 의한 것은 아니라고 보았다. 이

---

2. 특히 『문화정치학과 교육』을 통해서도 가시적 교수법(visible pedagogy)이나 비가시적 교수법 어떤 것이든 공히 인종, 젠더, 계급 불평등의 재생산에 기여한다는 번스타인의 주장에 동의한 바 있다. 한편 번스타인이 지나치게 기계적인 분석에 치우침으로써 문화와 이데올로기 측면을 소홀히 하고 있다고 비판했다.

러한 생각에 영향을 미친 부르디외와 파서론1977의 『교육, 사회, 문화에서의 재생산』에서는 문화자본과 상징적 폭력 같은 개념들이 등장하게 되며, 이는 마이클 애플-레이먼드 윌리엄스Raymond Williams의 영향을 받아-이 줄곧 이야기하는 '선택적 전통selective tradition'의 근거가 되었다. 애플에 따르면 교육과정은 지배 계급의 문화를 마치 중립적인 것으로 은폐하지만 특정 문화를 소유한 계층은 그것을 자본으로 하여 학업적 성취를 높이는 데 활용하며, 성적에 의한 사회적 차별이 정당한 것처럼 내면화시키고 있다는 것이다.Apple, 1986 그 결과 불평등한 사회구조를 물리적인 억압을 통해 유지하기보다는 문화자본의 기능 밑에 숨어 있는 권력관계를 은폐하고, 자발적인 동의를 얻어 헤게모니적으로 사회를 지배하고 있다는 주장을 내놓게 된다.

이러한 주장은 보다 미시적인 행위자 관점에서 더 정교화된다. 그 대표적인 예를 윌리스1977의 인류학적 청소년 연구서인 『노동하는 법을 배우기』에서 볼 수 있다. 이 연구는 불평등을 정당화하는 사회적 규범과 가치 체계가 노동 계층 아이들에게 '간파'되기도 하지만 결국 스스로 다시 그 규범을 정당화하고 기존 가치 체계를 내면화하게 되는 과정을 보여 주었다. 이러한 생각은 애플의 『이데올로기와 교육과정』 집필 과정에 영향을 미치게 되었으며, 교사나 학생들의 의식을 지배하는 규범이나 가치 체계와 같은 문화는 피지배자 스스로 기존의 헤게모니를 유지시키고, 지배적인 이데올로기를 재생산하는 데 기여하게 된다는 주장으로 나아가게 한다.

이상과 같이 1970년대 쏟아져 나온 지식사회학적 저서와 문화자본 이론, 구조와 행위자 사이의 역동성을 분석한 인류학적 보고 등 다양한 지적 유산들은 그 이전으로부터의 패러다임 전환을 예고하는 것들이었다. 마이클 애플의 『이데올로기와 교육과정』 역시 이러한 업적들을 종합하면서 1980년대 이후의 교육사회학 연구와 교육과정 연구, 비판적 교육학 연구들을 선도하게 되었다. 이러한 학문적 업적은 번스타인, 부르디외, 윌리스, 보울스와 긴티스 같은 학자들의 도움과 교류 없이는 불가능했을 것이다. 여기에 하버마스Habermas는 물론 마르쿠제Marcuse와 같이 대중문화와 소비사회를 분석했던 독일 비판이론가들이 많은 영향을 미쳤으며, 당시 미국 지성계에 반향을 일으킨 롤스Rawls와 같은 정치철학자들로부터도 영향을 받은 흔적이 나타난다.

『공적 지식』 이후: 보수적 근대화 과정 분석

『공적 지식』 이후 애플의 교육사상은 크게 두 가지 지류를 형성하고 있다. 첫째는 교육과정과 교육정책에 대한 분석의 정교화와 문화이론의 적용을 통한 보수적 교육 담론의 헤게모니를 해체하는 이론적 작업이며, 둘째는 교육의 실천적 가능성에 대한 것으로 이는 『민주적 학교 Democratic Schools』 이후 더욱 구체화되었다.

『공적 지식』1993에서는 정치적으로 보수적인 기획의 일환으로 미국의 교육과정 담론이 시장화되는 방식에 대해서 분석했으며, 그 후 『문화정치학과 교육Cultural Politics and Education』에서는 교육과정 표준화 운동과 고부담평가와 같은 국가 개입의 강화, 그리고 학교 바우처school voucher와 같은 교육체제의 시장화 담론과 실제에 대해 비판적으로 분석했다.

이후에 『"올바르게/우파적으로" 교육하기Educating the "Right" Way』에서는 미국의 기독교 근본주의에 대한 분석을 더 추가하여 이전에 두 저서에서 수행한 분석을 종합적으로-신자유주의, 신보수주의, 책무성과 표준화, 대중주의적 권위주의의 중층적 헤게모니 블록에 대해- 완성하게 된다. 애플은 이러한 광범위한 헤게모니 형성 과정을 '보수적 근대화conservative modernization'라고 지칭하는데, 이 역시 『공적 지식』 이후 그가 정체성의 중층성과 경제적 계급에 고정되지 않은 인간 의식의 절합articulation 과정을 염두에 두고 있음을 보여 주는 것이다.

1990년대 들어 마이클 애플은 미국 교육개혁에서 발휘되고 있는 보수적 근대화 문제에 대해 분석하기 시작했으며 이러한 작업은 그 후 10여 년 이상 계속되었다. 이러한 연구 결과는 주로 다음의 3부작을 통해 수행되었다.

- 1993년 『공적 지식*Official Knowledge*』(한국어 번역서 제목은 『학교지식의 정치학』)
- 1996년 『문화정치학과 교육*Cultural Politics and Education*』
- 2001년 『"올바르게/우파적으로" 교육하기*Educating the "Right" Way*』(한국어 번역서 제목은 『미국 교육개혁, 옳은 길로 가고 있나』)

이 세 권의 저서는 시장주의와 정치적 보수주의가 결합하여 교육개혁 담론과 실제를 생산해 내고 그러한 경향이 계속 심화되어 미국인들의 마음속에 의심할 여지가 없는 상식common sense의 일부가 되어 가고 있음을 지적했다. 특히 대중들에게 신선하고 설득력 있게 다가가는 담론 전략과 그것을 통해 신우익New Right 헤게모니 블록을 형성하는 과정을 분석하는 데 노력을 기울였다. 어떤 것을 당연한 것으로 받아들이게 되는 마음, 즉 상식이 왜 중요하고 그러한 상식을 갖게 되는 사람들이 스스로 어떤 주체로 형성되는지가 얼마나 중요한 문제인지에 대해서 애플은 다음과 같이 역설하고 있다.

보수주의자들의 의제가 가지는 중요한 목적 중 하나는 우리의 상식을 변화시키고자 하는 것이다. 동시에 우리가 사회 및 교육적 세계 안에서 우리의 위치를 이해할 때 사용하는 가장 기본적 범주, 즉 핵심어(키워드)의 의미를 변경하려는 것이다. 여러 측면에서 볼 때, 보수적 의제의 핵심적 측면은 정체성의 정치학identity politics이다. 이러한 점에서, 보수주의자들의 과업은 "우리가 누구인지"(정체성)에 대해 생각하는 방식을 변경하는 일이다.Apple, 2001: 9

애플은 미국에서의 신우익 헤게모니 연합은 신자유주의, 신보수주의, 권위적 대중주의, 그리고 신중간계층의 '감사 문화audit culture'의 연대에 의한 것으로 보았다. 이 네 집단은 서로 모순적인 이념을 갖기도 하고 또 이해관계가 상충되기도 하지만 자신들과 적대적 세력들과 대항해야 할 때는 하나의 우산 속에서 광범위한 헤게모니적 연대를 형성한다고 애플은 주장한다. 이러한 이론을 더욱 명확히 이해하려면 헤게모니 블록을 설명하는 몇 가지 추상적인 개념을 살펴볼 필요가 있다. 아래에서 설명하게 될 네 가지 주요 개념은 애플의 주장을 중심으로 정리하면서 필자의 해석을 덧붙인 것임을 밝힌다.

첫째, 교육에서 신자유주의는 국가의 적극적 역할−복지를 책임지는 주체가 아니라 시장을 도와주기 위한 주체로서−을 강조하고 공적 영역에 시장원리를 도입하는 것을 말한다. 구자유주의가 국가의 역할을 최소한으로 줄이고자 했던 것에 비해 신자유주의가 교육에 적용되면 학교는 공급자로서, 교육을 서비스 상품으로 제공한다. 그리고 학부모는 교육 소비자의 자리를 갖는다. 또 학교에 대한 정보를 생산하기 위해 표준화 시험을 실시하고 그 결과를 공시하여 학교에 대한 학부모와 학생의 선택권을 신장시키는 것을 목표로 하게 된다.

이 과정에서 교육과정 표준화, 표준화 시험, 학교 정보 공시, 바우처, 차터스쿨 등과 같은 다양한 시장화 정책이 동원된다. 여기에서 미국의 신자유주의 교육론자들은 미국에서 민주적 통제라 불려 왔던 교육구의 자치와 미국 민주당을 정치적으로 후원하는 교사 노조가 교육의 시장화를 통한 효율성 달성을 해치는 '정부 실패'의 대표적 걸림돌이라고 보고 있다.Ravitch & Finn, 1987

둘째, 신보수주의의 발흥이다. 신보수주의는 반드시 신자유주의와 핵심적 가치를 공유하는 것은 아니다. 그런데 성취기준standards의 표준화를 매개로 해서 서로의 관심이 연계된다. 왜냐하면 성취기준은 국가교육과정과 국가학력평가를 위한 기초가 되는 것인데, 이는 학교지식의 표준화라는 보수적 관념을 지지하면서도 학교의 학업성취 정보를 생산해 주는 신자유주의적 목적에도 부합하기 때문이다.

신자유주의는 과거의 자유주의와는 다르게 시장의 활동을 촉진하는 역할을 정부에게 맡긴다. 그러나 교육은 기본적으로 공공재이기 때문에 교육을 완전히 시장화하는 것은 불가능하다. 이에 교육 영역을 의사 시장으로 만들기 위해서는 교육의 소비자들로 호명된 학부모들 또는 납세자들에게 어떤 교육 상품을 선택해야 할지에 대한 학교 간 비교 데이터를 시장 정보로 제공해야 한다. 이는 교육뿐만 아니라 다른 공적 영역에 시장원리를 적용하는 신공공관리론의 핵심적 아이디어이기도 하다.

한편 미국 학생들의 학력 하락과 총기사고, 높은 중도탈락률, 수업 난진행 현상, 마약, 혼전 임신, 10대 미혼모 등 산적한 교육 문제 해결을 위해 보수주의자들은 강한 미국의 부흥을 정신적 모태로 하여 대중을 설득한다.Bloom, 1987 이 순간 애플이 표현하는 '기묘한 조합odd combination'이 발생하는데, '약한 국가'에 대한 신자유주의적 태도와 '강한 국가'에 대한 신보수주의적 희망이 국가교육과정과 학교 간 비교평가가 교차하는 지점에서 만나게 된다. 매우 자주, 듀이Dewey는 신보수주의자들에 의해 미국 교육을 실패하도록 만든 역사적 원천으로 지목된다. 이들에게는 듀이와 함께 학생 중심 수업 역시 비판의 대상이 되고 있다.Hirsch, 1996

신보수주의자들은 아동 중심 교육을 극복하고 국가교육과정으로 표준화하자고 주장한다. 그뿐만 아니라 국가교육과정, 국가학력고사, 성취기준의 표준화, 서구 전통의 부활, 애국주의의 강조, 전통적 의미에서의 인성 교육을 강조한다. 애플은 이러한 주장 아래에는 유색인종에 대한 백인 중산층의 적대감-표면적으로는 잘 나타나지 않지만-이 자리 잡고 있다고 보았다. 주로 백인 중심의 신보수주의자들은 애국심을 고취한다는 명분으로 다문화주의를 서구 백인의 전통 속에 봉합하려고 한다는 것이 애플의 지적이다.

애플은 이러한 현상에 대해 레이먼드 윌리엄스1977의 '느낌의 구조'라는 개념을 이용해서 백인들의 마음에 역사적으로 배태된 인종차별주의가 뿌리 깊게 내재하고 있다고 주장한다. 미국 사회의 주요 이슈인 총기 살인, 마약, 범죄 등의 사회 문제가 신보수주의자들의 느낌의 구조 속에서는 유색인종과 그들의 문화에 원인이 있는 것 같다는 귀인 전략이 활용된다. 애플은 신보수주의자들이 교육과정 및 교과서를 통해 서구 전통을 복원하자는 주장도 이러한 인종차별적 느낌의 구조와 관련된 것이라고 주장했다.

셋째, 권위적 대중주의는 대중을 보수적 교화의 대상으로 보거나 억압적으로 특정 가치를 주입하지 않는다는 면에서 전통적 보수주의와 다르다. 이에 반해 권위적 대중주의는 대중 친화적으로 그들이 가지고 있는 상식의 세계에 다가간다. 특히 보수적인 덕목인 가족, 질서, 가부장주의, 국가에 대한 낭만적 과거의 이미지를 통해 자발적으로 대중의 지지를 이끌어 낸다. 애플이 권위적 대중주의를 통해 밝히는 분석 대상은 특히 미국의 기독교 근본주의다. 애플은 미국 기독교 보수 단체와 기독교 라디오 방송국이 정치와 일상에 관여하는 광범위한 헤게모니 전략에 대해 분석하고 있다. 권위적 대중주의는 애플이 자주 사용하는 개념인 '소유적 개인주의possessive individualism'와 결합되어 자유와 선택의 권리 등을 중시한다. 그리고 이 용어들은 시장 자유주의에서 말하는 '자유'의 개념과 접합되는 경향이 강하다.[3]

넷째, 교육의 의사 시장화를 위해서는 전문가 집단의 도움과 지지가 필요하다. 이 전문가 집단은 미국 사회의 신중간 계급에서 나오게 되며 데이터를 수집하고 통계 자료를 생산하고 성과를 관리하는 역할을 맡는다. 이들은 1990년대 이후 미국 교육정책의 주요 의제가 되었던 성취기준, 국가교육과정, 국가학력평가 등을 가능하도록 했다. 이렇게 하여 전문가 집단은 신자유주의 헤게모니 블록 아래 편입된다. 이들이 정치적으로 반드시 보수적인 것은 아니지만, 이들은 중산층 거주 지역에 살고 있기 때문에 가난한 유색인종 미국인들이 종종 일으키는 범죄로부터 벗어난 곳에서 가정의 안전과 자녀의 사회적 성공을 지향한다. 이들의 직업 자체가 효율성, 경영관리, 감사, 책무성과 관련된 문화 속에 놓여 있기 때문에 신자유주의적 학교 정책에 친화적이다. 동시에 충분한 소득으로 안전한 주거 지역을 선택할 능력이 있기 때문에 신보수주의적 가족 개념에 동의하는 경향이 있다.

마이클 애플은 이렇게 복잡한 미국 사회의 교육 담론 지형을 분석하면서 각종 포스트 이론으로부터도 영향을 받았다. 동시에 포스트 이론에 경도되어 쏟아져 나오는 많은 교육학 이론들은 경제적 불평등 문제를 지나치게 간과하고 있다고 비판했다. 애플은 그 어떤 현란한 이론이라 할지라도 미국 교육의 불평등이 더욱 심화되고 있는 현실을 놓쳐서는 안 된다고 주장했다. 이러한 주장 때문에 일부에서는 애플이 여전히 계급 중심의 사고를 하고 있다고 보는 경향도 있다. 하지만 애플이 주장하는 것은 주체 위치를 결정하는 계급 변수의 중요성보다는 계급적, 인종적 차이가 계속 확대되고 있는 현실을 직시하자는 주장으로 볼 수 있다.Anyon, 1994 각

---

3. 애플의 이러한 주장은 영국의 대처리즘과 미디어 담론 전략을 분석한 문화연구자, 스튜어트 홀(Stuart Hall)의 영향을 받은 것이다. 『공적 지식』 이후에 애플에게 가장 많은 영향을 준 학자 중 한 사람이 홀이며, 그는 이미지, 뉴스, 영화, 사진 등 문화 텍스트가 대중의 마음을 어떻게 특정 모습으로 조형하는지를 분석하는 문화연구 방법론을 제공했다.

종 포스트 이론의 현학성과 수사는 이러한 불평등에 대해 제대로 분석할 수 있는 능력도 약하고 또 이를 극복할 수 있는 대안도 내놓지 않고 있다는 것이 애플이 비판하는 요체이다.

3. 실천적 대안

탈중심의 연대

애플은 '탈중심의 연대decentered unity'라는 독특한 개념을 이용해서 주장을 전개한다. 탈중심의 연대란 넓은 범위의 사회단체와 세력이 연대하여 더욱 큰 네크워크를 만드는 것을 말한다. 그에 따르면, 이러한 연대는 중심을 향해 통합된 제도권 정당이나 하나의 조직과는 다른 형태이다. 탈중심의 연대는 다양한 목소리와 서로 상이한 주체들을 포함시키고 각자의 자율성을 인정한다. 이 때문에 연대를 위해 차이를 무시하는 일이 없도록 주의해야 한다는 것이다.

이는 라클라우와 무페Laclau & Mouffe, 1985의 영향을 받은 것으로 볼 수 있다. 애플 본인 또한 이 두 학자를 적극적으로 인용하면서 자신의 생각을 펼쳐 나간다. 라클라우와 무페는 교조주의 마르크시즘을 비판하고 포스트 마르크시즘을 주창한 학자들로 한 인간이 자신의 계급에 따라 부여된 의식을 갖는다는, 즉 계급모순에 의해 주체가 구성된다는 전통적 계급론을 폐기했다. 대신 이들은 후기구조주의 언어이론의 영향을 받아 사람들의 정체성도 '떠다니는 기표floating signifier'처럼 그 의미가 전적으로 고정되지 않으며 또 계속 변할 수 있는 것으로 보았다. 이들에 따르면 "주체 위치subject position의 의미는 주어진 담론 대형discursive formation에서 발견되는 다른 주체 위치와의 관계 속에서 상이하게 구성된다."Laclau & Mouffe 1985: 113

이러한 주장에 영향을 받은 마이클 애플은 인간의 정체성은 주어진 담론 체계 내에서 위치를 가진 것으로 중층적으로 결정되고 또 변화하는 것으로 보았다. 예를 들어 한 성인 남성은 기독교인이면서, 노동자이고, 허용적인 아버지이면서, 동시에 가부장적 집안의 순종적인 아들일 수 있다. 이 사람은 담론 구조로부터 자유롭지 못하면서도 다른 주체 위치에 놓인 타인들과 끊임없이 상호작용하면서 자신의 정체성을 변화시킬 수 있다. 즉 인간은 기존 사회의 담론 구조로부터 호명당하는 자유롭지 못한 존재이면서 동시에 다른 의미의 자신과 만나기 위해 노력하는 개인일 수 있는 것이다. 이와 같이 라클라우와 무페는 물론 마이클 애플 역시 특정 주체 위치에 놓인 개인들의 정체성은 경제적 계급만으로는 설명되지 않는다고 보며, 헤게모니적 실천 과정에서도 경제적 계급 주체가 중심에 서서 나머지를 일방적으로 조직하는 사회운동 방식을 비판하고 있다.

　마이클 애플은 탈중심의 연대에 대한 상을 보여 주기 위해 미국의 교육운동 조직인 '학교를 다시 생각하기Rethinking Schools'를 예로 들고 있다. 그러면서 소수 지도자가 다수를 계몽하는 민주집중제democratic centrism가 아니라 사회 변화를 요구하는 다양한 목소리들이 모두 허용된 느슨한 연대체로서 탈중심 연대의 중요성을 역설한다. 이러한 느슨한 연대는 반인종주의, 탈식민주의, 여성이론, 성소수자, 환경주의자, 네오마르크시스트 등 다양한 사람들의 목소리와 정체성을 유지시키는 동시에 더 광범위한 연대를 낳을 수 있는 토대가 될 수 있다.

민주주의 교육

　학교는 모든 학생에게 공통 경험을 제공해야 하는데, 이들이 민주적 삶을 영위하도록 도와주는 도덕적 책임이 학교에 주어진다. 마이클 애플은 이러한 민주주의 교육은 학생들이 공적 영역에 참여하여 자신의 역할을 스스로 찾아 나갈 수 있도록 힘을 길러 주는 일이라고 보았다. 그는-동

료 연구자인 제임스 빈James Beane과 함께- 민주주의 교육의 조건을 다음과 같이 밝혔다.[4]

- 어떤 사상이든 간에 자유롭게 공유되고, 그 사상에 대해 사람들이 충분히 접근할 수 있어야 한다.
- 사람들은 개인적으로 그리고 집단적으로 문제를 해결할 수 있다는 가능성에 대한 신념을 지니고 있다.
- 어떤 사상, 문제, 정책들을 평가할 수 있는 비판적 성찰과 분석 능력의 사용
- 공공선과 타인의 복지에 대한 관심
- 모든 개인과 소수자들의 존엄성과 권리에 대한 관심
- 민주주의는 단지 '관념/이상ideal'으로만 추구되는 것이 아니라 인간으로서의 우리 삶에 지침이 되고, 또 우리가 지니고 살아야 할 '이상적idealized' 가치임을 이해할 수 있다.
- 민주적 삶의 방식을 촉진하고 확산하기 위한 사회제도 조직이 존재한다.   Apple & Beane, 1995: 6-7

이러한 조건하에서 마이클 애플은 민주적 학교는 진보주의적progressive 학교의 특징을 포함하되, 그것보다 훨씬 높은 수준의 민주주의를 고양하는 학교라 주장한다. 진보주의 학교들이 인본주의적이고 학생 중심적이긴 하지만 그것만으로는 부족하다는 것이다. 학교는 학생들의 자아존중감을 높이기 위해 학습문화를 개선하는 노력 이상의 무엇인

---

4. 1995년 출판된 『민주적 학교(*Democratic Schools*)』는 다음과 같이 4개의 학교 사례를 중심으로 논의하고 있다. ① Central Park East Secondary School(New York City), ② Rindge School of Technical Arts(Boston), ③ La Escuela Fratney(Milwaukee), ④ Georgia O'Keefe Middle School(Madison).

가를 추구해야 한다는 것이다. 민주적 학교는 사회적 불평등으로 인한 곤란을 완화시켜 주는 역할뿐만 아니라 학생들이 스스로 그러한 불평등을 초래하는 사회적 조건을 변화시킬 수 있어야 하기 때문이다. 이러한 예로 오크스Oakes, 1985의 연구 결과를 인용하면서, 애플은 이질 집단 협력수업은 단지 학업성취를 높이기 위한 방편뿐만 아니라 사회정의와 인종 통합이라는 더 높은 사회적 목적에 부합하기 때문에 중요한 것으로 본다.

이러한 중요성을 인식하면서 마이클 애플은 1998년 랜든 바이어Landon Beyer와 공동으로 편집한 『교육과정The Curriculum: Problems, Politics, and Possibilities』에서 교육과정 연구자들은 학교에서 무엇을 가르칠 것인가에 대한 의사결정을 하면서 다음과 같은 것들을 고려해야 한다고 제안했다.

- 인식론적 질문: 무엇이 지식으로 간주될 수 있는가? 무엇을 앎knowing으로 보아야 하는가? 지식과 앎을 인지적, 정의적, 심동적 영역으로 구분하는 행동주의적 입장을 취할 것인가? 아니면 과정으로서의 지식, 마음과 지식을 통합하는, 덜 환원적인 관점을 취할 것인가?
- 정치적 질문: 지식의 선정과 분배를 누가 통제하는가? 그것들은 어떤 제도를 통해 통제되는가?
- 경제적 질문: 지식의 통제는 어떻게 기존의 불평등한 분배-권력, 재화, 서비스-와 연계되는가?
- 이데올로기적 질문: 어떤 지식이 가장 가치 있는 것인가? 누구의 지식이 가장 가치 있는 것인가?
- 기술적 질문: 교육과정 지식을 어떻게 학생들에게 접근 가능한 형태로 만들어 줄 것인가?
- 심미적 질문: 어떻게 학생들이 살아온 삶과 개인적 의미에 교육과정 지식을 연계시켜 줄 것인가? 이렇게 행함에 있어 우리

는 교사와 교육과정 설계자로서 어떻게 '기예적으로' 행위할
수 있을까?

- 윤리적 질문: 우리는 어떻게 교육에서 다른 사람들을 책임감
  있게 그리고 정의롭게 처우할 수 있을까? 어떤 도덕적 행위와
  공동체에 대한 사상을 가지고 교사와 학생이 처우되어야 하
  는가?   Beyer & Apple, 1998: 5

『공적 지식』 이전에 애플은 학생들이 학교에서 배우는 것, 즉 교육과
정은 인종, 젠더, 계급에 의한 제도를 정당화하는 기능을 하고 있음을 밝
혔다. 물론 사회와 교육자들은 이러한 문제를 완화하기 위해 많이 노력
해 왔으나 잠재적 교육과정은 물론 공식적 교육과정 역시 이러한 불평
등을 재생산하는 데 일조하고 있다. 이에 1990년대 중반 이후에 애플은
『민주적 학교』, 『교육과정』, 『교육은 사회를 바꿀 수 있을까?』 등의 저서
를 통해 좀 더 대안적인 접근을 시도하고 있다. 특히 『민주적 학교』는 미
국 교사들에게 매우 대중적인 '장학과 교육과정 개발 협회Association For
Supervision and Curriculum Development'에서 출판되어 10만 부 이상이 판매
되었으며, 애플의 저서 중 가장 많은 국가에서 번역되었다. 이에 대해 애
플은 진보적 대안의 대중적 실천이 전략적으로 성공할 수 있었던 사례가
『민주적 학교』라고 말한다.

4. 맥락적 논의

최근 한국에서는 교육자치 제도의 정착 과정에서 교육의 패러다임 전
환을 위한 몇 가지 주요 의제가 사회적 이슈가 되었다. 그중에서 주요한
것은 무상급식, 혁신학교, 학생인권조례라고 볼 수 있다. 여기에서 교육활

동과 직접적 연관성이 적은 무상급식을 제외하고 최근 한국 사회에서 논쟁을 겪고 있는 혁신학교와 학생인권조례를 대상으로 마이클 애플 교육사상의 실천적 쟁점에 대해 살펴보고자 한다.

혁신학교와 사회정의 교육

혁신학교는 애플의 『민주적 학교』와의 교차와 대비를 통해 학생 중심 교육은 물론 사회정의 교육에 대한 논의를 위한 좋은 소재로 볼 수 있다. 2009년도부터 제도화된 혁신학교는 학교 공동체의 민주적 운영을 통해 모든 학생의 교육권 실현이라는 목적을 지니고 있다. 왜곡된 학교교육은 일부 학생들에게는 체제 적응의 수단이 되고 또 다른 일부 학생들에게는 소외의 공간이 되고 있기 때문에 이를 극복하기 위한 학교개혁 모델이 혁신학교인 것이다. 송순재[2012]는 대학입시 경쟁교육과 그 과정에서 도구화된 학교교육을 변화시키려는 노력이 공교육에서 나타난 것이 혁신학교라고 주장했다. 이와 같이 혁신학교가 추구하는 학교상은 인간적 삶과 가치를 추구하고, 사회공동체적 가치를 실현하고, 생태적이며, 개성이 발휘되고, 지식과 실천이 통합되는 교육을 추구하는 민주적 학교로 볼 수 있다.

하지만 마이클 애플 교육사상을 엄격하게 읽는다면, 혁신학교는 진보주의적progressive 학교일 수는 있지만 민주적 학교는 아니라고 볼 수 있다. 『민주적 학교』에서 주장한 애플의 '민주적 학교'에는 사회정의 교육이 핵심적으로 포함되어 있어야 한다. 마이클 애플에게 민주주의는 단지 과정으로서가 아니라 모든 사람의 삶의 가치가 평등하게 승인되는 사회구조의 원리이며 불평등한 현실을 극복하는 변화의 주체가 될 수 있도록 교육하는 것이다. 이는 낸시 프레이저Nancy Fraser, 1997가 주장한 세 가지 정의의 원칙인 재분배redistribution, 승인recognition, 대표representation를 연상케 한다. 실제로 최근 애플 저작에 프레이저의 정의론적 관점이 많은 영향을 끼쳤다.

애플의 교육사상에서 표방된 학교 모델이 『민주적 학교』라고 한다면 미국에서나 한국에서나 애플이 권고하는 학교는 진보주의적이면서 민주적이어야 한다. 조금 더 풀어 쓴다면 좋은 학교란 토론, 체험, 교사와의 인간적 관계에 기초한 학생 중심 교육을 실시하면서 동시에 불평등, 인간의 존엄성, 소수자들이 대표되도록 하는 사회정의 교육이 되어야만 한다. 프레이저1997를 따라 애플이 주장하듯이 사회정의 교육은 불평등을 교정할 수 있어야 하며, 이를 위해 불평등이 어떤 식으로 존재하는지 탐구하는 교육을 실시해야 한다. 또 학생이 속한 인종, 젠더, 문화에 대해 가르칠 때 그 정체성이 동등하게 승인되어야 한다. 그리고 누가 물질적 자원이나 가치의 분배를 결정하는가의 문제, 즉 누가 의사결정 과정에서 대표되고 있는가를 알아보고, 그 대표 상태가 불평등하다면 이를 교정할 수 있는 방법을 찾도록 교육해야 한다. 마이클 애플은 이러한 실천 과정에서 사회의 지배 세력들이 원하는 지식과 태도에 대해 학생들은 의문을 제기할 수밖에 없고, 그 결과 공식적 학교지식과 충돌이 일어날 수 있다고 보았다. 그리고 애플의 교육사상을 해석할 때, 이런 역할을 하는 교사는 학생들 스스로 질문하게 하고 당면한 문제를 해결해 나갈 수 있도록 이끄는 지성적 조력자 역할을 한다.

하지만 아무리 지성적 조력자의 역할에 머문다 해도 사회정의 교육은 언제나 긴장을 내포할 수밖에 없으며, 교사들은 기성의 사회가 용인하는 정도-불평등, 승인, 대표에 있어- 내에서 교육과정을 설계하고 수업을 진행하고 수행 결과를 평가한다. 사회정의 교육은 도덕적이고 통합된 민주 사회를 만들어 가는 과정에서 반드시 실천되어야 할 교육활동이다. 그런데 국가에 고용되어 교육의 사회화 기능을 담당하는 교사가 어느 수준에서 '사회를 변화시키는 교육'을 실천할 것인가는 마이클 애플의 교육사상에 내재된 실천적 쟁점이자 난제이다.

학생인권조례와 상식

학생인권조례를 둘러싼 최근 한국에서의 교육 논쟁은 애플의 상식 common sense과 양식good sense, 그리고 '와닿게 말하기plain speaking' 화법을 통한 헤게모니 전략에 대한 논의에서 좋은 소재라고 볼 수 있다. 왜냐하면 학생인권조례는 학생을 바라보는 기존의 상식을 인권을 중심으로 한 양식으로 대체하고자 한 프로젝트이기 때문이다. 그리고 이러한 기획 의도는 장기적으로 볼 때는 중요한 의미를 지닐 수 있으나 단기적으로는 부정적 여론으로 인해 상당히 좌절을 경험한 프로젝트이기 때문이다.

학생인권조례는 2010년 10월 경기도에서 처음 시행되었다. 이후 일부 시·도교육청에서도 유사한 조례안이 제정되었다. 학생인권조례에 반대하는 사람들은 "학생인권이 스승의 권위를 유린할 수 있다는 식"의 소위 '와닿게 말하기' 전략을 활용하며, 많은 대중의 공감을 얻는 데 성공했다. 결국 학생인권조례는 일부 시의회에서는 통과시킬 수 있었지만 대중의 마음에서는 통과되었다고 보기 어려웠다.

'학생인권 vs. 교권'은 기존 대중의 인식에 각인된 상식적 프레임이었던 것이다.이기일·성열관, 2012 이로써 학생인권조례는 기존의 사회적 스키마에 균열을 내는 것에 실패했고, 교권을 유린할 수 있다는 불안 요소를 지닌 프레임 안으로 갇히게 되었다. 학생인권조례에 반대하는 언론들은 교사에게 대드는 학생들, 수업 시간에 자는 장면 등 교실의 질서가 붕괴되는 현장을 보여 주면서 학생인권조례는 시기상조임을 주장했다.

이러한 현상은 애플이 말한 것처럼 미국에서 신우익 헤게모니 블록에서 발휘되는 '와닿게 말하기' 전략과 유사한 측면이 있다. 미국의 신우익 담론 전략도 기존에 대중이 가지고 있는 상식의 구조를 이용하고, 가족, 애국심, 전통과 같은 전통적 믿음에 직접 호소하는 것이 특징이다. 한국의 학생인권조례도 대중의 마음속에 자리 잡은 기존의 상식들, 즉 한국 교육의 문화적 문법에 갇히게 되어 새로운 '양식'을 만들어 내는 데 어려움을 겪었다. 마이클 애플이 권고하는 담론 전략에 따른다면 학생인권조례를 주장하는 사람들은 '와닿게 말하기' 화법을 좀 더 능수능란하게 쓸수 있어야 했다.

하지만 양식이 상식을 이기기 어려운 것이 양식을 주장하는 자가 '와닿게 말하기'와 같은 화법이나 문화적 전략이 부족해서일까? 상식은 언제나 극복하기 어려운 것이다. 상식이란 담론 구조 속에 놓여 있는 개인이 일정한 방향으로 사회화되어 이미 특정한 정체성으로 굳어 버린 마음이기 때문이다. 그렇기에 대중적 화법과 전략의 중요성은 인정하더라도 상식과 양식이 마치 공정하게 경쟁하는 것처럼 볼 수는 없다. 예를 들어 학생인권조례를 반대하는 담론이 가부장주의, 입시경쟁 욕망, 순응적 청소년관, 군사주의, 전체주의 상식에 호소하는 한 아무리 '다가가게 말하려고 해도' 상식을 이기는 것은 쉽지 않다.

반면 애플의 주장을 따른다면 기존의 상식 또는 학생인권조례 반대 담론 속에서도 양식을 발견할 수 있어야 하고, 이것들을 주장하려는 바에 접합시킬 필요가 있다. 애플은 신우익 헤게모니 전략에서 많은 것을 배워야 한다고 주장했을 뿐만 아니라 신우익 담론 속에서도 놓치지 말아야 할 중요한 양식이 있다고 말했다. 예를 들어 미국 기독교 우파에서는 그들의 사상적 보수성에도 불구하고 공공기관이 상업화되는 것에 반대하는 양식이 있다. 또 표준화 시험을 강조하는 신자유주의 정책에서도 빈곤한 학생들의 학업성취에 대한 관심과 같은 양식이 발견된다는 것이다. 그리고 필요하다면 이러한 양식들과 민주적 학교에 대한 관심이 끊임없이 재접합되면서 시민들의 상식을 변화시킬 필요가 있다고 주장한다.

이 문제와 관련해서 떠오르는 하나의 실천적 질문은 "한국 교육의 상식을 지배하는 능력주의와 유교주의에서 어떻게 양식을 찾아 사회정의와 민주주의 교육과 접합시킬 수 있는가?"이다. 능력주의는 그 용어의 창안자 마이클 영Michael Young, 1958에 따르면 점수가 지배하는 디스토피아 사회의 정치체제를 칭한 말이다. 이러한 정의는 한국 교육의 병폐를 설명하는 데 유용한 개념이 될 수 있다. 동시에 한국에서의 능력주의는 미국과 같이 불평등과 차별이 만연한 국가에 비해 양식의 요소-교육의 평등에 대한 관심 등-가 있다. 즉 능력주의의 양면성이 있는 것이다.

유교주의에서도 비슷한 현상이 나타난다. 충과 효를 중심으로 하는 유교주의 사상은 국가주의와 가부장주의 상식의 토대인 동시에 양식의 요소도 포함하고 있다. 최근 한국의 버스나 지하철에서 '경로석'이 이미 '노약자석'으로 이름이 바뀐 것이 상징적으로 보여 주듯이 한국의 노인 세대는 경로의 대상과 약자 사이에서 그 정체성이 흔들리고 있다. 그리고 세대 간 사회화 차이로 인해 노인 세대는 젊은 세대에 의해 문화적으로 주변화되고 또 그 일부는 경제적으로도 급격히 소외되고 있다. 이 짧은 지면에 이러한 변화를 일일이 열거할 수는 없을 것이다. 노인들이 한국의 경제 발전에 기여한 것에 대한 존중과 노인 복지에 대한 관심이 교육에서 중요한 과제가 되었다. 이와 같이 한국 교육 아래 거대하게 빙산처럼 존재하는 상식 중에서 어떤 것들이 양식의 요소들이며, 이것들이 어떤 이상이나 원리의 우산 아래서 결합하게 될 때 서로 자성을 가지게 될 것인가? 애플의 교육사상은 이러한 질문을 한국의 교육자들에게 던지고 있다.

5. 탈중심의 연대와 민주적 학교

이 글에서 필자는 교육 분야의 비판이론가 마이클 애플의 교육사상에 대해 살펴보고 이론적 의의와 실천적 쟁점에 대해 논의해 보았다. 서두에서는 그가 살아온 개인사적 특징을 간단히 살펴보았다. 항상 그런 것은 아니지만 위대한 사회이론가의 사상이나 문학가의 작품은 그의 삶을 통해서 그 저작의 의미가 온전히 드러날 수 있기 때문이다.

아주 젊은 나이에 저명해진 애플은 『이데올로기와 교육과정』 이후 30여 년 이상 왕성하게 저술하면서 많은 독자를 확보했고 오늘날에도 세계 도처에서 강연하고 있다. 애플은 한국에서도 잘 알려진 학자이며, 1980년대 후반 전국교직원노동조합의 출범을 지지하기도 했다. 그는 당시 한국에 방문했을 때 강연장 안팎으로 최루탄 연기가 가득했다고 회고했다. 이러한 개인사적 일화는 최근의 저작인 『교육은 사회를 바꿀 수 있을까?』에 한 장章으로 소개되어 있다. 한편 인터뷰Weis, McCarthy & Dimitriadis, 2013를 보면, 그는 1968년 위스콘신대학교에서 교육과정 교수직을 얻기 위해 시범 강의를 하고 있을 때도 반전 시위를 진압하기 위한 최루탄 연기가 교정에 가득했으며, 심지어는 탱크가 학교에 들어와 있었다고 기억했다. 물론 시차가 있긴 하지만 이 두 사례는 그가 중요하게 생각하는 생애사적 일화로서 학자의 삶과 강연장 밖에서 벌어지고 있는 사회적 현실이 복잡하게 교차하고 있음을 보여 준다.

이 글은 『공적 지식』의 출간 전후로 구분하여 애플의 지적 궤적을 살펴보았다. 그 이유는 『공적 지식』 이후부터 보다 문화정치학적인 분석이 본격적으로 심화되었기 때문이다. 그 결과 미국 교육이 급격하게 보수화되는 과정을 분석하면서 포스트 모더니즘 또는 포스트 구조주의적 관점과 담론이론을 추가적으로 사용함으로써 전반적으로 기존의 이론이 더욱 정교해졌다고 볼 수 있다. 그뿐만 아니라 이즈음부터 기존의 그람시1971에 기초한 신마르크스주의에서 훨씬 유연해지면서 유럽과 미국의 지성계에 영향을 준 문화이론, 담론이론, 언어이론을 흡수하면서 애플 자신의 이론적 토대를 다시 구축하게 되었다. 본문에서 살펴본 바와 같이, 이러한 이론적 토대 위에서 애플은 신자유주의, 신보수주의, 권위적 대중주의가 어떻게 연합하면서 교육에 대한 미국 시민들의 마음을 조형해 왔는지 심층적인 분석을 제공해 주었다.

실천적 측면에서 애플은 탈중심의 연대와 민주적 학교를 대안으로 제시한다. 탈중심의 연대에서는 차이를 인정하는 광범위한 헤게모니적 연대를 전략으로 제시하고, 민주적 학교에서는 진보주의 교육을 기초로 하되 더 나아가 사회정의 교육을 대안으로 제시한다. 『민주적 학교』1995를 통해 애플이 소개하는 '민주적 교사'들은 진보적 교육자들과 마찬가지로 어린 학생들을 깊이 돌보아 주려는 마음이 있다. 한편 애플은 여기서 한 걸음 더 나아가 그러한 돌봄이 학생들이 인종주의, 부정의, 빈곤 그리고 학교 안이나 학교 밖 사회에 광범위하게 놓여 있는 불평등에 맞설 수 있도록 힘을 길러 주는 교육과 연계되어야 한다고 주장한다.[5]

애플의 이러한 이론적, 실천적 기여는 우리에게 "급격히 변화하는 한국 사회에서 기존의 상식에서 양식의 요소를 발견하고 이것들을 사회정의, 평등, 민주주의와 같은 원리들과 접합시켜 공교육을 위한 광범위한 윤리적 토대를 쌓을 수 있는 방법은 무엇인가?"라는 질문을 던져 준다.

---

5. 물론 이러한 주장은 그동안 한국에서의 비판적 교육학 담론(심성보, 2008; 강순원, 2010; 김용일, 2008)과 일맥상통하는 측면이 있다. 한편 애플의 경우, 정체성의 정치학, 이데올로기에 대한 지속적 분석, 다양한 차이를 전제한 연대, 적극적 사회정의 교육을 더 강조하는 경향이 있다.

참고문헌

강순원(2008). 『평화·인권·교육』. 한울아카데미.
김용일(2010). 『교육의 계급화를 넘어』. 북이데아.
송순재(2012). 「혁신학교의 발단과 전개: 철학과 구조상 특징을 중심으로」. 한국교육
　　연구네트워크. 『새로운 사회를 여는 교육혁명』. 살림터.
심성보(2008). 『민주화 이후의 공동체 교육』. 살림터.
이기일·성열관(2012). 「학생인권은 교권에 대립하는가?」. 『교육사회학연구』, 22(4),
　　171-197.
Althusser, L.(1971). *Lenin and Philosophy and Other Essays*. New York:
　　Monthly Review Press.
Anyon, J.(1994). The Retreat of Marxism and Socialist Feminism: Postmodern
　　and Poststructural Theories in Education. *Curriculum Theory*, 24(2), 115-
　　133.
Apple, M. W.(1979). *Ideology and Curriculum*. New York and London:
　　Routledge. 박부권·이혜영 옮김(1989). 『교육과 이데올로기』. 한길사.
　　_____(1982). *Education and Power*. Boston: Ark Paperbacks. 최원형 옮
　　김(1988). 『교육과 권력』. 한길사.
　　_____(1986). *Teachers and Texts: A Political Economy of Class &*
　　Gender Relation in Education. New York and London: Routledge.
　　_____(1993). *Official Knowledge: Democratic Education in a*
　　Conservative Age. New York: Routledge & Kegan Paul. 박부권·심연미·김수
　　연 옮김(2001). 『학교지식의 정치학』. 우리교육.
　　_____(1996). *Education and Cultural Politics*. New York: Teachers
　　College Press. 김미숙·이윤미·임후남 옮김(2001). 『문화정치학과 교육』. 우리교육.
　　_____(2001). *Educating the "Right" Way: Markets, Standards, God,*
　　and Inequality. New York and London: Routledge/Falmer. 성열관 옮김(2001).
　　『미국 교육개혁, 옳은 길로 가고 있나』. 우리교육.
　　_____(2013). *Can Education Change Society?*. New York: Routledge.
Apple, M. W. and Beane, J. A.(eds.)(1995). *Democratic Schools*. Alexandria,
　　Virginia: Association for Supervisiona nd Curriculum Development.
Berstein, B.(1975). *Towards a Theory of Educational Transmissions* (vol. 3).

London: Routledge & Kegan Paul.

Beyer, L. and Apple, M.(eds.)(1988). *The Curriculum: Problems, Politics, and Possibilities*. Albany: State University of New York Press.

Bloom A.(1987). *The Closing of the American Mind*. New York: Simon and Schuster.

Bourdieu, P. and Passern, J. C.(1977). *Reproduction in Education, Society and Culture*. Beverly Hills: Sage.

Bowles, S. & Gintis, H.(1976). *Schooling in Capitalist America: Educational Reform and the Contradictions of Economic Life*. New York: Basic Books.

Counts, G. S.(1932a). Dare progressive education be progressive?. *Progressive Education*, 9(4): 257-263.

_____(1932b). *Dare the School Build a New Social Order?*. New York: Henry Holt.

Dewey, J.(1922). *Democracy and Education*. New York: Macmillan.

Du Bois, W. E. B.(1920). *Darkwater: Voices from Within the Veil*. New York: Harcourt, Brace, and Howe.

Fraser, N.(1997). *Justice Interruptus*. New York: Routledge.

Gramsci, A.(1971). *Selections from the Prison Notebooks* (Q. Hoare & G. N. Smith, Trans.) New York: International Publishers.

_____(1987). *Democratic Education*. N. J.: Princeton University Press.

Hall, S.(1997). *Representation: Cultural Representations and Signifying Practices*. London: SAGE Publications Ltd.

Hirsch, E. D.(1996). *The Schools We Need: Why We Don't Have Them*. New York: Doubleday.

Laclau, E., and Mouffe, C.(1985). *Hegemony and Socialist Strategy: Toward a Radical Democratic Politics*. London and New York: Verso.

Oakes, J.(1985). *Keeping Track: How Schools Structure Inequality*. New Haven: Yale University Press.

Ravitch, D., and Finn, C.(1987). *What Do Our 17-Year-Olds Know?: A Report on the First National Assessment of History and Literature*. New York: Harper and Row.

Rawls, J.(1971). *Theory of Justice*. Cambridge, Mass.: Harvard University Press.

Williams, Raymond(1977). *Marxism and Literature*. Oxford: Oxford University Press.

Willis, P.(1977). *Learning to Labour*. New York: Columbia University Press.

Weis, L., Dimitriadis, G. and McCarthy, C.(2013). *Ideology, Curriculum, and the*

New Sociology of Education: Revisiting the Work of Michael Apple. New York: Routledge.

Woodson, C. G.(1933). *The Mis-Education of the Negro*. Las Vegas: Create Space.

Young, M.(1958). *The Rise of the Meritocracy 1870-2033: An essay on education and society*. London: Thames and Hudson.

Young, F. D. M.(1971). *Knowledge and Control: New Directions for the Sociology of Education*. London: Collier Macmillan.

11장

파울로 프레이리와 교육: 『페다고지』와 '의식화'

유성상

1. 진보적 교육가 프레이리, 탄생 100주년을 맞다

"프레이리"라는 키워드로 대한민국 학술논문집을 검색해 보면 2000년 이래 총 22건의 논문이 검색된다.[1] 프레이리 관련 연구는 교육 분야에 가장 많고, 정치 및 기타 사회과학 분야 연구에서 한두 편 정도 수행되었다. 이 외에 제목에는 포함되지 않았지만, 키워드로 프레이리를 다루고 있는 8건의 논문이 있다. 여기에는 프레이리 사상의 키워드를 따로 찾아본 내용은 포함되지 않았기에 프레이리 관련 학술 연구의 숫자가 정확하다고 할 수는 없다. 그런데 교육계의 연구논문집의 종류도 많아지고, 각 논문집의 매호에 쏟아져 나오는 학술논문의 수를 생각해 보면 "프레이리"와 "프레이리의 사상"을 다루고 있는 논문의 수는 그리 많다고 할 수 없다.

같은 기간에 출간된 프레이리를 다루고 있는 출간 서적(저서 및 역서)은 자그마치 60여 종에 이른다. 이 수치 또한 정확하지는 않다. 제목 및 주제가 온전히 프레이리만을 다루고 있는 단행본과 함께 주된 비교의 대상으로 다른 인물 및 이론을 담고 있는 연구도 여기에 포함되어 있기 때문이다. 그러나 한국 사회에서 프레이리에 관한 논문보다 더 많은 프레이리 관련 단행본이 나왔다는 점, 이 단행본들은 주로 프레이리의 저작을,

---

1. 2021년 10월 말일 기준.

그리고 프레이리의 사상을 해석, 적용, 실천한 내용을 다룬 번역서라는 점이 특징적이다. 여기에 하나만 더하자면, 진보주의 교육개혁과 비판적 교육학critical pedagogy 담론은 프레이리와 프레이리 사상이 적용된 교육 실천 및 연구 분야를 핵심적 지위에 올려놓고 있다. 간단히 말해, 한국 사회에서 프레이리는 비판적이고 진보적인 교육가의 전형으로 읽히고 있다.

그런데 한국 사회에서 수용되고 있는 프레이리에 대한 이러한 일반적인 경향은 다른 나라에서도 크게 다르지 않다. 어떤 개념을 어떤 방식으로 논의하고 실천하든, 서로 다른 계층, 계급, 사회/문화적 공동체의 긴장과 갈등을 여지없이 드러내는 프레이리의 사상은 점점 확대되어 논의되고 있다. 흥미로운 것은 1997년 프레이리가 75세를 일기로 죽고 나서 그의 삶을 조명하고, 그의 사상을 혁명적 교육가로 그리려는, 그의 사상적 삶이 실천적으로 어떻게 재창조될 수 있는지를 논의하는 장은 오히려 더 활발하게 이어지고 있는 듯하다. 그런 점에서 2021년에는 그의 탄생을 기념하는 100주년 행사가 다양하게 기획·진행되었고, 프레이리 탄생 100주년을 기념하는 학술적 논의의 장은 2022년까지 확장되어 열렸다.

프레이리의 삶과 사상이 전 세계적으로 관심을 끌게 된 것은 그의 파란만장한 삶과 밀접하게 관련되어 있다. 그의 사상이 담고 있는 '저항'과 '혁명'은 불손하기 그지없는 용어로, 늘 기존 질서를 유지하려는 사회 주류 집단의 심기를 건드렸다. 하지만 동시에 억압 속에 움츠려 살며 자유를 향한 저항과 혁명을 꿈꾸는 사람들의 열망 또한 어느 곳에나 있었다. 한쪽에서는 프레이리라는 이름을 '금지된 인물' 목록에 올려놓기에 바빴고, 다른 한쪽에서는 비밀리에 그의 글을 읽고 토론하기 바빴다. 프레이리를 사이에 놓고 한 사회가 벌이는 공개된 금지와 비밀 토론은 프레이리라는 이름의 가치를 올려놓았다. 프레이리는 이들 사이의 가시적이고 비가시적인 억압과 억압에 맞서는 투쟁을 매개하는 다리였다. 즉, 프레이리는 인간 삶과 사회적 관계 속에서 상존하는 혹은 발생하는 이들 사이의 긴장과 갈등을 드러내도록 하는 힘을 갖고 있었다.

그런데 이런 프레이리를 둘러싼 이론적 논의는 깔끔하게 정리되어 있지도 않고, 체계적으로 통일되어 있지도 않다. 그리고 프레이리 사상의 이름으로 함께 다뤄지는 내용은 특정되지도 않고 그 내용이 모방, 재생산될 수 있는 모형적 구조도 잘 보이지 않는다. 단지 그의 저작에 등장하는 다양한 '개념들'이 떠다니며 특정 개념이 곧 프레이리라는 이름과 동격으로 다뤄지기도 한다. '의식화'라든지, '비판적 교육학', '은행저금식 교육', '변증법적 대화', '생성적 주제' 등이 그렇다. 상식적으로 그렇게 쓰이고 있다는 이야기지, 이런 개념이나 논의가 학술적으로 엄밀하게 프레이리와 동격으로 다뤄진다는 말은 물론 아니다. 다른 나라는 차치하더라도, 한국의 상황에서 '의식화'라는 개념은 곧 '프레이리의 사상'과 동격으로 다뤄'졌'고, 지난 독재/군사 및 권위적인 정부하에서 프레이리가 금기시된 이유는 곧 '좌경'과 동일시된 '의식화'와 직결되어 있다. 이렇게 된 데에는 정부의 선전 선동이 가장 큰 원인을 제공했지만, 대중 여론의 창구라 할 수 있는 언론의 역할이 지대했다.고혁준·유성상, 2011

한국 사회에서 프레이리는 어떻게 읽히고 또 실천되고 있는가? 누가 프레이리를 읽고 있고, 이들에게 프레이리의 사상을 전달해 주는 매개 역할을 담당하는 사람들은 누구인가? 프레이리를 읽고 또 이를 실천하는 사람들은 누구인가? 한국 사회의 프레이리 독자들은 프레이리의 어떤 개념에 천착해 그를 이해하고 있는가? 프레이리를 읽고 이해한 사람들은 자유를 향한 해방의 교육을 실천하고 있는가? 이는 가 보지 않은 길인가? 혹은 다 함께 걸어가며 길을 만들고 있는가? 한국 사회만의 고유한 프레이리 사상의 실천이라고 할 만한 것이 있는가? 여전히 프레이리는 한국 사회의 폐쇄적이고 보수적인 이데올로기와의 전면적인 싸움의 도구가 되고 있는가? 아니면 프레이리는 더 이상 그런 정도의 혁명적 상징이 되지 못하는가? 한국은 사회의 구조적 억압성이 희미해지고 사회의 민주적 실천이 '어느 정도' 진척되어 프레이리에 대한 논의는 옛날만큼의 선명한 전선을 만드는 데 도움이 되지 않는가? 이것도 저것도 아니라면, 우리 사회의 어느 영역에서 프레이리의 이름과 사상이 살아 움직이고 있는가? 이런 질문들은 굳이 프레이리라는 이름만으로 던질 수 있는 것은 아니다. "위대한 교육자의 삶과 교육사상을 탐색하다"라는 교육사상 강좌에서 소개되는 모든 인물에 대해서 동일한 혹은 이보다 더 많은 질문을 던질 수 있을 게다. 그렇다고 이 질문에 다 답을 한다는, 혹은 전부 대답할 수 있다는 말은 아니다. 사실 이렇게 질문 던지는 것 이상의 대답을 할 수 있는 공간도, 시간도 부족하다는 것을 잘 안다. 일을 크게 벌여 놓고 모으고 주워 담지 못하면 안 하느니만 못하지 않은가? 어쩌면 이 점이 나의 가장 큰 흠 가운데 하나일지도 모른다. 이에 이 글에서는 내가 감당할 수 있는 부분에 논의를 집중하고자 한다.

따라서 이 글은 프레이리와 그의 사상이 지닌 내용의 폭을 되도록 좁혀 이해를 돕는 것을 목표로 한다. 이를 위해 첫째, 파울로 프레이리라는 인물을 소개하고, 둘째, 프레이리의 대표작이라고 할 수 있는 『페다고지: 민중교육론Pedagogy of the Oppressed』[2]의 구조와 내용, 주요 개념을 설명하고, 셋째, 프레이리 사상을 둘러싼 비판과 쟁점을 검토할 것이며, 넷째, 한국 사회에서 『페다고지』가 읽힌 방식을 살펴보고, 다섯째, 오늘 한국 사회의 프레이리 읽기 및 실천하기를 위한 방향을 제시하고자 한다.

사실 프레이리가 저자로 된 책뿐만 아니라 프레이리 개인의 삶과 사상

---

2. 이는 프레이리의 『Pedagogy of the Oppressed』(1970)를 성찬성 선생이 1979년 한국어로 옮긴 번역서 제목이다. 이 책은 이후 1985년, 1995년에 재출간되었다. 1995년판 번역서의 제목은 『페다고지: 억눌린 자를 위한 교육』으로 바뀌었다. 프레이리의 책은 2000년 출간 30주년, 50주년을 각각 기념해 내용을 일부 수정, 보완해 출간되었다. 남경태 선생이 2002년 『페다고지: 30주년 기념판』, 2009년 개정판을, 그리고 남경태·허진 선생이 2018년 『페다고지: 50주년 기념판』으로 발간했다. 50주년 기념판은 2014년 작고한 남경태 선생의 원고에 허진 선생이 수정, 보완한 것이다. 이하에서는 『페다고지』라고 통칭하겠다.

을 담고 있는 책이 정말 많다. 이 글에서 제한적으로 다루려는 『페다고지』가 1970년 발간된 이후 프레이리가 저자로 참여해 발간된 책만도 20여 권이 넘는다. 여기에는 2014년도에 발간된 『연대의 교육학Pedagogy of Solidarity』과 『참여의 교육학Pedagogy of Commitment』도 포함된다. 가장 최근의 프레이리 저서는 『자율의 교육학Pedagogia da Autonomia』으로 2021년도에 출간되었는데, 안타깝게도 포르투갈어로만 출간되었다. 또한 프레이리의 전기를 다룬 작품들Kohan, 2021; Kirylo, 2011; 2017; Schugurensky, 2014; Lake & Kress, 2013; Darder, 2014 등 또한 많다. 여기에서 프레이리의 삶과 사상은 다양한 사상가 및 혁명가들과 비교, 비견해 분석되어 왔다. 루소Bhattacharya, 2011, 푸코Nekhwevha, 2011; Maciel, 2017, 그람시Mayo et al., 1999; Coben & Kincheloe, 1998; Mayo, 2015, 하버마스Morrow & Torres, 2002; Lovern & Knowles, 2015, 체 게바라McLaren, 1999, 듀이Betz, 1992; Stinson, 2016; Nweke, 2020, 프롬Lake, 2013, 마르크스de Castro, 2015, de Castro, 2015; de Smet, 2016 등.[3] 이런 프레이리의 사상을 다양한 영역에서 적용하려는 시도가 있었고, 이는 교육학에만 국한되지 않는다. 사회학, 정치학, 철학, 문학 등에도 상당히 많은 연구물이 있으며 간호학, 사회복지학, 언론정보학, 심지어 수학 및 과학 분야의 교수학습을 다루는 영역에서도 프레이리는 적극 '활용될 만한 사상가'로 자리 잡아 왔다.[4]

여기에 프레이리의 사상을 이해할 수 있는 좀 더 쉬운 방법이 있다. 바로 프레이리의 사상을 비판하는 연구들을 통해서다(4절 프레이리 및 『페다고지』에 대한 비판에서 좀 더 자세하게 논의할 것임). 또한 이미 프레이리

---

3. 프레이리의 전기와 관련 비교 논의들은 단행본을 중심으로 한 것이며, 특정한 영역에 프레이리의 사상을 적용한 것이든, 혹 그의 사상을 비판하려는 것이든 관련 논문(영어)은 더 많다. 더욱이 이런 목록에는 프레이리의 교육사상이 가장 인지도가 높은 스페인어권 및 포르투갈어권의 발간물은 포함되지 않는다.

4. 다양한 프레이리에 대한 논의는 심성보의 『프레이리에게 변혁의 길을 묻다: 파울루 프레이리 교육학의 사상적 뿌리』(살림터, 2022)를 참조할 것.

를 소개 및 적용, 실천하려는 한국의 최근 저작들을 통해서 확인할 수 있다(5절에서 좀 더 자세하게 논의할 것임). 이런 자료들이 널려 있기에 프레이리를 소개하고 그의 사상을 톺아보려는 이 글의 시도가 어느 수준에 어떻게 제시되는 것이 좋은지 판단하기가 여간 어려운 게 아니다. 어느 것 하나 이 글만이 내놓는 고유의 논의라고, 프레이리 연구에서 저자만의 통찰력이 담겨 있다고 말할 수 없는 수준이다. 하지만 본 지면을 통해 프레이리의 삶과 사상이 교육사상 속에서 어떻게 위치하는지, 한국의 교육 지형에서 어떻게 읽히고 또 실천되는 것이 중요한지에 대해 짚어 볼 수 있는 안내자의 역할 정도는 할 수 있지 않을까 생각한다.

2. 프레이리의 삶을 이해하다

프레이리는 1921년 브라질 북동부의 페르남부쿠주 항구도시인 헤시피에서 태어나 자랐다. 중산층 가정에서 태어났지만 양차 세계대전 사이의 전 세계적인 경제위기(대공황)를 지나면서 아버지의 실직으로 제때 끼니조차 해결하지 못할 정도의 가난을 경험한다. 우여곡절 끝에 학업을 계속하게 된 프레이리는 페르남부쿠대학교를 졸업(법학, 철학)하고 변호사로 사회생활의 첫발을 내딛게 된다. 물론 첫 소송을 담당했던 경험을 끝으로 변호사를 때려치운다. 이후 고등학교에서 국어(포르투갈어) 교사로 일하게 된다. 다시 자리를 옮겨 페르남부쿠주 사회복지부 교육문화국에서 공무원(1947~1959)으로 일했다. 프레이리는 박사학위를 받게 되는 1959년 헤시피대학교에서 교육사와 교육철학을 가르치는 교수로 임용되었다. 1964년 굴라르 정권이 군사 쿠데타에 의해 전복되면서 정권의 정책적·이념적 지원 세력이었던 인물 6,000여 명이 영구 추방된다. 프레이리도 이중 한 명이었다. 프레이리가 주도적인 역할을 했던 브라질 북동부지역에서의 성인을 대상으로 한 문해교육이 효과적이었던 상황으로 그는 굴라르 정권의 국가 차원 문해교육 책임자로 발탁되어 활동했다. 프레이리가 특정 정권에 위해를 가할 만한 인물이라며 추방자 명단에 올라가게 된 직접적인 이유다. 역사의 아이러니가 아닌가 싶다.

사실 그의 추방은 어쩔 수 없는 일이었다고 생각하는데, 굴라르 정권의 교육부장관에 발탁된 인물은 헤시피시장, 페르남부쿠주지사를 역임했던 타르수Paulo de Tarso로 그의 친구였고, 타수르가 교육부장관에 임명되자, 자신이 시장으로, 주지사로 있던 지역에서의 문해교육을 전국 프로그램으로 만들기 위해 프레이리를 끌어들인 것이다. 물론 이는 추방과 관련된 가시적인 문제일 뿐이다. 여기에 왜 굴라르 정권이 문해교육을 전국적으로 실시해 성인문해율을 높이려고 했는지, 이런 성인문해율이 올라가는 것을 왜 쿠데타로 국가를 장악한 군부는 위험시했는지, 이 일을 담당했던 책임자를 투옥, 추방하려고 했는지 이해해야 한다. 우선 비문해자는 투표에 참여할 수 없었다. 보수적인 기득권 세력은 가능한 대중을 비문해 상태로 두어 정치에 참여시키고 싶지 않았던 반면, 대립하는 정치 세력은 대중을 적극적으로 정치의 장으로 끌어들이려고 했다. 문해교육이 그 매개가 된 것이었다. 둘째, 프레이리의 문해교육은 미국개발협력청USAID이 원조자금을 댈 만큼 효과적이라 여겨졌지만, 문해교육은 단지 문해율만을 높이는 것이 아니었다. 문해교육은 일종의 정치교육으로 대중의 정치적 의식을 고양하는 기제로 작동하고 있었다. 당연히 문해교육과 이를 주도하는 그룹은 기득권 세력에 저항하며 반동적 혁명을 꾀하는 선동으로 보였다.

가족들과 브라질에서 추방당한 프레이리는 우선 볼리비아로 옮겨 간다. 그러나 6개월도 채 안 되어서 이웃한 칠레로 다시 이주한다. 먹고살 방도가 없어서였다. 칠레에서는 당시 기민당의 프레이 몬탈바Frei Montalva 대통령이 들어서 대규모 국가개혁을 실시하고 있었다. 프레이리는 이곳에서 5년을 머물며 칠레의 문해교육 및 지역사회개발 프로그램에 적극 참여한다.[5] 프레이리가 유네스코상을 받게 된 직접적인 공적이기도 하다. 칠레에 머무는 기간에 우리가 잘 아는 두 권의 책이 스페인어로 출간된다. 『페다고지』1968, 영어로는 1970년, 『비판적 의식을 위한 교육』1967, 영어로는 1973년 왜 『페다고지』가 포르투갈어로 먼저 출간되지 않았는지 궁금해하는 사람들이 있는데, 이런 맥락에서 보면 포르투갈어로 발간하는 것이 의미 없었을 것이다. 이후 하버드대학교의 초청으로 미국 보스턴(1970~1971)에 머물며 북미 지역의 교육계 학자 및 실천가들과 교유하게 된다. 『자유를 위한 문화적 행동』1970이 이 시기에 발간된다. 그러나 하버드대학교는 프레이리를 오래 두고 삶의 기회를 줄 만큼 그리 개방적인 곳이 아니었다. 결국 1971년 스위스 제네바의 〈세계교회협의회World Council of Churches, WCC〉에 자리를 얻어 옮겨 가고 다시 브라질로 돌아가는 1980년까지 거주한다. 제네바에서 프레이리의 활동은 단지 WCC 기관의 지원을 넘어 다양한 신생독립국가 및 개발도상국의 문해교육 프로그램을 지원하는 일, 국가발전체제를 지원하는 일 등 다양했다. 여기에는 기니비사우, 모잠비크, 탄자니아 등 제3세계 국가들이 포함되는데, 이 일을 하기 위한 외부 기관으로 〈문화행동연구소The Institute of Cultural Action, IDAC〉를 설립했다.UNESCO, 2000; Kirkendall, 2010 이때 기니비사우의 독립투쟁 및 독립국가건설 과정에서 국가발전을 위한 문해교육의 역할을 둘러싼 논의를 다룬 책이 『과정으로서의 교육Pedagogy in Process: The Letters to Guinea-Bissau』1978이다.

영구 추방이라는 판결을 받고 쫓겨났지만 정치적 상황이 바뀌고 프레

---

5. 이에 대한 내용은 『The State Literacy, and Popular Education in Chile, 1964-1990』 (Austin, 2003)에서 잘 살펴볼 수 있다. 이런 국가의 사회개혁이 일부 성공한 상황에서 우리가 알고 있는 아옌데(Salvador Allende, 사회주의당) 대통령이 당선되고 민주적인 칠레 개혁을 이어 가게 된다. 그리고 잘 알다시피 1973년 피노체트에 의한 군부 쿠데타가 이어진다. 영화 〈산티아고에 비가 내린다〉를 보시길.

이리는 다시 브라질로 돌아온다. 이는 1974년 군부정권이 나름대로 정치적 자유를 일부 허용한 때부터 예견된 일이었다. 즉, 그의 책『페다고지』가 1974년이 되어 포르투갈어로 브라질에서 발간되었다. 귀국한 프레이리는 일종의 국가적 영웅으로 대우받았다. 칠레에서의 문해교육을 성공적으로 이끌면서 유네스코상을 받기도 했고, 이미『페다고지』를 통해 전세계적이 교육계의 인물로 여겨졌기 때문이다. 더욱이 제네바의 IDAC 활동은 그의 이름을 전 세계적으로 알릴 수 있는 창구 역할을 했다. 따라서 귀국과 함께 브라질 민주화를 위한 다양한 사회운동에의 참여가 불가피했다. 흥미로운 것은 그가 당적을 갖게 된 점이다. 프레이리는 1980년에 룰라다실바Lula da Silva 대통령의 당으로 알려진 노동자당Workers' Party에 가입하고, 브라질 상파울루시 성인문해 프로그램의 자문 역할을 담당했다. 더 흥미로운 것은 그가 1989년 상파울루시의 교육감으로 임명되어 거의 2년 가까운 교육혁신을 실무적으로 지원했다는 점이다. 4년 임기가 보장된 일이었지만, 그는 4년을 다 채우지 않았고 자기와 함께 일하던 동료(코르텔라)에게 자리를 넘겨주고 교육감에서 물러난다. 그는 69세였다. 비록 현직 교육감에서 물러나기는 했지만, 상파울루시의 교육혁신 사업은 4년 동안 이어졌으며, 프레이리의 영향력 또한 줄어들지 않았다고 평가된다.[6]

이후 그는 다양한 강연, 책 출간 등으로 바쁘게 보냈다. 이때 이후 그가 출간한 글들은 주로 대화에 기반한 것들이다. 여기에 강연한 내용을 동영상으로 만들어 공유된 내용이나, 전 세계 교육계 인사들과의 서신이 그의 발간물에 포함되기도 한다. 국외에서의 학술모임이나 초청행사에도 자주 다녔다. 프레이리는 이 시기 자기 저작에 포함된 다양한 이론적 내

---

6. 이에 대해서는『교육과 민주주의: 교육감 파울로 프레이리의 교육개혁 실험(*Education and Democracy*)』[Ocadiz, Wong, Torres(1999), 유성상 옮김(2022), 살림터]에서 자세하게 논하고 있다.

용, 형식, 이를 담아내는 언어에 대해 비판을 받게 되고 상당히 방어적인 태도를 지녔던 것으로 보고된다. 엘리아스의 비판[Elias, 1974][7]도 이 시기에 제기되었고, 벨 훅스[bell hooks, 1994]나 다더[Darder, 1995]의 학술적 도전도 이 시기에 이루어졌다. 일본은 두 번 방문한 것으로 알고 있는데 한국에는 오지 않았다. 그가 작고하는 시기 즈음 여러 단체가 나서 프레이리의 한국 방문을 타진하고 있었다는 이야기를 들은 기억이 있다. 안타깝게 그의 죽음으로 이 일은 성사되지 않았다.

그의 삶을 요약한다는 것은 불가능해 보인다. 적어도 내게는 더욱 그렇다. 아이들이 딸린 가족을 데리고 가진 것 없이 고국을 떠나 살아가야 하는 가장의 마음을 어찌 다 헤아릴 수 있겠는가? 더욱이 옮겨 간 곳에서 쉽게 생계를 이어 갈 수 있는 상황이 아니었고, 이곳저곳을 전전해야 하는 상황이라면 말이다. 1970~1980년대의 국제 상황을 떠올려 보시라. 냉전이 극으로 치솟는 상황에서 비판적 교육가로 자신의 정체성을 자리매김해야 하는 상황, 돈 될 리 없는 문해교육이 발전의 기초요 토대라는 주장을 실험, 실천하면서 수없는 좌절을 겪어야 하는 상황 말이다. 이런 상황에서 보자면, 프레이리의 삶과 사상을 이런 짧은 글로 전달한다는 것 자체가 말이 안 되는 것 아닌가 싶다.

3. 『페다고지』는 어떤 책인가

『페다고지』는 네 개의 장으로 구성되어 있다. 1장에서는 인간의 본질적인 모습과 억압에 의해 비인간화되는 과정, 그 양상을 철학적으로 다룬다. 사회에는 억압자와 피억압자가 구분되어 존재한다. 억압의 특징과 억

---

7. 『프레이리와 교육: 해방의 교육자』[엘리아스, 유성상 외 공역(2014), 살림터] 참조.

압을 유지하게 하는 교육적 메커니즘을 통해 사회에서의 두 집단 간 억압은 유지 존속된다. 억압은 인간이 인간으로 존재할 수 없도록 하는 것이기에 이를 극복하고 억압으로부터 해방되어야 한다. 이 일은 억압자는 할 수 없으며 오로지 의식적으로 각성된(즉, 의식화된) 피억압자만이 이룰 수 있는 일이다.

2장에서는 은행저금식 교육과 문제제기식 교육을 대비해 기술한다. 은행저금식 교육은 설교식 교육으로 억압자-피억압자의 억압적 사회구조가 유지 존속되도록 하는 도구로 작동한다. 이를 해결하기 위한 다른 교육적 접근이 문제제기식 교육이다. 이를 위해서는 교사-학생 간의 모순적 관계를 극복하는 일에서 시작해 온전한 인간이 되어 가기 위한 무한한 변증법적 성찰의 과정, 즉 이론과 실천의 프락시스에 참여해야 한다.

3장에서는 문제제기식 교육의 핵심적인 요소로 대화에 집중해 논의한다. 대화는 자유를 지향하는 실천 과정으로 대화에 참여하는 상호 간의 존엄과 신뢰에 바탕한다. 서로 동등한 관계에서 이루어지는 대화의 내용은 생성적 주제를 도출하고 이 속에서 생성어를 통한 언어와 현실 세계의 관련성을 짓도록 한다. 생성적 주제를 도출하고 이를 토대로 대화를 주요한 교육적 방법으로 이어 가는 방법론은 단순한 기술이 아니며 궁극적으로 대화에 참여하는 이들의 비판적 의식을 고양하는 과정으로 이끌게 된다. 즉, 대화는 교육을 위한 방법이 아니라 온전한 인간이 되도록 방법을 강구하는 방법, 즉 방법론의 수단이자 토대가 된다.

4장은 대화적 특징과 반대화적 특징을 서로 대비해 보여 준다. 우선 반대화적 교육의 특징을 설명하고 있는데, 반대화적 특징은 자유를 향한 문화적 행동을 막는 것들로, 정복, 분할과 통치, 조종, 문화적 침략 등이 있다. 이에 반해, 대화적 교육의 특징은 문화적 행동을 촉진하는 것으로 해방의 수단이 된다. 여기에는 협력, 일치, 조직, 문화의 종합이 있다. 이 4개 장의 내용에 더해 『페다고지: 50주년 기념판』남경태·허진 옮김, 2018에는 몇 가지 보완된 내용이 담겨 있다. 초판 서문을 썼던 숄Richard Shawl의 서문이 대폭 늘어났고, 프레이리와의 대화를 책으로 발간했던 쇼어Ira Shor가 후기를 썼다. 물론 초판에는 없던 내용이다. 그리고 책의 후기 뒤에는 프레이리에 대한 석학들의 프레이리 관련 면담 내용이 담겨 있다.

책이 발간되고 사람들이 『페다고지』를 읽으면서 어떤 생각을 했을지 정말 궁금하다. 처음으로 이 책을 읽는 독자들은 이 책을 어떻게 느꼈을까? 이 책은 쉽게 읽혔을까? 독자들은 이 책을 이해하기 어려웠을까? 특정 부분에 집중해 읽게 되었을까? 전반적으로 일관된 사상으로 읽었을까? 평소 프레이리라는 이름과 곁들여 알게 된 개념을 좀 더 분명하게 알게 되었을까? 아니면 『페다고지』를 읽고 나서 오히려 프레이리의 개념을 더 알기 어렵게 된 것일까? 여기서는 일단 『페다고지』의 핵심이랄 수 있는 의식화의 이론적 구조를 간명하게 살펴보도록 하자.

『페다고지』가 전하는 핵심은 다음과 같이 몇 가지 명제로 정리할 수 있다.

첫째, 인간은 본질적으로 자유를 추구하는 자율적 존재다.
둘째, 인간은 억압과 억압적 상황을 통해 인간이 아닌 상태, 즉, 비인간화된다.
셋째, 억압은 억압자와 피억압자를 구분해 존재하도록 하고 이 관계 속에서 피억압자뿐만 아니라 억압자 또한 비인간화된 상태로 존재한다.
넷째, 은행저금식 교육이 비인간화된 억압적 관계를 유지, 존속시키도록 한다.
다섯째, 비인간화된 피억압자는 자기 삶의 조건 속에서 자유로운 인간이 되고자 욕망한다.
여섯째, 억압자와 피억압자로 구분되는 비인간화된 관계를 극복해 자유를 향한 해방의 과정은 오로지 피억압자만이 수행할 수 있는 프로젝트다.

일곱째, 이 해방의 과정은 자유를 향한 문화적 실천으로 문제제기식 교육을 통해 실현할 수 있다.

여덟째, 피억압자와 억압자가 억압적 관계를 떠나 인간으로서 자유를 추구하는 해방의 과정에 동참한다.

아홉째, 이 과정은 이론적 실천, 실천적 이론이 변증법적으로 합일되는 프락시스로 비판적 의식을 고양하며, 끝없는 대화, 자유를 향한 문화적 행동의 연속이다.

열째, 억압에서 해방된 인간은 늘 불완전한 실존으로서 온전한 인간이기를 욕망하는 인간화의 과정을 수행한다.

『페다고지』라는 책 제목으로 떠올려지는 상당히 많은 논의가 주로 '은행저금식 교육 vs. 문제제기식 교육'이란 점을 생각해 보면, 『페다고지』는 교수법의 혁신, 학생 중심의 교수학습법을 위한 안내서로 간주될 수 있겠다 싶다. 그러나 위에서 정리한 『페다고지』의 주요 명제들은 『페다고지』가 교수법, 혹은 "어떻게 가르치고 배우는 것이 적절한가"에 답하는 책이 아니란 점을 분명히 보여 준다. 『페다고지』는 교육다운 교육이 무엇인지를 논의하는 교육 이론서다. 자신이 제시하는 교육철학을 실현하기 위한 방법론과 방법을 설명하면서 구체적인 교수학습의 관계와 교수학습 방법을 일부 소개한다고 보면 된다. 아마 그의 교수법에 좀 더 관심 있는 사람이라면 『비판적 의식을 위한 교육Education for Critical Consciousness』을 보는게 더 나을 것이다. 그가 지닌 풍부한 문해 교사로서의 경험, 문해교육 프로그램 기획·운영·평가자로서의 경험, 문해교육을 통해 깨닫게 된 사회·문화·정치적 감정 등을 통해 설명하는 교수학습 방법을 더 세밀하게 살펴볼 수 있기 때문이다. 다시 강조하지만, 『페다고지』는 교육철학 서적이다.

프레이리가 보여 주는 인간 실존의 문제, 억압, 비인간화, 다시 인간화를 위한 해방, 자유를 향한 문화적 행동의 개념을 살펴보자.

우선 아래의 간단한 도식(그림)을 보자.

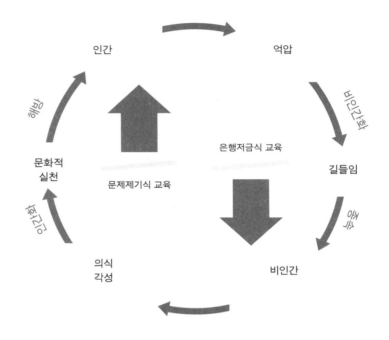

실존하는 인간은 진정한 인간이 되는 것, 즉 인간성을 회복하는 것을 주어진 소명(인본주의적이고 역사적인 사명)P.28으로 삼는다. 역사 속 어느 때 시작되었는지 모르겠지만, 인간이 인간이 아닌, 즉 비인간으로 존재하게 된 것은 '억압'이 사회적 관계를 규정하고, 이를 통해 억압자와 피억압자가 구분, 존재하게 되면서다. 이 과정은 오로지 피억압자들에게서 시작할 수밖에 없다. 억압이 있기 전에는 억압자와 피억압자란 없었다.

"피억압자들은 자기의 인간성을 되찾음에 있어 억압자들에 대한 또 다른 억압자들이 되지 말고 오히려 서로의 인간성을 회복시키는 자들이 되어야 한다. 이것이 곧 진정한 인간성을 창조하는 길이 된다.P.28 … 해방을 쟁취하기 위한 투쟁은 피억압자들이 부여하는 목적 때문에 억압자에 대항하는 사랑의 행위가 될 게 분명하다. 이 투쟁은 억압자들의 폭력의 심장부에 자리한 사랑 모르는 마음, 거짓 관용의 탈을 쓰고서 여전히 사랑 모르는 마음에 빠져 있는 억압자들에 대항하는 사랑의 행위가 될 것이다.p. 29 … 해방을 통해 출현하는 인간은 모든 사람들이 인간화되어 억압자, 피억압자의 모순이 해소될 때 비로소 생존할 수 있는 새로운 인간이다. … 이 모순의 해결은 더 이상 억압자도 피억압자도 아닌 오직 자유를 성취하는 과정에 있는 사람인 새로운 인간을 낳는 노력 속에서 태동한다.”p. 33[8]

억압은 길들이는 일이다. “실제의 억압에다 억압에 대한 의식을 첨가시킴으로써 그것을 더욱 억압적인 것으로 만”든다.p. 36 그래서 피억압자들은 대체로 이원적인, 이중적인 태도를 갖게 된다. 즉, 피억압자는 “억압과 폭력의 구체적인 상황 속에서 형성되고 존재하는 모순되고 분열된 존재”다.p. 40 바로 은행저금식 교육이 이러한 길들임으로서의 억압을 유지, 보존, 존속하게 하는 도구로 작동한다. 또한 은행저금식 교육은 억압자와 피억압자 사이의 존재론적, 윤리적 모순을 조장, 촉진하는 역할을 담당한다.

---

8. 이런 논의는 헤겔의 '주인과 노예'의 변증법적 관계에 근거한다. 이를 설명하고 있는 블로그 글이 있어 옮겨온다. "주인은 주인인 자기만이 자유로워야 하고 노예는 당연히 예속되어야 한다는 편협한 사유를 하지만, 노예는 주인도 인간이기 때문에 자유로워야 하지만 노예인 자신도 인간이기 때문에 자유로워야 한다는 보편적 자유의 이념을 깨닫게 된다. 노예는 한편으로 주인을 통해 대자존재성에 대한 경험을 획득한다. 하지만 이것은 자신의 고유한 대자존재성이 아니므로 현실적이 아닌 대자존재성, 즉 즉자적 대자존재성이다. 노예는 주인이 자유롭고, 대담하며 용맹하고 과감하다는 사실, 즉 주인의 대자존재성을 주인으로부터 간접적으로 경험한다. 다른 한편 노예는 사물을 가공하는 노동 속에서 자신의 본질을 발휘하고 자기와 사물과의 통일을 실현한다. 노예는 노동을 통해 자연에 대한 의존성을 지양하면서 자신이 독자적인 존재임을 인지한다. 그래서 주인을 통해 깨달은 대자존재성은 노동을 통해 자기 자신에게 고유한 것으로 인식되면서 현실화된다. 이것은 이제 대자적인 대자존재성이다. 이리하여 주인이 노예이고 노예가 주인이라는 변증법적 반전이 일어난다"(blog.naver.com/PostView.naver?isHttpsRedirect=true&blogId=minjiseo208&logNo=110133811824).

여기에서 우리에게 익숙한 『페다고지』의 은행저금식 교육의 특성이 열거된다.P.59

① 교사는 가르치고 학생들은 가르침을 받는다.
② 교사는 모든 것을 알고 학생들은 아무것도 모른다.
③ 교사는 생각하고 학생들은 생각의 대상이 된다.
④ 교사는 말하고 학생들은 얌전하게 듣는다.
⑤ 교사는 훈련시키고 학생들은 훈련받는다.
⑥ 교사는 선택하여 자신의 선택을 강요하고 학생들은 동의한다.
⑦ 교사는 행동하고 학생들은 교사의 행동을 통해서 행동한다는 환상을 갖는다.
⑧ 교사는 지식의 권위를 자신의 익업상의 권위와 혼돈하고 그 권위로서 학생들의 자유를 억압한다.
⑨ 교사는 학습과정의 주체이고 학생들은 단순히 객체일 뿐이다.

이런 특성을 지닌 은행저금식 교육은 인간이 세계에 대해 가질 수 있는 인식, 즉 인간이 세계와 맺는 프락시스로서의 의식적 존재가 되지 못하도록 막는다. 인간과 세계를 갈라놓아 분열시킨다. 인간은 단지 세계에 적응하는 존재로 강등되는 것이다. 이에 "억압자들이 누리는 평온이란 그들이 이루어 놓은 세계에 사람들이 얼마나 잘 순응하고, 의문을 어느 정도 적게 던지느냐에 따라 결정되는 것"이다.P.63

억압이 사회적 관계를 규정하고 이로써 억압자와 피억압자가 구분, 존재하게 되는 상황은 구체적인 인간의 행위를 통해서 변혁될 수 있다. 즉, "객관적인 사회 현실은 우연에 의해서가 아니라 인간 활동의 소산으로 존재하고 있듯, 현실은 결코 우연에 의해서 변혁되지 않는다. 인간이 사회 현실을 만들었으므로 이 현실은 프락시스의 전도로 인간에게 되돌아가 인간을 지배한다. 이 현실을 변혁시키는 일도 하나의 역사적인 과제, 인간이 맡을 과제가 된다."p. 35 바로 이 일을 담당하는 수단이 문제제기식 교육이다. 문제제기식 교육은 인간의 역사성을 그 시발점으로 삼아 은행저금식 교육이 쌓아 놓은 신화화된 현실의 탈신화화 임무를 수행한다. 이 일은 곧 인간화를 실현하는 길이 된다.

> 피억압자들의 교육은 피억압자나 그들의 억압자 양자가 모두 비인간화의 발로라는 중차대한 사실을 비판적으로 깨닫게 만드는 도구이다.p. 33 … 값싼 박애주의가 아니라 참되고 인본주의적인 관용에서 활력을 얻은 피억압자들의 교육은 그 자체가 곧 인간교육이다.p. 39

은행저금식 교육이 대화가 없는, 아니 대화를 방해하는 방식으로 작동한다면, 문제제기식 교육은 인간이 인간답게 존재하도록 인간과 세계 사이의 대화를 촉진한다. 바로 자신과 대화하는, 대화관계에 있는 세계에 이름을 짓는 방식으로 말이다. 프레이리는 바로 인간이 세계에 이름을 짓는 방식이 하나의 창조 행위로 사랑에 기반한 만남이라고 규정한다. 인간을 역사성을 지닌 존재, 역사 내 존재라고 긍정한다는 것은, 인간이 자신의 현존재를 늘 미완성된 상태에 놓여 있다는 것을 인정하고 이를 현실 속에서 새롭게 해 나가기 위해 끊임없는 변혁적 실천에 참여한다는 것을 의미한다.

사실 은행저금식 교육과 문제제기식 교육을 구분하고 이 둘의 특성을 나누어 이해하는 데에서 고려해야 할 가장 중요한 사항이 있다. 바로 가르치는 자('교사')와 배우는 자('학생')의 관계를 어떻게 설정할 것이냐는 문제다. 은행저금식 교육에서 이 문제는 더 이상 고민할 필요가 없다. 모든 것이 구분되어 있고, 둘 사이에 넘을 수 없는 긴 강이 흐른다. 앞서 은행저금식 교육의 특성을 나열한 것에서 볼 수 있듯, '교사'는 '학생'의 '머리'를 열고 정해진 '지식' 더미를 '전달'해 준다. 이 반대 방향으로의 지식 전달은 성립하지 않는다. 무엇이 지식인지 따질 이유도 없고, 이 일을 왜 해야 하는지, 어떻게 하는 것이 좋은지 '학생'에게 '동의'를 구할 필요도 없다. 교사의 권위는 곧 교사가 지닌 지식더미와 이 지식더미가 전달되는 시공간, 제도적 틀 속에서 주어진 것으로 의심의 대상에서 제외된다.

그런데 문제제기식 교육을 이야기하려면 모든 것이 다 의심된다. 교사란 누군지, 학생이란 누군지, 다 같이 공부하는 지식이란 무엇인지, 과연 그런 것이 있기는 한지, 도대체 공부한다는 것은 무엇을 의미하는지, 왜 그래야 하는지, 이 일을 구체적인 제도 속에서 정해진 시공간에서 해야 하는 이유는 무엇인지, 굳이 그렇게 하지 않는다면 어떻게 할 것인지, 배움의 과정이 우선하는 것인지, 가르침이 우선하는 것인지, 왜 그런지, 가르치고 배운 것에 대한 평가는 어떠해야 하고, 도대체 가르치는 사람과 배우는 사람을 특정하지 않아도 되는지, 이 경우 무엇을 배우고 또 가르쳐야 하는지 어떻게 결정할 것인지, 무엇보다 가르치는 사람과 배우는 사람 사이에 무엇이 가치롭고 왜 그런지에 대한 대화를 어떻게 수행할 것인지 등. 결정되지 않고 이리저리 둥둥 떠다니는, 알 수 없고 늘 대답 없는 질문만이 꼬리에 꼬리를 문다. 도대체 가르치는 자는 누구고 배우는 자는 누군가?

> 문제제기식 교육을 하려면 무엇보다 먼저 교사 학생의 모순을 해결하는 것이 필요하다. … 대화적 관계가 불가능하다. … 교사는 더 이상 그저 가르치는 자가 아니고 학생들과의 대화 속에서 자신도 배우는 자가 된다. 학생들도 그들대로 배우는 가운데 가르치는 자들이 된다. 이로써 그들은 연결을 가지고 모두가 함께 성장하는 과정에 책임을 진다.p.67

프레이리는 이렇게 새롭게 된 가르치는 자와 배우는 자의 관계는 대화적 관계로 발전하게 된다고 본다. "대화가 사랑, 겸손, 믿음을 그 바탕으로 하게 되면, 자연히 (교육에) 동참하는 사람들은 서로를 신뢰하는 수평관계를 맺게 된다. … 인간에 대한 믿음이 대화에 필요한 선험적 조건인 데 비해 대화로 인해서 확인되는 것은 신뢰"pp.79-80라고 이들의 관계를 새롭게 정립한다. 글쎄, 이 말이 쉽게 이해될 리 없다. 교사, 즉, 가르치는 자의 권위를 법적으로 주어진 공적 제도에 근거한 것으로 교사는 학생과 절대 동등한, 평등한 관계를 맺어서는 안 된다는 비판이 만만찮다.Banner&Cannon, 2017 아마 교수학습상황에 임하는 대부분의 사람이 갖는 상식적 이해는 이와 다르지 않을 것이다. 그러나 가르치는 자와 배우는 자의 모순이 해결되지 않으면 그 어떤 가르침과 배움도 문제제기식 교육이 아니라 은행저금식 교육으로 비화하게 된다고 프레이리는 강조한다.

『페다고지』의 이후 부분은 문제제기식 교육의 핵심적인 도구인 대화의 형식, 내용, 그리고 이 대화적 관계가 유지 존속할 수 있는 상황적 특성을

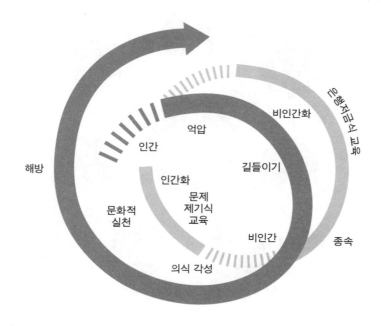

설명한다. 대화는 인간의 프락시스를 구현하는 도구로 세계와 결합되어 끊임없이 변혁을 추구하는 사고를 요구한다.

진정한 대화는 비판적인 사고, 즉 세계와 인간을 이분하는 것을 인정하지 않고 양자가 분리될 수 없는 어떤 결합을 이루고 있음을 식별하는 사고, 현실을 정지된 실제로서보다는 과정이자 변형으로 인식하는 사고, 사고 그 자체를 행동에서 분리시키지 않고 도사리고 있는 위험들을 두려워하지 않으면서 현세에 깊숙이 파고들기를 마지않는 사고 없이는 존재하지 못한다.

이것이 대화가 갖는 최소한의 형식이라 할 수 있다. 이렇게 끊임없는 자신의 인식 수준과 세계와의 관계를 변증법적으로 성찰하고 이를 통해 자신의 인식적 수준을 변화시켜 가려는 과정이 곧 '의식화conscientization'이

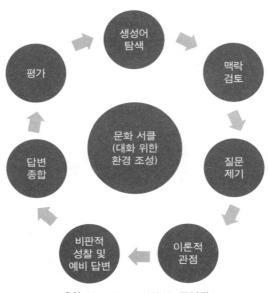

출처: Monteiro and Vieira(2008)

다. 이 과정은 정치, 사회, 문화, 경제적 관계가 지닌 모순을 의식하고 현실의 억압적 상황에 저항하는 행동을 취하도록 한다.

대화의 내용은 생성적 주제를 선정하고 이를 자신의 세계와 상황에 연계해 도출하는 생성어로 구성된다. 프레이리는 생성적 주제를 도출하는 과정에서 인간은 자신이 처한 한계상황을 인식하게 되고, 이를 극복하기 위한 한계행동에 나선다고 주장한다. 이로써 "생성주제를 연구하는 것은 곧 현실에 대한 인간의 사고와 행동을 연구하는 일, 다시 말해 인간의 프락시스를 연구하는 일"p.97이라고 본다. 더 나아가 프레이리는 "(생성적 주제) 연구가 가장 교육적이 되는 것은 가장 비판적으로 되는 때이며, 가장 비판적이 되는 때는 그것이 부분적 시야 또는 국부적인 현실관의 좁은 시야를 벗어나서 전체 현실을 이해하는 데 충실하게 될 때"p.99라고 단언한다.

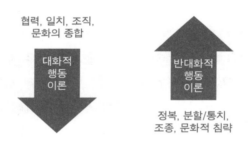

해방의 과정으로서 대화를 둘러싼 인간 사회의 상황은 대화를 촉진하는 특성과 그렇지 않고 대화를 저해하는, 프레이리식으로 표현하면 반대화적인 특성으로 구분된다. 궁극적으로 대화는 곧 해방의 과정으로, 본질적인 인간성을 회복하도록 자유를 지향하는 문화적 실천 행동이 된다.

4. 『페다고지』를 둘러싼 비판과 쟁점은 어떠한가

프레이리의 사상은 특정한 정치적 입장을 가진 집단으로부터 금지된 것뿐만 아니라, 다양한 사상적 검증과 과학적 이론으로서의 형식을 갖추고 있는지, 모순된 설명을 담고 있는 것이 아닌지에 대해 엄밀한 검토의 대상이 되어 왔다. 가장 대표적인 비판가는 엘리아스John Elias로 그의 저서 『해방의 교육자: 프레이리와 교육Paulo Freire: Pedagogue of Liberation』 1993은 프레이리 이론, 특히 1990년대 초반까지의 저작에 나타나는 제반 이론적 형식의 모순을 심도 있게 비판하고 있다. 코벤Diana Coben과 킨첼로Joe Kincheloe 또한 『Radical Heroes: Gramsci, Freire, and the Politics of Adult Education』에서 프레이리의 이론을 비판적으로 검토한 대표적인 학자들이다. 이들은 유물론적인 입장에서 엄밀한 유물론적 입장을 취하고 있지 않은 프레이리의 관점을 비판한다. 벨 훅스bell hooks는 『Paulo Freire: A Critical Encounter』1993, 『Teaching to Transgress』1994에서 유색인종 페미니즘의 대표적인 학자로, 프레이리의 저작에 나타난 언어가 남성적임을 가감 없이 지적하고 비판한다. 이런 젠더적 시각에 대한 비판은 이후 문해교육의 언어를 둘러싼 비판, 인종적 문제에 대한 소극적 태도, 초기 저작에 나타난 동물 및 자연환경에 대한 태도 등을 지적하는 날 선 비판을 받게 된다.

엘리아스만큼 프레이리의 이론적 구조를 적나라하게 파헤친 사람이 있을까 싶다. 그는 『해방의 교육자: 프레이리와 교육』한국교육연구네트워크 옮김, 2014에서 이중 플레이를 펼친다. 한편으로는 교육을 통해 억압을 극복하는 피억압자들의 희망을 전한다는 찬사를 보내는가 하면pp. 262~263, 다른 한편으로는 그의 모든 표현에 일관성이 없고 모순되며 전혀 새로운 것이 없다고 일갈한다. 엘리아스가 제시하는 프레이리에 대한 비판은 이렇게 한마디로 요약될 수 있다.

"유토피아 사상가."p. 104, 109

프레이리는 추상적이고 모호한 언어를 사용하여 자신이 옳다고 생각하는 것이 실현될 것이라고 믿는 "유토피아적 사상가"Elias, 2014라고 엘리아스는 규정한다. 직접적인 그의 표현을 보면 이렇다. "때때로 프레이리의 저작을 읽으면, 단순히 이루고자 하는 의지력만 충분히 발휘한다면, 인간과 사회의 변화가 이루어질 것 같은 인상을 받게 된다."p. 99 "유토피아적 사회주의에 대한 강렬한 헌신은 일단 자유의 힘을 과장하는 프레이리의 성향을 더욱 분명히 보여 준다."p. 100 "프레이리는 피억압자가 일단 해방된다면 마치 완전히 다른 인간으로 될 것처럼 말한다."p. 104 "분명 천년왕국의 도래를 선포하는 설교자의 미사여구다."p. 104 "때때로 그의 이론은 모호하고, 일반적이고, 부정확하다. 프레이리는 거의 경험적 특성을 가진 증거를 제시하지 못하고 있고, 자신의 분석을 위하여 사회학의 연구를 인용하고 있지 않다."p. 164 "(프레이리는) 그렇고 그런 중산계급의 종교적 개량주의자였다."p. 173 "혁명 실천에 관한 경험이 없는 교육자 프레이리는 자유로운 교육의 과정이 혁명 주조에서 할 수 있는 역할을 과장했다. … 이 돈키호테 같은 관점은 현실의 복잡한 속성이나 그것을 바라보는 인간의 인식능력을 냉철하게 다루는 데 실패하고 만다."p. 185 여기에 더해, "(프레이리가 문해 교재라고 작성한) 교재에 실린 인용문을 읽어 보면, 프레이리의 시도는 차라리 교화에 가깝다고 결론 내릴 수밖에 없다."p. 59 결론적으로 엘리아스는, "프레이리의 어휘는 진실로 고무적이지만, 납득이 되지 않는 악에 직면하여 더욱 문명적인 사회를 만들어 내는 거대한 임무를 감당하겠다는 영감은 별로 볼 수 없다"라고 방점을 찍었다.p. 209

난 이런 엘리아스의 비판에 대해 프레이리의 입장을 변호할 생각이 없다. 그의 비판에 나름 고개가 끄덕여지기 때문이다. 그의 말이 타당한지, 그렇지 않은지는 좀 더 내공을 쌓아 봐야 하겠지만, 프레이리의 이론과 논의, 그리고 그를 실천하겠다는 다양한 맥락에서의 과정들을 보면서 엘리아스의 비판에는 프레이리 이론에 대한 허점들이 잘 드러내겼다고 생각한다. 물론 상당히 감정에 호소하는 비판의 어조가 담긴 것은 사실이다. 그런 감정적인 표현을 거두면, 여전히 프레이리와 프레이리를 좇아 실천하려는 일군의 사람들이 극복하고 채워 설명해야 하는 일들이 무엇인지 알 수 있다.

여기에서 더 다루려는 부분은 『페다고지』에 국한해 어떤 질문을 더 던질 수 있느냐는 것이다. 엘리아스는 『페다고지』를 가장 중심에 두고, 프레이리가 1990년대 초반까지 발간한 저작을 중심으로, 그리고 그를 둘러싼 다양한 비판을 종합, 정리하면서 자신의 비판적 논지를 만들어 갔다. 좀 더 『페다고지』에 집중해 제 걱정거리를 공유하고자 한다.

첫째, (이미 눈치챘겠지만) 『페다고지』 속에서 프레이리는 이분법적 표현을 통해 이분화된 두 영역, 개념, 입장이 서로 변증법적 일치로 나아간다는 논지를 펴고 있다. 그러나 여전히 『페다고지』를 읽고 나면, 그 속에 담긴 양분화된 두 세계 속에 포섭된 서로 다른 개념과 실천 양상이 따로 존재하고 있으며, 이 둘 사이의 대립으로 우리 삶을 그리게 된다. 이렇게 대립되는 방식으로 제시된 개념들은 정말 많다(물론 이것보다 더 많다).

인간-비인간	부정 – 긍정	자유-부자유(안전)	은행저금식-문제제기식
인간-세계	길들임-저항	숙명-자유	자기비하-존재감
인간-동물	희망-절망	식민자-피식민자	교사-학생
객관-주관	해방 – 속박(종속)	이론-실천	탐구-암기
억압자-피억압자	참-거짓	공동-개인	주체-객체
변혁-유지	분열-통합	authentic words-vervalism/behaviorism	
비판-침묵	doxa-logos	한계상황-한계행동	코드화-해독
현실-이상	신화화-탈신화화	대화 – 반대화	추상-구체
지배-종속	불변-변혁	전체-부분	생성적주제-침묵의주제
협력-정복	일치-분할	조직-조종	문화의통합-문화의침략

인간이 세계와 맺는 변증법적 관계를 통해 주관성도, 객관성도 공히 갖춰야 한다고 했고PP. 34-35, 이론과 실천이 고유하게 독립적으로 존재하는 것이 아니라 합치되어 영구적인 발전 과정을 갖는다는 프락시스 개념을 제시하고 있으며P. 52, 문제제기식 교육의 유일한 전제이자 출발점은 가르치는 사람과 배우는 사람의 위계와 권위를 동등하게 하는 교사-학생 간의 관계를 재정립하는 것이었다.P. 67 그런데 프레이리의 이론 전체가 가치의 상대성을 인정하는 듯하면서도 종교적 이상주의에 따라 상대성을 인정하지 않는듯한 모호성을 갖고 있듯, 상호성에 토대한 변증법적 관계가 대립하는 두 개념과 영역을 통합하는 듯하면서도, 궁극적으로 이 둘 사이의 양립성과 대립성은 그대로 존재하는 것 아닌가 하는 의문이 남는다. 이는, 엘리아스도 지적하고 있듯, 『페다고지』를 대표로 하는 프레이리의 이론적 토대가 "현상학, 실존주의, 가톨릭 신학, 마르크시즘"P. 63으로서 각 영역의 고유한 이론적 특징들을 편취해 조합한 상황에서 나타난 것 때문이라고 생각한다.

둘째, 『페다고지』에서 그려 보여 주고 있는 비인간 상태에서 인간화로 옮겨가는 첫 단계가 전혀 설명되지 않고 여전히 모호한 상태로 남아 있다. 마치 이 우주의 질서를 설명하면서, 우리가 살고 있는 지구, 지구가 포함된 태양계, 태양계가 포함되어 있는 은하, 그리고 은하를 포함한 우주의 저 먼 영역까지 발생과 쇠퇴의 역사를 그려 가면서 정작 그래서 이 우주가 어떻게 시작되게 된 것인지를 둘러싸고 결론이 좁혀지지 않는 것과 유사하다고 할까? 정말 빅뱅이라는 것이 있는지, 블랙홀이라는 것이 있는지, 우주의 생과 사를 둘러싼 논의에서 가장 첫 시점을 어떻게 잡아야 할지는 여전히 알기 어렵다.배것, 2017[9] 『페다고지』를 통해 그려 보는 인간의 비인간화 과정에서의 억압이 어떻게 출현하고 있는지, 비인간의 인간화

---

9. 짐 배것(2017). 『기원의 탐구: 빅뱅, 지구, 그리고 인간 138억 년의 빅히스토리』. 박병철 옮김. 반니.

과정에서 자유를 추구하는 비판적 의식이 어떻게 출현하게 되는지 설명되지 않는다. 특별히 비인간이 인간화 과정에 들어서는데 발생할 것으로 짐작되는 상황은 (그람시의 표현에 따라) 자기 계급적 이해관계를 떠난 유기적 지식인이 피억압자들에게 비판적 의식의 초보적 형태를 갖도록 하리라는 점 정도다. 만약 이렇게 되면 그람시가 가졌던 순환론적 딜레마에 또 빠지게 된다. 도대체 자기 계급적 이해관계를 떠나 억압자에서 피억압자의 편에 서게 되는 유기적 지식인은 어떻게 형성되는 것인가?

셋째, 페다고지를 통해 볼 수 있는 해방의 과정, 여기에 작동하는 교육의 힘을 어떻게 해석해야 하는가? 엘리아스의 말대로 정치적 프로젝트를 교육 과업으로 치환시켜 버렸다고 봐야 하는가? 즉, 교육을 둘러싼 사회, 정치, 경제, 문화적 긴장과 갈등으로서 사회적 억압의 구조의 문제를 해결하는 데 교육만을 끌고 들어오는 것이 타당한 것인가라는 질문이다. 이는 프레이리가, "사람들에게 그들의 삶을 매우 힘들게 만드는 개인적, 사회적 장애물을 어떻게 극복해야 하는지에 대해 조금도 보여 주지 않으면서도 전혀 못 할 것이 없다는 듯이 좀 더 나은 삶을 살라고 강력히 촉구"pp. 99-100한다고 한 부분이나, "자유로워질 기회를 사람들에게 주는 것이 반드시 그들이 책임감 있게 행동할 것임을 보장하지 않"으며, "유토피아의 삶을 이루고자 했던 인간들의 실험에서 분명하게 확인할 수 있듯, 새로운 유토피아를 꿈꾸었던 사람들은 누구든지 간에 얼마 되지 않아 자신이 변화시키고자 했던 사람들을 닮아 가곤 했다"p. 109라는 순진한 유토피아적 낭만성을 비판한 엘리아스의 의견과 궤를 같이한다. 사실 이런 이유로 프레이리의 『페다고지』는 이분법적으로 선과 악을 구분하고 경계를 분명히 할 수 있는 곳일수록 더 열광적으로 받아들여졌다. 그만큼 유토피아적 꿈에 대한 열망이 절실했기 때문이리라. 또한 이런 이유 때문에 브라질과 칠레 등 중남미 지역에서의 다양한 사회정치적 모순을 대변하는 표현들이 민주화 경험 이전과 이후의 한국 사회에서 프레이리를 수용하는 데 상당한 차이를 보인 것은 아닌가 싶다. 즉, 현실의 구체적인 억압과 자유로운 대화가 이루어질 수 없는 상황에서 프레이리의『페다고지』는 현실적 문제를 해결해야 하는 피억압자들에게 너무 먼 이상향으로 비친 것은 아닌가 싶다.

5. 한국 사회는『페다고지』를 어떻게 읽어 왔는가

한국에 프레이리의 삶과 사상을 소개하려는 책들이 많이 등장해 있다.『페다고지』가 몇 번이나 번역되어 재출간되었는지를 이야기하는 것과 함께, 그의 사상을 어떻게 이해하고 설명하는 것이 좋을지, 그의 사상을 한국적 맥락에서 어떻게 적용, 실천할 것인지를 다룬 책들이 있다. 가장 최근 발간된『프레이리의 사상과 실천: 우리 교육을 기반으로 프레이리의 페다고지를 새롭게 쓰다』사람대사람, 2017은 프레이리의 사상을 가장 잘 소화해 분석적으로 설명한 저작이 아닌가 싶다.『파울로 프레이리, 한국 교육을 만나다』홍은광, 2010,『교육과 사회사상』이건만, 1999,『한국 교육의 역사적 전개』김대식, 2017와『민중교육의 형성과 전개』한숭희, 2001는 프레이리의 사상을 한국적인 상황에서 어떻게 이해해 왔는지를 분석적으로 보여 주는 연구물로, 한국에서의 프레이리 사상이 뿌리내린 방식의 의미와 한계를 짚어 내고 있다. 여기에 더해『프레이리 선생님, 어떻게 수업할까요?: 페다고지의 문해수업 실천』김한수, 2018,『비판적 교수법과 영어교육』정숙경 외, 2016, 그리고 (직접 언급은 되어 있지 않지만)『주민의 가능성을 보는 눈: CO 교육학』한국주민운동교육원, 2009,『한국어 교육과 비판적 문식성』박현진, 2020 등, 프레이리 이론을 직접 한국 교육 상황에 어떻게 적용, 실천할 것인지를 고민하며 발간된 책도 프레이리의 이론적 핵심을 이해하는 데 큰 도움이 된다.

여전히 프레이리의 저서와 그를 둘러싼 논의를 한국에 소개하는 내용이 한국 사회에서 주된 프레이리 담론을 이루고 있지만, 비문해자 이해 및 풀뿌리 문해교육운동, 교사연구공동체를 중심으로 한 학교 교실에서의 비판적 교육 실천, 학습자 중심의 교수학습법 실천, 인간을 중심에 둔 학교와 지역사회의 연계 노력 등 다양한 실천적 활동과 성찰이 진행 중이다.

『페다고지』는 어떻게 한국 땅에 들어왔고, 또 한국 사람들에게 어떻게 읽혔는가? 그의 교육사상을 논하기 앞서『파울로 프레이리, 한국 교육을 만나다: 파울로 프레이리 교육사상과 한국 민중교육운동』홍은광, 2010에서 이 과정과 상황을 짤막하게 전하고 있다.

> 한국의 경우, 당시 미국에서 유학 중이던 선교사 가운데 해방신학을 받아들였던 신학자들이 주축이 되어 프레이리 사상을 소개했다. 한국의 대표적인 민중신학자였던 문동환은 1970년대 초반 한국신학대학교 교수직의 안식년을 맞아, 미국 뉴욕의 유니언신학대학원에서 1년을 지내면서 해방신학과 함께 그 사상의 맥을 같이하는 프레이리의 교육론을 접했다.황미숙, 2000 그리고 1971년『세계와 선교』에 프레이리 사상을 소개했다.p. xii

한국에『페다고지』를 처음 들여온 사람은 문동환 교수/목사1921-2019였다. 그는 문익환 목사의 동생으로 신학의 실천적인 측면을 몸소 행한 인물로 잘 알려져 있다. 정계에서 활동했던 것이나 1972년 설립한 생활 공동체 '새벽의 집'은 잘 알려진 일이다. 1970년 당시 안식년을 보내던 문동환 교수는 막 발간된 프레이리의 책을 읽게 되고, 이 책을 들여와 처음으로 소개하는 역할을 맡게 된다. 자신이 직접 글을 써서 소개하기도 했지만, 자신이 지도하던 학생에게 논문 작업으로 이어지게도 했다. 당시 석사과정생이었던 김성재(이후 김대중 정부에서 문화체육부장관을 역임)는 「P. Freire 교육 이론에서 본 기독교 교육의 새 과제: 인간 해방을 위한 의식화」라는 제목으로 1973년 석사학위논문을 작성했다. 프레이리 이론과 관련된 최초의 학술적 성과라고 할 수 있다.

이 책이 소개되고 논의되기 시작하면서 이 책의 번역까지 걸린 시간은 장장 10년이 가까웠다. 그 이유는 이 책이 정부에서 금하는 서적으로 지정된 이후 이 책을 소장하는 것조차 엄하게 금했기 때문이다. 사실 번역되어 책으로 엮이게 된 것도 거의 기적에 가깝다고 봐야 한다. 이 일을 맡을 마땅한 사람이 없어 결국 가톨릭 종교인들이 나서게 된 것이다. 한신대 교수 및 학생을 중심으로 읽혔던 『페다고지』는 곧 반정부 사회운동을 이어 가던 종교계, 민중운동, 학생운동 진영(특히 서울대)에 확산되었고, 빠른 속도록 사회, 노동, 민중운동의 훈련 교재로 사용되었다. 물론 내놓고 이 책을 읽을 수는 없었고, 책의 일부를 복사해 서로 돌려가며 읽는 방식을 취했다. 1970년대에는 『페다고지』 읽기 모임 중 고발당하기도 하고, 가방에 복사물 일부를 갖고 있다가 발각되어 끌려가기도 했다. '읽어서는 안 되는 책'이 꼭 『페다고지』만은 아니었지만, 이 책은 민중운동의 필요성과 함께 어떻게 민중의식을 각성토록 할 것인가라는 '방법론'을 담고 있다는 인식 속에 더욱 강한 통제, 관리의 대상이 되었다.

도대체 어떻게 번역까지 되었을까? 여기 내가 박사학위논문을 작성하면서 『페다고지』의 첫 번역자인 성찬성 선생과 나눈 인터뷰[2005] 내용이 있다.

"송기인 신부님이라고 있어. 사제면서도 처음부터 감시받으면서 험하게 운동을 해 오신 분이지. 그분이 나한테 줬지. 내가 번역을 하고 있었으니까. 광주에 있는 내 친구가 있어서 그 친구에게 번역을 부탁했었나 봐. 그런데 그 친구가 나를 천거한 거지.

"… 책이 아주 좋았고. 좀 난해한 책이기는 했지만, 그 사상이 우리들과 맞아떨어졌을 뿐만 아니라, 많은 깨달음을 준 책이어서 신났지. … 책이 책 때문에 중정에 끌려 들어가서 22일 동안 조사를 받고, 김재규가 전날 왔더라고. 이미 계획을 세운 거야. '나는 공산주의는 싫다.' 하여간, 우리가 10시에 대공분실을 나고, 그날 저녁 6시에 박정희가 죽었지. 박정희는 이 책 출판을 계기로 교회 쪽, 가톨릭을 잡으려고 했었지. 79년 10월 26일… 아니면 27일 텐데. 조선일보 하단 기사로 다음과 같은 기사가 나오지. '가톨릭 천주교 안에도 간첩이 침투해 있다'라고. … 재미있지, 응? 신부들 이름이 죽 나오지. 그게 100여 명 이상의 신부들인데… 이게 계획이 되어 있던 거야. 우리들은 용공 간첩이 되는데…."

사회적 동요가 몰아치는 난세에 종교가 사회변화의 중요한 축으로 기능했다는 사실은 여러 역사적 사례에서 볼 수 있다. 물론 종교를 하나의 시각으로 재단하는 것은 불가능하지만, 가진 것 없고 못났다는 "밑바닥 인생"들을 대변하는 종교인들은 기성 정치에 저항하고, 억눌린 사람들이 할 수 없는 이야기를 전달하는 용기를 부렸다. 한국에서 『페다고지』가 번역된 것은 이런 시대적 동요와 이를 타개해 가기 위한 사명감의 표출이었다. 초판 인쇄된 것이 4,000부였는데 금방 동났다는 성 선생의 이야기에서 유추할 수 있듯, 한국 사회는 『페다고지』에서 사회 변화의 길을 찾고 싶어 했고, 또 그런 사람들의 공부거리로 기능했다. 출판되자마자 금서목록에 이름을 올렸던 『페다고지』는 불온서적으로서의 '인기'를 누려 왔다. 즉, 대표적으로 '있지만 없는 책'이었다. 이후 금서목록이 폐지되어 대부분의 사람이 쉽게 접할 수 있는 책이 되었다.

그런데 『페다고지』는 우리에게 '불온서적'으로 '금서'목록에 오른 책 이상의 의미를 가져다준다. 누구나 알 만한 단어, '의식화'라는 말을 탄생시킨 책이기 때문이다. 따라서 『페다고지』 하면 곧 '의식화'를 떠올리게 되고, 한국 사회에서 의식화는 곧 '좌파 빨갱이' '운동권'을 연상하도록 매개했다. 어쩌면 『페다고지』와 프레이리는 모르는 사람이 많을지 모르지만, 1970~1980년대를 거치면서 '의식화'라는 말과 '한국화된 의식화'라는 말의 뜻을 모른다고 할 사람이 있었을까 싶다. 이만큼 한국 사회에서 프레이리와 『페다고지』는 20세기 후반기 격동의 한국 사회를 만들어 가는 데 중요한 역할을 차지했다. 사실 '의식화'는 군사 정부가 정치적 저항 세력을 통제하기 위해 만든 정치 프레임으로, 그 말이 무엇을 의미하건 상관없이 이 말을 사용하는 사람들에게 덧씌운 집단 올가미로 작동했다. 따라서 '의식화'의 주체가 누구인지, '의식화' 대상이 누구인지, '의식화' 내용이 무엇인지, '의식화' 장소가 어딘지, '의식화' 목적이 무엇인지 등의 질문을 통해서 '의식화'는 곧 '반정부 저항 세력 양성'으로 말해지고 또 그렇게 받아들여졌다. 즉, 의식화는 '사회 불만 세력의 교육'을 의미하는 정치적 용어였으며, 교육이 정치적으로 물든 결과 혹은 그 과정을 지칭했다. 따라서 '의식화'는 어떻게든 피해야 하는 개념이었고, 이 '죄목'으로 걸려드는 것은 더더욱 해서는 안 되는 일로 비쳤다. 그래서 한국에서의 교육은 '중립적'인 위치를 차지해야 한다는 강박관념이 다른 사회보다도 더욱 뿌리 깊게 자리하게 되었다.

그런데 우리는 이 의식화라는 말을 좀 더 깊이 생각해 봐야 한다. 이 책에도 등장하지만 의식화는 'conscientization'의 번역어다. 영어식으로 표현되어 있지만, 이 말은 포르투갈어를 그냥 영어식으로 옮겨 놓은 말로, 명사로 표현하고 이를 다시 한국어로 옮긴 것이다. 의식화가 무엇을 뜻하는지는 명사적 표현을 분석적으로 풀어 설명하는 것이 이해를 도우리라 생각한다. '의식화'는 '비판적 의식을 고양하게 하는 것critical consciousness raising'을 뜻한다. 여기서 중요한 것은 '비판적 의식'에 있다.

그런데 무엇이 '비판적 의식'인가? 왜 '비판적'이어야 하는가? '의식'과 '비판적 의식' 간 차이는 무엇인가? 여기서 한가지 분명히 할 것이 있다. 프레이리의 의식화가 뜻하는 '비판적 의식 고양'에서 '비판적 의식'은 『21세기 역량21st century skills』에서 등장하는 '비판적 사고critical thinking'와는 다른 차원의 개념이다.Trilling & Fadel, 2009 참조

프레이리에게 배움은 자신이 어떤 세상에 살고 있는지 인식하고, 자기인식의 지평을 넓히는 과정을 의미한다. 자신이 어떤 위치에 있는지, 어떤 세상에 살고 있는지, 나와 '더불어' 살고 있는 사람들과 어떤 관계 속에 살아가고 있는지, 각자가 행사하는 사회, 문화, 경제적 힘의 차이가 어떤 '억압적 상태'를 만들고 유지시키는지, 자신을 둘러싼 이런 억압적 상태가 '나의 나다움(인간됨)'을 거부당하게 하는지, 왜 자신은 그때까지 이런 억압 상태를 제대로 알지도 못했고 또 '나다움'을 추구해야 한다는 의식조차도 하지 못했는지 깨닫는 과정, 이것이 배움이다. 즉, 배움은 의식의 비판적 상태를 유지하도록 하는 과정이다. '비판적'이라는 말을 써서 배움이라는 말이 이상해졌는가?

우리는 '비판'과 '비판적critical'이라는 말에 대해 아주 큰 오해를 하고 있는지도 모른다. 우리는 비판이란 말을, 남이 한 말의 내용과 형식에서 어떤 잘잘못이 있는지 따지는 것으로 이해한다. 그러나 '비판적'이라는 말은 날 선 화법으로 타인의 입장을 곤궁하게 만드는 행동을 일컫는 말이 아니다. '비판적'이란 말의 뜻은 '위태한 상황'을 가리키는 말로, 금방이라도 거대한 변화가 생길 가능성을 품은 불안정한 상태를 의미한다. 안정되어 있는 듯 보이지만 그 자체의 존속이 곧 위험에 처할 수도 있을 정도로 아주 불안정한 상황을 의미한다. 이를 비유적으로 표현하면 '뾰족한 바늘 끝에 서 있는 형상'이랄까? 바늘 끝에 서 있어 본 적 있는가? 아니, 바늘 끝에 서 있을 수 있기는 한가? 뾰족한 바늘은 둘째치고, 외줄이나 외나무, 통나무 끝에서 중심을 잡고 잠시라도 서서 편안함을 가장할 수는 있

겠는가? 어려울 게다. 바늘 끝에 서 있으려면 단 한 가지 방법밖에 없다. 자신의 무게가 어느 한 곳 치우치지 않게 부단히 움직여 무게 중심을 잡아야 한다. 끊임없이 한곳에 서서 도는 방법도 있다. 그 방법을 어떻게 이야기하건 단 하나 분명히 말할 수 있는 것은, 이 일은 결코 쉽지 않다는 점이다. 어느 한쪽으로 몸이 쏠리게 되는 순간 안정되어 보이던 형국은 다시 되돌릴 수 없는 방식으로 바뀌게 된다. 더 이상 위태한 상황이 아니지만, 위태한 상황에서 유지하던 '나다움'을 잃고 다른 것에 의지해 편안한 상태에 머물게 된다. 자기 몸의 상태를 확인한다거나 어떻게 무게중심을 잡을지 고민하지 않고도 살 수 있다. 단, 자신이 아닌 다른 것에 의지해서 말이다. 비판 혹은 비판적이라는 말로 인해 한 개인은 비로소 나 자신다움을 만들어 가게 된다. 세상의 다양한 관계와 형국 속에서 무엇이 어떠해야 하는지 늘 판단하게 되고, 그 판단의 진위를 따져가며 원래 있던 관계와 형국을 변화시킨다. 이 변화는 가장 먼저 '비판적'인 개인의 내면에서 일어난다. 따라서 비판적인 상태를 유지하는 것, 그 자체가 배움이고, 이런 상태를 유지하기 위한 개인의 부단한 움직임은 배움을 배움답게 하는 또 다른 배움이 된다. 배움은 세계관을 만들고 바꿔 내며, 타인의 세계관과 대화하고 수많은 판단 속에서 세계관 간의 긴장과 갈등을 야기한다. 우리는 특정한 주제를 두고 벌이는 논쟁을 자주 접하지만, 결국 특정 주제를 둘러싼 논쟁은 개인 혹은 집단 간 가치를 두는 세계관 간의 싸움이라고 봐야 한다.

안타깝게 프레이리가 『페다고지』에 담아내고자 했던 '비판적 의식을 고양하는 것'으로서의 '의식화'는 한국 사회의 다양한 교육현장에서 제대로 뿌리내리지 못했다. 지학순 주교는 한국천주교평신도협의회에서 1979년 처음 출간되는 책의 '추천의 글'에서 『페다고지』의 출간이 당시 한국 사회의 정치적 이슈가 될 것임을 잘 알고 있었다.

… 반공을 지상과제의 하나로 삼고 있는 우리에게 그자들(사회주의 내지 공산주의 추종자)의 가장 예리한 칼끝이 어디에 있는지 보여 주기 위해서다. 나라와 겨레를 염려한다고 자부하는 모든 이들과, 그들에게 도전을 받고 있다고 의식하는 이들, 그리고 자신과 국가와 역사의 주권자로 임하기를 바라는 선의를 가진 이들에게 일독을 권하는 바이다.

아니나 다를까, 『페다고지』는 발간되자마자 불온서적 목록에 올랐고, 이를 번역한 이, 발간한 이들은 남산 중정[중앙정보부]에 끌려가 고초를 겪어야 했다.

“들어갔더니, 밑줄 그어 가면서 공부를 해놨더라고. 심한 오역은 없었나 봐. 오역을 찾는다기보다는… 의도적 오역을 찾으려고 했었는데, 왜 그런 것 있잖아. 폭력적이고 의도적으로 과격하게 표현한 그런 것 말이야. 그것은 없었나 봐. 처음에는 상당히 삼엄하더니 시간이 지나니까 흐물흐물해지더라고. 조서를 몇 번 쓴다고, 그다음에는 자꾸 바꾸지. 죄명을… 처음에는 무슨 죄… 나중에는 반공법인가? 하여튼 자기들끼리 이렇게 해라, 저렇게 해라 하더라고.”

그런데 『페다고지』가 사용되고 읽히는 데에서 흥미로운 점이 하나 있다. 국가 지도자들이 내용을 문제삼으며 『페다고지』를 의도적으로 오해하고 이를 정치적 통제의 수단으로 삼고 싶어 했었다면, 어두운 곳에서 책도 아닌 등사기로 밀어 복사한 책의 일부를 돌려보며 ‘비판적 지식인’으로 커온 사람들 또한 이 책의 내용을 제대로 읽어 내지 못했다. 이들은 『페다고지』에서 프레이리가 담아내고자 했던 ‘비판적 의식’의 철학적이고 교육학적인 의미를 제대로 읽어 내려는 노력을 '하지 않았다'. 대신 현실 정세를 어떻게 판단하는 것이 좋은지, 정세를 뒤바꾸기 위한 방법론으로 순진한 의식 단계의 사람들을 어떻게 급진적인 활동가로 변모시킬 수 있을 것인지에 관심을 기울였다. 오죽했으면 『페다고지』는 진보적 사회운동 혹은 급진적 학생운동의 첫 단계에서 읽고 토론하며 용어를 익히는 교과서로 기능했겠는가?

　여기서 짚고 넘어가야 할 부분이 있다. 단적으로 「페다고지」는 한국 지식인들의 지적 호기심을 채워 주는 책이었고, 정세 변화를 갈구하는 사회운동 진영의 방법론을 익히도록 하는 교과서였다. 한국 교육에 익숙한 사람이라면 교과서가 학습자, 즉 학생들에게 어떤 의미로 인식되고 또 활용되었는지 잘 알 것이다. 프레이리가 그토록 비판했던 '은행저금식 교육'으로 한국 사회의 은행저금식 교육체제와 이를 통한 한국사회의 유지, 존속, 억압적 체제를 비판했다. 마치 성찰이라는 말이 갖는 내적이고 은밀한, 그리고 개인의 전 존재를 투여하는 반성적 과정이 빠진 채, 사회주의자들 사이에 반복되었던 '자기비판' 혹은 '인민재판'이 '성찰'로 둔갑한 것처럼 말이다. 따라서 프레이리의 『페다고지』는 이 책이 던져 주는 기술적이고 방법적인 전략을 모색케 하기 위한 수단이자 도구로 활용되었다. 『페다고지』를 신줏단지 모시듯 읽고 지향으로 삼았던 '86세대' 지도자들의 진보적 미래를 향한 사상과 이념, 실천의 행태가 이전 세대와 크게 다르지 않다는 점, 『페다고지』에서 그렇게 강조된 대화적 관계를 애초 내재화하지 못해 일방적이고 권위주의적인 태도를 보이고 있다는 점, 한 사회의 엘리트로서 쌓아 온 사회적 지위를 재생산하기 위해 한국 사회의 구조적 권력을 억압적인 상태로 유지, 존속하는 역할을 담당하고 있다는 점 등.임명묵, 2021 안타깝게 한국 사회에서 『페다고지』는 엘리트 지식인들의 대중을 선동, 선도하기 위한 방법의 하나였다.

6. 지금 『페다고지』를 어떻게 읽고 실천할 것인가[10]

한국에서 프레이리의 『페다고지』를 접했던 지식인들은 거의 대부분 책 내용을 '쉽게 이해했다'고 회상한다. 이런 한국 민중운동 지도자들의 페다고지에 대한 회상은 비교가 될 만한 다른 지역의 사회운동 지도자들의 회상과는 정반대 입장이다. 개발선진국으로 불리는 국가에서 활동했던 사람들도, 당시 제3세계로 불리던 개발도상국의 민중운동 지도자들도 파울로 프레이리의 『페다고지』가 담고 있는 논의를 이해하기가 퍽 어려웠다고 술회한다. 더욱이 『페다고지』에서 설명되는 개념을 실제 자신들의 민중운동, 사회운동, 학생운동에 적용하는 것은 더더욱 힘들고 어려웠다고 강조한다.

사실 『페다고지』는 다양한 사상가들의 논의가 유기적으로 녹아들어 있다. 헤겔의 변증법, 마르크시즘으로 대표되는 정치경제학, 사르트르를 비롯한 실존주의 철학, 프롬을 비롯한 비판적 사회심리학, 구티에레스와 두셀로 대표되는 해방신학이 녹아 있고, 피아제의 발달심리학, 듀이의 비형식교육론, 부버의 종교철학, 언어학 이론 등이 들어 있다. 어떤 경우에는 특정 이론에 기대 노골적인 이데올로기를 표방하는가 하면, 어떤 경우에는 각 이론이 묘하게 섞이고 엮인 방식으로 종합되기도 한다. 따라서 『페다고지』를 제대로 이해한다는 것은 누구에게도 쉽지 않을 뿐만 아니라 웬만한 이론적 훈련 없이는 『페다고지』의 개념과 논의를 따라가기 쉽지 않다. 여기에 브라질의 사회·정치·문화적 맥락에 기댄 서술로 내용을 파악하는 것이 쉽지 않은 게 당연하다. 따라서 이 책을 처음 접한 수많은 사회운동 지도자들이 프레이리를 난해한 사상가, 이론과 실천의 접합을 추구하지만 이론에 대한 이해도 이론의 실천도 어려운 글로 평가했다는

---

10. 본 내용은 저자가 참여한 『사랑의 교육학』(다더, 2022)의 한국어판 번역서 역자 서문의 내용 일부를 출판사의 동의를 얻어 중복 게재한 것임.

것은 쉽게 수긍할 수 있다. 그래서 대부분 『페다고지』 책을 펼치고 몇 장 넘기지 못해 다시 책장을 닫은 경험을 토로했다.

그런데 한국의 사회운동 지도자들은, 당시 학생운동에 투신했던 인물들은 『페다고지』로 읽는 프레이리를 이해하고 또 그 속에서 적합한 방법론을 찾아 한국 사회 민중운동에 적용하는 것이 그리 어렵지 않았다고 말한다. 앞서 이야기한 바처럼 『페다고지』의 내용을 '은행저금식'으로 받아들인 것이 하나의 요인이었다면, 『페다고지』를 개인의 세계관을 성찰하도록 하는 대화적 과정으로 이해하기보다는 사회운동의 방법론 정도로 받아들인 것이 또 다른 요인이었다. 여기에 더해 한 가지 더 강조하고 싶은 것이 있다. 『페다고지』 속 분명하게 제시된 이분법은 이 책의 수용성을 높이는 요인이었다. 즉 억압이란 개념을 사이에 두고 억압자와 피억압자를 상정한다는 점, 이들 사이의 관계를 변화시키기 위한 방법론으로 은행저금식 교육에 대치되는 문제제기식 교육을 제시하고 있다는 점, 대화와 반대화의 특성을 이분법적으로 제시하고 있다는 점 등. 억눌린 자로서 권위적이고 전제적인 억압자(군사 정권과 자본가들)를 상대로 이길 수 있는 사회분석틀과 방법론으로 이만한 것이 없었다. 이분화된 체계의 중간에 무엇인가가 있어서 그것이 무엇인지 고민하기에는, 대화라는 것이 사회가 아닌 나 개인에게로 향해지면서 삶의 질문을 던지기에는 당장 코앞에 닥친 억압의 강도가 너무 강했다. 그리고 시간이 없었다.

당시를 치열하게 살아가는 지식인들에게 프레이리는 쉽게 이해되었던 것이 아니라, 쉽게 이해되어야만 했고 매뉴얼화되어 활용되어야만 했던 필수적 지식이었다. 따라서 『페다고지』에 등장하는 주요 개념들(억압, 착취, 지배/자, 비/인간화, 은행저금식 교육, 비판, 문제제기식 교육, 억눌린 자들, 성찰, 의식화, 질문하기, 대화와 반대화, 생성어, 생성적 주제, 해독과정, 주제연구, 변증법적 긴장, 실존의식, 프락시스, 변혁의 주체, 혁명적 행동이론-억압적 행동이론, 문화적 침해, 문화적 종합 등)은 곱씹게 되는 성찰의 재료가 아니라, 정치적 행동을 보완하고 지도하는 수단이 되었다. 안타깝게 수단은 활용 가치가 떨어지면 버려지고 교체되기 마련이다. 1990년대 이후 사회 민주화가 서서히 진행되면서 눈에 보이는 억압의 강도가 약해지고 더불어 운동 진영의 절박함도 약해지면서, 『페다고지』는 몇몇 개념들을 추억하는 대상 정도로 추락했다. 『페다고지』를 읽으라고 하는 사람도, 지금 『페다고지』를 왜 읽어야 하는지를 논하는 사람들도 서서히 사라지면서.

오늘을 사는 우리는 파울로 프레이리의 말과 글을 어떻게 읽고 또 실천할 것인가? 그가 수도 없이 내뱉었던 프락시스, 즉 '이론적 실천'과 '실천적 이론'을 어떻게 살아낼 것인가? 앞부분에서 불필요할 정도로 길게 이야기한 바처럼, 1970년대 이후 『페다고지』를 읽고 파울로 프레이리를 머릿속에 담았던 한국의 지식인들은 그의 언어를 머릿속에 넣는 것으로 만족스러워했다. 안타깝게 그의 언어가 한국 사회에서 실천으로 되살아날 수 있는 재창조의 기회는 정말 적었다. 제도로서의 학교가 억압적이라고 하면서도, 이런 억압적 체제를 바꿔 낼 수 있는 힘이 교육에 있다면서도, 교육이 희망을 만들어 내는 산실이 되어야 한다고 교육혁명을 이야기하면서도, 프레이리의 언어를 곱씹으며 자기 자신의 앎과 배움의 과정을 들여다보고 스스로를 비판적 의식을 고양하는 계기로 삼는 과정은 정작 거치지 못했다. 따라서 프레이리를 어떻게 읽고 실천할 것인가라는 이 글의 질문은 곧 사회를 어떻게 바꿀 것인가라는 차원의 질문이 되어서는 안 된다. 오히려 프레이리의 말과 글로 말미암아 내 세계관을 어떻게 바라봐야 할지, 내 삶을 표현하는 언어와 실천이 일관성을 유지하고 있는지, 배움을 계기로 나와 함께하는 사람들과 대화적 관계를 이루고 있는지 성찰하게 하는 계기가 되어야 한다. 프레이리가 일종의 도구가 된다고 할 때, 이 도구는 내 생각과 내 경험을 재단하는 도구가 되어야 할 것이다.

참고문헌

고혁준·유성상(2011). 「의식화 개념의 한국적 해석 논의」. 『교육문제연구』, 41, 27-59.

김대식(2017). 『한국 교육의 역사적 전개』. 학지사.

김민남 외(2017). 『프레이리의 사상과 실천: 우리 교육을 기반으로 프레이리의 페다고지를 새롭게 쓰다』. 살림터.

김한수(2018). 『프레이리 선생님, 어떻게 수업할까요?: 페다고지의 문해수업 실천』. 학이시습.

박현진(2020). 『한국어 교육과 비판적 문식성』. 서정시학.

이건만(1999). 『교육과 사회사상』. 문음사.

임명묵(2021). 『K를 생각한다: 90년대생은 대한민국을 어떻게 바라보는가?』. 사이드웨이.

정숙경 외(2016). 『비판적 교수법과 영어교육』. 한국문화사.

짐 배것(2017). 『기원의 탐구: 빅뱅, 지구, 그리고 인간 138억 년의 빅히스토리』. 박병철 옮김. 반니.

프레이리(1985). 『페다고지: 억눌린 자를 위한 교육』. 성찬성 옮김. 한마당.

프레이리(2018). 『페다고지: 50주년 기념판』. 남경태·허진 옮김. 그린비.

한국주민운동교육원(2009). 『주민의 가능성을 보는 눈: CO 교육학』. 제정구기념사업회.

한숭희(2001). 『민중교육의 형성과 전개』. 교육과학사.

홍은광(1999). 『파울로 프레이리, 한국 교육을 만나다』. 학이시습.

황미숙(2000). 『파울로 프레이리와 문동환의 인간해방교육론 비교연구』. 미출간 석사학위논문. 한신대학교.

Allman, P., Antelo, E., Apitzsch, U., Aronowitz, S., Baldacchino, J., Coben, D., … & Torres, C. A.(2002). *Gramsci and Education*. Rowman & Littlefield Publishers.

Austin, R.(2003). *The state, literacy, and popular education in Chile, 1964-1990*. Lexington Books.

Betz, J.(1992). John Dewey and Paulo Freire. *Transactions of the Charles S. Peirce Society*, 28(1), 107-126.

Bhattacharya, A.(2011). *Paulo Freire: Rousseau of the twentieth century* (vol. 5). Springer Science & Business Media.

Brass, N., & Macedo, D. P.(1985). Toward a pedagogy of the question: Conversations with Paulo Freire. *Journal of Education*, 167(2), 7-21.

Coben, D.(2013). Radical Heroes: *Gramsci, Freire and the Poitics of Adult Education*. Routledge.

Dale, J., & Hyslop-Margison, E. J.(2010). *Paulo Freire: Teaching for freedom and transformation: The philosophical influences on the work of Paulo Freire* (vol. 12). Springer Science & Business Media.

Darder, A.(2014). Freire and education. Routledge.

de Castro, L. S. V.(2015). *Critical pedagogy and Marx, Vygotsky and Freire: Phenomenal forms and educational action research*. Springer.

Elias, J. L.(1994). *Paulo Freire: Pedagogue of Liberation*, 『프레이리와 교육: 해방의 교육자』. Krieger Publishing Co., PO Box 9542, Melbourne, FL 32902-9542.

Freire, P.(1970). *Cultural action for freedom*, 『자유를 위한 문화적 행동』(pp. 476-521). Harvard educational review.

_____(1973). *Education for critical consciousness*, 『비판적 의식을 위한 교육』. Bloomsbury ublishing.

_____(2015). *Pedagogy of commitment*. Routledge.

_____(2015). *Pedagogy of indignation*. Routledge.

_____(2016). *Pedagogy of solidarity. In Pedagogy of solidarity*, 『연대의 교육학』 (pp. 15-34). Routledge.

_____(2000). *Pedagogy of freedom: Ethics, democracy, and civic courage*, 『자유의 교육학: 민주주의와 윤리 그리고 시민적 용기』. Rowman & Littlefield Publishers.

_____(2021). *Pedagogy in process: The letters to Guinea-Bissau*, 『과정으로서의 교육: 기니비사우에 보내는 프레이리의 편지』. Bloomsbury Publishing.

_____(2021). *Pedagogy of hope: Reliving pedagogy of the oppressed*, 『희망의 교육학』. Bloomsbury Publishing.

_____(2021). *Pedagogy of the heart*, 『망고나무 아래에서』. Bloomsbury Publishing.

Freire, P., Macedo, D. P., & Leach, J.(1999). Pedagogy, culture, language and race: A dialogue. *Learners and pedagogy*, 46-58.

Giroux, H. A.(2009). Paulo Freire and the politics of postcolonialism. In *Breaching the colonial contract* (pp. 79-89). Springer, Dordrecht.

hooks, b.(2014). *Teaching to transgress*, 『벨 훅스, 경계넘기를 가르치기』. Routledge.

Kincheloe, J. L.(2008). *Critical pedagogy primer* (vol. 1). Peter Lang.

Kirkendall, A. J.(2010). *Paulo Freire and the cold war politics of literacy.* Univ of North Carolina Press.

Kirylo, P. D.(2011). *Paulo Freire: The Man from Recife.* New York: Peter Lang, 2011.

Kirylo, J. D., & Boyd, D.(2017). *Paulo Freire: His faith, spirituality, and theology.* Springer.

Kohan, W. O.(2021). *Paulo Freire: A philosophical biography.* Bloomsbury Publishing.

Lake, R., & Kress, T.(eds.)(2013). *Paulo Freire's intellectual roots: Toward historicity in praxis.* Bloomsbury Publishing USA.

Lake, R., & Dagostino, V.(2013). Converging self/other awareness: Erich Fromm and Paulo Freire on transcending the fear of freedom. *Paulo Freire's intellectual roots: Towards historicity in praxis.* Bloomsbury Publishing USA, 101-126.

Leonard, P., & McLaren, P.(eds.)(2002). *Paulo Freire: A critical encounter.* Routledge.

Lovern, L. L., & Knowles, F. E.(2015). *A critical pedagogy for native american education policy: Habermas, Freire, and emancipatory education.* Springer.

Maciel, K. C.(2017). *Michel Foucault e Paulo Freire: um contraponto acerca da educação: Sujeição e autonomia.* Novas Edições Acadêmicas.

Maria del Pilar, O. C., Wong, P. L., & Torres, C. A.(2018). *Education and democracy: Paulo Freire, social movements, and educational reform in São Paulo,『교육과 민주주의: 교육감 파울로 프레이리의 교육개혁 실험』.* Routledge.

Mayo, P.(1999). *Gramsci, Freire and adult education: Possibilities for transformative action.* Zed Books.

_____(2019). Praxis, Hegemony, and Consciousness in the Work of Antonio Gramsci and Paulo Freire. *The Wiley Handbook of Paulo Freire.* Wiley-Blackwell, 305-319.

McLaren, P.(2001). Che Guevara, Paulo Freire, and the politics of hope: Reclaiming critical pedagogy. *Cultural Studies?, Critical Methodologies,* 1(1), 108-131.

Morrow, R. A., & Torres, C. A.(2002). *Reading Freire and Habermas: Critical pedagogy and transformative social change.* Teachers College Press.

Nekhwevha, F. H.(2003). Freire and Foucault: power.

Nweke, C. C., & Owoh, A. T.(2020). John Dewey and Paulo Freire: comparative thought on experiential education. *Nnadiebube Journal of Philosophy*, 4(1).

Schugurensky, D.(2011). *Paulo Freire* (vol. 16). Bloomsbury Publishing.

Shor, I., & Freire, P.(1987). *A pedagogy for liberation: Dialogues on transforming education*, 『자유를 위한 교육학』. Greenwood Publishing Group.

Stinson, D. W.(2016). Dewey, Freire, and Foucault and an ever-evolving philosophy of (mathematics) education. 『교과교육학 연구』, 제20권 제2호, 이화여대 교과교육연구소.

Trilling, B., & Fadel, C.(2009). *21st century skills: Learning for life in our times*. John Wiley & Sons.

삶의 행복을 꿈꾸는 교육은 어디에서 오는가?

● **교육혁명을 앞당기는 배움책 이야기** 혁신교육의 철학과 잉걸진 미래를 만나다!

● 비고츠키 선집 발달과 협력의 교육학 어떻게 읽을 것인가?

 생각과 말
레프 세묘노비치 비고츠키 지음
배희철·김용호·D. 켈로그 옮김 | 690쪽 | 값 33,000원

 성장과 분화
L.S. 비고츠키 지음 | 비고츠키 연구회 옮김
308쪽 | 값 15,000원

 도구와 기호
비고츠키·루리야 지음 | 비고츠키 연구회 옮김
336쪽 | 값 16,000원

 연령과 위기
L.S. 비고츠키 지음 | 비고츠키 연구회 옮김
336쪽 | 값 17,000원

 어린이 자기행동숙달의 역사와 발달 I
L.S. 비고츠키 지음 | 비고츠키 연구회 옮김
564쪽 | 값 28,000원

 의식과 숙달
L.S 비고츠키 | 비고츠키 연구회 옮김
348쪽 | 값 17,000원

 어린이 자기행동숙달의 역사와 발달 II
L.S. 비고츠키 지음 | 비고츠키 연구회 옮김
552쪽 | 값 28,000원

 분열과 사랑
L.S. 비고츠키 지음 | 비고츠키 연구회 옮김
260쪽 | 값 16,000원

 어린이의 상상과 창조
L.S. 비고츠키 지음 | 비고츠키 연구회 옮김
280쪽 | 값 15,000원

 성애와 갈등
L.S. 비고츠키 지음 | 비고츠키 연구회 옮김
268쪽 | 값 17,000원

 비고츠키와 인지 발달의 비밀
A.R. 루리야 지음 | 배희철 옮김 | 280쪽 | 값 15,000원

 흥미와 개념
L.S. 비고츠키 지음 | 비고츠키 연구회 옮김
408쪽 | 값 21,000원

 정서학설 I
L.S. 비고츠키 지음 | 비고츠키 연구회 옮김
584쪽 | 값 35,000원

 정서학설 II
L.S. 비고츠키 지음 | 비고츠키 연구회 옮김
480쪽 | 값 35,000원

 인격과 세계관
L.S. 비고츠키 지음 | 비고츠키 연구회 옮김
372쪽 | 값 22,000원

 수업과 수업 사이
비고츠키 연구회 지음 | 196쪽 | 값 12,000원

 비고츠키의 발달교육이란 무엇인가?
비고츠키교육학실천연구모임 지음 | 412쪽 | 값 21,000원

 관계의 교육학, 비고츠키
진보교육연구소 비고츠키교육학실천연구모임 지음
300쪽 | 값 15,000원

 비고츠키 철학으로 본 핀란드 교육과정
배희철 지음 | 456쪽 | 값 23,000원

 비고츠키 생각과 말 쉽게 읽기
진보교육연구소 비고츠키교육학실천연구모임 지음
316쪽 | 값 15,000원

 비고츠키와 마르크스
앤디 블런던 외 지음 | 이성우 옮김 | 388쪽 | 값 19,000원

 교사와 부모를 위한 비고츠키 교육학
카르포프 지음 | 실천교사번역팀 옮김
308쪽 | 값 15,000원

 혁신학교
성열관·이순철 지음 | 224쪽 | 값 12,000원

 대한민국 교사, 어떻게 가르칠 것인가?
윤성관 지음 | 320쪽 | 값 15,000원

 행복한 혁신학교 만들기
초등교육과정연구모임 지음 | 264쪽 | 값 13,000원

 아이들을 어떻게 가르칠 것인가
사토 마나부 지음 | 박찬영 옮김 | 232쪽 | 값 13,000원

 서울형 혁신학교 이야기
이부영 지음 | 320쪽 | 값 15,000원

 모두를 위한 국제이해교육
한국국제이해교육학회 지음 | 364쪽 | 값 16,000원

 혁신교육, 철학을 만나다
브렌트 데이비스·데니스 수마라 지음
현인철·서용선 옮김 | 304쪽 | 값 15,000원

 경쟁을 넘어 발달 교육으로
현광일 지음 | 288쪽 | 값 14,000원

혁신교육 존 듀이에게 묻다
서용선 지음 | 292쪽 | 값 16,000원

 핀란드 교육의 기적
한넬레 니에미 외 엮음 | 장수명 외 옮김
456쪽 | 값 23,000원

 다시 읽는 조선 교육사
이만규 지음 | 750쪽 | 값 33,000원

 한국 교육의 현실과 전망
심성보 지음 | 724쪽 | 값 35,000원

 대한민국 교육혁명
교육혁명공동행동 연구위원회 지음
224쪽 | 값 12,000원

 독일의 학교교육
정기섭 지음 | 536쪽 | 값 29,000원

● **경쟁과 차별을 넘어 평등과 협력으로 미래를 열어가는 교육 대전환!** 혁신교육 현장 필독서

 교실 속으로 간 이해중심 교육과정
온정덕 외 지음 | 224쪽 | 값 13,000원

 교실 속으로 간 이해중심 통합교육과정
온정덕 외 지음 | 224쪽 | 값 15,000원

 포스트 코로나 시대의 교육
성열관 외 지음 | 224쪽 | 값 15,000원

 초등 백워드 교육과정
설계와 실천 이야기
김병일 외 지음 | 352쪽 | 값 19,000원

 내일 수업 어떻게 하지?
아이함께 지음 | 300쪽 | 값 15,000원

 학습격차 해소를 위한 새로운 도전
보편적 학습설계 수업
조윤정 외 지음 | 240쪽 | 값 15,000원

 학교의 미래,
전문적 학습공동체로 열다
새로운학교네트워크·오윤주 외 지음 | 276쪽 | 값 16,000원

 마을교육공동체란 무엇인가?
서용선 외 지음 | 360쪽 | 값 17,000원

 마을교육공동체
생태적 의미와 실천
김용련 지음 | 256쪽 | 값 15,000원

 강화도의 기억을 걷다
최보길 지음 | 276쪽 | 값 14,000원

 학교폭력, 멈춰!
문재현 외 지음 | 348쪽 | 값 15,000원

 체육 교사, 수업을 말하다
전용진 지음 | 304쪽 | 값 15,000원

 학교를 살리는 회복적 생활교육
김민자·이순영·정선영 지음 | 256쪽 | 값 15,000원

 평화의 교육과정 섬김의 리더십
이준원·이형빈 지음 | 292쪽 | 값 16,000원

 삶의 시간을 잇는 문화예술교육
고영직 지음 | 292쪽 | 값 16,000원

 마을교육과정을 그리다
백윤애 외 지음 | 336쪽 | 값 16,000원

 미래교육을 디자인하는
학교교육과정
박승열 외 지음 | 348쪽 | 값 18,000원

 혁신교육지구와 마을교육공동체는
어떻게 만들어지는가?
김태정 지음 | 376쪽 | 값 18,000원

 아이들을 어떻게 가르칠 것인가
사토 마나부 지음 | 박찬영 옮김 | 232쪽 | 값 13,000원

 서울대 10개 만들기
김종영 지음 | 348쪽 | 값 18,000원

 코로나 시대,
마을교육공동체운동과 생태적 교육학
심성보 지음 | 280쪽 | 값 17,000원

 선생님, 통일이 뭐예요?
정경호 지음 | 252쪽 | 값 13,000원

 혐오, 교실에 들어오다
이혜정 외 지음 | 232쪽 | 값 15,000원

 함께 배움
학생 주도 배움 중심 수업 이렇게 한다
니시카와 준 지음 | 백경석 옮김 | 280쪽 | 값 15,000원

 수업, 슬로리딩과 함께
박경숙 외 지음 | 268쪽 | 값 15,000원

 다정한 교실에서 20,000시간
강정희 지음 | 296쪽 | 값 16,000원

물질과의 새로운 만남
베로니카 파치니-케처바우 외 지음 | 240쪽 | 값 15,000원

그림책으로 만나는 인권교육
강진미 외 지음 | 272쪽 | 값 18,000원

수업 고수들
수업·교육과정·평가를 말하다
박현숙 외 지음 | 368쪽 | 값 17,000원

아이들의 배움은 어떻게 깊어지는가
이시이 준지 지음 | 방지현·이창희 옮김
200쪽 | 값 11,000원

미래, 공생교육
김환희 지음 | 244쪽 | 값 15,000원

들뢰즈와 가타리를 통해 유아교육 읽기
리세롯 마리엣 올슨 지음 | 이연선 외 옮김
328쪽 | 값 17,000원

혁신고등학교, 무엇이 다른가?
김현자 외 지음 | 344쪽 | 값 18,000원

시민이 만드는 교육 대전환
심성보·김태정 지음 | 248쪽 | 값 15,000원

평화교육
과거, 현재 그리고 미래를 그리다
모니샤 바자즈 외 지음 | 권순정 외 옮김
268쪽 | 값 18,000원

대전환 시대 **변혁의 교육학**
진보교육연구소 교육과정연구모임 지음
400쪽 | 값 23,000원

교육의 미래와 학교혁신
마크 터커 지음 | 전국교원양성대학교 총장협의회 옮김
332쪽 | 값 19,000원

남도 임진의병의 기억을 걷다
김남철 지음 | 288쪽 | 값 18,000원

프레이리에게 변혁의 길을 묻다
심성보 지음 | 672쪽 | 값 33,000원

다시, 혁신학교!
성기신 외 지음 | 300쪽 | 값 18,000원

왜 체 게바라인가
송필경 지음 | 320쪽 | 값 19,000원

풀무의 삶과 배움
김현자 지음 | 352쪽 | 값 20,000원

비고츠키 아동학과 글쓰기 교육
한희정 지음 | 300쪽 | 값 18,000원

즐거운 세계사 수업
김은석 지음 | 328쪽 | 값 13,000원

학교를 개선하는 교장
지속가능한 학교 혁신을 위한 실천 전략
마이클 풀란 지음 | 서동연·정효준 옮김 | 216쪽 | 값 13,000원

선생님, 민주시민교육이 뭐예요?
염경미 지음 | 244쪽 | 값 15,000원

교육혁신의 시대
배움의 공간을 상상하다
함영기 외 지음 | 264쪽 | 값 17,000원

도덕 수업, 책으로 묻고 윤리로 답하다
울산도덕교사모임 지음 | 320쪽 | 값 15,000원

교육과 민주주의
필라르 오카디즈 외 지음 | 유성상 옮김
420쪽 | 값 25,000원

교육회복과 적극적 시민교육
강순원 지음 | 228쪽 | 값 15,000원

비판적 미디어 리터러시 가이드
더글러스 켈너·제프 셰어 지음 | 여은호·원숙경 옮김
252쪽 | 값 18,000원

지속가능한
마을, 교육, 공동체를 위하여
강영택 지음 | 328쪽 | 값 18,000원

백워드로 설계하고 피드백으로 완성하는
성장중심평가
이형빈·김성수 지음 | 356쪽 | 값 19,000원

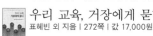

우리 교육, 거장에게 묻다
표혜빈 외 지음 | 272쪽 | 값 17,000원

교사에게 강요된 침묵
설진성 지음 | 296쪽 | 값 18,000원

마을, 그 깊은 이야기 샘
문재현 외 지음 | 404쪽 | 값 23,000원

비난받는 교사
다이애나 폴레비치 지음 | 유성상 외 옮김
404쪽 | 값 23,000원

한국교육운동의 역사와 전망
하성환 지음 | 308쪽 | 값 18,000원

레프 비고츠키
르네 반 데 비어 지음 | 배희철 옮김 | 296쪽 | 값 21,000원

철학이 있는 교실살이
이성우 지음 | 272쪽 | 값 17,000원

참된 삶과 교육에 관한
생각 줍기